교육철학 탐구

교육철학 탐구

This Edition was published by Jipmoondang Publishing Co. in 2017, Seoul, Korea.

교육철학 탐구

성기산

집문당

저자 성기산

한남대학교 사범대학 교육학과 교수

교육철학 탐구

2017년 7월 10일 1판 1쇄

저　자 | 성기산
발행인 | 임동규
발행처 | **집문당**
등　록 | 1971. 3. 23. 제300-2012-69호
영업부 | 10881 경기도 파주시 광인사길 85
(02)743-3192~3 팩스(02)742-4657
sale@jipmoon.co.kr
편집부 | 03134 서울시 종로구 돈화문로 82 집문당빌딩 5층
(02)743-3096~7 팩스(02)743-0227
edit@jipmoon.co.kr
홈페이지 | www.jipmoon.co.kr

ISBN 978-89-303-1764-1

가격 20,000원

이 도서의 국립중앙도서관 출판시도서목록(CIP)은 e-CIP홈페이지(http://www.nl.go.kr/ecip)와
국가자료공동목록시스템(http://www.nl.go.kr/kolisnet)에서 이용하실 수 있습니다.
(CIP제어번호: CIP2017015288)

머리말

철학은 긴급한 문제를 해결하는 것과 관계가 적다고 하는 생각이 우리 사회에 널리 퍼져 있다. 많은 사람들이 철학은 교육과 같은 실제적인 활동을 하는 과정에서 겪는 문제들을 해결하는 데 별로 필요가 없다고 생각하고 있는 것 같다. 교육의 도구적 가치를 중요하게 여기는 것이 너무나도 당연하다고 생각하기 때문에 교육이 무엇인가에 대해 깊이 있게 논의하는 것에는 관심을 갖고 있지 않다. 효과적인 교육방법을 찾으려는 서양의 이론에는 관심을 보이지만, 교육은 어떠해야 하는가에 대해서는 소홀히 하는 것처럼 보인다. 이런 상황에서는 합리적이고 비판적인 태도를 갖고 교육문제를 해결할 수 있는 사람들을 기르는 일을 하기는 쉽지 않다.

교육철학은 교육과 교육문제에 대한 철학적인 연구라고 할 수 있다. 교육철학의 중심이 되는 주제는 교육이고 교육의 방법들이 철학의 주제이다. 많은 철학자들은 교육을 삶의 핵심적인 요소로 보았기 때문에 교육에 관해 글을 썼다. 교육은 보다 나은 삶을 살게 하는 방법으로 간주되어 왔다. 물론 철학자들은 많은 문제들에 대해 다른 의견을 제시하고 있지만, 흔히 철학적인 견해의 차이는 새로운 사회, 정치, 경제, 종교, 그리고 교육에 관한 탐구의 출발점이 될 수 있다. 게다가 철학의 의미는 어떤 철학적 전통을 지지하는가에 따라 달라질 수 있기 때문에 교육철학의 의미 역시 다양할 수밖에 없다. 어떤 의미에서 보면 교육철학은 어떤 철학적 전통에 바탕을 두고 있느냐에 따라 달라진다고 볼 수 있다.

현대 교육철학의 분위기는 하나의 중요한 사상체계 안에서 개인과 사회, 그리고 교육을 이해할 수 있다는 생각으로 되돌아가기보다는 문제들과 쟁점들을 상황 안에서 이해하고 논의하려는 경향을 보이고 있다. 그래서 보편적인 원리들이나 사상체계를 갖고 교육에서의 개인적이거나 사회적인 관계들에 포함되어 있는 수많은 변인들을 설명할 수 있다는 확신이 사라졌다. 철학이 교육의 길잡이 역할을 할 수는 없다고 하더라도 교육의 문제들, 특히 학교교육, 교육적인 개념들과 쟁점들, 합리적인 논의, 그리고 탐구의 자유 등과 관련된 문제들에 주목해야 한다는 주장은 무시할 수 없을 것이다.

정치와 경제 논리의 지배를 받아온 한국교육은 도구적인 교육관이 팽배하게 된 원인이었을 뿐만 아니라 끊임없이 교육문제를 탐구하려는 태도가 성장하는 데 장애가 되었다. 유감스럽게도 한국의 교육철학은 우리의 교육문제를 해명하는 데서 출발한 것이 아니라 서양의 교육철학을 소개하고 적용하는 데 지대한 관심을 보인 것은 아닌가 하는 의구심을 갖게 된다. 1960년대에는 구조화된 관점이라고 할 수 있는 전통적인 교육철학을 소개하는 경향을 보였다. 그 후 분석철학과 실존철학의 영향을 받은 영국과 미국의 교육철학과 독일의 교육철학을 소개하는 데 관심을 가졌다. 최근에도 한국의 교육철학 연구자들은 주로 서양의 다양한 교육철학 연구 동향과 주제들을 소개하는 데 큰 관심을 갖고 있다. 한마디로 말하면, 한국의 교육철학은 우리 교육의 현실에서 일어나고 있는 문제를 철학적으로 탐구하는 것에서 출발하기보다는 서양의 교육철학을 소개하고 재해석하는 데 치중하고 있는 것은 아닌가 하는 의구심마저 자아낸다. 정치와 경제 논리를 우선하는 경향과 효과적인 교육방법을 지나치게 강조하는 경향 때문에 사람들은 교육철학에 큰 관심을 갖고 있는 것 같지 않다.

교육은 우리의 삶을 개선하기 위한 실제적인 활동이며, 실제적인 활동은 유행과 권위주의, 그리고 근거 없는 전통의 영향을 받게 된다. 현대사회의 급격한 변화 때문에 전통을 유지하기는 어렵고, 다양한 문화들이 공존하는 과정에서 서로 갈등하고 있고, 교육정책은 수시로 변하고 있다. 이런 상황에서 우리에게 필요한 것은 교육문제에 대해 끊임없이 탐구하려고 하는 태도를 갖는 것이다. 특히 우리의 교육문제를 비판적으로 검토할 수 있는 안목을 기르는 일이라고 생각한다.

교육철학을 공부하는 이유 가운데 하나는 교육을 이해하는 다양한 방법을 알고, 교육에 관한 생각을 보다 정교하게 하고, 바른 신념을 확립하는 데 있다. 교육철학을 공부하는 과정에서 교육의 가치를 바르게 이해하고, 자신의 활동을 정당화하고, 이제까지 교육에 관해 갖고 있던 자신의 그릇된 신념을 바꾸는 계기가 될 수 있기를 기대한다.

2017년 5월 10일

성 기 산

차례

제1장 교육철학의 의미

제1장 교육철학의 의미

1. 철학의 의미

철학이 무엇인지는 그것에 몰두하는 사람들이 가장 잘 알 수 있다. 우리는 아마추어보다는 전문가에게 보다 유익한 대답을 기대할 수 있다. 화학이나 생물학의 전문가가 글을 쓸 경우에는 일반적으로 동의하는 주제와 그것을 탐구하는데 사용하는 방법에 관해 동의할 수 있는 가정을 설정할 수 있다. 그렇지만 철학에 관한 연구의 경우에는 일반적으로 동의하는 분야나 주제, 그리고 방법을 제시하기 어렵다. 왜냐하면 철학의 성격과 기능이 무엇인가 하는 것 그 자체가 일종의 철학적인 문제이기 때문이다. 그럼에도 불구하고 우리가 어떤 것의 철학을 논의하기 위해서는 먼저 철학이 무엇인가를 살펴볼 필요가 있다.

흔히 현재 가장 필요한 것은 사람들이 인생철학을 갖는 것이라고 한다. 철학은 단지 소수 전문가의 특권이 되어서는 안 되고, 일상생활을 하는 보통 사람을 위한 지침이 되어야 한다고 한다. 과학적인 지식이 폭발적으로 증가하고 기술이 놀라울 정도로 혁신되었음에도 불구하고 우리는 삶의 의미와 목적이 무엇인가를 깊이 생각하면서 살고 있지 않다. 철학자는 비록 모든 사람이 동의하는 것은 아니라고 해도 우리에게 그것이 무엇인지 말할 수 있다. 그래서 그는 우리가 살면서 직면하게 되는 형이상학적인 문제와 가치문제, 그리고 지식과 관련된 문제에 대해 나름의 견해를 제시하고 있다. 물론 이 모든 것은 교육철학까지 확대되고 적용될 수 있다. 우리가 분별 있게 교육하기 위해서는 방향감각을 갖고 균형 잡힌 교육을 해야 한다고 말하는 것은 철학을 갖는다는 것을 의미한다.

철학은 지혜의 사랑이며, 철학자는 지혜를 사랑하는 사람이며, 우리가 필요로 하는 것은 지혜이다. 이런 통속적인 견해는 역사적으로 많은 선례를 가지고 있다. 소크라테스(Socrates) 이전 시대에는 현명한 사람을 철학자라고 불렀다. 때때로 철학자를 일종의 예언자로 생각했다. 철학자는 현상을 초월한 실재에 대해 깊은 통찰을 하는 사람으로 간주되었다. 소크라테스 자신은 자신의 무지를 아는 지혜를 초월한 지혜를 가지고 있지 않다고 말하면서, 실제적인 탁월성에 이르는 길이 지식의 길이라고 주장했다.

19세기 이전의 철학자들은 철학을 인간의 삶과 인간의 위치, 그리고 우주에서의 가능성에 관한 어렵고도 중요한 문제들에 대해 대답할 수 있는 최고 학문이라고 생각했다. 자연과학의 발달과 더불어 이런 견해에 반대한 논리 실증주의자들은 철학을 과학의 언어를 명백하게 분석하는 것이라고 보았다. 그들은 언어의 의미와 의미 검증의 문제에 관심을 가졌다. 그들은 진술의 의미는 오직 그것을 검증하는 방법을 묻는 것을 통해서 밝혀질 수 있다고 주장했다. 그들에 따르면 의미가 있는 진술은 두 종류가 있는데, 그것은 분석적인 진술과 경험적인 진술이다. 분석적인 진술은 그것의 타당성이 오직 그것이 포함하고 있는 기호의 정의에 의존하고 있기 때문에 필연적이고 확실하다. 그렇지만 그것은 우리에게 경험의 세계에 관한 정보를 하나도 제공하지 않는다. 반면에 경험적인 진술은 우리에게 그런 정보를 제공한다. 그리고 그것은 감각적인 경험, 즉 관찰과 실험을 통해서 확증되거나 논파된다.

그런데 형이상학적인 진술은 우리에게 사물들에 관한 정보를 제공하는 것에 뜻을 두고 있지 않다. 신과 영혼, 그리고 자유의지에 관한 전통적인 진술은 우리에게 존재의 본질에 대해 말하고 있었다. 그래서 그것들은 단순히 분석적인 것으로 분류될 수 없다. 그것들은 감각적인 경험이라는 일상적인 경험에 예속될 수 없다는 점에서 경험적이 아니다. 신이 존재한다는 진술을 검증하거나 논파하기 위한 과학적인 실험을 고안할 수는 없다. 이러한 진술들은 검증될 수 없기 때문에 우리는 그것들을 검증할 수 있는 절차를 갖고 있지 않다. 그것들은 참이 아니며 거짓도 아니기 때문에 의미가 없다. 그렇지만 감각적인 경험을 통해서 검증할 수 없기 때문에 형이상학적인 진술을 거부하는 것은 임의적인 것처럼 보인다.

탁월한 논리학자이며 수학자인 러셀(B. Russell)은 논리학과 수학의 영향을 받았으며, 로크(J. Locke)에 기원을 두고 있는 영국 철학의 전통, 즉 철학적 분석의 영향을 받았다. 러셀은 복합적인 전체를 궁극적인 요소들로 분석하는 과정을 통해서 명료성에 대해 열정을 보였다. 철학적인 분석의 목적은 복합적인 것을 구성하고 있는 요소들을 밝힘으로써 혼돈을 제거하는 것이다.

러셀은 우리가 경험하는 복합적인 세계는 명백하고 환원 불가능한 원자적인 사실로 분석될 수 있으며, 이것들에 대응하는 것은 원자적인 명제들이라고 믿었다. 그는 혼란한 일상 언어의 배후에 감춰져 있는 이상적이고 논리적으로 완전한 언어가 존재한다고 보았다. 그는 혼란의 밑바닥에 있는 진실한 논리적인 언어를 밝히는 것이 철학자의 임무라고 주장했다.

비엔나에서 영국에 온 비트겐슈타인(L. Wittgenstein)은 한때 캠브리지대학에서 러셀의 제자였으며, 논리적 원자론에 깊이 관련을 맺고 있었다. 제1차 세계대전이 끝나고 나서 바로 그의 『논리철학논고』(*Tractatus Logico Philosophicus*)가

출판되었다.

비트겐슈타인은 논리적으로 완전한 언어의 이론은 언어의 진정한 성격을 발견한 것이라기보다는 일종의 선험적인 형이상학적으로 꾸며낸 것이라는 사실을 점진적으로 깨닫게 되었다. 이런 발견으로 인하여 그는 착각과 미신, 그리고 주문 등에 관해 깊이 생각하게 되었다.

무수히 많은 언어의 용법이 있다. 언어는 다목적으로 사용되는 많은 도구가 담겨 있는 도구 상자와 같다. 우리는 단일화에 대한 논리학자의 편견을 가지고 출발해서는 안 되며, 다양한 언어를 살펴보아야 한다. 언어를 사용하는 것은 우리의 자연적인 역사와 같은 것이며, 그것은 걷고 먹고 마시고 노는 것과 같다.

물론 비트겐슈타인이 철학적인 문제들은 모두 언어에 관한 것이라고 제안한 것은 아니다. 그는 철학적인 문제들은 언어에서부터 생긴다는 것을 지적하고 있다. 왜냐하면 철학적인 문제들은 언어의 용법에 관한 혼란을 드러내고 있기 때문에 우리가 언어를 적절하게 사용하면 해결될 수 있다고 주장했다. 이런 관점에서 보면, 철학적인 문제들은 언어에 관한 것이 아니라고 하더라도 적어도 부분적으로 언어에서부터 생긴다고 볼 수 있다.

철학의 논증은 엄격한 증거를 갖고 있지 않다는 의미에서 과학의 그것과 다르다. 철학의 경우에는 공리도 없고 그렇다거나 아니라고 단정적으로 결정할 수 있는 문제도 없다. 우리가 알고 있듯이 많은 논증이 있지만, 수학적 증거나 과학적 증거라는 의미에서의 증거를 갖고 있지 않다. 비트겐슈타인이 말했듯이 철학의 문제는 사실에 관한 무지에서부터 생기는 것이 아니라 한 가지 방식으로 완전하게 알고 있는 것에 관한 혼란에서 생긴 것이다. 언어의 용법에 대해 세심하게 관심을 기울이면 혼란은 제거될 수 있다. 철학은 새로운 명제를 덧붙이는 것이 아니라 지적인 상황 전체를 변형함으로써 발전된다.

철학자들은 심오한 이해를 위해서 철학적인 문제를 탐구한다. 그들은 열정적으로 끊임없이 물음을 제기하는 데 관심을 갖고 있다. 이런 과정을 통해서 말할 수 있는 모든 것을 분명히 말할 수 있게 될 수 있다. 언어 연구를 포함한 철학의 분석들이 하는 기능은 우리가 새로운 방식으로 볼 수 있게 하는 것이다. 철학자에게 중요한 것은 어떤 공리를 입증하거나 통찰력을 키우는 것이라기보다는 자신의 관점을 바꾸기를 좋아하는 것이다. 이것이 왜 연역적인 방법은 실패할 수밖에 없는가 하는 이유이다.

철학은 논증을 사용하지만, 우리가 수학이나 심지어 과학적인 검증에서 가질 수 있는 것과 같은 강제적이고 반박할 수 없는 논증에 의해서는 문제를 해결할 수 없다. 철학에서의 논증은 반박할 수 없게 증명되거나 입증된 것이 아니지만 우리가 새롭게 보는 데 도움을 준다는 점에서 중요하다. 철학자는 엄격하게 증명하지 않는다. 그는 한 입장을 지지한다. 먼저 그는 우리들이 어떤 입장의 약점과 불편한 점, 그리고 결점을 보게 한다. 그는 그것 안에 있는 모순된 주장들을 밝히고, 전체 이론에 근본이 되는 사상이 얼마나 부자연스러운가를 지적한다. 다른 한편으로 그는 우리에게 이의를 제기하지 않고 사물을 보는 새로운 방법을 제시한다. 바꾸어 말해서 그는 변호사처럼 우리에게 그의 사건에 관한 모든 사실들을 제시한 다음 우리가 판사의 입장에 서게 한다. 우리는 그것들을 세심하게 살펴보고 세부사항을 조사해 보고 찬반을 숙고한 후에 판결을 한다. 판사는 기계처럼 일련의 기계적인 규칙을 적용하는 것과는 달리 통찰력을 이용하여 판결해야 한다. 판사가 결론에 도달할 때 그 결론은 합리적인 결과이지 연역해서 얻은 것은 아니다. 그것은 그렇고 그런 것에 따른 것이 아니기 때문에 통찰과 판단이 필요하다.

철학자는 중요한 진리를 볼 수 있지만, 그것은 형식적인 증거에 의해 입증될 수 없는 것이다. 철학의 중요한 목적은 새롭게 보는 것이다. 본다는 것은 인간이 살면서 하는 모든 활동과 그의 사고를 보는 것이며, 비록 언어나 명제가 필요하기는 하지만 이것은 적절하게 명제로 번역될 수 없다.

비록 교육철학에서 주목하고 있는 것은 교육 그 자체에 관한 사상과 실제에서부터 생기는 겉으로 드러나는 문제들이지만, 이런 핵심적인 문제들을 논의하는 것은 필연적으로 지식, 인간의 본질, 도덕적 가치, 그리고 세계의 본질 등에 관한 가정들을 필요로 한다. 교육의 문제들이 무엇인가를 살펴보게 되면 형이상학적인 것을 포함한 궁극적인 문제들에 대해 숙고하는 일을 하게 된다. 형이상학은 입증할 수 있는 과학이 아니다. 도덕적인 경험, 대인 관계의 경험, 그리고 미학적이고 종교적인 경험 등과 같은 경험의 형식은 개인적인 것이며, 또 어떤 의미에서 보면 사적인 것이다. 그렇지만 우리는 그것들에 관해 함께 이야기할 수 있으며, 그렇게 함으로써 그것을 더 깊이 이해할 수 있다.

요컨대 전통적인 의미의 철학은 지혜와 삶을 끊임없이 전체적으로 보는 것, 그리고 삶을 위한 지침을 뜻하는 말이라고 할 수 있다. 현대 철학자들은 이런 견해에 대해 어떻게 비판하고 있는가를 언급했다. 그런데 이러한 비판은 어느 정도 정당화된 것이기는 하지만, 철학적인 진술에 대해 기대하는 합리적인 정당화의 종류와 검증, 그리고 언어의 용법에 관한 너무 제한된 견해에서 비롯된 것이라고 볼 수 있다. 언어의 용법과 합리적인 정당화에 관해 보다 유연한 설명을 할 수 있게 된다면 철학의 전통적인 문제에 관한 근본적인 사색에 새로운 길을 열 수 있을 것이다.

2. 교육철학의 의미

철학은 교육과 밀접한 관계가 있다는 견해는 분명히 새로운 것이 아니다. 적어도 플라톤(Plato)이 잘사는 사회에 관한 체계적인 설명을 근거로 원리의 측면에서 자신의 교육계획을 상세하게 제시한 이후 많은 위대한 철학자들은 교육의 문제에 큰 관심을 보였다. 철학은 전통적으로 실재와 지식, 그리고 가치의 본질에 관해 연구해 왔다는 점을 기억한다면, 우리는 그것이 교육과 분명히 관계가 있다는 것을 알 수 있을 것이다. 알려질 수 있는 것, 알려질 수 있는 가장 가치 있는 것, 그리고 인식하는 방법에 관한 사색은 교육의 적절한 목적과 교수와 학습의 본질에 관한 탐구에서 한 발자국 벗어나 있는 것이다. 듀이(J. Dewey)는 인간의 문제를 검토해 보면 교육의 문제와 밀접한 관계가 있다는 것은 자명하다고 주장했다.

철학과 교육 간의 이런 밀접한 관계가 강조될 경우에 특수한 교육철학은 특수한 철학에서 연역된 것이라고 할 수 있다. 교육철학자는 위대한 철학자들이 교육에 관해 말한 것이 무엇인가에 주목하면서 위대한 철학자들을 신중하게 연구할 수 있다. 이런 측면에서 보면 교육철학자는 세계의 위대한 철학체계에서 교육에 기여하는 의미를 찾는 전문가라고 말할 수 있다.

그렇지만 실제로 이런 전문적인 연구를 할 경우에는 어려움이 생긴다. 첫 번째 어려움은 교육의 문제들을 논의한 철학자들은 일반적으로 그들의 교육적인 제안이 그들의 철학에서부터 어떻게 연역된 것인지를 분명하게 밝히지 않았다. 실재의 본질이나 지식의 본질이나 가치의 본질에 관한 일련의 진술에서부터 교육에 관한 진술을 연역해 내는 규칙은 무엇인가?

두 번째 어려움은 첫 번째 어려움에 포함되어 있다. 다양한 철학들은 실제로 공통적인 일련의 문제에 대해 다른 대답을 하고 있지 않다. 오히려 철학자들은 근본적인 문제를 명확히 말하는 방식과 강조하고 있는 문제가 서로 다르다는 것을 보여주고 있는 것이 사실이다. 위대한 철학자의 대표적인 목록을 선택한 후에 체계적으로 다른 여러 종류의 교육철학이 그들의 활동에서부터 어떻게 연역되었는가를 보여줄 수는 없을 것이다.

많은 사람들은 각 철학자의 저서를 읽고 여러 철학의 학파에서 제시한 철학이 교육에 어떤 의미가 있는가를 탐구하는 것이 유익하다고 생각해 왔다. 한 철학자가 교육에 관해 상세하게 글을 썼을 경우에는 그의 철학적인 견해가 보통 철학의 학파를 대변할 수 있는 철학자로 간주될 수 있었다. 이런 접근방법은 적어도 부분적으로 위에서 말한 두 번째 어려움을 없앨 수 있었다. 철학의 학파는 여러 시대에 걸쳐 있지만, 교육에 관한 관찰들은 흔히 시간의 영향을 받고 공간적인 특징을 갖고 있다. 철학자는 교육을 논의할 때 그가 살고 있는 시대와 문화의 특수한 문제에 관해 생각하는 경향이 있기 때문이라기보다는 그의 교육적인 제안들에는 보통 그의 기본적인 철학적인 태도 이상의 것을 포함하고 있기 때문에 이런 현상이 생긴다. 교육에 관한 논의는 자신의 철학적인 태도 이외에 일반적으로 심리학, 사회학, 문화인류학 등의 영역에 속하는 문제들에 관한 이해와 오해를 반영한다.

예를 들어 정신의 본질은 무엇인가와 같은 문제를 논의하는 경우에는 정신에 관한 이론에 따라 분류를 한 다음에 그것을 중심으로 논의를 한다. 예를 들어 실체로서의 정신, 과정으로서의 정신, 그리고 기능으로서의 정신에 관한 이론을 중심으로 논의를 한다. 이런 접근방법에는 많은 위험이 포함되어 있지만, 체계적인 철학의 많은 문제들이 교육과 밀접한 관계가 있다는 것은 사실이다. 교육과 철학에 관한 체계적인 연구는 도움이 될 수 있다. 그리고 사실상 이것은 가장 일반적인 교육철학의 접근방법이다. 대단히 복잡하고 미묘한 위험 때문에 철학이나 교육학을 처음 공부하는 학생들에게 가장 유익한 접근방법인지는 의문이다.

철학을 철학하는 것으로 간주할 경우에, 교육철학자는 교육 분야에서 이런 활동을 하는 데 관심을 가질 것이다. 교육은 다양한 방식으로 살펴볼 수 있기 때문에 교육에 관해 철학을 하는 것은 여러 가지 형태를 취할 수 있다. 예를 들어 철학적 분석과 종합은 주로 사회적이고 정치적인 제도로서의 교육에 집중될 수 있다. 반면에 그것은 개인적인 발달의 과정으로서의 교육의 본질에 관한 종합적인 견해를 제시하는 데 관심을 가질 수 있다. 관심의 초점이 어디에 있든 간에, 교육철학은 교육을 포괄적이고 깊이 있고 융통성 있게 살펴보려는 시도이다.

교육철학을 하는 방법 가운데 하나는 교육의 문제를 다룰 때 철학적인 정신을 가진 사람이 보여주는 포괄성과 통찰력, 그리고 융통성을 가지고 통찰하도록 학생을 도와주는 것이다. 예를 들어 반성적 사고의 성격이나 민주주의의 의미 등과 같은 복잡한 문제에 관해 분석할 경우에 이런 접근방법을 사용하는 교육철학은 교육의 문제를 보다 정확하게 이해하는 것을 도와줌으로써 교육 행위의 차이를 가져오게 할 수 있을 것이다.

교육철학적인 글이라고 볼 수 있는 논문과 저서는 학교의 실제와 정책을 위한 특수한 제안에서부터 다양한 교육적인 문제들에 관한 철학적인 분석에 이르기까지의 비평과 관찰로 이루어져 있다. 이런 글들에는 보통 문제가 되는 논점의 역사적인 상황에 관한 비평이 포함되어 있고, 흔히 상당히 많은 논리적 분석과 심리학적인 분석, 그리고 사회학적인 분석과 논증이 포함되어 있다. 이런 것들에는 보통 인간의 본성, 사회의 성격, 민주주의의 성격 등과 같은 사태 일반에 관한 철학적인 관찰들이 포함되어 있다.

그런데 철학의 중요한 특징 가운데 하나는 실재와 존재의 성격, 지식의 유용성과 한계, 그리고 도덕적인 판단을 결정하고 그것에 영향을 주는 원리들과 같은 것들을 이해하는 데 이성을 사용하는 것이라고 볼 수 있다(Bailey, 2010: 6-7). 교육철학은 특수한 주제들을 이해하는 것과 관련된 일련의 이론들과 사상들에 관한 철학이라고 말할 수 있다.

철학자들은 지식, 이해, 진리, 선을 포함한 기본적인 관념들과 개념들에 관심을 갖고 있다. 이런 문제들에 대한 접근법은 독특하다. 철학은 실험하거나 자료를 경험적으로 수집하는 것을 포함하지 않는다. 철학은 우리가 사고하는 방법과 우리의 사고의 배후에 있는 가정을 탐구하고, 우리가 사용하는 개념들에 관해 분명히 밝히는 일을 포함한다. 그것은 지식에 대한 단언을 지지하는 근거들과 지식의 성격에 관심을 갖는다. 그것은 특히 의견들과 사고를 지지하는 이유들과 정당화에 관심을 갖는다. 그것은 가치의 문제들에 관심을 갖는다. 철학의 목적은 자주 사고를 명료하게 하는 데 관심을 갖는 것으로 간주되어 왔다. 그래서 개념들을 주의 깊게 분석하고, 논점이 건전한가에 관심을 갖는다. 교육철학자는 다른 분야의 교육연구에서 사용하고 있는 개념들, 예를 들어 지능과 지능지수, 자아존중, 객관성과 같은 개념들을 명료하게 하는 일을 한다. 어떤 교육철학자들은 개념분석은 실제로 우리에게 교육이 무엇을 하고 있는가 하는 것의 핵심을 보여줄 수 있다고 주장한다. 교육은 그 자체의 논리를 갖고 있고, 교수, 학습, 그리고 지식과 같은 중심 개념을 세심하게 살펴보면, 그것을 밝힐 수 있다(Bailey, 2010: 7-8). 그러나 철학은 가치의 문제와 같은 것에 관한 우리의 사고를 명료하게 할 수 있는가? 그것은 좋은 것과 옳은 것에 관해 직접적으로 판단하는 일을 하는가? 교육과 관계가 있는 가장 영향력 있는 어떤 철학들은 분명히 후자와 같은 것을 해왔다. 그러나 철학적인 접근법들은 교육의 본질이 가치의 문제를 직접 고찰하는 것을 피하고 있는 견해를 지지하는 개념분석에 의해 발견될 수 있다는 이런 가정을 거부할 수 있다. 개념분석을 할 때 우리가 관심을 갖는 것은 새로운 사실을 발견하는 것이 아니다. 가치나 도덕적인 판단, 즉 실제로 옳고 그른 것이 무엇인가에 관심을 갖는 것이 아니다(Wilson, 1963: 1-16).

개념의 문제를 분명하게 해결하는 과정에서 우리는 의미에 관심을 갖게 된다. 개념의 문제에 관심을 가질 경우에 우리는 단어의 실제적이고 가능한 용법에 관심을 갖는다. 단어들은 여러 가지 다른 용법으로 사용된다. 개념을 분석하고 이것들의 용법과 적용 방식을 지도로 작성하는 일이 필요하다. 개념의 문제에 대답하는 것은 용어를 정의하는 것의 문제가 아니다. 개념의 문제는 사실의 문제가 아니며, 가치의 문제도 아니다. 개념의 문제를 해결하기 위해서는 단어의 용법과 그런 용법이 결정되는 준거나 원리에 관심을 가져야 한다.

그래서 철학은 전문적인 기술과 같은 것이 될 수 없다. 오히려 그것은 그런 사람들이 그런 문제들을 해결하기 위해 참여하는 탐구의 종류에 관한 강화된 해석과 같은 것이 된다.

우리가 교육에서의 실제적인 문제들에 관해 깊이 탐구하게 되면 그런 문제들은 지식의 본질과 좋은 삶의 본질 같은 근원적인 문제들에 직면하게 된다. 이런 문제들은 이러저러한 방식으로 교육연구의 여러 측면에서 언급되고 있다. 그러나 그것들은 경험적인 연구를 통해서는 해결할 수 없는 것들이다. 그것들은 숙고와 판단, 그리고 논증이 요구되는데, 이것이 철학의 중심이라고 볼 수 있다.

그런데 그것들은 근원적인 주장들이다. 철학은 특히 가치에 관심을 갖는 일종의 질적인 연구이다. 그래서 철학적인 연구는 양적 연구처럼 객관적이고 엄밀한 것이 아니라 주관적이고 다루기 어렵다. 첫째로, 질적인 연구와 양적인 연구의 구별은 경험적인 연구 안에서 적용되고 있다. 그런데 철학은 분명히 경험적인 탐구 형식이 아니다. 둘째로, 양적인 연구와 질적인 연구의 관계는 자주 혼란을 초래했다. 사실 우리는 어느 때는 양적인 자료를 필요로 하고, 또 어느 때는 질적인 자료를 필요로 한다. 셋째로, 경험적인 방법만으로는 어떤 문제들에 대한 해결책을 찾을 수 없다는 것을 깨달아야 한다. 넷째로, 철학을 주관적인 것으로 생각하는 것은 그른 것이다. 철학적인 접근방법은 가치에 관심을 갖는다. 그런데 가치는 결국 순전히 개인적인 것들이며, 사실의 문제가 아니라 '밖에 있는' 현실 세계의 일부라고 볼 수 있다. 또한 가치문제에 관한 판단은 일시적인 변덕이 아니라 이성에 근거를 두고 옹호될 수 있다.

좋은 철학은 이런 문제들을 탐구하는 데 도움을 줄 수 있다. 플라톤과 비트겐슈타인 같은 위대한 철학자들은 다양한 대화 형식을 빌려서 사상을 시험했다. 철학은 때때로 추상적인 것으로 간주되고 있다. 그러나 이것은 실제 삶에서의 예들이 제시되고, 가능한 사례들을 생각하고, 때때로 그것의 한계에 대한 생각을 밝히기 위해서 '사고의 실험'을 고안하는 곳에서 도움이 될 수 있다.

사람들은 교육이 무엇인가에 대해 서로 다른 견해를 갖고 있다. 교육이라는 말은 논쟁의 여지가 있는 개념이다. 이 개념을 정착시킬 수 있는 견고한 근거를 찾기는 쉽지 않다. 이것을 해결하는 한 가지 방법은 이처럼 가장 중요한 개념들은 논쟁의 여지가 있다고 말하는 것이다. 우리는 교육의 본질이 무엇인가에 대해 서로 다른 의견을 갖고 있다. 이런 의견 차이는 우리가 그 이상의 증거가 발견되기를 기다리고 있는 과학에서의 논쟁과 다르다. 그것은 인간적인 조건의 필연적인 부분과 더 가깝다. 어떤 의미에서 보면 그런 가치의 문제들은 우리가 단순히 전문가들의 견해를 기계적으로 따르기만 하면 해결되는 문제들이 아니다. 우리는 살아가면서 이런 문제들을 스스로 해결해야 한다.

현재 교육철학의 상태가 불확실하다고 해도, 철학의 임무가 끊임없이 규명하고 탐구하는 것이라는 것은 부정할 수 없을 것이다. 교육문제에 대해 의문을 제기하고 철학적인 태도를 갖도록 자극하는 것은 무엇보다 중요하다. 이처럼 철학은 끊임없이 꼬치꼬치 캐물음으로써 인간에게 지속적으로 모험심을 갖게 한다. 이런 탐구는 결코 완성될 수 없으며, 언제나 형성과정에 있다. 결국 지혜의 추구는 단지 인간의 상태에 관한 보다 나은 사고방식을 집중적으로 탐구하는 것에 지나지 않는다. 이런 탐구에는 인간의 다른 관심사들은 물론이고 교육도 포함되어 있다. 이런 방식으로 연구할 때 철학은 인간의 삶이나 교육과 동떨어져 있는 배타적인 탐구가 아니라 그것의 일부가 된다.

일반적으로 철학이란 말은 두 가지 의미를 갖고 있다. 하나는 결과적 의미의 철학이고, 다른 하나는 과정적 의미의 철학이다. 다시 말하면, 철학자들이 연구한 결과를 의미하는 명사적 의미의 철학과 교육 활동을 하는 가운데 겪는 문제들을 해결하기 위해서 철학을 하는 것을 의미하는 동사적 의미의 철학이 있다.

교사들이 교육문제를 합리적으로 해결하고 교육적인 판단을 내리기 위해서는 이 두 유형의 철학을 할 필요가 있는데, 특히 후자의 기술을 익히는 것이 무엇보다 중요하다.

우리의 사고는 전적으로, 또는 부분적으로 언어와 의미의 지배를 받는다고 주장하는 철학자들이 있다. 인간이 언어 없이 사고하는 것은 생각하기 어렵다. 우리가 사고한 것은 언어로 표현된다. 어떤 사람들은 예를 들어 수학, 언어, 문자, 그림과 같은 언어적인 기호가 없으면 의사소통을 할 수 없으며, 사고도 할 수 없다고 믿는다. 많은 분석가들은 사고는 언어에 의존하고 있기 때문에 사고의 문제는 그릇된 용법과 명료성의 부족에서 생긴 언어의 문제라고 말한다.

최근까지도 교육철학은 단순히 위대한 교육자들의 철학을 연구하는 것으로 이해되었다. 플라톤과 루소(J. J. Rousseau)와 같은 철학자들의 사상을 현대 교육의 문제와 관련지어 논의하려고 시도하는 것이 일반적이었다. 분명히 이것은 가치가 있는 것이었고, 오늘날도 그런 철학자들의 견해에 정통하는 것은 교육철학의 중요한 부분으로 이해되고 있다. 그렇지만 그런 것에 정통하는 것은 교육철학이 의미하는 것의 일부에 불과한 것이다.

철학적인 기법들에 관해 일반적으로 비평하는 것은 별로 도움이 되지 않는다. 왜냐하면 철학이란 무엇인가라는 문제 그 자체는 논쟁의 소지가 있는 문제이기 때문이다. 쉽게 응용할 수 있는 공식을 찾기보다는 철학적인 분석에 포함되어 있는 문제를 인지하는 것이 더 중요하다. 철학이 무엇인가를 요약하기보다는 철학자들이 탐구할 때 어떤 절차를 따르는가를 살펴보는 데서 더 많은 도움을 받을 수 있다. 피터스(R. S. Peters)는 교육의 의미를 분석하였는데, 그것에서부터 쉽게 응용할 수 있는 공식을 연역하기는 어렵다. 오히려 그것은 철학적 분석의 성격에 관한 한두 가지 매우 흥미 있는 문제를 제기하고 있다. 그런 문제를 볼 수 있게 되는 것 그 자체는 철학이 어떤 기능을 하는가를 아는 데 도움이 된다.

교육철학에서의 혁명은 주로 교육적인 논의에서 되풀이하여 사용되고 있는 개념들의 의미에 관한 새로운 관심과 교육적인 논의에서 제시되고 있는 정당화의 논리에 대한 새로운 관심으로 특징지어진다. 영국에서 교육철학에서의 혁명을 주도한 피터스는 끊임없이 무슨 뜻인가와 어떻게 아는가와 같은 소크라테스적인 질문을 되풀이하고 있다. 자유, 평등, 발달, 능력, 지식 등의 개념들이 일반적으로 사용되고 있는 교육적인 논의에서 이런 물음을 제기하는 것은 필수적이다(Gribble, 1969: 1-3). 라일(G. Ryle)이 정신적인 행위에 관한 말들에 관해 언급한 것은 이런 개념들과 관계가 있다.

그런 개념들을 사용하는 방법을 아는 것은 그런 개념들의 상관관계를 드러내거나 다른 종류의 개념과 관련짓는 것과 별개이다. 많은 사람들은 개념들을 가지고 의미를 말할 수 있지만, 개념들의 의미를 말할 수 없다. 그들은 연습에 의하여 여하튼 잘 아는 분야에서 개념들을 이용하는 방법을 알고 있다. 그렇지만 그들은 그것들의 용법을 지배하는 논리적인 관계를 진술할 수 없다. 그들은 자기가 사는 교구의 길은 알고 있지만, 그들의 교구가 위치한 지역이나 대륙의 지도는 말할 것도 없고 그것의 지도조차도 만들거나 읽을 수 없는 사람들이다(Ryle, 1963: 10).

라일의 견해에 따르면 개념분석은 우리가 알고 있는 지식을 늘리는 것이 아니라 우리가 이미 소유하고 있는 지식에 관한 논리적인 지도를 수정하는 일을 하는 것이다.

이것은 분명히 교육철학에서 우선해야 하는 과제이다. 그러나 교육학에서 사용하고 있는 개념들에 관한 논리적인 지도를 작성하는 것은 단순히 그 자체를 위해서 행해지는 것이 아니다. 교육철학자들은 예를 들어 평등은 사람들을 다르게 취급하는 것을 의미할 수 있다는 것을 지적하는 것에 만족하지 않는다. 교육철학자의 임무는 교육의 내용을 위한 자신의 분석의 함축된 의미를 말하고 검토하는 것이다. 이 경우에 그는 사람들을 평등하게 취급하는 것은 모든 사람은 똑같은 교육을 받아야 한다는 것을 함축한다는 것을 부정할 것이다. 그렇지만 그는 교육을 받는 사람들에게서 적절한 차이를 지적할 수 없는 경우에 취급을 달리하는 것에 반대할 것이다.

피터스는 교육의 개념을 분석하는 가운데 우리가 교육의 개념을 적절하게 사용하는 규칙이나 준거를 찾고 있다. 이런 절차는 개념분석의 기본적인 기법 가운데 하나이다. 철학자가 X는 무슨 뜻인가와 같은 질문을 할 경우에, 그것은 이 개념을 사용하기 위한 규칙이나 기준은 무엇인가를 묻는 것이다. 이 절차는 비트겐슈타인의 후기 철학에서 근거를 갖게 되었다. 비트겐슈타인이 지적하고 있듯이, 말의 의미는 화법에서의 그것의 용법이다. 단어의 정의에는 그것의 용법을 위한 기준의 목록을 포함하게 될 것이다. 그렇지만 교육, 자유, 지식 등과 같은 개념의 용법을 위한 준거가 무엇인가를 결정하기는 매우 어렵다. 이런 탐구는 어떤 경우에는 헛된 일처럼 보이기도 하고, 또 어떤 때는 합의에 이르기 어려운 것처럼 보이기도 하지만, 일반적으로 우리는 엄격한 규칙에 따라 언어를 사용하지 않으며, 엄격한 규칙을 통하여 그것을 우리에게 가르친 적도 없었다는 비트겐슈타인의 말을 상기할 필요가 있다.

논의하고 있는 분석적인 기법과 용어를 정의하는 것을 구별하는 것은 중요하다. 철학자가 X는 무엇을 의미하는가? 하고 질문할 때, 그는 적어도 X의 사전적인 의미를 묻는 것이 아니다. 그는 X라는 개념의 용법을 위한 준거가 무엇인가를 알고자 하는 것이다. 이것은 일반적으로 우리가 용어의 정의를 물을 때 기대하는 것이 아니다. 그래서 의미의 철학적인 분석은 사전적인 정의에 무엇이 보태지거나 심지어 그것과 모순될 수도 있다.

교육철학에서의 혁명이 일어난 결과로 교육적인 논의에서 개념들이 사용되는 방식을 분석하고 교육에 관한 논증에서 제시되는 정당화의 논리에 관심을 갖게 되었다. 교육에서의 철학적인 분석은 그 자체를 위해서 수행되는 것이 아니라 주로 교육 행위에 관한 다양한 실제적인 결정을 내리기 위한 근거를 분명히 밝히기 위한 것이다. 개념에 관한 철학적인 분석은 사전에서의 용어의 정의와 혼돈되어서는 안 된다.

철학적 분석은 교사들이 학생들에게 가르치는 내용을 분명하게 전달하는 데 도움이 된다. 분석철학의 이론과 용법의 연구결과는 새로운 교육사상이나 이데올로기를 개발하는 것이 아니라 우리가 이데올로기의 의미를 더 잘 이해하는 데 도움이 된다. 또한 교육적인 과정에 보다 명료하고 의미 있게 접근하게 되면 학생들이 이익을 얻게 된다.

철학은 우리의 경험과 활동들을 이해할 수 있게 하는 개념들과 명제들을 명료화하는 데 관심을 갖는다. 그것은 용어들과 경험들의 의미에 관한 물음에 대답하는 데 관심을 갖는다. 이런 관점에서 철학을 정의할 경우에 철학은 새로운 도덕적인 지식을 추구하는 것이 아니다. 철학적인 물음들은 특수한 사실들이나 도덕적인 판단에 관한 것이 아니라 사실이란 무엇이며, 도덕적인 판단이란 무엇인가 하는 것에 관한 것이다(Carr, 2005: 2).

그래서 많은 분석철학자들은 교육의 논리와 언어를 다루는 것이 중요하다고 주장한다. 왜냐하면 교사와 학생은 언제나 비판적으로 검토할 필요가 있는 교육적인 자료에 관한 일반화와 가치판단을 다룰 수 있어야 하기 때문이다. 분석철학자들은 언어의 역할은 학습이며, 우리의 진술을 평가하고 명료화하기 위해서는 준거를 적용할 필요가 있다고 주장한다. 또한 전통적인 문법을 초월할 필요가 있음을 강조한다. 일부 철학자들은 교육철학이 관심을 가져야 하는 일차적인 역할은 언어분석이라고 주장한다. 그들의 명제는 신중한 교육은 보다 정확하고 과학적이어야 하며, 분석은 이런 것을 하는 방법을 제공해야 한다는 것에 바탕을 두고 있다. 그들은 다른 교육철학들은 대개 의문의 여지가 있는 형이상학적인 가정에 근거를 두고 있으며, 흔히 정의적인 처방을 내리고 있다는 점을 지적한다. 이런 교육철학자들은 학생들이 삶에 적용하는 의미를 서술하고 정당화하는 데 사용하는 언어를 연구해야 한다고 믿는다.

언어는 분명히 중요하다. 우리가 언어 없이 사고할 수 있는지는 의문이다. 왜냐하면 우리의 사고는 대개 언어란 개념과 유사하기 때문이다. 대다수의 경우에 나쁜 사고는 빈약한 언어 용법으로 나타난다. 일부 교육철학자들은 언어분석이 철학의 작은 부분에 지나지 않는다고 항변한다. 그렇지만 분석철학자들은 언어의 문제는 무수히 많고 만연되어 있고 복잡하기 때문에 바람직한 분석적인 연구는 매우 중요하다고 주장한다. 그들은 많은 교육적인 문제들은 주로 언어의 문제이며, 우리가 언어의 문제를 해결하면 결과적으로 교육문제를 더 잘 해결할 수 있다고 주장한다.

교육문제로서의 언어문제는 학교나 교실에 국한된 문제가 아니라 실제 삶의 모든 측면과 관련된 문제이다. 언어는 교육과정, 교과서, 그리고 다른 지식을 전달하는 수단의 견지에서 학생들의 일차적인 관심사이며, 우리의 일상생활에서 핵심적인 관심사이다. 현대인의 삶에서 특히 필요한 것 가운데 하나는 언어의 지위를 민감하게 인식하는 것이다. 인간의 행동은 주로 그가 접하는 언어의 영향을 받는다. 왜냐하면 언어는 온갖 종류의 행동을 자극하기 때문이다.

우리가 선전과 표어가 난무하는 가운데 살고 있고, 판에 박은 것 같은 사고에 익숙하다는 사실을 인정하게 되면, 우리는 분석철학자들의 입장에 쉽게 공감할 수 있을 것이다. 대다수의 사람들은 논리적으로 사고하는 훈련을 받은 적이 거의 없기 때문에 언어 남용의 피해자가 되기 쉽다. 그래서 별 생각 없이 물건을 사고, 특정한 방식으로 투표하고, 특수한 입장을 지지하기 쉽다. 사람들이 끊임없이 접하게 되는 수많은 언어적인 책략들이 있는데, 그것들은 사람들의 사고에 영향을 주고 있다. 사람들은 자신이 누리는 이익을 옹호하기 위해서 이런 기법들을 배웠고, 다른 사람들이 어떤 방식으로 행동하도록 설득하기 위해서 그것들을 사용했다. 선동가들과 정치가들은 정교하고 치밀한 방법으로 사람들을 조종하고 그들에게 영향을 준다. 언어의 조작과 다양한 기법들이 대통령 후보가 당선되는 데 크게 기여하고 있다는 것은 이미 잘 알려진 사실이다.

분석적 교육철학의 강점과 약점은 철학을 조각내는 접근방법이나 격리할 수 있는 문제에서 비롯된 것이다. 분석철학은 명료성과 엄밀성을 얻은 반면에 본질적으로 철학적인 문제들에 대해 결정적인 대답을 제시하지 못했다. 분석적 교육철학자들이 내린 결론은 부분적으로 분석철학에서 비롯된 것이며, 대개 자유주의 정치철학을 표현하고 있다(Carr, 2005: 3). 분석철학자들은 그 자체의 가치들과 가정들에 대해 무비판적이며, 지킬 수 없는 합리성을 주장하고 있는데 그것은 근본적으로 보수적이다. 그들은 교육정책과 실제를 결정하는 데 별로 도움을 주지 못하고 있다(Carr, 2005: 4).

분석철학은 끊임없이 진화하고 있는 전통이다. 1980년대에 이르러 학문 안에 있는 근본적인 문제들을 재평가하고 다시 연구하는 것을 통해서 이런 점을 확인할 수 있다. 비판적인 자기반성의 과정에 참여한 결과로 지금 분석적 교육철학자들은 그들이 최초로 사용했던 철학적인 접근법에 대한 많은 비판이 정당하다는 점을 인정하고 있다. 그들은 예전의 약점과 한계를 극복할 수 있는 방법을 모색하는 과정에서 철학적인 연구의 목적과 방법, 그리고 범위를 수정하고 있다. 그 결과 응용 철학의 보다 규범적이고 실제적인 관심사를 고려한 연구를 하게 되었고, 접근방법을 더 다양하게 하고, 새로운 신념과 민감한 문제들을 수용하는 방향으로 연구를 개선하게 되었다.

마르크스주의, 현상학, 네오 프래그머티즘, 해석학, 신아리스토텔레스주의, 비판이론, 그리고 포스트모더니즘(postmodernism) 등에서 보여준 비판과 공격을 수용했다. 각기 다른 전통에 기반을 두고 있는 이런 철학적인 비판들의 요지는 달랐지만, 그들은 공통적으로 분석적 교육철학의 부적절성은 철학적인 전통에 깊이 뿌리 박혀 있다고 주장한다(Carr, 2005: 5).

분석적 교육철학 이후의 교육철학 연구를 대표하는 인물은 맥킨타이어(A. MacIntyre)와 로티(R. Rorty)이다. 가다머(H. G. Gadamer)와 하버마스(J. Habermas)로 대표되는 유럽의 철학적 전통은 맥킨타이어와 로티로 대표되는 영국과 미국의 철학적 전통과 근본적으로 상이하다. 두드러진 차이점이 있음에도 불구하고, 그들은 모두 분석철학을 계몽사상 이후의 사상적 유산이며, 문제해결의 원천이라기보다는 현대 문제의 일부라고 묘사하는 경향을 보였다. 그들은 포스트모더니즘에 대해 급진적인 반응을 보이는 교육철학의 근거를 마련했다. 분석적 교육철학이 정립되는 과정에서 인식론적인 기초를 구성하는 합리성과 지식, 그리고 진리에 대한 근본적인 전제조건들에 대해 깊은 회의론을 보인 것이 포스트모더니즘의 두드러진 특징이라고 볼 수 있다(Carr, 2005: 6).

3. 교육철학의 문제들

많은 교육철학자들은 교육학의 중심 개념들과 문제들을 분석하고 명료화하는 데 관심을 갖고 있다. 하지만 교육철학이 철학의 한 분야로 인정을 받기 오래 전부터 철학자들과 교육자들은 현대 교육철학자들에게 잘 알려져 있는 문제들에 관해 논쟁을 해왔다. 교육의 목적은 무엇이어야만 하는가? 교육은 자연적인 흥미와 능력에 따르는 것과 달라야 하는가? 국가는 교육에서 어떤 역할을 해야 하는가?

지금도 사람들은 이런 물음에 대답하려고 하고 있다. 우리는 왜 이런 문제들에 대해 탐구해야 하는가? 이런 물음에 대해 대답해야 하는 이유 가운데 하나는 모든 사회는 그것들에 대해 답을 해야 하며, 국민들과 지구의 미래를 위해서는 그렇게 해야 한다는 것이다. 그래서 어느 시대를 막론하고 사람들은 변화하는 조건을 고려해서 새로운 대답을 제시하고, 가능한 한 교육을 좋게 만들려고 노력하고 있다.

그런데 교육철학에서 탐구하고 있는 문제들은 모두 교육에 관한 문제들이며, 대다수의 교육철학자들은 이런 문제들은 탐구를 위해서 철학적인 방법들을 이용하고 있다. 예를 들어 우리가 교육의 목적은 무엇이어야만 하는가 하는 물음에 대해 실험과 관찰 같은 경험적인 방법들만을 사용해서 대답할 수는 없기 때문이다.

교육철학에서 끊임없이 제기되고 있는 문제 가운데 하나는 누가 어떻게 교육을 받아야 하는가 하는 것이다. 플라톤은 사회의 필요들과 인간 재능의 다양성을 근거로 이 문제에 대해 깊이 논의했다. 그는 현실 사회와 이상적인 사회의 본질과 인간성의 본질에 관한 전제들에서부터 교육에 관한 제언들을 이끌어냈다. 이와는 달리 듀이는 우리가 어떤 선택을 하면 어떤 결과가 일어나는가 하는 물음을 통해서 제언을 했다.

어떤 사회에서 사는 사람이라고 하더라도 교육을 하는 과정에서 많은 교육문제들에 직면하게 된다. 그런데 교육문제는 가치와 밀접한 관계가 있기 때문에 교육에 관한 많은 사실만 갖고 해결하기는 어렵다. 그래서 그는 형이상학적인 문제와 인식론의 문제, 그리고 가치문제와 같은 철학적인 문제들을 해결하는 일을 할 필요가 있다. 교육철학의 중요한 문제 가운데 하나는 논쟁에서 사용하고 있는 언어를 분석하고, 다른 관점과 가능성에 주목하게 하는 대안적인 언어를 제공하는 것이다. 교육철학을 연구하기 위해서는 깊이 있고 세심한 사고, 상상력, 반성, 그리고 중요한 문제를 밝힐 수 있는 능력 등이 필요하다.

소크라테스는 상대방이 중요하게 여기는 신념에 관한 물음을 통해서 그것이 그르다는 것을 스스로 깨닫게 하기 위해 논리적 파괴를 의미하는 엘렌코스(elenchus)를 이용하고 있다. 소크라테스의 대화는 엘렌코스와 프시카고기아(psychagogia: 진리를 향한 길로 안내하는 영혼을 움직이는 언어 행위)를 포함하고 있다. 그런데 두 유형을 따로 사용할 수도 있지만, 대개 엘렌코스는 프시카고기아와 같이 사용된다. 흔히 소크라테스는 두 형태의 논의방식을 혼용하고 있다. 소크라테스는 타락하지 않은 젊은이와의 대화에서 프시카고기아를 주로 사용하고 있다. 대다수의 대화에서 소크라테스는 당혹감을 주기 위해 프시카고기아를 사용하고 있다. 서로 다른 정신적 조건들이 있기 때문에 두 유형의 논의는 여러 가지 형식을 취하고 있다. 소크라테스가 사용한 엘렌코스는 논리적인 반박뿐만 아니라 논리적으로 반박하려는 시도이기도 하다. 소크라테스의 논리적 반박은 대화하는 상대방의 핵심적인 신념을 표적으로 삼고 있다. 소크라테스는 대화하는 상대방의 다른 신념을 이용해서 논리적으로 반박하고 있다. 그러므로 소크라테스가 논리적인 반박에 사용한 전제들을 찬성하고 있다고 추론할 수 없다. 엘렌코스는 개인적인 것이며, 대화자 자신의 신념에서부터 시작되며, 그것에 초점을 맞추고 있다. 만일 대답하는 사람이 수치심을 갖는다면, 엘렌코스는 당혹감을 갖는 데서 끝나야 한다. 소크라테스의 지혜는 그의 방법과 밀접한 관계를 맺고 있다. 그는 가르친다고 주장하는 것이 아니라 사람들이 지혜와 진리, 그리고 그들의 영혼의 가능한 한 최선의 상태에 관심을 갖도록 권유하고 있다(Lehrer, 1996: 21).

일반적으로 말해서 소크라테스의 엘렌코스는 첫째로, 대화를 하는 사람이 어떤 도덕적 개념, 예를 들어 정의, 용기 등의 정의에 관한 신념을 말로 나타내도록 권장하는 것을 포함하고 있다. 둘째로, 대화하는 사람이 어떤 다른 신념을 말로 드러내도록 한다. 셋째로, 이 마지막 신념이 필연적으로 원래의 신념을 부정하게 한다는 것을 보여준다. 그런데 소크라테스는 엘렌코스를 세 가지 방식으로 사용하고 있다(Lehrer, 1996: 21). 그것은 권고와 해석, 그리고 지식과 지혜의 그릇됨을 증명하는 것이다. 그가 사용한 엘렌코스의 다양한 목적의 구조를 세심하게 살펴보면, 그것의 근저에 유일한 하나의 목적이 있음을 알 수 있다.

소크라테스가 『변명』(*Apology*)에서 엘렌코스를 사용한 목적은 여러 가지가 있다. 그것은 다른 사람들의 진술을 해석하는 것, 사람들이나 그들 자신들이 현명하다고 생각하는 사람들의 지식을 검토하는 것, 현명하지 않은 사람들에게 그들의 무지를 보여주는 것, 현명한 사람들로부터 배우는 것, 자신을 반성하는 것, 다른 사람들에게 철학을 권유하는 것, 다른 사람들의 삶을 깊이 생각해 보는 것, 그리고 도덕적인 지혜와 지식에 도달하는 것이다. 그런데 이것은 모두 자신들이나 다른 사람들이 현명하다고 생각하는 사람들의 지식을 검토해 본다고 하는 소크라테스의 목적의 근저에 있는 구조의 일부분으로 이해할 수 있다(Lehrer, 1996: 21-22).

소크라테스가 끊임없이 추구한 이 방법의 궁극적인 목적은 자신과 그가 관여하고 있는 개인을 위해 도덕적인 지식을 얻는 것이다. 그것은 먼저 개인의 지혜를 검증하는 것과 그의 무지를 그에게 설득하는 것에 의존하고 있다. 그것은 다른 사람들이 그를 미워하고, 마침내 죽음에 이르게 되어도 그가 포기하지 않으려고 한 방법이었다(Lehrer, 1996: 30).

플라톤은 시민과 국가의 관계와 국가의 기능에 관한 민감하고 복잡한 문제들을 탐구했을 뿐만 아니라 이상적인 국가를 구상하고, 그의 신념과 원리를 설명했다. 그는 『국가』(*Politeia*)에서 잘산다는 것은 무엇인가를 탐구하는 가운데 정치가의 교육에 관해 논의하고 있다. 플라톤은 인간이 행복을 추구하려면 어떤 사회를 건설해야 하는가 하는 물음에 대답하기 위해서 도덕적인 목적으로 결합된 합리적이고 필수적인 영혼들의 공동체를 건설하려고 했다. 즉, 그는 영혼의 번성과 세계의 목적들을 아는 사람들의 지혜를 통해서 그런 목적을 추구하는 공동체를 세우려고 했다. 이런 사회에서 실시해야 하는 교육은 올바른 행위를 하기 위해 인격을 함양하도록 돕는 것이었다.

플라톤은 이런 교육을 하는 이유는 모든 개인이 똑같이 행복을 누릴 수 있는 사회를 건설하고, 사회적이며 행복한 인간을 형성하기 위해 고결한 인격을 연마하는 데 있다고 주장했다. 그에 따르면 개인과 국가가 단합과 행복을 실현하려면 덕과 능률의 계발이 필요하다. 이렇게 보면 이성을 고양하고 각성을 통해서 합리적인 능력을 계발하며 영혼의 조화를 모색하도록 돕는 교육은 인간에게 필수적인 것이다. 그래서 플라톤은 남녀를 구별하지 않고 모든 시민을 교육하는 것을 행복한 사회를 건설하기 위한 전제조건으로 간주했다.

플라톤은 소수만이 행복한 사회를 건설할 수 있다고 보았다. 지적으로 우수한 소수만이 그런 위치에 설 수 있는 권리를 얻었다. 모든 어린이들은 그들의 능력을 보여줄 기회를 부여받았다. 왜냐하면 플라톤은 그런 장치를 정당한 것으로 간주했고, 이런 노선의 사고는 여전히 오늘날의 교육정책을 입안하는 과정에서 강하게 작용하고 있기 때문이다. 높은 지위와 높은 급료 같은 특수한 삶의 방식은 최선의 것으로 간주되고 있고, 모든 어린이들은 그런 삶을 준비하게 될 교과들을 학습할 수 있는 기회를 부여받았다.

교육적인 정의에 대한 플라톤의 주장에 반대하는 방식은 세 가지가 있다. 그 하나는 좋은 삶의 이상을 거부하는 것이다. 다른 하나는 정의는 평등한 기회에 의해 충족되는 것이 아니라고 주장하는 것이다. 그것은 여하튼 평등한 결과를 산출해야 한다. 세 번째 방식은 어린이들 사이에 교육적으로 중요한 차이들이 있다는 점을 부정하는 것이다.

마틴(J. R. Martin)은 플라톤이 사회의 생식적인 과제들을 무시했다고 주장한다(Noddings, 2007: 9). 마틴이 말하는 생식적인 과정은 어린이를 양육하거나 집안일을 하거나 아픈 사람과 노인을 돌보는 것과 같이 여성들이 전통적으로 하던 일들을 가리킨다. 플라톤은 어린이들의 교육에 대해서는 상당히 많이 말하고 있지만, 그들을 그날그날 돌보는 것에 대해서는 거의 말하지 않고 있다. 그는 통치자 계급의 구성원들은 그런 모든 일에서 벗어나야 한다고 말한다. 사실 그들은 가정을 가져서는 안 되고, 좋은 후손을 갖기 위해서 공동 결혼을 해야 한다. 수호자들은 가정과 개인 재산에 대해 애착을 갖지 않고 오직 국가의 의무들을 위해 자신의 지혜를 발휘해야 한다.

마틴은 플라톤이 여성이 수호자가 되는 것을 허용했지만, 그런 역할을 위해 선발된 여성은 본질적으로 성별이 없게 된다고 주장했다. 수호자가 될 여성은 남성과 정확히 똑같은 교육을 받는다. 어느 쪽의 교육에도 가정과 가정생활을 고려한 것에서 비롯된 것이 아무것도 없다. 모든 것은 공공생활을 고려한 것에서 비롯된 것이라고 할 수 있다. 마틴은 남성과 여성을 위해서 똑같은 교육을 해야 한다면 두 전통의 가장 좋고 의미 있는 특징들을 포함해야 한다고 주장한다.

아리스토텔레스(Aristotle)는 영혼의 탁월한 활동이 인간의 삶의 목적이라고 주장했다. 그는 인간이 삶의 목적으로 삼아야 하는 것은 영혼의 탁월한 활동이며, 그것이 바로 행복이라고 생각했다. 그가 주장한 행복은 영혼의 내재적으로 탁월한 활동이다. 영혼의 탁월한 활동에는 두 가지가 있는데, 그 하나는 진리에 도달한 활동을 의미하는 탁월한 지적 활동이고, 다른 하나는 실천적 지혜가 결정한 수단에 적합한 활동을 의미하는 탁월한 도덕적 활동이다.

아리스토텔레스가 제시한 도덕교육에 관한 이론은 도덕적인 발달의 과정을 통해서 행복을 실현하는 것과 밀접한 관계가 있다. 행복은 자신이 습득한 가치를 의식적으로 인정하고 그것에 따라 행동하는 것이다. 이렇게 행동하는 사람은 실천적 지혜를 갖고 있다.

실천적 지혜를 가진 사람은 특수한 상황에서 행동하는 방법을 아는 것은 물론이고 인간의 행위를 통해서 성취할 수 있는 일반적 선에 비추어 자신의 결정을 정당화할 수 있다. 그는 특수한 상황에서 잘 행동하는 것은 물론이고 그가 습득한 가치를 분명하게 이해하고 시인한다. 그는 자신이 가르침을 받았던 것을 주의 깊게 살펴보고, 그것을 자신의 경험에 비추어 검토한 다음 자신의 것으로 만든다.

인간의 탁월성은 어떤 특징을 갖고 있는가? 인간의 행복은 자신의 합리성을 적극적으로 기르는 데 있다. 이러한 탁월성의 계발은 도덕적인 발달의 원동력이다. 도덕적으로 탁월한 행위는 인식하고 행위를 한 것이며, 올바르고 고상한 것을 행하려는 고정된 성향을 표현한 것이다. 탁월한 행위를 하려면, 지식과 올바른 습관, 그리고 선의지가 필요하다. 아리스토텔레스가 주장한 인간의 탁월성은 선한 삶에 있다. 선한 삶은 만족을 주는 삶이며, 행복한 삶이다. 행복한 삶은 내재적으로 탁월한 활동을 하는 삶이며, 그것은 탁월한 지적 활동이다. 그것은 진리에 도달하거나 진리에 관해 깊이 사색하는 활동이다. 이에 반해서 도덕적으로 탁월한 활동은 실천적 지혜에 의해 판별되는 수단적 활동이다.

아리스토텔레스는 사람들이 적절한 지위를 얻기 위해서 교육을 받아야 한다고 믿었다. 현대의 공동체주의 신봉자들은 자주 아리스토텔레스를 찬미하듯이 말한다. 아리스토텔레스와 오늘날의 공동체주의자들은 도덕적인 삶은 우리 사회에서의 실제들에서부터 성장하며, 이런 실제들이 우리에게 요구를 한다고 주장한다. 공동 사회의 필요와 잘삶은 이런 관점에서 때로는 개인의 권리를 무시하게 할 수 있고, 그렇게 해야만 하며, 좋은 시민은 개인의 권리를 단순히 보호할 것을 요구하기만 하는 것이 아니라 국가에 기여할 것을 기대한다.

많은 철학자들은 도덕적인 삶에 관한 아리스토텔레스의 모형에 대해 두 가지 심각한 도전을 해왔다. 즉, 니체(F. W. Nietzsche)의 허무주의와 칸트(I. Kant)의 논리적 개인주의의 도전을 받아왔다. 우리가 이런 평가에 동의하든 그렇지 않든 간에, 도덕적인 사고에 대한 아리스토텔레스의 접근법은 지금도 영향을 미치고 있다.

교육자들은 지금도 평판이 좋은 도덕교육의 모형을 정립했기 때문에 아리스토텔레스의 도덕교육론에 큰 관심을 갖고 있다. 아리스토텔레스는 도덕적으로 적절한 행위를 할 수 있도록 어린이들을 훈련할 것을 제안했다. 그는 어린 나이에 도덕적인 문제들에 대해 이성적으로 사고하도록 가르치는 데 관심을 갖지 않았다. 사실 그는 올바른 습관을 기르는 일을 먼저 한 다음에 합리적으로 판단할 수 있는 능력을 기를 것을 주장했다. 그는 젊은이들은 착하고 덕이 있는 사람이 되어야 하며, 그런 사람이 되면 도덕적인 문제들을 분석할 수 있게 된다고 주장했다. 그런데 이런 좋은 인격은 미래의 이성적인 추론을 안전하게 수행할 수 있는 근거를 제공할 것이다.

소크라테스와 플라톤, 그리고 아리스토텔레스에 관해 살펴보았듯이, 지금도 교육철학자들이 관심을 갖고 있는 중요한 문제들은 현대 교육에 크게 영향을 준 철학자들의 교육사상을 연구하는 것이다. 특히 20세기 교육의 이론과 실제에 큰 영향을 준 듀이의 교육철학에 많은 관심을 가져왔다.

듀이는 논리학, 형이상학, 인식론, 과학철학, 존재론, 미학, 정치철학, 사회철학, 그리고 윤리학 등과 같은 철학의 모든 분야에 관해 글을 썼다. 그는 교육철학은 어떤 의미에서 보면 모든 다른 것들이 그것에 의존하고 있다는 점에서 철학의 일반 이론이라고 주장했다(Noddings, 2007: 25-32).

자연주의 철학자 듀이는 선험적인 것을 거부하고 우리의 감각을 통해서 접근할 수 있는 사물들과 사건들의 견지에서 설명하려고 노력했다. 심지어 그는 신을 인간의 이상, 계획, 그리고 행위의 견지에서 정의했다. 그는 인간 활동의 모든 영역의 탐구에 과학의 방법을 사용할 것을 주장했다.

듀이는 자주 교육을 성장과 동의어로 말했다. 그런데 성장은 그의 가장 중요한 생물학적인 비유 가운데 하나이다. 많은 사람들이 이상적인 인간을 만들거나 이상적인 삶을 사는 것이 교육의 목적이라고 생각하고 있기 때문에 듀이가 제안한 성장이라는 교육의 목적은 크게 환영을 받지 못했다. 많은 사람들은 무엇을 지향하는 성장이냐고 물었다. 듀이는 성장은 그 자체가 목적이라고 주장했다. 그는 무엇을 향한 성장이냐고 묻는 것은 성장의 개념과 모순이라고 보았다. 그는 성장은 더 성장하는 것을 지향한다고 말했다.

우리는 성장을 삶과 유사한 것으로 생각할 수 있다. 삶의 목적은 무엇인가? 많은 철학자들과 종교학자들, 그리고 문학작품을 쓴 작가들은 이 물음에 대답하려고 노력했다. 그런데 다윈(C. Darwin)의 생물학에서 보면 우리 삶의 목적은 단지 더 사는 것이다. 마찬가지로 듀이에게 있어서 성장은 더 성장하는 것으로 통한다. 듀이는 학생들의 삶이 어떤 미래의 선에 조직적으로 희생되었다고 보았다. 그래서 교육은 '저기 밖'에 있는 목적을 가지고 있어야 하는 것으로 간주되었다. 즉, 현재를 뛰어넘은 학생들의 관심과 목적을 가지고 있어야 하는 것으로 간주되었다. 이런 교육에 관한 견해를 피하기로 결심한 그는 경험은 성장을 하게 할 경우에만 교육적이라고 주장했다. 다시 말하면, 경험은 학생들이 새로운 경험에 더 참여할 수 있고 더 관심을 가질 수 있게 할 경우에만 교육적이다.

많은 교육철학자들은 듀이의 성장의 개념에 난점들이 있다고 주장했다. 듀이는 때때로 성장을 문을 열거나 관계들을 나타내는 것에 비유해서 설명했다. 듀이는 더 능숙한 강도가 되는 것은 성장이 아니라고 말했다. 왜냐하면 그런 활동은 관계를 끊고 더 성장하는 것을 막기 때문이다. 이것은 맞는 것처럼 보이지만, 다른 예들은 평가하기 어렵다. 예를 들어 수학에 관심을 갖고 있는 어린이가 다른 활동들을 소홀히 하고 수학에만 관심을 갖는다면 어떻게 하겠는가? 이런 수학에서의 성장이 진정한 성장인가? 지적이거나 영적인 문제는 제외하고 금전적인 부를 추구하는 사람은 어떤가? 금전적인 부가 많은 기회와 교제를 제공할 것이라는 것은 사실이지만 이처럼 돈을 모으는 것은 성장인가?

삶의 비유를 다시 생각해보자. 만일 삶의 생물학적인 목적이 더 사는 것이라면, 그것은 생명체의 단순한 번식이 언제나 좋은 것은 아니라는 것을 의미한다. 예를 들어 한 사회에서 사는 사람들이 더 많은 자녀들을 낳는다면, 삶의 질은 실제로 미래의 삶이 위협을 받을 정도로 고통을 겪게 된다. 그렇게 되면 더 많은 자녀를 낳는다는 목적은 위협을 받는다. 만일 생명체를 낳는 능력이 삶 그 자체의 선과 순수성의 준거로 사용된다면, 우리는 어떤 것이 가장 좋은 삶인가에 대해 수많은 물음을 제기하게 될 것이다.

듀이는 성장이라는 용어를 이런 방식으로 사용하는 것을 염두에 두고 있었던 것 같다. 그런데 우리가 이런 논의를 하게 되면 현재와 미래의 관계에 관해 더 깊이 생각하게 되고, 어떤 예정된 특수한 미래의 상태에 대한 준비로서의 교육의 개념에서부터 벗어나게 된다.

듀이에 따르면 교육의 목적은 더 많은 교육을 하는 것이다. 교육은 목적과 동시에 수단으로서의 기능을 한다. 그는 특수한 목적들은 교육 안에서 적절하다는 점을 부정하지 않는다. 그는 성격상 교육적인 활동들은 목적들을 가지고 있어야 한다고 주장한다. 학생들과 교사들은 모두 어떤 것을 성취하려고 노력하고 있다. 그렇지만 우리의 목적은 고정되어서는 안 되고, 계속되는 교육을 뛰어넘은 최고의 궁극적인 목적은 없다. 특수한 목적이 우리의 활동을 적절하게 안내하는 한, 우리는 그것을 계속 사용한다. 그것은 그런 안내를 하는데 실패한다면, 우리는 그것을 버리고 다른 것, 즉 더 적절한 목적으로 대치한다. 만일 우리가 예견된 목적으로서 우리의 목적을 꾸준히 수행하면, 그리고 우리가 선택한 수단이 바라는 목적에서 정점에 이를 것 같지 않으면, 우리는 다른 수단들을 생각해야 한다. 다른 경우들에서 우리는 목적 그 자체를 다시 생각한다. 흔히 특수한 예견된 목적은 더 고차적인 목적들에 대한 수단으로 활용된다. 그래서 우리는 다른 수단을 찾는 것처럼 그것을 다룰 수 있다.

피터스는 교육의 목적들은 교육 밖에 있는 목적들로 간주되어서는 안 된다는 듀이의 견해에 동의한다. 그렇지만 그는 '목표'와 '목적'을 동의어로 사용한 점은 잘못이라고 생각한다. 피터스의 논문들은 언어분석의 모형들이다. 그의 목적은 '목적'과 '목표'는 교육적인 논의에서 강조하는 것들이 다르다는 것을 보여주는 것이었다. 피터스는 목표는 어떤 행위의 이유들과 연관이 있다고 말했다. 예를 들어 당신이 그렇게 행동하는 목표는 무엇인가라고 이상한 동작을 하는 누군가에게 물어볼 수 있다. 이와는 대조적으로 목적은 멀리 떨어져 있는 표적을 시사한다. 그것은 노력을 집중하는 것과 그것을 맞추기 위해서 집중하는 것이 있음을 시사한다. 피터스에게 있어서 일단 우리가 교육이 무엇인가를 설명했다면, 그것의 목적에 관해 말할 이유가 거의 없다. 왜냐하면 그것의 목적들은 교육의 개념 그 자체에서 비롯된 것이기 때문이다.

심리학과 인식론에 관한 글 이외에 듀이는 사회철학과 정치철학에 관해 폭넓게 글을 썼다. 그는 민주주의를 과학의 방법과 조화를 이루는 '교제하는 삶'의 한 형식으로 보았다. 그래서 그는 특히 민주주의와 교육 간의 관계에 관심을 갖고 있었다. 그는 『민주주의와 교육』(*Democracy and Education*)에서 이런 관계를 상당히 깊이 있게 탐구했다(Noddings, 2007: 35-39).

듀이의 민주주의에 관한 논의는 사회적 동물로서의 인간을 자연주의적으로 서술하는 데서 시작된다. 사람들은 서로 의사소통을 하고 싶어 하는데, 의사소통을 하려는 이런 욕구는 공동의 가치들을 구성하는 추진력을 제공한다. 듀이는 선험적인 세계에서 미리 확립된 가치들에서부터 시작하지 않는다는 점에 주목했다. 인간의 행위나 발달을 위해 신이 제시한 지침이나 영원한 진리는 없다. 물론 듀이는 우리의 공통적인 생물적인 조건을 인정한다. 우리는 먹을 것과 잘 곳을 필요로 하며, 우리들은 대부분 자식을 낳고 자녀들을 보호하려고 하며, 다른 사람들과 호혜적인 관계를 맺고 싶어 한다.

듀이의 자연주의적인 출발은 곧바로 대다수의 전통적인 견해들과 아주 다른 교육에 관한 입장으로 통하게 된다. 허친스(R. M. Hutchins)는 그의 교육철학을 보편적인 문화에서부터 출발했던 데 반해서, 듀이는 문화의 창조보다 선행하는 의사소통을 하기 위한 충동에서부터 시작하고 있다. 허친스는 사람들은 의사소통을 하기 위해서 공통의 가치와 지식을 필요로 한다고 주장한다. 허친스가 지적한 가치와 지식은 듀이에게 있어서 사회적 상호작용을 통해서 구성된 것이고 탐구의 결과이다. 우리는 공통의 가치에서부터 시작하지 않는다. 우리는 그것들을 구성한다. 그러므로 학교는 학생들에게 문화의 특수한 가치들과 지식을 퍼넣어줌으로써 경우에 따라서는 일어날 수도 있는 의사소통을 준비시킬 필요는 없다. 오히려 어린이들이 의사소통하고, 탐구하고, 공통의 가치와 지식을 구성하도록 장려해야 한다.

듀이는 모든 문화는 전달하고자 하는 가치를 가지고 있다는 점을 부정하지 않았다. 그렇지만 듀이의 경우에 '전달'은 말하고 검증하는 것 이상의 것이었다. 한 문화는 젊은이들의 가치를 만들고 그들 자신의 삶에 의미가 있는 온갖 종류의 경험을 제공함으로써 그 문화의 가치를 전달한다. 예를 들어 학교는 단순히 미래에 언젠가 사용하게 될 수많은 정보를 제공하며 학생들이 민주적인 삶을 준비하게 할 수 없다. 오히려 그들의 나이에 적합한 민주적인 삶의 형식에 참여하게 하여 학생들이 민주적인 삶을 준비하게 해야 한다.

민주적인 삶에 참여하는 것을 배우는 것에는 민주적으로 사는 것이 포함되어 있다. 학생들은 공동의 문제를 갖고 함께 해결하고, 교실에서 따라야 할 규칙을 마련하고, 교실에서 생활하는 것과 학습을 개선하기 위한 생각들을 검증하고 평가하며, 그들 자신의 학습목표를 세우는 데 참여한다. 이런 관점에서 보면, 학생이 민주적인 삶에 참여하는 것은 하나의 목적이자 성인이 되었을 때의 민주적인 삶을 성취하는 수단으로써 도움이 된다. 이런 참여에서 배우는 것은 미래에 응용되는 일련의 정보가 아니라 삶의 방식인 민주주의의 기술과 실제적인 절차들이다.

듀이는 민주주의를 단순히 모든 사람들이 선거하고 다수가 지배하는 정치체제로 보지 않았다. 듀이의 경우에 민주주의는 관계를 맺고 있는 삶의 방식이었고, 공유하는 탐구의 과정을 통해서 결정하는 삶의 방식이었다. 공동체 생활을 관리하는 법칙들은 경험적인 검증을 받게 되어 있다. 그것들은 힘 있는 다수가 일반 대중들에게 임의적이고 영속적으로 주입하는 것이 아니다. 분명히 듀이는 시민들이 권력에 대한 욕망과 이기적인 이해관계가 아니라 합리성과 친구의 감정에 의해 통치되기를 기대했다. 만일 한 사회가 그런 시민을 발달시키려고 한다면, 학생들에서부터 시작해야 한다. 듀이의 말로 표현하면, 민주주의는 어떤 상태가 아니라 과정이며, 그것의 규칙들은 계속적으로 면밀하게 검토되고, 수정되고, 창조되어야 한다.

듀이는 두 준거를 가지고 민주주의를 서술했다. 민주주의는 다음과 같이 특징지어진다. 첫째로, 의식적으로 의사소통하고 공유하는 많은 관심사들이 있다. 둘째로, 다른 교제 방식들과 접촉하는 다양하고 자유로운 관점들이 있다. 듀이는 거리의 폭력단은 민주주의가 아니라고 생각했다. 구성원들은 공유하는 관심사를 가지고 있고, 그런 관심사들을 의식적으로 전달할 수 있지만, 폭력단은 사회의 다른 폭력단이나 집단들과 자유롭게 상호작용하지 않는다. 듀이에게 있어서 두 번째 준거는 중요한 검사 기준을 제공한다. 사람들은 계급, 종교, 인종, 그리고 지역을 뛰어넘어 자유롭게 의사소통을 하는가? 집단들이 관계를 끊고, 교제를 끊고, 배타적인 입장에 설 때마다 민주주의는 위협을 받는다. 듀이의 민주주의는 통속적인 사람들의 그것이 아니라는 점에 주목해야 한다. 고립주의자의 사회는 분리로 인해서 민주주의 사회로서의 지위를 위협한다. 왜냐하면 자유롭게 접촉할 수 있는 곳들이 없고, 경계선을 넘어 탐구할 수 있는 기회들이 없기 때문이다.

많은 사람들은 지나친 다원론은 우리의 민주주의를 위협할 수 있다고 생각하는 경향이 있다. 사회가 따로 떨어진 집단으로 분해되어, 다른 집단들을 경계하고 불신할 위험이 있다. 듀이는 하위집단의 교제만큼 하위집단의 수에 대해 관심을 갖고 있지 않았다. 집단들은 다른 집단들과 열린 의사소통을 하는가?

듀이는 사회에서 하위집단의 수가 느는 것이 반드시 위협적인 것은 아니라고 본 것처럼 개인과 국가 간에 본래적인 갈등은 없다고 보았다. 개인은 유익한 시민이 되기 위해서 타고난 선을 포기하고 적응해야 한다고 믿었던 루소와는 달리, 듀이는 국가와 개인은 이상적으로 서로 후원하는 관계를 맺고 있다고 주장했다. 좋은 사회는 새로운 가설을 만들고, 수단을 확대하고, 일련의 대안들을 확대하고, 일반적으로 참신한 생각들에서 비롯된 활발한 대화를 하게 하는 창의적인 사고를 필요로 하기 때문에 의견을 달리 하는 사람들과 동조하지 않는 사람들을 소중히 여긴다. 마찬가지로 개인은 그것을 번성하게 하는 민주적인 국가를 필요로 한다. 그래서 개인은 민주적인 삶의 방식의 유지에 기여하는 데 관심을 가져야 한다.

민주적인 국가와 개인의 관계는 균형을 유지하고 호혜적이어야 한다고 주장했기 때문에 듀이는 상호작용론자의 철학을 주장했다고 할 수 있다. 그는 개인주의와 공동체주의에서 때때로 찾아볼 수 있는 극단적인 견해에 반대했다. 듀이의 경우에 국가는 개인의 권리를 보호하기 위해서 존재하는 것도 아니며, 개인은 단순히 국가의 기능적인 구성요소로만 존재하는 것도 아니다.

듀이는 이런 사상을 민주적인 교실에 적용했기 때문에 학교가 개인들 간의 공정한 경쟁을 장려해서도 안 되고, 학생들이 익명의 교실의 구성원으로서 모두 똑같이 취급되어서도 안 된다고 주장했다. 오히려 학교는 민주적으로 조직되어야 하며, 최선의 교제하는 삶의 형식이 실천되는 장소가 되어야 한다. 그러므로 학교는 어린이들이 자신의 성장을 증진하는 방법, 다른 사람의 성장을 증진하는 방법, 그리고 전체 사회의 성장을 증진하는 방법의 실천을 통해서 배우는 작은 사회이다.

듀이가 학생을 자신의 목표를 능동적으로 추구하는 것으로 서술한 것은 널리 인정을 받고 있다. 그가 인식론에서 절대적인 것과 확실성을 탐구하는 것에 반대한 것은 현대사상에서 지배적인 입장으로 간주되고 있다. 자유주의 사회 안에서 공동체를 추구하는 가운데 포함되어 있는 난점들에 관한 그의 논의는 오늘날에도 논의되고 있다. 상당히 어린 시절부터 학생들이 민주적인 형식에 참여해야 한다는 그의 주장은 지금도 많은 교육자들에게 인정을 받고 있는 것처럼 보인다.

그렇지만 듀이를 강력하게 지지하는 사람들조차도 그의 기본적인 개념들 가운데 많은 개념들이 모호하다는 점을 인정하고 있다. 우리는 성장의 방향을 명시하지 않고 성장에 관해 의미 있게 말할 수 있는가? 듀이가 어떤 때는 개인적인 의미와 동일한 것으로 간주하고, 또 어떤 때는 문화와 동일한 것으로 간주하는 경험은 정확히 무엇인가?

오늘날의 교육자의 관점에서 볼 때 듀이의 연구에 대해 크게 반대하는 것들은 아마도 인종, 계급, 성별에 거의 주목하지 않았다는 것과 우리의 문제를 해결할 수 있는 과학적인 사고의 힘을 지나치게 강조한 것이다. 듀이가 민주주의에 관해 글을 쓸 때 마음속으로 그렸던 것은 생각이 깊은 실험주의자들의 사회, 즉 함께 일하고, 엄밀하게 실험하고, 가능성들을 평가하고 분류하는 사람들의 사회이다. 그는 인종 갈등, 압력 집단들의 정치, 부자와 가난한 사람 간의 날로 늘어나는 격차, 그리고 과학이 우리의 문제들을 개선하기보다는 악화시킬 수 있는 가능성을 다룰 때 별로 조언을 할 수 없을 것이다. 듀이의 열렬한 지지자들은 적어도 그의 저서들을 통해서 유망한 방향을 찾을 수 있다고 주장한다. 그렇지만 그런 해결책들은 거의 유토피아적인 민주주의에 관한 견해에 의존하고 있는 것처럼 보인다. 듀이는 권력 투쟁과 거의 모든 분야에서 신뢰가 상실되고 복잡하게 된 시대에 살고 있는 우리들에게 너무 소박한 것처럼 보인다.

듀이에 관한 논의에서 볼 수 있듯이 현대 교육철학에서도 교육철학자의 연구결과를 살펴보고 교육문제를 해결하려는 경향을 찾아보는 것은 어렵지 않다. 이런 경향은 철학적 전통과 밀접한 관계를 맺고 있다. 듀이의 실용주의적 자연주의와 분석철학 이외에 유럽 철학의 다양한 운동들은 한국 교육철학에 큰 영향을 주었다. 실존철학, 현상학, 비판이론, 해석학, 그리고 포스트모더니즘은 한국 교육철학 연구에 많은 영향을 주었다. 이런 운동들을 상세하게 설명하지는 않는다고 하더라도 교육철학자들이 각 접근법을 통해서 무엇을 성취하려고 했는가를 이해하는 일은 매우 중요하다고 생각한다.

듀이가 실용주의를 발전시키고 있던 것과 같은 시기에 러셀은 분석철학의 엄격한 해석을 가지고 철학적인 세계를 제시했다. 물론 분석은 언제나 철학의 한 부분이었다. 즉, 철학의 한 임무는 개념들, 단어들, 문장들을 분리하여 각 부분이 무엇을 의미하는지, 전체 안에서 그것이 어떤 역할을 하는지를 밝히는 일이다. 그렇지만 러셀은 실재 그 자체는 분석 가능하다고 믿었다. 그는 그것을 환원 불가능한 요소들이나 관계들로 쪼갤 수 있다고 생각했다. 오늘날 대다수의 철학자들은 러셀이 서술한 것과 같은 형식적인 분석을 하지 않고 있다. 오히려 그들은 개념들과 단어들을 명료화하고 설명하려고 노력하고 있다.

분석철학은 어떤 형식이든 분석하고 명료화할 것을 주장한다. 러셀이 주장한 형식에서 분석철학은 언어와 실재의 관계에 집중한다. 교육철학자들은 자주 개념적이고 일상 언어철학에 더 많은 관심을 보여 왔다. 예를 들어 분석철학자들은 교수와 교육의 개념을 분석할 수 있다. 그렇게 하는 가운데서 분석철학자는 제시된 개념들을 밀접하게 관련된 개념들과 분리하고, 개념이 등장하는 다양한 언어적 상황들에 더 많이 주목했다. 일상 언어분석에서 언어가 사용되는 방식을 강조하고 있다. 물론 그것은 개념을 분석하는 데 사용될 수 있지만, 개념분석과 일상 언어철학은 흔히 동의어로 사용되고 있다. 모든 분석철학의 중요한 특징은 중립성을 주장하는 것이다. 분석철학자들은 그들이 분석하는 개념들에 새로운 의미를 부여하려고 노력하지 않는다. 그들은 단어와 개념이 무엇을 의미하는가를 분명하게 밝히려고 하고 있다. 그들은 해석이 아니라 분석을 강조한다. 초기의 유명한 주장을 한 비트겐슈타인은 철학은 세계를 변화시키는 것이 아니라 세계를 더 분명하게 하는 것이라고 주장했다.

오늘날 많은 철학자들은 자신들이 분석철학자들이라고 생각한다. 그들은 개념분석이나 상황 분석을 한다. 그렇지만 그들은 대개 환원할 수 없는 요소들이나 관계들보다는 언어의 용법과 다양한 실제들의 관계에 더 많은 관심을 기울이고 있다. 분석철학자들은 애초부터 우주와 인간에 관한 어떤 철학적인 진리가 있다는 점을 부정하고 있다.

분석철학자들은 어떤 철학적 진리를 제시하는 것이 아니라 교육의 이론과 실제의 중심이 되는 개념을 분석하는 일을 했다. 셰플러(I. Scheffler)는 분명히 우리의 개념적 장치의 명료화, 즉 학습과 교수, 인격, 지능, 교과와 기능, 그리고 바람직하고 적절한 학교교육의 수단과 같은 주제들에 관한 우리의 신념, 주장, 가정, 그리고 판단을 명백하게 설명하는 것이 철학의 목적이라고 주장했다(Scheffler, 1966: 4).

분석적 교육철학은 교육적인 개념들을 단독으로나 다른 개념들과 관련지어 분석하는 것으로 이루어져 있다. 분석적인 접근법을 반대하는 철학자들은 흔히 분석은 중립적으로 수행될 수 있다는 가정에 반대한다. 즉, 그들은 그들 자신의 전제와 선호하는 이론들은 분석에 들어가지 않는다고 가정하는 분석철학자들을 비판한다. 사실 이런 비평가들은 분석적인 작업과 이론 그 자체는 가치를 가지고 진행된다고 주장한다.

1950년대와 1960년대, 그리고 1970년대에 대부분의 교육철학은 교육적인 언어와 개념들을 분석하는 데 몰두했다. 이런 작업을 하게 된 근본적인 동인은 지금까지 분석되지 않았지만 일상 언어에는 의미의 보고가 있다는 믿음이었던 것 같다.

교육철학자들은 교수, 교화, 학습, 훈련, 성취, 그리고 다른 개념들을 분석하기 시작했다. 많은 철학자들은 분석을 철학의 적절한 임무로 간주했지만, 다른 교육철학자들은 형이상학과 관련된 방식으로 연구를 계속했다. 형이상학은 실재와 존재의 궁극적인 본질을 탐구하는 철학의 분야이다. 그것은 다음과 같은 물음을 제기한다. 우주는 근본적으로 정신과 개념으로 구성되는가 아니면 물리적이고 물질적인 부분들로 구성되는가? 이런 철학자들은 보통 예를 들어 관념론과 같은 형이상학적인 입장을 가지고 출발한다. 그들은 이런 입장이 교육에 어떤 의미가 있는지를 보여주려고 노력한다. 철학의 주된 흐름에서 물론 지금도 실재론에 반대하거나 유물론에 반대하는 관념론을 주장하는 견해들이 많이 있다. 그렇지만 교육철학에서의 주장들은 대개는 기본적인 입장을 명확하게 옹호하고 있지 못하고 있다. 흔히 실재론자들이나 관념론자들에 의해 어떻게 교육을 수행해야 하는지 상세하게 서술되고 있다. 교육철학 교과서들에서 실재론자의 교사, 관념론자의 교사, 실용주의자의 교사와 같은 장들이 소개되고 있다.

분석철학자들은 실재론자의 교육계획이나 실용주의자의 교육계획과 같은 종류의 계획은 잘못된 것이라고 생각했다. 우리가 어느 날 두 교사를 관찰한 결과 동일한 방법을 사용하고, 학생들과 거의 같은 방식으로 상호작용을 했다고 가정해보자. 두 교사 모두 실재론자일 수 있고, 관념론자일 수 있다. 그렇지만 그들은 전혀 다른 견해를 가지고 있을 수 있다. 대다수의 철학자들은 오늘날 이점에 대해 분석철학자들에 동의하고 있다.

전통적인 교육철학자들과 분석철학자들 사이의 논쟁은 때때로 모호하게 되었다. 분석철학자들은 전통적인 철학자들의 모호한 사고를 비판하고 자신들이 철학의 주류라고 주장했다. 게다가 그들의 연구가 늘어나는 교육연구 산업에 더 유익하다는 것을 입증했다. 그렇지만 전통적인 철학자들은 소크라테스, 플라톤, 그리고 아리스토텔레스가 물려준 큰 문제들과 같은 물음을 계속 제기했다는 것을 볼 때 공감을 더 받을 소지가 있다. 분석철학자들은 흔히 도덕적인 삶, 정신세계, 그리고 삶의 의미에 관한 큰 문제들은 철학이 접근할 수 없는 것처럼 글을 썼다. 사실 러셀은 비록 흥미 있고 인간의 삶에서 매우 중요하기는 하지만, 그런 주제들은 비철학적이라고 주장했다. 그가 그것들에 관해 글을 썼을 때 그는 철학을 하고 있지 않다고 말했다. 러셀의 관점에서 볼 때 심지어 지적인 생활도 분석 가능한 것이었다. 비록 대다수의 분석철학자들은 오늘날 러셀과 초기 비트겐슈타인의 이런 극단적인 견해를 따르고 있지 않지만, 그들은 여전히 가치중립성을 주장하고 있다.

분석철학은 꾸준히 러셀의 해석으로부터 벗어나고 있다. 게다가 교육철학자들은 러셀의 방식을 갖고는 유익한 연구를 할 수 없었다. 그들의 연구는 성격상 가치에 관심을 가질 수밖에 없었다. 오늘날 분석적 교육철학자들은 비트겐슈타인의 일상 언어분석에 관한 연구에서 입증된 강력한 방법들을 사용한다.

실존철학은 많은 사상가들이 모순된 입장을 가지고 있고 대개 체계적인 철학을 거부하고 있기 때문에 철학의 한 학파라고 부를 수 없다. 실존주의자의 사상은 일찍이 그리스철학과 종교사상, 그리고 미학사상에서 찾아볼 수 있다. 실존철학의 기본적인 주제들은 개인들과 제도, 지향성, 존재와 모순, 선택의 본질과 의미, 극단적 경험들의 역할, 그리고 의사소통의 성격 등이다(Noddings, 2007: 61-70).

실존철학과 관련된 가장 유명한 표현은 실존은 본질에 앞선다는 말이다. 실존주의자들은 교육을 안내하고, 의무들을 규정하고, 운명을 예언하고, 우주 안에서의 인간의 역할을 서술하는 것을 안내하는 데 사용될 수 있는 미리 정해진 인간성의 개념을 거부한다. 분명히 실존주의자의 입장은 대다수의 전통적인 종교철학과 맞서고 있다. 예를 들어 부버(M. Buber), 틸리히(P. Tillich), 그리고 키에르케고르(S. A. Kierkegaard) 같은 종교적인 실존주의자들은 모두 전통적으로 의식과 위계를 종교적으로 강조한 것, 개인보다 제도를 더 높이 평가하고 강조하는 것, 그리고 선택보다 단순한 순종을 더 강조하는 견해를 거부했다. 각 사상가는 사제의 중재 없이 신과 교통할 수 있는 개인들의 능력을 믿었으며, 자신들의 철학적인 논의에서 인간의 선택을 중심에 놓았다.

종교적이든 비종교적이든 간에, 실존주의자들은 인간의 자유를 강조한다. 사람은 본성을 갖고 세계에 내던져진 존재가 아니다. 인간은 계획하고 반성하고, 선택하고 행동하는 것을 통해서 자신을 만든다. 실존은 단순한 야만적인 삶이 아니다. 그것은 우리 인간의 조건, 우리의 자유, 신체적 연약, 궁극적인 죽음, 그리고 우리가 형성되는 인간의 종류에 대한 책임을 의식적으로 인식하는 것을 포함한다. 이런 의미에서 실존은 본질에 앞선다. 우리는 자신을 만들고, 우리의 본질을 만든다.

실존주의자들은 본질적인 인간성의 개념을 거부하는 것 이외에 제도의 우월성을 부정했다. 그들은 질서가 있는 제도 안에서의 인간을 연구하는 것이 아니라 오히려 개인에 관심을 갖고 있고, 개인들이 자신을 정의하기 위해 자유를 행사하는 방법에 관심을 갖고 있다. 유대인의 전통에서 글을 쓴 부버는 서로 관계를 맺는 개인들의 의무와 신과 관계를 맺는 개인들의 의무를 강조했다. 부버는 신을 탐구의 대상으로 만들어서는 안 된다고 말했다. 오히려 신은 대화의 상대이며, 개인들은 서로 호혜적이고 상대를 목적으로 간주하는 나-너의 관계를 맺고 의사소통하는 누군가가 되어야 한다. 이것은 부버에게 종교의 탐구가 중요하지 않았다는 것을 말하는 것이 아니다. 오히려 그런 연구는 그의 삶의 전부였다. 그렇지만 부버는 구체적인 이야기, 즉 인간이 만난 대상과 반성에 관한 이야기를 연구하는 과정에서 신을 발견했다. 그는 종교는 본질과 계율이 선험적인 것이라고 알려진 신에서 출발한다는 견해를 거부했다. 개인은 조금씩 오직 우연하게만 명확하게 인간적인 만남의 대상을 통해서만 드러내는 신과 관계를 맺어야 한다.

틸리히는 부버보다 더 추상적인 접근법을 사용했다. 그렇지만 그는 여전히 선택할 수 있는 개인의 자유와 그런 자유가 수반하는 책임을 강조했다. 틸리히에 있어서 신은 궁극적인 관심과 밀접한 관계가 있었다. 각 개인은 그의 삶을 안내하고 삶에 통합성을 부여할 수 있는 궁극적인 관심사가 필요하다. 틸리히는 궁극적인 관심이 없다면, 삶은 의미가 없으며, 단편적이고 조잡한 관심사로 전락하게 된다고 말했다. 실존주의자들이 쓴 신앙, 만남, 용기, 희망, 그리고 즐거움에 관한 글들은 많은 사람들에게 감동을 주고 있다.

소설가이자 극작가이자 철학자인 사르트르(J. P. Sartre)는 대중들에게 비탄과 절망의 모습을 전달했다. 사르트르는 실존철학은 염세주의라는 비난을 받아서는 안 되며, 오히려 낙관적인 강인함이라고 주장했다. 그는 우리가 모든 사람들이 더 인식하면서 함께 살 수 있도록 인간의 조건을 개선하는 것에 대해 책임이 있다고 주장하고 있다. 그는 우리가 그런 책임을 받아들이는 것은 물론이고 그것이 인간에게 어떤 의미가 있는가를 규명할 책임이 있다고 주장했다. 우리는 전적으로 자유롭기 때문에 첫 번째 책임을 받아들이거나 거부할 수 있다. 사르트르는 이것을 거부하는 사람들을 경멸했지만, 우리는 그것을 받아들일 수도 있고 거부할 수도 있다. 우리는 두 번째 책임을 피할 수 없다. 인간성은 우리가 선택하는 것에 달려있고, 우리가 선택한 것은 우리의 행동에서 우리가 하는 것을 드러낸다.

사르트르와 같은 무신론적인 실존주의자는 자주 소설과 희곡의 등장인물들을 통해서 모순을 말한다. 신이 인간에게 준 합리적인 삶의 계획을 찾는 사람들은 실망할 것이다. 그런 계획은 없다. 삶과 인간은 모순이며, 선험적인 의미는 없다. 우리는 삶에 어떤 의미가 있는가를 창조해야 한다. 만일 우리가 자신이 지루하고 실망스럽다는 것을 발견하고, 매일 이것이 전부냐고 묻는다면, 삶의 공허함을 받아들일 것인가 아니면 우리의 선택과 행위를 통해서 의미로 가득 채울 것인가 하는 것은 우리에게 달려 있게 될 것이다.

우리가 자유를 인정하게 되면 고뇌가 따른다. 우리는 결정해야 한다. 신이 없다는 것을 알게 되면 고독하게 된다. 사르트르는 고독과 고뇌는 함께 온다고 말했다. 우리는 우리의 선택을 통해서 가치를 창조한다. 만일 우리가 용기 있게 자신의 선택을 인정하고, 가치를 창조한다면 우리가 선택한 것의 효과가 나타나게 될 것이다.

실존주의 작가들의 문학에서 되풀이해서 보여주고 있는 것은 극중 인물들이 페스트, 전쟁, 어쩔 수 없는 죽음과 같은 극단적인 상황이나 일상생활에서의 고뇌 속에서 의미를 찾는 것이다. 그들은 반복되는 일상적인 사건들과 고통, 그리고 기아에서 의미를 찾으려고 애쓴다. 그들은 아무것도 발견하지 못하고 삶은 정말로 모순이라고 결론을 내리거나 의미는 정확히 그들이 하고 있는 것에 있다는 것을 깨닫게 된다. 비록 많은 사람들이 죽어가겠지만, 환자를 치료하는 것, 친구들을 속이기보다는 고문으로 고통을 당하는 것, 모험을 추구하기보다는 가정과 가족의 품으로 돌아오는 것, 모험을 해서 가족을 위하는 것 등이 의미가 있다는 것을 깨닫게 된다.

현대 교육철학자들이 관심을 갖고 있는 실존철학의 주제는 관계를 맺고 있는 개인이다. 우리가 살펴보았듯이, 모든 실존철학자들은 개인을 제도에 예속시키는 견해를 거부한다. 그렇지만 예를 들어 부버와 같은 일부 실존철학자들은 다른 동료들의 글에서 찾아볼 수 있는 강력하고 고독한 개인주의를 거부한다. 부버는 히브리대학 취임강연에서 이 과정은 인간의 본질에 관한 문제를 풀어가는 과정에서 처음부터 개인에 관한 것도 아니고 집단에 관한 것도 아니라고 말한 점에 주목해야 한다고 말했다. 그는 이 강연에서 오직 사람과 사람 사이의 상호관계를 통해서만 인간의 본질을 파악할 수 있다는 것을 보여줄 것이라고 말했다.

부버는 교육에 깊은 관심을 가지고 있었다. 첫째로, 교사 자신의 인격과 지적인 흥미는 은연중에 학생들의 본보기가 된다. 둘째로, 교사는 포용을 실천하여 학생이 무엇을 하려고 하며, 무엇이 되려고 하는가를 알게 되며, 바람직한 계획을 열정적으로 후원하거나 안내한다.

교육에서의 관계는 순수한 대화의 관계이다. 부버는 대화를 통해서 위안을 주고 관계를 맺는 것에 대해 지적하고 있다. 부버에게 있어서 대화는 말하고 듣는 방법인 동시에 침묵하는 가운데 서로를 받아들이는 방법이다. 어린이들은 성장을 위해서 이런 종류의 관계를 필요로 한다. 어린이는 이런 관계를 맺는 세계 안에서 신뢰한다. 이것은 교육에서의 관계의 가장 좋은 내적 성취이다. 오늘날 일부 교육철학 연구에서는 관계의 중요성을 강조한다. 이런 연구는 때때로 실존주의자의 문헌에 눈을 돌리게 한다. 또 어떤 때는 학교교육에서 일어나는 일상적인 사건들을 살펴보면 학생들에게 관계가 매우 중요하다는 증거를 보여주는 경험적인 연구들에 눈을 돌리게 된다.

철학에서 현상학은 심리학과 사회학 연구에서의 다양한 서술적인 방법들을 가리키는 말이다. 철학적 현상학자들이 말하는 현상학은 일상적 의미의 과학적 관찰이나 인과율적인 관찰을 말하는 것이 아니다. 현상학은 의식의 대상들과 구조에 주로 관심을 갖는 서술적인 과학이다(Noddings, 2007: 70-72).

현대 현상학은 후설(E. Husserl)의 연구에서부터 시작되었다고 할 수 있으며, 확실한 인간 의식에서 지식을 찾으려고 한 데카르트(R. Descartes)의 시도에 뿌리를 두고 있었다. 데카르트의 '나는 생각한다. 그러므로 나는 존재한다.'는 명제는 실재를 구성하는 데서 공유하는 의식을 시사한다. 실존철학자이자 현상학자인 사르트르는 데카르트가 말한 회의의 방법이 현상학의 기본적인 방법이라고 되풀이해서 말했다.

후설은 현상학은 경험과학이 아니라 선험적인 과학, 즉 경험적 사실들을 오직 예들로만 사용하는 과학이라고 말했다. 현상학자들은 조정의 방법으로 괄호로 묶기와 환원의 방법을 사용하여 모든 상상 가능한 수정이 지속되고 있고, 수정을 통해서 주관성의 특징을 확인하려고 노력한다. 그들이 말하는 지향성은 의식의 기본적인 특성이다. 현상학자들에게 의식은 언제나 어떤 것에 대한 의식이다. 구성하는 주체는 그 자체의 관조의 대상들, 즉 지향적인 대상들을 창조한다. 현상학자들은 이런 대상들과 그것들의 성격, 그리고 그것들이 드러내는 의식의 구조를 연구한다.

후설이 현상학을 정립했을 때, 교육철학자들은 전문적인 현상학에 참여할 이유가 거의 없었다. 그렇지만 많은 교육학자들이 심리학적인 현상학에서 발견한 방법들을 사용하고 있다. 지금 사람들은 희망, 신뢰, 또는 신앙 등을 탐구하는 데 눈을 돌리고 있다. 그리고 우리가 연구하고 있는 것의 기본적인 특징이나 본질, 그리고 그것을 경험하는 주체에 관한 것을 파악할 수 있도록 체계적으로 그런 용어들이 사용되는 상황들은 다양하다. 우리들은 대부분 우리가 발견하는 것을 서술하는 데 본질이라는 말을 사용하지 않는다. 왜냐하면 우리는 전문적인 현상학의 절대주의자적인 주장들을 거부하거나 우리의 방법이 철저하지 않다는 것을 인정하기 때문이다.

비판이론가들의 관점에서 보면, 철학은 그 시대의 위대한 투쟁과 사회 운동에 참여해야 한다. 분석철학은 초연과 언어나 실제 세계에 담겨 있는 진리의 중립적인 형식을 탐구하는 것을 높이 평가하지만, 비판이론은 그런 초연은 지적으로나 도덕적으로 무책임한 것이라고 주장한다. 교육철학자들은 비판이론의 영향을 크게 받아왔다. 많은 논문들이 매년 나오고 있다. 비판이론가들은 인종주의와 계급주의, 그리고 성차별의 문제를 제기하고 있다. 마르크스(K. Marx), 그람시(A. Gramci), 호르크하이머(M. Horkheimer), 마르쿠제(H. Marcuse), 아도르노(T. W. Adorno), 푸코(M. P. Foucault), 그리고 하버마스(J. Habermas)와 같은 비판이론가들은 모두 인간 자율성의 편파적이고 제한된 형식을 비판하고 보편적인 자유를 확대하려고 노력했다. 그들은 정치적 자유와 존엄성에 관심을 갖고 있다. 그들은 사르트르의 실존주의의 최상의 자유로운 의식이 아니라 현실적이고 역사적으로 상황이 정해진 인간에 초점을 맞추고 있다(Noddings, 2007: 72-76).

마르크스에서 출발한 비판이론가들은 지배의 형식에 근본이 되고 그것에 수반되고 그것의 결과로 일어나는 사회적 조건들을 분석해야 한다고 주장했다. 물론 마르크스는 한 계급이 다른 계급을 경제적으로 지배하는 것에 흥미를 가지고 있었다. 그는 노동자들이 그들의 생산물에서 소외되고, 노동 그 자체가 임금노동으로 환원되고, 다수의 큰 고통의 대가로 소수가 크게 부유하게 되는 것을 보았다. 마르크스에 있어서 노동자들의 처지는 그 시대의 위대한 투쟁을 대변했다.

마르크스가 경제적 조건에 깊은 관심을 보였던 것만큼 다른 비판이론가들은 투쟁의 다른 면에 관심을 집중했다. 예를 들어 그람시는 지배집단이 종속된 집단들에 대해 문화적 헤게모니(hegemony)를 행사는 방식을 분석했다. 한편에서 문자해득은 사회 개선의 도구로 간주될 수 있다. 그것은 사람들이 더 좋은 일자리를 구하고, 더 나은 서비스를 받고, 시민의 임무를 현명하게 수행할 수 있게 한다. 문자해득을 억제하는 것은 완전한 지배의 강력하고 분명한 수단이 될 수 있다. 다른 한편에서 문자해득을 확대하는 것은 헤게모니를 확실하게 하는 한 방법으로 간주될 수 있다. 글을 읽고 쓸 수 있는 사람들은 더 강력한 소비자와 앞잡이가 될 수 있다. 첫째로, 그들은 그들 자신의 최선의 이익을 줄 수 없는 정치적이고 사회적인 구조를 받아들여야 한다고 확신할 수 있다. 둘째로, 그들은 자신들이 정말로 필요한 것이 아닌 상품을 사는 데 힘들여 번 임금을 쓰도록 설득당할 수 있다. 소수의 하류계급 자녀들은 경제적 부의 사다리를 올라가는 데 성공할 것이기 때문에 상향적 사회이동의 희망은 설득력을 갖게 될 것이다. 그렇지만 중요한 지식, 즉 특권이 있는 지식은 소수의 소유가 될 것이다.

프레이리(P. Preire)는 새로운 문자해득을 하는 가운데 의식을 일깨우는 것의 필요성을 강조한 교육이론가들 가운데 한 사람이다. 억압받은 대중은 억압의 형식과 지배집단이 대중의 문자해득을 이용하는 방식을 알아야 할 필요가 있다. 억압받은 사람들이 읽기와 쓰기를 배움에 따라, 억압받은 집단은 자신들의 문제들과 가능한 해결책을 서술하려는 주제들을 만들어낼 필요가 있다.

지루(H. Giroux)는 프레이리의 주장에 근거를 두고 미국 교육의 실제를 분석했다. 그는 비판적인 문자해득과 개인과 집단의 문제를 분석하는 것을 지향하는 문자해득의 한 형식을 주장했다. 비판능력과 힘이 없으면, 문자를 해득할 수 있는 사람들은 지배문화가 전달하고자 하는 메시지를 단순히 받아들이기만 한다. 그들은 착취의 공범자들이 된다. 비판적인 문자해득은 비판적 사고의 한 형식을 요구한다. 사람들은 글을 읽는 방법을 알아야 할 뿐만 아니라 질문하고 분석하고 문제를 해결하는 방법도 알아야 한다.

여권확장 이론가들은 억압받는 집단으로서의 여성이 삶의 모든 영역에서 중요한 현상에 이름을 제시할 수 있는 힘을 거부해온 방식을 분석했다. 예를 들어 달리(M. Daly)는 이름붙이기의 힘을 인간 해방의 중심으로 보고 있다. 여성은 이름붙이기의 힘을 잃어버렸다. 우리는 자신들, 세계, 또는 신의 이름을 부를 수 있는 힘을 사용하는 데 자유롭지 못했다. 이런 관점에서 보면, 문자해득만이 다른 사람들의 이익과 목적을 위해 고안된 언어를 공유하는 것을 허용한다.

많은 비판이론가들은 또한 모든 학생들에게 특권이 있는 지식을 제공하면 인종과 계급의 장벽을 허무는 데 도움이 된다고 믿는다. 그렇지만 비판이론을 비판하는 사람들은 표준화된 교양 교육과정은 단지 특권이 있는 지식을 표현한 것에 지나지 않는다고 주장한다. 또한 그것은 지식인 계급에 특권을 부여하는 경향이 있는 고도로 추상적인 지식인 언어에 행위의 목적을 두고 있는 것으로 생각할 수 있다고 비판하고 있다. 만일 그것의 목표가 세계를 변화시키는 것이라면, 그것은 왜 소수 이외에 모든 사람이 접근할 수 없는 언어로 서술해야 하는가? 왜 그것은 특권이 있는 지식이라는 이름이 붙은 자료를 교육적으로 가치가 있다고 가정하는가?

해석학은 오랫동안 성서 원문의 해석과 연관이 있었다. 오늘날 이 명칭은 흔히 정초주의의 특징인 확실성의 탐구와 흔히 니체와 때때로 실존철학과 연관이 있는 허무주의를 거부하는 의미에 대한 철학적인 탐구를 가리키는 말로 사용되고 있다. 해석학을 지지하는 철학자들은 우연성과 역사성을 받아들인다. 그들은 역사적으로 전개되는 원문과 삶에서 의미를 추구한다. 해석학은 정확하게 하나의 의미를 발견할 것이라는 기대 없이 공격받지 않는 기초를 마련할 수 있을 것이라는 기대 없이 의미를 신중하게 탐구하는 것을 포함한다(Noddings, 2007: 76-77).

해석학적인 연구는 우리의 비전의 범위를 확대하며, 새로운 의미를 제안하며, 더 대화하는 것을 권장한다. 해석학은 실제적인 경향이 있다. 그것은 엄밀한 이론적인 기초 위에서 시도하지 않고 현실의 상황과 역사에서부터 의미를 추구하려고 시도한다. 철학자들이 궁극적인 목표와 고정된 의미를 거부하고 견해의 다양성과 계속적인 대화를 촉구하고 일원론적인 경향을 거부하고 다원론을 인정할 때마다, 그들은 해석학적인 정신을 갖고 연구하고 있는 것이다.

포스트모더니즘은 운동이라기보다는 분위기로 이해할 수 있다(Noddings, 2007: 77-82). 다양한 저자들이 현대적인 것의 계획들에 관해 깊은 의문을 제기하는 분위기와 견해의 다른 측면들에 대해 정교하게 글을 썼다. 대다수의 포스트모더니스트들은 절대적인 진리를 계몽주의적으로 탐구하는 것을 포기하고 있다. 이런 점에서 그들은 듀이에 동의한다. 그들은 공통적인 관찰이나 방법론적인 규약을 통해서 우리가 동의할 수 있는 그런 종류의 사실, 즉 국지적인 진리라고 부를 수 있는 것을 받아들인다. 예를 들어 우리는 일간신문에 보도된 운동경기의 점수, 사건의 보고, 부고와 결혼 알림 등은 진실이라는 데 동의할지도 모른다. 마찬가지로 포스트모더니스트들은 수학의 기본적인 규칙이나 과학의 어떤 주장들을 진리로 받아들인다. 심지어 이것들도 그것들의 적용 장소에 관해 더 이상 생각하지 않을 정도로 우리가 잘 알고 있는 실체와 사건들에 적용된다는 의미에서 지엽적이거나 제한적인 것으로 간주될 수 있다.

많은 철학자들은 오늘날 정초주의적인 진리의 궁극성에 대한 회의론에서 포스트모더니스트들과 공통된 견해를 갖고 있다. 그렇지만 포스트모더니즘은 전통적인 인식론을 부정하고 있기 때문에 크게 지지를 받기 어려운 측면을 갖고 있다. 포스트모더니스트들은 하나이면서 모두를 포함하는 지식을 서술할 수 없다고 믿는다. 그들은 지식과 권력이 어떻게 연관이 있는지, 경험의 영역들이 어떻게 진화하며, 지식에 대한 다양한 주장들에 의해 이익을 보는 사람은 누구이고, 해를 입는 사람은 누구인지, 어떤 종류의 언어가 지식을 갖고 있는 사람들의 사회에서 어떻게 발달하는지와 같은 지식사회학을 강조한다. 어떤 의미에서 보면 포스트모더니즘은 포스트인식론을 함의한다. 다른 의미에서 보면 그것은 전통적인 인식론의 극적인 수정을 시사한다. 우리가 인식론을 더 깊이 살펴보면, 우리는 현대 교육이론이 어떤 사람에게는 인식론적인 입장으로 간주되고, 또 다른 사람들에게는 포스트인식론적인 입장으로 간주되고 있는 구성주의에 사로잡혀 있음을 보게 된다.

포스트모더니스트들은 오랫동안 유지되어 온 객관성에 대한 믿음을 공격한다. 목적이나 관점 없이 자료를 모으거나 사건을 해석하거나 논증할 수 없기 때문에 전통적인 의미에서의 객관성은 신화가 되었다. 하지만 간주관성을 통해서 객관성과 같은 것에 도달할 수 있는지도 모른다. 즉, 다양한 관점들에서부터 해석한 것들을 모으면, 우리가 얻을 수 있는 거의 편견이 없는 모습을 그려낼 수 있는지도 모른다. 교사들은 각 개인의 의견이나 편견을 버리거나 주관성을 버리고 공정한 증거를 갖고 뒷받침할 수 있는 설명을 할 것을 촉구하는 경향이 있다. 포스트모더니스트들은 이것을 할 수 있다는 것을 거부했을 뿐만 아니라 그렇게 하려는 시도는 이미 어떤 탐구에서도 편견이 될 것이라고 주장한다.

하버마스 같은 비판이론가나 데리다(J. Derrida) 같은 포스트모더니스트의 사상을 지지하게 되면 우리는 모든 어린이들에게 동일한 교육과정을 제공해야 하는가 하는 물음에 대해 전혀 다른 접근을 하게 될 것이다. 모든 어린이들에게 동일한 학습의 과정을 강요하는 것은 그 시도가 아무리 잘 의도된 것이라고 해도 포스트모더니즘의 관점에서 보면 전체주의적임이 분명하다고 볼 수 있다.

많은 포스트모더니스트들은 구성적인 주체, 즉 현대 철학의 중심을 이루어왔던 추상적이고 특히 인간적인 인식의 주체에 대해 의문을 제기해 왔다. 사람들이 역사와 문화에 의해 형성되는 다양한 방식들과 개인적인 경험들, 그리고 다른 사람들과의 상호작용에 의해 형성되는 다양한 방식들을 인정하고 있기 때문에 포스트모더니스트들은 구성적인 주체와 다양한 실체들을 서술하는 일을 하고 있다. 그런데 이런 견해는 데카르트적인 인식론의 합리적인 주체뿐만 아니라 사르트르가 서술한 실존적인 주체에 도전한다. 이런 관점에서 보면 우리는 최고로 자유로운 선택을 하지 않으며, 우리는 우리가 형성하는 인간에 대해서도 완전한 책임을 질 수 없다.

불행하게도 주체의 죽음은 데카르트와 사르트르의 인식 주체는 물론이고, 고원한 칸트의 절대적인 도덕적 명령을 몰아냈다. 그것은 일상적인 행위를 하는 인간의 자율성과 주체성을 위협한다. 포스트모더니즘의 경향을 보이는 여권 확장론자들은 이점을 걱정한다. 주체의 죽음이 형이상학적인 주장이라면, 우리는 그것을 진리에 대한 주장으로 받아들이거나 거부해야 한다. 그렇지만 포스트모더니스트들은 적어도 주도면밀하게 형이상학적인 주장을 하지 않는다. 그들은 우리에게 형이상학적인 주장을 포기할 것을 촉구한다. 그들의 주장은 정치적인 의미를 갖고 있기 때문에 정치적인 관점에서 접근해야 한다. 여권 확장론자들은 이런 주장이 그들의 계획에 도움이 되는가 아니면 방해가 되는가를 물어보아야 한다. 오늘날에 와서야 비로소 여성들을 자율성을 행사하는 행위의 주체로 막 느끼기 시작했다.

요컨대 포스트모더니즘은 현대사상의 전체 구조를 흔들어 놓은 하나의 분위기이다. 그것은 소중히 여겼던 가정들, 방법들, 태도들, 사고의 양식, 그리고 가치에 도전한다. 우리는 포스트모더니스트들이 우리가 교육의 문제에 대해 더 잘 사고하게 하는 것을 돕는 방식들을 인식해야 한다. 하지만 우리는 그들이 쓰고 있는 말만을 가지고 교육문제를 이해할 때 어떤 문제가 생길 것인지에 대해 신중하게 생각해야 한다.

가치중립성을 주장했음에도 불구하고, 분석적 교육철학이 인간의 조건을 강력하게 탐구한 실존철학보다 교육에 더 영향을 미쳤다는 것은 기묘한 일이다. 이처럼 기이한 현상이 나타난 이유 가운데 하나는 우리가 기술과 과학적인 진보와 통제에 대한 오래된 믿음이 지배하는 사회에서 살고 있다는 것이다. 분석적 교육철학자들은 교육연구의 명료성과 일관성에 기여할 수 있었다. 인간의 자유와 제도의 거부를 강조한 실존철학은 제도적인 개혁 성향이 강한 국가의 문화에 적합하지 않았다.

교육철학자들을 포함한 많은 철학자들은 수정된 현상학적인 방법을 사용하고 있다. 그렇지만 소수만이 자신들을 현상학자로 보고 있다. 부분적으로 이것은 현상학이 매우 기술적이고 배우기 어렵기 때문이다. 끝으로 비판이론가들은 교육사상의 폭 넓은 영역에 크게 영향을 주었지만, 그들은 세계를 변화시키겠다는 자신들의 욕망과 양립할 수 없는 것처럼 보이는 매우 현학적인 언어를 사용한다는 비난을 받았다.

교육철학이 해야 하는 가장 중요한 일 가운데 하나는 교육에 관한 가정들을 비판적으로 검토하는 것이다. 즉, 분석, 비판, 윤리적인 사고, 지식론, 그리고 형이상학이 교육에 관한 체계적인 사상을 제시하고 보다 나은 관점을 갖게 하는 데 얼마나 도움이 되는가를 밝히는 일이 중요하다.

교육철학은 일반적으로 무엇을 목적으로 삼아야 하는가? 그리고 교육철학을 가르치는 사람은 무엇을 목적으로 삼아야 하는가? 교육철학은 경험적으로 연구할 수 없을 뿐만 아니라 그것을 연구하는 동일한 절차도 없다. 교육철학 연구의 중요한 특징은 의미와 가치문제, 개념 문제, 그리고 관념의 정합성, 다시 말하면, 그것이 의미가 있는지, 그리고 그것을 정당화할 수 있는지에 중점적으로 관심을 갖는다는 데 있다(Bailey, 2010: 11-14).

피터스는 무엇이 사실인가에 관한 이론적인 질문에 대한 대답의 분석과 정당화에 관심을 갖는 철학과 실천적인 문제, 즉 무엇이 사실이어야 하는가에 관한 문제와 행위의 이유에 관심을 갖는 분야의 철학을 구분하고 있다. 그는 교육적인 문제를 해결하기 위해서는 두 종류의 물음을 제기하는 것이 필요하며, 이 영역에서 철학자가 수행하야 하는 임무는 교육적인 관심사에 다른 분야의 철학, 특히 윤리학, 사회철학, 인식론, 그리고 심리철학에서 개발된 정당화 이론과 개념분석 방법을 적용하는 것이라고 보고 있다. 그는 네 가지 중요한 연구 분야를 제시하고 있다(Cooper, 1986: 10-11).

첫째로, 교육학의 중요한 개념들을 분석하는 것이다. 이것은 심리철학과 사회철학에 속하는 문제로 간주할 수 있다. 둘째로, 윤리학과 사회철학을 적용해서 바람직한 교육내용과 절차에 관한 가정을 탐구하는 것이다. 셋째로, 교육심리학자들이 교육의 과정을 밝히기 위해서 사용한 개념체계와 가정을 분석하는 것이다. 넷째로, 교육과정의 내용과 조직의 철학적 성격과 학습에 관한 문제와 관련된 철학적 성격을 탐구하는 것이다.

모든 사람이 동의하는 교육철학의 문제들을 제시하는 것은 불가능한지도 모른다. 대개 교육철학의 문제는 교육철학자의 개인적 기호에 의해 결정되는지도 모른다. 하지만 우리가 교육철학의 문제가 무엇인가를 이해하는 방법 가운데 하나는 현대 교육철학의 동향을 탐구하는 것이다. 이 과정에서 중요한 것은 철학적인 전통을 이해하기 위해 철학을 공부하는 일과 우리 교육의 문제가 무엇인가를 철학적으로 깊이 생각해보는 것이다. 다시 말하면, 다양한 철학적 전통을 탐구하고 철학적인 사유 능력을 기르는 것이 필수적이라고 생각한다.

제2장 교육의 의미

제2장 교육의 의미

1. 입문의 비유

여기서 우리가 관심을 가져야 하는 것은 궁극적으로 어떤 교육의 정의에 동의하느냐 하는 문제가 아니다. 왜냐하면 우리가 사람들을 교육하는 데 포함되어야 한다고 생각하는 지배적인 가치가 무엇인가를 분명히 밝힐 수 있다고 한다면, 우리는 서로 이해하고 심지어 합리적으로 조절하면서 살아갈 수 있을 것이기 때문이다.

우리가 교육에 관해 더 깊이 생각하기 위해서는 적어도 우리 자신의 교육에 관한 생각이나 교육의 개념을 분명히 해야 한다. 그것은 교육사상 연구에서 일차적이고 중요한 문제이다. 교사가 자신을 실천적인 교사로 생각하든 이론가로 생각하든 간에, 건전한 추론에 바탕을 둔 실제는 그에게 가장 근본적인 문제라고 할 수 있다. 만일 잘 교육받은 사람이란 어떤 사람인가를 설명할 수 없다고 한다면, 이 학교에서는 교육을 잘한다거나 좋은 교사는 이런 식으로 교육해야 한다는 주장을 이해할 수 없을 것이다.

교육의 준거를 규정하는 것, 교육의 개념을 분석하는 것, 그리고 교육받는 것의 필요조건이나 충분조건과 같은 전문적인 말을 동의어로 이해해도 좋다. 이처럼 다르게 표현했지만 그것들은 공통점을 갖고 있다. 그것들은 교육이라는 단어를 사전에서 설명하는 방식과 다르게 정의할 필요가 있다는 것을 말하는 것이다. 그것들은 교육의 의미에서 본질적인 것은 무엇인가를 확실히 한다는 의미에서 단어의 용법을 찾는 것이다. 우리는 '교육'을 관련이 있지만 확연히 다른 훈련, 교화, 또는 사회화와 같은 개념들과 어떻게 구별하는가? 잘 교육받는다는 것은 무엇인가?

일반적으로 이런 물음을 제기하고 답하지 않는 것은 이상한 일이다. 우리는 매일 시를 공부하는 것은 시간 낭비라거나, 학교에서는 전문적인 지식에 초점을 맞추어야 한다거나, 학생들은 특수한 교과를 배우기보다는 학습하는 방법을 배워야만 한다거나, 이 학교보다 저 학교가 더 좋다거나, 대학에 다니는 것은 시간 낭비라고 말하는 사람들과 자주 마주치게 된다. 하지만 이런 사람들은 그렇게 판단할 때 자신들이 생각하는 교육적인 성공에 대한 견해를 정당화하는 것은 고사하고 설명하지도 못하고 있다. 그들은 분명히 이것이 어떤 결과를 얻거나 그것에 더 효과적으로 기여한다는 것을 안다. 하지만 그들은 자신들이 말한 결과가 무엇인지에 관해 명확한 생각을 갖고 있지 않다. 이것은 거리에서 만난 사람들만의 문제가 아니다. 여기서 우리가 유의해야 할 것은 건전한 교육정책과 실제를 이해하고 그것에 기여하려는 사람들에게 있어서 첫째가는 중요한 임무는 교육의 개념을 분석하는 일이라는 것이다. 즉, 교육의 개념을 설명하고, 잘 교육받는 것으로 간주하는 것이 정확히 무엇인가를 결정하는 것이다.

피터스는 초기 논문들에서 단어의 의미에 관해 묻고 있는데, 여기서 그는 '철학에서의 혁명'과 관계가 있는 개념분석에서 핵심적인 언어적 방법을 사용하고 있다. 그렇지만 오스틴(J. L. Austin)과 피터스 사이에는 공통점이 거의 없다. 오스틴은 문제를 제기하거나 더 고차적인 분석을 위해서 언어적인 방법을 사용했고, 더 깊이 이해하기 위한 수단으로 언어의 미묘한 차이를 중요하게 생각했다. 반면에 피터스는 다른 근거로 채택한 입장을 지지하기 위해서 그것을 사용하고 있다.

피터스의 교육사상은 적어도 소크라테스 이후 고대 그리스철학의 기초였던 일련의 원리들에 바탕을 두고 있다. 그 원리는 다음과 같다. (1) 인간의 보편적인 선은 존재한다. (2) 인간을 위한 선은 인간의 삶에 내재하는 것이지 그것을 초월하지 않는다. (3) 교육과 삶은 분리될 수 없으며, 교육은 그것의 일부이다. 교육적인 선을 획득하는 과정에서 교육받는 사람은 좋은 삶을 영위하게 된다.

피터스는 미래를 위해 현재를 희생하는 시간에 관한 적절하지 않은 관점 때문에 마르크스주의를 비판했다. 그렇지만 마르크스의 목적을 현명하게 증진하는 것은 일반적으로 가치 있는 활동을 위한 준거를 충족한다. 피터스가 마르크스주의에 반대한 진짜 이유는 개인의 선을 초월적인 집단의 이익에 종속시킨 것에 있다. 이런 종속은 집단적인 것을 위해서 개인의 선을 억압하거나 축소하는 것을 합법화하는데, 이것은 근본적으로 피터스의 믿음에 대치되는 것이었다.

교육의 과정은 바람직하고 가치 있는 마음의 상태의 발달을 이끌어야 한다. 그것은 상향적 사회이동을 위해서 삶의 기회를 향상하거나 훈련받은 인력의 요구를 충족하는 것과 같은 목적에 기여하기 때문에 가치 있는 것이 아니다. 그것은 교육받은 개인의 삶의 질을 높이는 것과 같이 그 자체가 가치가 있어야 한다. 모든 가치 있는 마음의 상태가 교육적인 과정에서 비롯되는 것은 아니다. 예를 들어 동정심과 용기는 흔히 그렇지 않다. 한 과정이 그 자체가 바람직한 마음의 상태의 발달을 이끌어야 한다는 것은 교육받는 것의 필요조건이다. 피터스는 교육의 목적은 그 활동에 내재하고 있다고 주장했는데, 이런 주장의 정당화는 선험적 연역에 바탕을 두고 있다.

교육의 과정은 지식과 이해를 산출해야 한다. 교육은 원리, 개념체계, 사물의 존재 이유에 대한 인식, 폭과 깊이가 있는 이해의 문제로 간주되었다. 요컨대 교육은 지적 안목을 습득하는 것이었다. 이런 습득은 죽은 정보를 축적하는 것이 아니다. 왜냐하면 교육받은 결과로 우리의 경험은 변화되고 그 결과로 우리는 다른 관점을 가지고 살아갈 것이기 때문이다. 습득한 지식과 이해는 사람의 지각과 현실을 나타내는 요소들이다.

교육의 과정은 어떤 성취를 기대할 뿐만 아니라 최소한의 자발성과 기지가 포함되어 있다. 교육의 목적들은 내용뿐만 아니라 절차의 원리를 통해서 구현될 수 있다. 교육의 과정에 관한 전체적인 설명은 입문의 비유로 요약될 수 있다. 어린이들은 문명의 문 밖에서 태어났고, 적절하고 바람직한 지식과 이해를 가지고 있는 교사는 그가 알고 있는 것을 공유하도록 그들을 안으로 이끌어야 한다. 피터스는 이 과정에서 교사가 주형과 성장이라는 잘못된 비유 사이에서 중도를 찾을 수 있다고 생각했다. 이 두 비유는 각기 교사의 임무 가운데 한 측면만을 지나치게 강조하고 있는 것이 문제이다.

훈련은 좋지 못한 것이다. 그것은 특수한 목표를 염두에 두고 있고, 그 목표와 관련지어 제한된 능력을 기르는 데만 관심을 갖게 한다. 그렇지만 교육은 그것에 얽매일 수 없다. 훈련은 진부한 상황에서 어떤 종류의 능률을 목표로 삼고 있는 반면에, 교육은 마음을 넓히는 것이고, 그 자체가 가치 있는 것이다.

이런 피터스의 교육에 관한 논의는 주로 언어적인 논의에 의해 확립된 것이지만, 다른 한편에서는 역사적인 것이기도 하다. 우리의 교육의 개념은 19세기에 이런 형태를 띠게 되었는데, 이것은 산업혁명과 관련이 있다.

하지만 피터스는 교육의 개념이 아니라 중요하다는 것이 인정되고 있고 역사적으로 중요한 자유교육의 개념을 서술한 것이라고 생각한다.

교육한다는 것은 무엇인가? 우리가 이 개념을 명확히 파악할 수 있다면, 우리는 교육 활동에 참여하고 있는 사람들이 무엇을 하고 있고 어떻게 해야 하는가를 더 잘 이해할 수 있을 것이다.

피터스는 『윤리학과 교육』(*Ethics and Education*)에서 '교육'은 규범적 의미를 가지고 있다고 주장한다. 교육은 무언가 바람직한 것을 성취해야 한다는 준거를 갖고 있다.

> 교육은 도덕적으로 인정할 수 있는 방법을 통해서 의도적으로 무언가 바람직한 것을 전달하는 것을 의미한다. 한 인간이 교육을 받은 후에 더 좋은 방향으로 변화하지 않았거나 자식을 교육한 경우에 무언가 바람직한 것을 전달하기 위해 어떤 것도 의도하지 않았다면, 그것은 논리적으로 모순이다. 이런 설명은 순전히 개념상의 문제이다. '교육'과 가치 간의 이런 관계는 특수한 내용을 지칭하는 것이 아니다(Peters, 1966: 25).

내용의 측면에서 보면 피터스의 주장은 옳다. 우리가 교육을 위해서 막대한 돈을 사용하는 것을 해로운 결과를 위해서 사용한 것이라고 생각할 수는 없다. 일반적으로 말해서 교육을 위해서 돈을 쓰는 이유는 교육이 좋은 것이기 때문이다. 이런 의미에서 '교육'은 정의적 의미를 갖고 있다. 피터스의 말로 표현하면 이것은 무언가 바람직한 것이 성취되어야 한다는 준거를 말한다.

그렇지만 우리는 '교육은 돈과 시간을 낭비하는 일이다.' 또는 '당신은 그 학교에서 썩은 교육을 받았다.'와 같은 말을 어떻게 정당화할 수 있는가? 만일 교육의 개념은 가치에 의해 결정된다면, '당신은 그 학교에서 썩은 교육을 받았다.'는 말은 '당신은 그 학교에서 무가치한 가치를 얻었다.'는 말로 다시 진술될 수 있을 것이다.

그런데 이 말은 논리적으로 모순이며 전혀 의미가 없다. 그것은 마치 결혼한 총각이라는 말과 같다. 사람들은 교육이라는 이름으로 무엇을 가르쳐야 하고,

어떤 일이 가치가 있는 것인지에 대해 의견 차이를 보이고 있다.

어떤 학교에서 근무하는 교사들이 신중하고 책임감이 강한 사람들이라고 가정해보자. 그들은 학교의 교육과정은 바람직한 것을 취급하고 있고, 그것은 학생들에게 적합하다고 생각할 것이다. 그러나 교사의 이런 믿음은 다른 사람들이 학교의 교육과정을 이수하면 나쁜 결과를 얻을 수 있다고 믿는 것과 비슷한 것이다. 우리는 '당신은 그 학교에서 썩은 교육을 받았다.'는 말에서 이와 유사한 모순적 신념을 찾아볼 수 있다.

피터스는 교육은 무언가 바람직한 것을 전달해야 한다고 주장하고 있다. 또한 그에 따르면 원예와 마찬가지로 교육은 여러 가지 활동을 포함하고 있다. 어떤 사람이 어린이는 스스로 사실을 발견해야 한다고 주장할 때, 그가 주장하는 것에는 그 사람이 지지하는 가치가 포함된다. 그래서 이런 방식으로 제시한 교육의 개념은 필연적으로 가치를 수반한다. 과정의 측면에서 어떤 과정이 교육적인 것이 되려면 그 과정은 도덕적으로 인정받을 수 있어야 한다.

교육의 개념과 필연적 관계를 맺고 있는 가치들을 정당화한다는 점에서 보면 피터스의 주장은 유익하다. 왜냐하면 교육에 관한 피터스의 정의는 매우 정확하기 때문이다.

피터스는 교육을 바람직한 것을 도덕적으로 인정할 수 있는 방식을 사용해서 전달하는 것을 의미하는 것으로 정의하고 있다. 그런데 피터스는 무엇을 전달하는 것이 바람직하며, 도덕적으로 인정할 수 있는 방법은 어떤 것인지에 대해 말하지 않고 있다.

우리가 교육받은 사람의 개념을 분석해 보면, 이런 문제에 대해 대답할 수 있을 것이다. 그런데 교육받은 사람의 의미를 분석하기 위해서는 무엇보다도 먼저 의미와 기준을 철학적으로 구별해야 한다.

내가 음악회에 갔다가 연주회가 끝난 뒤에 피아노를 연주한 피아니스트가 일류라고 생각했다고 해보자. 내가 그 피아니스트는 일류라고 생각한 것은 사실일 수도 있다. 실제로 그가 기술면에서 뛰어났고 그가 연주한 곡조가 완벽했기 때문이다.

그런데 의미한다는 것은 기술적으로 뛰어난 연주자를 뜻하는 것이 아니다. 예를 들어 올바른 연주와 같은 기술적 능력은 일류라는 말을 사용할 때 충족해야 하는 내 자신의 기준이다. 그렇지만 이 기준이 그 말의 의미와 똑같은 것은 아니다.

그러면 의미란 무엇인가? 의미는 모두 언어적으로 동등한 종류의 것이라고 생각하는 것은 잘못이라는 점을 고려해 보면, '일류'라는 말은 그렇게 말하는 사람이 그 연주를 높이 평가하고 있다는 사실을 가리키는 것이다. '일류'라고 말하는 것은 연주가 끝난 뒤 박수를 보내는 것과 같은 것이다.

그런데 '교육받은 사람'이라는 말에서 '교육받은'이라는 말은 '일류'라는 말과 몇 가지 공통점을 갖고 있다. '교육받은'이라는 말은 평가적 용어이며, 일반적으로 말하는 사람이 어떤 사람을 높이 평가하려고 할 때 사용하며, 일류라는 말보다 제한적으로 사용된다.

피터스는 『윤리학과 교육』에서 교육받은 사람의 개념을 다음과 같이 규정하고 있다(Peters, 1966: 30).

(1) 우리는 단지 예를 들어 도자기 제조 기술과 같은 한 가지 기술을 가지고 있는 사람을 교육받은 사람이라고 말하지 않는다. 왜냐하면 한 인간이 교육받은 존재가 되려면 단순히 방법만 아는 것으로는 부족하기 때문이다. 그는 이런 단계를 뛰어넘을 수 있는 지식의 구조나 개념체계를 가지고 있어야 한다.

(2) (1)에서 말한 지식의 특징은 어떤 사람이 사물을 보는 방법에 있다. 어떤 사람은 수업 시간이나 시험을 치를 때 문제에 정확하게 대답할 수 있다는 의미에서 역사를 많이 알 수 있다. 그러나 이것만으로는 그 사람이 주변 환경을 보는

방법에 영향을 전혀 줄 수 없는 경우가 있다. 이 경우에 우리는 그를 교육받은 사람이라고 말할 수 없을 것이다. 왜냐하면 교육받은 사람의 관점은 그가 아는 지식을 통해서 바뀔 수 있어야 하기 때문이다.

(3) 교육받은 사람은 자신의 관심 분야에 내포되어 있는 제반 기준에 대해 관심을 갖고 있어야 한다. 그러므로 가설에 대한 증거를 알고 있을 뿐만 아니라 무엇을 증거로 간주해야 하는지를 아는 사람이라야만 진정으로 이해하고 있는 것이다. 또한 다양한 사고는 간결하게 표현되어야 한다. 모든 형태의 사유나 인식은 그 나름의 평가 기준을 가지고 있다. 우리가 이런 준거를 내면화하기 위해서는 이해하는 것은 물론이고 좋아해야 한다.

(4) 교육받은 사람은 지적 안목을 가지고 있어야 한다. (1)과 (2), 그리고 (3)의 조건을 충족한 사람은 고도로 훈련된 과학자가 될 수 있지만, 그런 사람을 교육받은 사람이라고 말하지 않는다. 또한 지적 안목이 결여된 사람은 자신이 무엇을 하고 있는지에 관해 제한된 생각밖에 가질 수 없다.

피터스가 제시한 위의 준거에서 보는 바와 같이 교육받은 사람은 교육받는 과정에서 변화된다. 이것은 개념적 진리이다. 우리가 이런 사실을 부정하려면, 어느 시간에 교육을 받지 않은 상태에 있던 어떤 사람이 그때와 모든 면에서 정확히 똑같은 상태에서 어느 정도 시간이 지난 다음에 교육받은 존재가 될 수 있다고 주장할 수 있어야 한다.

또한 교육을 통해서 성취하는 변화는 한 개인이 알고 있는 지식의 양적 변화 이상의 것이다. 그것은 세상을 인식하는 능력이나 인생의 어떤 측면을 이해하는 능력이나 일하는 능력의 변화 등과 같은 것을 포함하고 있다. 이렇게 보면 피터스가 유식한 사람과 교육받은 사람을 구별한 것은 매우 정확한 생각이라고 말할 수 있다.

유식한 사람과 교육받은 사람을 구별하는 것은 매우 중요하다. 전통적인 학교에서는 기억시키거나 필답고사를 치르기 위해서 단편적 정보를 전달하는 것 이상의 목적을 가지고 있지 않았다. 그러므로 이런 구분은 전통적인 학교교육을 비판하는 것이라고 할 수 있다.

일상 언어에서도 이런 구분을 하고 있다. 일상 언어에서 '교육받은'이란 말은 생각하거나 일하는 방식이나 능력을 의미한다. 또한 교육한다는 것은 어떤 정보를 전달하고, 그 정보를 이해하고, 이해를 통해서 교육받는 사람의 행동이 변화된다는 의미를 지니고 있다.

유식하다는 것과 교육받은 것의 차이점은 진보주의 교육자들이 주장하고 있는 '인생을 위한 교육'과 같은 표어에서도 찾아볼 수 있다. 교육은 순수한 지식을 습득하는 것보다는 생활방식을 개발하는 것과 더 관계가 있다는 진보주의 교육자들의 주장에서도 이런 차이점을 찾아볼 수 있다.

변화의 의미를 내포하고 있는 교육받은 사람이란 말에는 지식이나 이해의 준거가 포함되어 있다. 지식이나 이해와 바람직한 변화를 분리하는 것은 잘못이다.

특히 피터스는 학교의 교육내용이 다양한 형태의 인생을 설명하거나 평가하거나 탐구하는 것과 관계가 있어야 한다고 보고 있다. 교육의 결과로 인생은 다양한 차원으로 전개된다. 학교에서는 우리의 생활방식을 결정할 수 있는 것들을 개발하는 데 관심을 가지고 있다. 그러므로 교육자는 이런 지식의 전달을 통해서 학생들이 자기 나름의 인생을 즐기고, 세상을 보는 방법과 세상에 대해 생각하는 방법을 바꾸게 하는 데 관심을 가져야 한다(Peters, 1967: 7-8).

피터스가 교육받은 사람의 개념을 분석한 것을 전적으로 인정할 수는 없지만, 그것은 어느 정도 객관성을 갖고 있다. 위에서 말한 변화의 개념과 관련지어 생각해 볼 때 교육받은 사람은 지식이나 이해의 개념과 관련지어 전체적으로 변화된 인간이라고 할 수 있다(Wood and Barrow, 1975: 9-22).

피터스는 런던대학 취임강연에서 「입문으로서의 교육」(Education as Initiation)

을 발표하고 『윤리학과 교육』을 쓴 이후 계속해서 교육 활동과 인간의 다른 일을 구별하는 연구를 해왔다.

피터스의 교육의 개념에 관한 분석은 즉각적으로 도전을 받았다. 피터스는 교육의 한계를 규정하는 데 사용하는 세 가지 준거를 제시했다. 첫째로, 교육은 바람직한 것을 이런 가치 있는 것들에 관심을 갖게 되는 사람들에게 전달할 때 바람직한 마음의 상태의 발달에 관심을 갖는다. 어떤 다른 목적에 유익하거나 그것에 대한 수단이 아니라 그 자체가 바람직한 것으로 판단되는 것 이외에는 전달하는 것에 제한을 가하지 않는다. 둘째로, 교육은 그 사람에게 지적 안목을 주고 그 결과로 그의 관점을 변화시키는 지식체계의 습득과 이해에 관심을 갖는다. 셋째로, 교육의 과정은 그 과정에 최소한 자발적으로 참여하는 것과 더불어 적어도 배우고 있는 것과 학습할 때 요구되는 것에 대한 어느 정도의 이해를 포함한다. 이런 일반적 준거 이외에 피터스는 두 가지 철학적 이론을 덧붙였다. 그 하나는 마음과 그것의 발달에 관심을 갖는 것이며, 다른 하나는 교육 안에서 어떤 활동과 일이 바람직한 것인지를 결정하는 데 관심을 갖는 것이다(Cooper, 1986: 18).

피터스는 『윤리학과 교육』에서 마음의 발달을 다음과 같이 설명하고 있다. 즉, "의식의 분화는 이런 마음의 구조의 발달에 따른다. 마음의 특질인 의식은 대상들에 대한 다른 양식과 관련이 있다는 것이 요지이다. 의식의 대상은 공적 세계의 일차적 대상들이다. 개인은 이런 공적 세계에 대해 특수한 관점을 표현한다. 시간과 공간의 틀 안에서 대상을 해득하고 인과율적 관계를 인식하기 위한 개념과 범주의 구조의 발달은 마음이 발달하는 한 단계이다. 기본적 기능을 숙달하면 분화가 더 발달하게 된다. 이런 사고방식과 의식에 입문하는 과정이 교육의 과정이다"(Peters, 1966: 49-51).

이런 관점에서 보면 공유하고 있고 공적이고 사회적으로 조직하고 선택한 세계에 입문하는 것으로 간주되는 학습이 마음의 발달에 중요한 요소라고 할 수 있다. 피터스는 다른 글들에서 우리가 인격, 느낌, 그리고 수행 기술과 같은 다른 능력의 발달을 가장 잘 이해할 수 있는 것은 이런 지적 발달과의 관계라고 주장하고 있다. 그런데 이런 주장은 그가 특히 오크쇼트(M. Oakeshott)와 포퍼(K. Popper)의 영향을 받았으며, 칸트와 헤겔(G. W. F. Hegel)의 철학에 뿌리를 두고 있음을 보여준다(Cooper, 1986: 19).

피터스가 가장 가치 있는 활동에 대해 설명한 것을 이해하기는 쉽지 않다. 그의 논증은 부분적으로 공리적 이유나 외재적 목적을 위해서 가치 있는 일과 내재적 특징 때문에 가치 있는 것 간의 뚜렷한 구별에 의존하고 있다. 여기서 내재적 가치는 도구적 가치가 도출되는 기초이며 보다 근본적이고 더 중요한 것으로 간주되고 있다. 피터스는 여기서부터 흥미를 유지하고 독특한 즐거움을 주는 능력 때문에 이런 종류의 활동들이 가치 있다는 주장을 탐구하고 있다. 이런 이유로 이론적 활동이 특히 강조되고 있다. 피터스는 이론적이고 지적인 활동은 무엇이 가장 가치가 있는가 하는 물음에 대답하려고 시도할 때 필요하다는 점에서 가치 있다고 주장한다. 그것들은 우리가 선택하는 것과 우리가 선택하는 이유를 이해하게 해 준다. 그렇지만 그것은 이론적 활동 그 자체를 정당화하는 것이 아니다. 그것은 선험적 연역의 한 형식이다. 피터스는 궁극적으로 자신이 교육의 핵심이라고 여기고 있는 바람직한 활동의 가치를 뒷받침하는 데 이런 선험적 연역을 사용하고 있다.

교육의 세 가지 준거 가운데 두 가지가 비판적 논의의 주제가 되었다. 다시 말하면, 그 개념을 위한 준거와 교육이 관심을 가져야 하는 바람직한 활동을 결정하는 준거에 대해 비판적으로 논의해 왔다. 피터스가 제시한 교육의 세 가지 준거는 결코 우리 사회에서 보편적으로 공유할 수 없는 특수한 교육의 개념을 규정하는 것이라는 비판을 받았다. 인지적 활동을 정당화하기 위해서 선험적 연역을 사용한 것은 개념분석 안에서 필연적 관계를 주장하는 것과 마찬가지로 혼란을 가중시켰다.

피터스는 자신의 준거에 대한 비판을 옹호하는 가운데 자신의 견해를 수정했다. 그는 1970년에 발표한 「교육과 교육받은 사람」(Education and the Educated Man)에서 세 가지 준거와 그의 분석의 일반적 의미를 논의했다. 그는 이전의 분석은 19세기에 형성된 교육받은 사람의 특징에 관심을 갖는 것이었다고 말했다. 이 과정에서 그는 특히 교육받는 사람이 관심을 갖는 바람직한 활동은 결코 공평하게 지식을 추구하는 것만이 아니며, 엄밀히 말해서 비도구적인 것도 아니라는 점을 강조했다.

또한 피터스는 자신의 초기 개념은 특수한 교육적 이상으로 간주할 수 있으며, 일부 사람들이 거부할 수 있는 가치를 담고 있다는 점을 인정했다. 여기서 그는 철학적 분석이 이런 가치를 정당화할 수 없다는 점을 강조했다.

피터스가 자신의 준거에 대해 다시 연구한 것은 그가 처음에 주목했던 당시의 교육적 논의의 중요한 요소들을 설명하는 데 도움이 되었다. 또한 그것은 철학적 논의에서 근본적으로 우리의 교육사상에 영향을 주는 사회 환경과 역사적 변화에 주목하게 하는 데 기여했다.

일부 교육철학자들은 피터스가 이해와 지식 같은 이론적 활동을 정당화할 때 사용한 선험적 연역은 문제가 있다고 주장했다. 피터스는 「교육의 정당화」(The Justification of Education)에서 선험적 연역의 결점을 보여주었다. 그것은 단지 그런 일을 하는 이유를 탐구하는 데 관심을 갖는 것에 불과했다.

첫째로, 예를 들어 수학과 과학, 그리고 역사와 같은 이론적 활동을 추구할 때 어떤 요소가 합리적인 삶에 실제로 근본이 되는지는 분명하지 않다. 이런 관점에서 보면 이런 논증은 교육이 합리적인 삶의 문제에 필수적인 지식과 이해의 영역에 관심을 가져야 한다는 일반적 원리에 주목하고 있는 것이라고 할 수 있다. 우리의 합리적인 삶은 성격상 다양한 요소로 이루어져 있기 때문에 이런 문제들에 대해 답하는 것은 그것의 일부에 불과한 것이다. 만약에 이론적 활동의 정당화가 궁극적으로 합리적인 삶의 발달에서의 그것의 의미에 좌우된다면, 그 논증은 선험적 논증이 될 것이다.

피터스는 합리적인 삶의 정당화란 맥락에서 지식과 이해의 추구를 위한 정당화의 핵심적 특징을 기술하고 있다. 1977년에 피터스는 「자유교육의 모호성」(Ambiguities in Liberal Education)에서 지식을 직업적이거나 공리적인 목적을 위한 지식과 그 자체를 위한 지식으로 구분하는 것은 부적절하다고 말했다. 실제적 활동과 이론적 활동은 모두 그 자체를 위해서 추구될 수도 있고 다른 목적을 위해서 추구될 수도 있다. 실제적 활동과 이론적 활동은 둘 다 우리의 태도와 신념이라는 일반적 틀을 변화시킬 수 있다. 실제적인 지식과 탐구가 이론적 지식이나 탐구보다 가치가 적은 것인지는 분명하지 않다. 그렇지만 그것은 인간이 불가피하게 접하게 되는 다양한 상황과 처지를 이해하는 데 도움이 되는 신념과 태도가 발달하게 하는 것이 필요하다는 것을 말하는 데 도움이 될 수 있다. 그는 이 논문에서 처음으로 합리적이고 자율적인 인간의 발달에 관해 논의하고 있다. 이제까지 그는 교육의 개념과 교육의 정당화에 관한 연구와 더불어 교육의 사회적 측면과 의미와 도덕교육의 성격에 관한 글을 써 왔다. 그는 「자유와 자유로운 인간의 발달」(Freedom and the Development of the Free Man)에서 이런 사회적 관심과 도덕적 관심을 함께 보이면서 합리적 자율성의 성격과 그것을 실현하는 데 필요한 학습의 형식을 논의했다. 1977년에 이런 관심의 결과로 피터스는 교육의 개념을 다시 정의하고 정당화했다. 그 결과 그는 1979년에 「민주적 가치와 교육의 목적」(Democratic Values and Educational Aims)을 발표했다.

피터스는 이 논문에서 '교육'은 본질적으로 이론이 있는 개념이며, 적용의 정확성 없이 사용된다고 말했다. 그는 '교육'은 적어도 어떤 종류의 학습을 의미한다고 보았다. 그는 교육의 일반적 개념과 교육받은 사람의 개념을 구별한 다음, 후자는 특수한 직업이나 역할을 위한 훈련이 아니라 전인의 발달에 관심을 갖는다고 주장했다. 교육이 하는 일은 인간의 의식을 확대하고 깊게 하고 확장함으로써 인간의 의식을 발달시키는 것이다. 그것의 영향은 인지적이지만, 그것은 또한 이 모든 것들이 의식을 전제로 하고 있고 신념들에 포함되어 있기 때문에 사람들의 태도, 감정, 사건, 그리고 행동을 변화시킨다. 이런 발달이 포함하고 있는 학습의 과정은 경험의 결과로 어떤 것을 숙달하거나 어떤 기준에 이르는 것이다. 그는 원래 제안한 기준의 이런 요소들을 다시 주장하고 있다. 그는 이제 이런 이해가 죽은 것이 되지 않으려면, 사람들의 삶에 적용되어야 하며, 모든 사람이 직면해야 하는 인간의 조건과 관련을 맺어야 한다고 주장했다. 인간은 자연적 세계와 마주보고 있고, 자연 그 자체의 일부이다. 인간은 애정과 증오, 우정과 고독이라는 대인간의 세계에서 살고 있다. 인간은 가난과 풍요, 합의와 의견 차이 같은 경제적, 사회적, 그리고 정치적 세계의 일부이다. 그러므로 교육은 이런 영역들에서 사는 방법을 배우는 데 관심을 갖는다. 그렇지만 인간의 신념, 태도, 욕망, 그리고 정서적 반응이 발달하는 특수한 방식은 그가 살고 있는 특수한 사회와 시대의 가치와 강조점에 따라 다를 것이다. 피터스는 이제 교육받은 사람의 준거를 제시하는 과정에서 인지적 발달의 영역에 국한하지 않고 모든 방면에 걸친 이해와 지식이라는 관점으로 대체하고 있다. 이런 관점에서 특수한 사회적 조건과 가치와 관련지어 이 개념을 상세히 설명하고 있다.

이제 교육의 과정은 단지 경험적 학습의 형식으로 간주되고 있고, 인지적 요구는 인간의 조건이라는 근본적 특성에도 불구하고 사는 방법의 학습과 연결되고 있다. 분명히 학습의 개념은 교육을 위한 우리의 관심에서 근본적인 것이며, 공유하고 있는 개념의 중요한 요소로 간주되고 있다.

교육은 필연적으로 살아가는 능력에 관심을 갖는다는 생각은 보편적 주장처럼 보인다. 사실 아주 최근까지도 교육에 관한 철학적 논의에서 그것을 다루지 않았다는 것은 놀라운 일이다. 사실 삶이 무엇을 의미하는가를 밝히지 않으면 그 말은 의미가 없기 때문에 그랬을 것이다. 피터스는 분명히 인간에게 공통적인 수많은 삶의 기본적 영역을 제시할 수 있고, 이것들에 관한 그의 아주 일반적인 서술은 확실히 지지를 받을 수 있다고 생각하고 있다. 이것을 하기 위해서는 분명히 인간의 관심의 범위와 성격의 견지에서 실제적으로 교육의 위치를 정해야 한다. 하지만 피터스가 삶의 지적 영역에 한정시키고, 인지적 발달을 통해서 다른 영역들이 변화될 수 있다고 보는 것은 논쟁의 여지가 있는 견해이다 (Cooper, 1986: 20-30).

2. 이해

피터스는 교육하는 것은 논리적으로 개선한다는 것과 같은 기능을 한다고 말하고 있다. 내가 어떤 사람을 개선했는데 그에게 어떤 이익이 되지 않았다고 말하는 것은 이치에 맞지 않는다. 웹스터(N. Webster)의 『신세계 사전』(*New World Dictionary*)에서는 교육을 특히 형식적인 학교교육과 가르침과 훈련에 의해 지식, 기능, 정신, 성격 등을 훈련시키고 발달시키는 과정으로 정의하고 있다. 이런 표준적 용법은 피터스의 주장을 뒷받침하고 있다. 피터스는 어떤 사람이 교육을 받았는데 더 좋게 변한 것이 없다면, 논리적으로 모순이라고 말하고 있다 (Peters, 1967: 4).

우리는 'X는 Y를 교육했다.'는 명제에서 두 가지 결론을 이끌어낼 수 있다. 첫째로, Y는 교육을 받았다. 둘째로, X는 Y가 더 좋게 변화되었다고 판단한다. 두 번째 조건은 중요하다. 교육하는 것은 학생에게 좋은 것을 의도한다는 것과 의도한 선을 성취한다는 것을 의미하지만, 그것은 선이 아닐 수도 있다. 그러므로 우리가 말할 수 있는 것은 성취한 선은 교사의 기준에서 볼 때 선이라는 것이다.

교사는 이해를 목표로 삼아야 하는데, 이해는 인간의 삶에서 자동으로 수정하는 요인이라는 것에 유의해야 이것이 목표가 되어야 한다는 것을 알 수 있다. 그래서 교도소는 범죄학교이고, 재소자들은 범죄를 배운다는 불평을 흔히 듣고 있다. 그것은 좋은 것인가? 우리는 다음과 같이 대답할 수 있다. 예를 들어 금고털이 강도나 새로운 범죄수법과 같은 것을 이해하는 것 그 자체는 나쁘지 않다. 교도소에 없는 것은 범죄 행위의 의미에 관한 폭 넓은 이해인데, 이것은 교육이 부족한 것으로 간주되어야 한다. 그러므로 범죄수법과 같이 어떤 나쁜 것을 이해하는 것 그 자체는 나쁘지 않다. 나쁜 것은 그것을 나쁜 목적에 사용하려는 성향이다. 죄수가 그것이 나쁘다고 이해한 것이 아니라 그런 기술을 사회생활에 응용한 것을 이해하지 못한 것이 나쁜 것이다.

히틀러(A. Hitler) 정권 하에서의 이른바 나치교육의 경우를 생각해보자. 우리는 나치교육을 교육이라고 말할 수 있는가? 우리는 이 말의 한 용법에 대해 동의해야 한다. 그것은 역사가가 그리스의 교육이나 중세교육을 언급할 때와 마찬가지로 나치 교육제도를 언급하는 표준적인 용법이 분명히 있다는 것이다. 더 자세히 살펴보면, 우리는 나치 교사들이 교육하는 것인지를 판단하는 다음과 같은 기준을 세울 수 있다고 생각한다. (1) 나치 교육자는 나치의 교리들을 진리라고 믿어야 한다. 거짓말을 하는 것은 교육하는 것으로 간주할 수 없다. (2) 나치 교육자는 학생들에게 이런 신념을 가르치는 것이 그들에게 유익하다는 것을 믿어야 한다. (3) 나치 교육자는 교수와 모순이 없는 방법을 사용해야 한다. 그는 그의 학생들을 교화하거나 조건화해서는 안 될 뿐만 아니라 그들이 교리에 동의하게 하려고 투옥하거나 고문하는 것과 같은 위협적인 행위를 해서도 안 된다. (4) 나치 교육자는 이해에 호소해야 한다.

나치 교육자들은 적어도 (3)과 (4)의 측면에서 상당히 부족하다는 데 일반적으로 동의할 것이다. 그래서 우리는 나치 학교에 있는 사람들은 학생들을 교육했다고 말할 수 없다. 게다가 우리는 나치 교육제도는 교육하는 데 실패했다고 말하지 않을 수 없을 것이다. 만일 그들이 학생들에게 유대인의 교육을 이해하도록 가르쳤다면, 그들은 학생들의 편견이 해소된다는 것을 알았을 것이다. 나치 신념체계의 다른 주요 신조들이 그렇듯이 이 점에서 그들은 교수의 핵심인 합리적인 비판을 자유롭게 주고받을 수 있도록 교실을 개방하려고 하지 않았다. 우리는 그들이 그렇게 하지 않았다는 것을 들어서 알고 있다. 나치주의자들도 교육적인 문제들을 다루는 것을 정당화했지만, 그들은 교육적인 문제를 그런 방식으로 다루었기 때문에 그들이 하도록 허용한 것을 교육하는 것으로 간주할 수는 없을 것이다.

교육하는 것의 표준적 의미는 사리에 맞게 교양이 높은 의미의 영역을 전수하는 것을 의미한다. 만일 나치주의자들이 교육제도를 통해서 했던 것이 서양사회의 표준이 되었다면, 교육이라는 말은 없어지고 교화나 선전이 그 자리를 차지했을 것이다.

그러면 이해란 무엇인가? 제일 먼저 분명히 설명해야 할 것은 이해의 의미는 이해한 주제에 따라 바뀌지만 이런 변화는 모두 그 의미 안에서 일어나는 것이다. 예를 들어 내가 어떤 예술작품이나 도덕적인 행위의 이론적 근거, 또는 물리학에 관한 어떤 설명을 이해할 수 있다고 해보자. 각각의 예에서 내가 이해한 것은 독특한 논리나 원리라고 부를 수 있는 것이다.

어떤 행위가 도덕적이라고 말하거나 어떤 과학적인 설명이 사실이라고 말하는 데 사용된 근거들은 서로 다른 종류의 근거들이다. 어떤 사람이 그런 이해 방식에 적합한 이유들을 알고 있다면 그는 살펴보고 있는 주제의 논리를 이해하고 있다고 말할 수 있다. 건축을 바르게 인식할 수 있는 어떤 사람에게 건물의 어떤 특징을 말하면, 그는 주시하고 있는 건물이 미학적으로 적절한 이유를 이해할 수 있다. 도덕적인 행위들과 관련지어 사람들이 원하는 이유들은 예를 들어 보편성의 원리나 적절한 사실들의 확보와 같은 도덕적인 원리들을 설명하는 것일 수 있다.

교육받는 것의 중요한 의미 가운데 하나는 이런 종류의 이유들을 확실히 이해하는 것이다. 허친스가 교육은 마음과 조금 관계가 있다고 말했을 때 그는 분명히 옳았다. 마음이라는 말은 이해의 개념이 아주 지적인 것임을 시사한다.

요컨대 우리가 교육이라고 부르는 활동은 다차원적인 의미의 영역에 입문하는 것이라고 말할 수 있다. 피터스가 교육받은 사람의 개념을 분석한 것을 전적으로 인정할 수는 없지만, 그것은 어느 정도 객관성을 갖고 있다. 위에서 말한 변화의 개념과 관련지어 생각해 볼 때 교육받은 사람은 지식이나 이해의 개념과 관련지어 전체적으로 변화된 인간이라고 할 수 있다.

3. 잠재력의 실현

인간은 독특한 종을 이루고 있다. 비록 우리는 동물의 한 종이지만 동물에 지나지 않는 존재가 아니다. 인간의 두뇌와 컴퓨터 간의 유사성을 이야기하고 있지만, 인간은 복잡한 슈퍼기계나 슈퍼컴퓨터에 불과한 존재가 아니다. 다른 동물들이 우리와 유사한 두뇌와 유전적인 코드를 갖고 있기는 하지만, 어떤 동물도 인간과 똑같은 두뇌와 유전적인 코드를 갖고 있지 않다. 동물 연구 분야에서 많은 매력적인 발견을 했음에도 불구하고, 인간은 할 수 있지만 동물은 할 수 없는 것들이 있다는 것은 분명하다. 오직 인간만이 가설을 설정하고, 상상하고, 예측하고, 거짓말을 하는 것과 같은 것을 포함한 언어를 구사하는 능력을 갖고 있다. 예를 들어 침팬지가 기호를 인식하는 것에 대해 가르침을 받은 것에서 보는 바와 같이 다른 동물들도 그들 사이에서나 인간과 반응하거나 의사소통하는 것을 허용한다는 최소한의 의미에서 언어를 습득했다고 말할 수는 있다. 개 주인이 '걸어'라는 소리로 개가 반응하게 할 수 있는 것과 같은 의미에서 그런 의사소통을 할 수는 있다. 그렇지만 그 개념을 뒷받침할 만한 절대적인 증거는 없으며, 나는 너와 산책하기로 약속했는데 약속을 어겼다는 것과 같은 것을 인간 이외의 다른 동물들은 말할 수 없다. 동물은 분명히 고통을 경험할 수 있다. 그렇지만 이제 나를 그만 때리라고 말할 수는 없다. 마찬가지로 컴퓨터가 놀라울 정도의 속도로 계산할 수는 있지만, 어떤 컴퓨터도 계산하는 데 지쳤으니까 쉬어야겠다고 말할 수 없다.

그런 사고를 할 수 있는 컴퓨터를 고안하지 못했거나 인간이 아닌 동물들이 그런 복잡한 언어를 숙달하지 못했기 때문에 그런 것은 아니다. 왜냐하면 우리가 알고 있는 한 다른 동물은 우리와 같은 종류의 언어를 사용하는 능력을 갖고 있지 않고, 컴퓨터가 아무리 현명하고 프로그램화된 계산기계라고 하더라도 우리와 같은 종류의 언어를 사용하지 않기 때문이다. 이렇게 말하는 것은 최근에 두뇌, 인공지능, 컴퓨터, 그리고 동물에 관해 연구한 것을 무시하거나 그것에 도전하는 것은 아니다. 이런 연구가 보여준 것은 단지 인간은 독특하다는 것이다. 실제로 아무리 유사성이 있다고 해도, 그리고 인간이 아닌 것의 두뇌와 인간의 두뇌 사이에, 인공지능과 인간의 지능 사이에, 컴퓨터와 인간 사이에, 그리고 다른 동물과 우리 인간들 사이에서 유사한 점을 이끌어낸다고 해도, 독특한 종류의 언어를 사용한다는 차이점은 그대로 남는다. 교육적인 관점에서 보면, 우리는 만일 이것이 부정확한 것이라면, 예를 들어 다른 종류의 동물이 이런 능력을 갖고 있다는 것이 발견된다면, 또는 컴퓨터가 그것을 습득했다고 한다면, 결론적으로 문제의 동물이나 컴퓨터는 이런 면에서 인간적인 것이 되며, 학교에 갈 필요가 있을 것이다. 왜냐하면 인간의 독특한 언어 능력은 그들이 교육받은 존재가 될 가능성의 핵심이기 때문이다. 우리는 기계를 고안하거나 프로그램을 제작하거나 침팬지를 훈련할 수 있지만, 오직 인간만을 교육할 수 있다. 정확히 말하면, 언어를 설계하는 능력을 가진 존재만을 교육할 수 있다(Barrow & Woods, 2006: 22).

우리는 과학적으로 연구할 수 있고 설명할 수 있는 물리적인 신체를 갖고 있다는 점에서 동물과 같다. 우리는 물리적이고 원인과 결과의 견지에서 연구하고 설명할 수 있는 두뇌를 갖고 있다. 사실 우리의 두뇌는 다른 동물들의 두뇌와 다르다. 그러므로 우리의 독특성이 실제로 존재하는 것은 우리의 두뇌라고 말하는 것은 정당하다. 우리는 두뇌의 특정한 부분을 통해서 특정한 유형의 활동을 확인할 수 있다는 점을 인정해야 한다. 그렇지만 여기서 우리는 필요조건과 충분조건 간의 중요한 구별을 해야 한다. 과학은 예를 들어 두뇌의 일부는 창의적인 활동과 관련이 있다는 것을 밝혀냈다. 이것이 의미하는 것은 두뇌의 이런 부분이 적절하게 기능을 하지 않으면 창의성을 보일 수 없다는 것이다. 그러므로 그것은 창의적인 것의 필요조건이다. 그것이 의미하는 것은 두뇌의 이런 부분이 질서 있게 잘 작동하는 것은 창의적인 활동을 하게 하는 충분조건이 된다는 것이다. 창의적인 것은 기능을 하는 두뇌의 특정한 부분을 갖고 있는 것 이상을 의미한다. 그렇지만 두뇌를 완전하게 서술해도 결코 창의성의 개념 전체를 파악할 수는 없다.

우리는 일반적으로 개성을 갖고 태어났다. 현재까지 얻은 증거를 바탕으로 추론해 보면 우리는 특별한 존재이며, 우리의 개성은 개인의 유전적인 소질과 관계가 깊다고 볼 수 있다. 그렇지만 우리는 단순히 그런 천부적인 자질의 산물이 아니다. 우리를 그것에 따라 전적으로 결정되는 존재로 생각해서는 안 된다. 우리의 개인적인 유전적 특성은 경험을 통해서 잘 다듬어지고 수정된다. 우리는 자연인가 아니면 양육인가와 같이 그리스시대부터 의문을 갖고 있던 해묵은 물음, 말하자면 타고난 소질인가 아니면 환경인가 하는 물음에 대해 확실하게 대답하지 못하고 있다. 우리는 단지 우리의 천성은 독특한 양육에 의해 특수한 방식으로 발달한다고 믿고 있다. 다시 말하면, 인간은 유전인자로 결정되는 존재가 아니다. 인간 존재를 결정하는 것은 우리가 어떤 인간으로 형성되는가 하는 것을 제한하는 잠재력이다.

잠재력은 형성 능력을 의미하기 때문에 실현의 문제를 제기하게 된다(Scheffler, 1985: 46). 어떤 과정의 연구와 훈련, 어떤 형태의 실제나 삶의 경험이 학생들이 그들의 명백한 잠재력을 실현하는 데 도움이 되는가? 이것은 학생들, 부모들, 교육자들, 그리고 기획가들에게 분명히 매우 중요한 문제이다.

현재 어떤 잠재력을 소유하고 있는 학생들은 미래에 그것을 실현할 수도 있고 그렇지 못할 수도 있다. 그렇지만 지금 그런 잠재력이 결여되어 있는 학생은 후에 그것을 소유하게 될 수도 있고, 그렇지 못할 수도 있다. 학생의 잠재력의 증대 문제는 어떤 특정 시기의 거부나 속성의 문제를 초월하는 것이다. 현재는 잠재력이 부족해서 실현할 수 없지만, 언젠가는 그것을 실현할 수도 있다.

이 점은 학생들, 부모들, 교사들, 그리고 기획가들에게 결정적으로 중요하다. 잠재력은 시간이 경과하면 달라진다. 잠재력은 물려받은 것이 아니기 때문에 고정되어 있는 지속적인 특성으로 평가되어서는 안 된다. 잠재력이든 그것의 실현이든 간에 시간이 지나면 변화한다는 것을 감안해서 두 가지 중요한 특징에 주목해야 한다. 첫째는 그런 변화의 우연성이고, 둘째는 그런 변화가 이후의 변화에 미치는 영향이다.

인간의 활동은 실현의 차이를 가져올 수 있다. 적절한 연구계획의 설계, 적절한 훈련의 제공과 경험, 학습하고 실천하려는 의지 등은 모두 잠재력의 실현과 증대에 영향을 준다. 사람들이 잠재적으로 가지고 있는 것과 그들이 실제로 그렇게 되는 것은 모두 임의적이다.

잠재력과 그것의 실현은 고립되어 있는 것이 아니라 서로 얽혀 있다. 잠재적으로 수학에 소질이 있는 여학생은 수학적인 기능을 실제로 성취한 사람과 다른 사람이다. 옛 잠재력의 실현과 더불어 새로운 잠재력이 생긴다. 관련된 주제들에 관한 사고방식은 이제 전에 그에게 닫혀 있던 것을 열어 준다. 새로운 자신감은 다른 종류의 학습을 위한 잠재력에 기여할 수 있다.

한 영역에서의 잠재력의 향상은 다른 영역에서의 잠재력을 촉진할 수 있다. 잠재적인 번역가가 될 정도로 외국어를 충분히 배운 소년은 새로운 상태에 이르게 된다. 그는 이제 보다 고차적인 수준의 원문을 번역할 수 있는 잠재력을 습득하기가 더 쉽게 되며, 문제의 그 언어를 모국어와 비교하기가 더 쉽게 된다. 잠재력의 실현은 선견지명, 폭 넓은 직관력, 그리고 확고한 가치 의식과 관계가 있다. 선견지명과 전망, 그리고 가치는 지혜의 중요한 요소이다. 교사의 임무는 관례, 기술, 또는 변덕에 뿌리를 두고 있는 것이 아니라 지식과 상상력, 그리고 선을 통합하는 지혜에 바탕을 두고 있다.

학습 능력은 가볍게 탕진할 수 있는 한없는 재원이 아니다. 어린이의 호기심은 상당히 방해를 받으면 눈 뜰 수 없을 정도로 무뎌질 수 있다. 의문을 제기하려는 충동은 반복해서 반대에 직면하게 되면 결국에는 없어질 수 있다. 진기한 것을 탐구하는 데 필요한 유연한 마음, 모험, 그리고 확신은 쓰지 않거나 남용하면 무뎌지는 소중하고 연약한 학습의 수단이다.

예를 들어 장기, 바이올린, 그리고 발레 등은 일찍 배워야만 한다. 시각적인 측면들은 오직 결정적 시기에만 성숙하고, 그 단계를 넘어선 다른 시기에는 억양의 습득과 더불어 새로운 언어 학습을 할 것이다. 한 마디로 말하면, 현재의 잠재력은 미래에 없어질 수 있다.

교사들은 아직 뚜렷하지 않은 잠재력의 출현을 예견하고 증진시킬 필요가 있다. 교사는 또한 지금 나타났다가 얼마 안 있어 사라지는 잠재력을 최대한 이용해야 한다. 그는 학생의 미래의 잠재력에 대한 희망적인 상상을 지금의 그런 잠재력에 대한 현실적인 이해와 연결해야 한다. 미래의 가능성을 통해서 현재의 부족을 극복하려고 노력할 때 교사들에게 허비한 기회의 망령이 늘 따라다니게 된다.

반성적인 부모와 교사들은 허비한 기회에 대해 자주 언급한다. 시간은 짧고 자원은 희소하고 교육은 어린이의 삶을 실현하는 데 중요하다. 더 많은 경험을 하면 주어진 것의 옳음과 지속성에 대한 환상이나 어린이 자신에 대한 과대평가에 대해 유연한 생각을 할 수 있게 된다.

교육적인 책임을 져야 한다는 압력은 심하고 냉혹하다. 책임을 면하려고 하기 때문에 교육적인 결정을 하는 사람은 짐을 줄이는 방법을 좋아할 것이다. 지혜를 기술로 대체하려는 경향은 이해할 수 있다. 짐을 덜기 위한 전통적인 방법은 학생의 잠재력을 구별하는 것의 필요성을 숨기는 것이다. 교사가 해야 할 일은 단순히 존재하는 잠재력을 확인하고, 가장 효과적인 방법으로 그것을 실현하는 것이다.

교육의 문제는 주로 평가적인 측면을 없애고, 기술의 문제와 결부지어 사실의 문제로 축소되고 있다. 학생은 어떤 잠재력을 갖고 있는가 하는 것은 사실의 문제이다. 어떤 방법을 사용하면 이런 잠재력을 가장 효과적으로 실현하는가 하는 것은 기술의 문제이다. 이 두 문제는 원칙적으로 과학적인 탐구를 통해서 해결되며, 교사의 임무는 그런 탐구의 결과를 따르는 것이다. 교육의 주된 기능은 잠재력을 발견하고 그것을 실현하는 것으로 환원되고 있다.

단순히 잠재력을 발견하는 것만으로는 실현을 위한 시도를 충분히 보장할 수 없다. 하나를 실현하는 것은 다른 것을 제외하는 효과가 있기 때문에 두 가지 모두 실현할 수 없을 수 있다. 실제로 모든 학생의 내면에 있는 잠재력은 병존하고 있지만, 그것을 실현하는 과정에서는 갈등이 일어날 수 있다. 어떤 사람의 삶은 전혀 다른 삶이 될 수 있는데, 그것은 자신과 다른 사람들의 선택에 좌우된다. 그러므로 인간의 모든 잠재력을 포괄적으로 실현한다는 관점에서 교육적인 책임을 면할 수는 없다.

위에서 말한 교육적인 선입견은 잠재력의 적절한 속성과 증진, 잠재력의 위축의 축소, 숨겨진 잠재력의 발견과 발달, 그리고 잠재력의 효과적인 실현에 관심을 갖게 한다. 이 모든 경우에 문제의 잠재력은 적극적인 가치를 갖고 있고, 그것의 실현은 선이라는 가정이 담겨 있다.

이제까지 논의한 잠재력의 개념에는 인간은 다른 동물들처럼 발달의 제약을 받지 않는다는 기본적인 가정이 담겨 있다. 인간의 삶은 물리적 환경의 기회와 더불어 본능과 충동의 한계에 국한되지 않는다. 인간은 그들에게 작용하는 현재의 힘에만 반응하지 않는다. 즉, 눈앞에 있는 현재에서만 사는 것이 아니다. 인간은 상징적인 동물이며, 문화의 창조자이며, 피조물이며, 기억, 상상, 두려움, 그리고 희망을 가질 수 있으며, 세계와 그들 자신을 해석하는 존재이며, 스스로 선택할 수 있다. 이런 해석과 선택은 인간의 삶의 방향과 질에 중대한 차이를 가져온다. 태어날 때 열려 있던 생태적인 것들은 문화, 역사, 교육, 그리고 결정으로 채워진다. 이런 사실을 인식하게 되면 우리는 어린이를 가능한 미래를 갖고 있는 존재로 간주하게 된다. 또한 그런 미래의 일부는 어린이의 본성에 내재하고 있는 것으로 생각하게 된다.

그런데 이런 사고방식은 비판적으로 검토하고 분석할 필요가 있다. 그것은 자연적인 종류의 것을 정의하고 있는 본질에 관한 아리스토텔레스적인 형이상학의 역사적인 잔재이다. 아리스토텔레스는 자연적인 종류에 내재하는 속성들은 일단 그것의 자연적인 목표와 규범을 정의하고 그것의 발달을 설명한다고 생각했다. 이 학설의 문제점은 본질, 자연적인 종류, 그리고 자연적인 목표의 개념이 분명하지 않다는 것이다.

교육적인 논의에서 사용되고 있는 잠재력의 개념도 이와 비슷한 문제점을 지니고 있다. 주어진 특징이 어린이의 본성에 내재하고 있다는 것을 판단하는 준거는 무엇인가? 우리가 어떤 특성이 내재적이라고 판단할 때, 어린이의 그것이 실제로 발달하는 방법을 어떻게 설명하는가? 내재적 본성의 개념이 어떻게 실제적인 개인의 발달을 특징짓는 유연성과 변화를 유발하는가?

만약에 우리가 인간의 잠재력에 관한 사실들을 발견하기 위한 과학적인 방법만 가지고 있다면, 우리는 가치판단을 안내할 수 있다는 생각을 버려야 할 것이다. 이런 인간의 잠재력은 우리가 살고 있는 사회에서 실현된다. 우리의 잠재력이 실현되는 사회는 민주주의 사회이다. 민주주의는 편견과 미신, 그리고 오류를 축출하기 위한 원리를 밝히는 데 관심을 갖는 생활방식이다. 또한 무슨 문제이든 합리적인 논의를 통해서 문제를 해결하는 방법이다. 이런 문제 해결의 과정에서 인간의 잠재력은 드러나게 되며, 교육은 일관성, 정확성, 사실의 존중, 신념과 태도를 지지하는 근거의 유형에 관한 폭 넓은 이해를 통해서 인간이 자기 변화를 하도록 하는 데 있어서 중요한 역할을 한다.

인간 존중은 우리가 무엇을 해야만 하는가를 신중하게 논의할 준비가 되어 있는 다른 사람들에 대해 채택해야 하는 태도를 개괄하는 원리이다. 인간의 개념을 갖는 것은 개인을 실천 이성의 활용의 전제가 되는 원리들에 바탕을 두고 수행하는 삶의 형식에서 존중의 대상으로 보는 것이다.

요컨대 (1) 교육하는 것은 적어도 교육자가 생각하기에 어떤 사람에게 좋은 것을 하는 것이다. (2) 교육하는 것은 이해를 통해서 의미를 얻는 것이다. (3) 과학에서 잘못된 관념이 반박을 받을 때처럼 선전이나 교화와는 달리 이해는 자동으로 교정되는 개념이다.

만일 우리가 네 번째 명제, 즉 (4) 이해에 눈뜸으로써 의미를 얻는 것이 좋은 것이라면, 우리는 (5) 교육하는 것은 좋은 것이라고 결론을 내릴 수 있을 것이다. 명제를 지지하는 논증은 (6) 어떤 가치에 대한 주장을 뒷받침하는 합리적인 근거를 확인하려는 시도를 수반할 것이다(성기산, 1999: 185).

제3장 교육의 목적

제3장 교육의 목적

1. 교육목적의 의미

인간은 모름지기 교육을 받아야 한다는 주장을 당연한 것으로 받아들이고 있다. 그래서 사람들은 지금도 교육은 무엇이며, 왜 교육을 받아야 하는가 하는 물음을 아주 당연한 것으로 여기고 별로 신중하게 논의하지 않고 있는 것 같다. 하지만 교육은 하나의 대상이 아니라 여러 가지 활동을 지칭하기 때문에 그것의 특성을 이해하기 위해서는 논리적인 지도를 작성해 보아야 한다(Wittgenstein, 1963: no.321-322).

사람들은 교육을 가치 있는 활동으로 간주하고 있지만, 어떤 활동이 가치 있는 활동이며, 왜 그것을 해야 하는가에 대해서는 체계적으로 생각하지 않은 채 그것을 하는 것 같다. 그래서 교육은 무엇을 하려고 애쓰는 활동인가를 논리적으로 분석하는 것은 교육의 특성을 이해하는 데 도움이 된다. 왜 교육을 하는가를 분석하는 것은 교육하는 사람이 무엇을 하는지를 살펴보고, 그것의 우선순위를 정하고, 그것에 주의를 집중하도록 하는 데 도움이 된다.

사실 우리가 교육을 하거나 받을 때는 언제나 확실한 결과를 얻지 못하거나 그것에 미달할 가능성이 있다. 동시에 교육은 여러 가지 의미를 지니고 있고, 그 이면에 가치가 포함되어 있기 때문에 교육받는 이유 역시 다양할 수밖에 없다.

그렇지만 교육은 인간이 목적의식을 갖고 시도하는 활동이라는 점을 부정할 수 없다. 그런데 이런 목적의식에는 인간의 가치가 포함되어 있기 때문에 교육 목적이란 무엇인가를 분석하는 일은 교육의 본질과 방향, 그리고 방법의 특성을 이해하는 데 있어서 필수적인 과정이다.

우리가 어떤 것을 목적으로 삼기 위해서는 주의를 집중해야 하고 목표를 명확하게 서술해야 한다. 목적을 갖고 있는 사람은 멀리 떨어져 있는 어떤 표적을 지향해야 하며, 그것에 도달하기 위해서 주의를 집중해서 노력해야 한다. 그러므로 어떤 것을 목적으로 삼는다는 말은 명시할 수 있는 어떤 목표에 집중하고 있고, 그것을 위해 애쓰고 있다는 것을 의미한다.

하디(C. D. Hardie)는 우리가 사용하는 진술을 논리적 진술과 서술적 진술, 그리고 평가적 진술로 나눌 수 있다고 말하고 있다(성기산(역), 1984: 60).

(1) 논리적 진술은 진술의 내용이 아니라 형식이나 구조 때문에 참이 된다. 예를 들어 '모든 사람은 죽는다. 소크라테스는 사람이다. 그러므로 소크라테스는 죽는다.'와 '2 + 2 = 4'는 논리적 진술이다. 이런 진술은 형식적으로 참이거나, 논리학과 수학의 규칙과 일치하기 때문에 참이다. 이 진술이 참인지 아닌지를 결정하려고 모든 사람과 면담하거나 소크라테스를 죽일 필요가 없다는 점에 유의해야 한다. 또한 '2'라는 숫자를 모으거나 '2 + 2 = 4'를 확인하기 위해 그것을 두 개씩 떼어놓을 필요는 없다.

(2) 서술적 진술은 서술하려고 하는 경우나 사태에 관한 사실에 의해 참이나 거짓이 된다. 예를 들어 "용이 정원에 있다."고 말할 경우에 용은 상상의

동물이므로 존재하지 않으며, 정원에서 찾아보았지만 그것을 볼 수 없었기 때문에 질문한 것이다. 서술적 진술은 점검되거나 검증될 수 있다고 말할 수 있다.

(3) 평가적 진술은 논리적 진술이나 서술적 진술과 같은 방식으로 논의될 수 없다. 이 진술은 합리적이거나 정당화된 것이어야 한다. 여기서는 사실을 서술하는 것이 아니라 우리 자신이 좋아하는 것을 가지고 사실을 판단한다.

목적에 관한 진술은 세 번째 범주의 진술에 속한다. 교사들은 교육목적을 표현할 때 자신이 선호하는 결과를 염두에 둔다. 하지만 우리는 어떻게든지 좋은 목적과 나쁜 목적을 구분하려고 노력해야 한다. 여하튼 우리는 목적과 목표를 평가하는 방안을 마련해야 한다.

목적으로 삼는 일을 하는 과정에는 어려움이 따르고, 그것을 하는 데 실패할 가능성이 있다는 점에서 목적은 시도와 같다. 시도하는 일은 시도하는 사람이 소망하는 것이며, 소망하는 것은 소망하는 사람이 가치 있다고 여기는 것이다. 그런데 소망은 실현 가능성과 관계가 없으며 실패할 가능성이 있는 반면에, 목적은 어려움이 따르기는 하지만 도달할 수 있고 집중할 수 있고 실패할 가능성이 적다. '의도'의 목적은 충동이 행동으로 표현되어 의식을 변화시키는 데 있는 반면에, '목적'은 장차 실현되리라고 생각하는 상태나 결과, 또는 특정한 수단을 사용해서 실현하는 행동의 결과를 의미한다(Brezinka, 1977: 110-111).

우리는 모든 활동에 대해서가 아니라 의도적인 활동에 대해서만 목적을 요구한다. 목적을 요구한다는 말은 가까이 있지 않고 쉽게 달성되지 않는 목표를 제시하라는 것이다. 그런데 그것은 문제가 되는 행위와 활동이 그런 목표와 관련지어 분명하게 구조화되어 있지 않다는 것을 암시한다. 바꾸어 말하면, 그것은 분명하지 않거나 가까이 있지 않은 어떤 목표와 관련지어 어떤 행위나 활동을 상세하게 서술하려는 시도이다(Peters, 1973: 13). 예를 들어 어떤 사람에게 무엇을 목적으로 삼느냐고 묻는 것은 그가 하는 일에 대한 설명을 요구하는 것이 아니라 비판하거나 권고하는 기능을 한다. 그것은 그에게 자신의 목표를 더 정확하게 명시할 책임을 부여하고 그에 따라 집중하고 노력하게 하려는 의도에서 묻는 것이다.

우리는 사람들이 무엇을 하려고 애쓰는지를 보다 정확하게 명시하는 것이 중요하다고 여기는 상황에서 목적을 요구한다. 목적은 명료하지 않고 가까이 있지 않은 목표에 집중하거나 노력의 방향을 제시하는 것과 관계가 있다. 목적의 개념에는 시도라는 의미가 포함되어 있다(Peters, 1973: 14). 그런데 '목적'은 실현을 전제로 한다. 목적이나 목표라는 말이 실현한다, 수행한다, 설정한다, 실천한다, 도달한다는 말과 함께 사용되고 있는 것으로 보아 목적이나 목표라는 말은 의도의 작용과 밀접한 관계가 있다고 볼 수 있다.

요컨대 교육의 목적은 교육의 과정을 통해서 도달할 수 있는 최종적인 산물이나 상태나 결과를 의미하기 때문에 교육의 개념과 밀접한 관계를 맺고 있다. 그런데 '교육'은 평가적인 의미를 지니고 있기 때문에 교육의 목적은 이런 가치를 필연적으로 반영하게 된다.

듀이가 말했듯이, 교육의 목적은 그 목적이 진술된 시기에 강조해야 할 사항을 진술한 것이다(Dewey, 1916: 130). 우리는 강조할 필요가 없거나 이미 관심을 갖고 있는 것을 강조하지 않는다. 그래서 우리는 현재 상황에서 필요하고 부족한 것을 중심으로 교육의 목적을 진술하게 된다. 이렇게 보면 교육의 목적은 교육을 통해서 실현해야 할 교육받는 사람의 가치를 기술한 규범이라고 볼 수 있다(Brezinka, 1977: 111).

개선과 마찬가지로 '교육'은 어떤 특수한 활동을 가리키는 말이 아니라 일련의 활동이 따라야 할 준거를 가리키는 개념이다. 이런 준거에는 두 가지가 있다.

하나는 교육의 성공적인 결과를 특징짓는 준거이고, 다른 하나는 사람들이 교육받는 과정을 특징짓는 준거이다. 전자가 없으면 후자를 특징지을 수 없지만, 후자는 단순히 어떤 바람직한 목적을 산출하기 위한 효과적인 수단이 아니라 교육받는 것에 포함되어 있는 다양한 과제를 의미한다.

교육과 개선은 하나의 규범이며, 그런 활동을 하는 데 필요한 멀리 떨어져 있는 표적이다. 개선과 마찬가지로 교육도 역시 어떤 사람이 더 낫게 되는 일련의 과정이다. 그것은 어떤 사람이 어떻게든 해서 바람직한 견해와 생활양식을 갖게 되는 일련의 과정이다. 그래서 내 아들이 교육을 받았는데, 그에게 바람직한 것이 아무것도 일어나지 않았다고 말하는 것은 논리적으로 모순이다. 또한 내 아들이 개선되었는데, 결코 더 낫게 변한 것이 없다고 말하는 것도 논리적으로 모순이다. 바꾸어 말하면, 두 개념은 모두 어떤 규범을 목표로 삼는 일련의 과정이다.

교육과 개선의 이런 규범적인 측면은 라일이 말한 성취 동사의 한 예이다(Ryle, 1949: 149-153). 그것은 어느 정도의 성공을 수반한다는 점에서 이기다, 발견하다, 기억하다, 그리고 배우다와 같은 말이다. 그렇지만 그것은 경주한다거나 성공적으로 끝난 수색과 같이 하나의 활동을 가리키는 말이 아니다. 어떤 것을 발견하거나 이기는 것과는 달리 그것은 가치를 전제로 한다. 목적은 어느 정도 떨어져 있는 목표를 시사하고, 생산성의 증가나 다른 어떤 외적인 목적을 위해서 과학이나 수학과 같은 교과를 가르칠 수 있기 때문에 교사들이 이끌어 내려고 애쓰는 것을 초월한 목적을 찾기는 쉽지 않다. 만약에 '교육'이 사람들에게 가치 있는 생활양식을 전수하는 것을 의미한다면, 그것은 불가능할 것이다.

정치가들이나 경제학자들이 교육을 다른 것을 실현하는 수단으로 간주하고 도구적인 목적을 제시하는 것을 흔히 보게 된다. 그렇지만 그들이 제안한 것은 엄밀히 말해서 교육의 목적이 아니라 교육적이지 않은 취지에서 교육내용이나 학교에 관해 제안한 것이라고 말할 수 있다.

개념을 이런 방식으로 설명해서는 직업훈련만을 주장하는 사람과 교육을 주장하는 사람 간의 논쟁을 해결할 수 없다. 훈련을 옹호하는 사람들은 '교육'이 사람들에게 바람직한 생활양식을 전수하는 것을 포함하고 있다는 데 동의하지만, 지역사회는 그런 사치를 누릴 만큼의 자원을 갖고 있지 않다고 주장할 것이다. 이에 반해서 교육을 주장하는 사람은 경제적인 입장만으로는 궁극적으로 교육의 논리가 서지 않는다고 주장할 것이다. 교육목적의 개념을 분석한다고 해도 본질적인 문제를 해결할 수는 없을 것이다. 왜냐하면 개념분석에서부터 도덕적인 결정을 이끌어낼 수는 없기 때문이다. 그렇지만 개념분석은 결정하는 과정을 밝히는 데 도움이 된다.

개선과 마찬가지로 '교육'도 규범을 갖고 있는데, 그것에서부터 교사가 발전하거나 도달하려고 노력해야 하는 목적이 만들어진다. 그렇지만 문제의 규범은 불확정적이다. 어떤 사람이 더 낫게 되거나 바람직한 관점을 갖는다는 것은 무엇인가? 교육의 목적이나 개선의 목적을 말하라는 것은 규범을 보다 구체적으로 서술하라는 것이다. 교육의 목적을 탐구하는 것은 어떤 사람이 개선되거나 교육받는 것의 내용을 설명하는 한 방법이다. 그래서 '교육목적'은 다양하게 정의될 수 있는데, 그것은 어떤 교사가 육성하려는 가치 있는 생활양식의 특징이 무엇이냐에 따라 좌우된다.

비록 목적의 의미는 다양하고, 어떤 가치를 더 강조할 것인가에 대해서는 의견의 차이가 있겠지만, 교육받는 것의 일반적인 준거를 기술할 수는 있다. 교육받은 사람은 그 자체를 위해서 기하나 요리와 같은 특수한 활동을 추구할 수 있다(Peters, 1973: 18). 물론 이런 활동들은 흔히 도구적인 목적을 위해서 추구된다. 그렇지만 어떤 사람이 어느 정도 그 자체를 위해서 그런 것을 하는 것을 즐길 수 있어야만 교육받았다고 말할 수 있다. 좋은 학교는 학생들이 압력을 받지 않고 그것에 참여하는 외적인 이유 없이 그들이 전수 받는 것을 계속 추구하게 하려는 욕구를 갖고 있다.

가치 있는 활동이 포함되어 있는 활동에 전념한다는 준거는 교육받는 것의 필요조건이지 충분조건은 아니다. 여기서 부족한 것은 지식이나 이해이다. 교육받는 것은 고도로 숙련되는 것 이상을 요구한다. 교육받은 사람은 어느 정도의 지식체계와 지리멸렬한 사실들을 모아놓은 수준을 능가하는 개념체계를 갖고 있어야 한다. 이것은 사실들을 조직하기 위한 원리의 이해를 시사한다. 화이트헤드(A. N. Whitehead)는 단순히 박식한 사람을 교육받은 사람이라고 부를 수 없다고 주장했다. 교육받은 사람은 사물이 존재하는 이유를 알아야 한다. 스파르타 사람들이 도덕적인 훈련이나 군사훈련을 통해서 싸우는 방법과 옳고 그른 것을 알았다고 하더라도 우리는 그들이 도덕교육이나 군사교육을 받았다고 말하지 않는다. 왜냐하면 그들은 그들의 규범에 근본이 되는 원리를 파악하도록 권유받지 않았기 때문이다.

우리가 교육을 받기 위해서는 인식 수준이 어느 정도 발달해야 한다. 그래도 여전히 부족한 것이 있다. 교육받은 사람은 자신이 습득한 지식과 이해를 통해서 삶에 대한 자신의 관점을 바꾸어야 한다. 이런 관점의 변화 때문에 교육을 삶과 분리된 것으로 생각하는 것은 터무니없는 것이다. 단순한 삶은 교육을 통해서 질 높은 삶이 된다. 사람이 사는 방법은 그가 보는 것과 이해하는 것에 따라 달라진다. 물론 학교에서는 문학, 과학, 그리고 역사와 같은 활동에 집중하고 있는데, 이것들은 고도로 지적인 내용을 포함하고 있다. 그렇지만 교육받은 사람은 단순히 그런 활동에 참여만 하는 것이 아니라 이해력과 감수성을 기르고 그것의 폭을 넓힘으로써 활동, 반응, 그리고 활동의 범위가 변형되는데, 이 과정은 끝이 없다. 교육받는다는 것은 어떤 목적지에 도달하는 것이 아니라 서로 다른 목적을 갖고 끊임없이 여행하는 것이다. 그래서 앞에 있는 어떤 것을 위해 열광적으로 준비하는 것이 아니라 열정을 갖고 정확하게 연구하고 손닿는 곳에 있는 가치 있는 것을 경험하는 것이 필요하다.

성장과 자아실현 같은 것들이 흔히 교육의 목적으로 제시되고 있다. 하지만 이런 목적들은 바람직한 생활양식을 전수하는 것이 그렇듯이 목적을 가장한 동어반복이다. 이런 목적들을 추구하는 교사들은 학생들의 개인차를 고려하고, 획일적으로 교육하지 않고, 능력과 적성의 차이를 세심하게 고려해야 한다. 그렇지만 이런 일반적인 호소는 교육의 분배와 관련이 있다. 그것은 사람들을 교육하는 특별한 절차를 암시하지 않는다. 그것은 형식적이고 권위주의적인 방법을 고수하는 사람들에 의해 행해진다. 자아실현이나 어린이들이 성장하게 해야 한다는 주장은 순전히 분배적인 요구를 뛰어넘은 것이다. 개인주의적인 사고체계 안에서 태동된 이런 종류의 목적들은 개인이 자기 자신의 소질을 계발하는 것에 주목하도록 한다. 그것은 아마도 개인을 획일적으로 취급하거나 국가가 어떤 직업을 위해 개인들을 틀에 집어넣는 경향을 보일 수 있기 때문인 것 같다.

교육의 목적으로 제시된 자아실현은 어떤 특별한 방향이나 그것을 위한 내용보다는 어떤 교육의 절차에 주목하게 한다. 듀이가 교육의 목적을 말할 때 개인의 경험과 발견에 의한 학습의 중요성과 교육과정 선정의 원리를 중요하게 여긴 것은 개인의 자아실현과 같은 것에 해당된다. 교육의 표준적인 내용이 어느 정도 당연한 것으로 간주되는 상황에서는 이런 목적들이 제시될 수 있다. 자아실현을 주장하는 것은 교육의 내용을 당연하게 여기고 절차의 유형을 제안한 것이다.

우리는 '교육목적'을 통해서 교육받는다는 개념은 물론이고 교육의 절차에 내재하는 원리들에 주목한다. 어떻게 해서 교육의 절차와 관련이 있는 것이 교육의 목적과 관계가 있는지에 대해 의문을 제기할 수 있다. 왜냐하면 목적은 한 활동을 일정한 방향으로 구조화하는 것을 암시하며, 절차는 규칙을 갖고 그것을 세우는 과정이기 때문이다.

교육받은 사람의 특징 가운데 하나인 지식과 이해의 형식은 그것을 습득하고 다른 사람들에게 전달하는 공적인 상황을 특징짓는 절차의 원리들과 분리될 수 없기 때문에 이런 상황의 절차적인 측면을 교육의 목적으로 강조하는 것은 전혀 이상할 게 없다. 자유나 증거의 존중과 같이 이런 절차에 내재하는 원리들은 우선적인 가치로 간주될 수 있으며, 더 유익한 목적일 뿐만 아니라 교육 활동을 구조화할 수 있다. 예를 들어 실제로 지식을 획득하는 것보다 독립적이고 알고 싶어 하는 태도가 더 강조될 수 있다.

2. 내재적 목적과 외재적 목적

우리는 교육이란 무엇이고, 교육하는 사람은 목적을 가져야만 하는가 하는 물음에 대답하려고 노력하는 과정에서 다른 어떤 것에서 파생된 것이 아니라는 의미에서 그것의 가치가 내재적인 가치와 논리적으로 관계가 있다고 주장한 교육철학자에 주목하게 된다. 우리가 교육받는다는 것이 무엇인가를 이해하기 위해서는 그 자체가 어떤 다른 것에 대한 수단이 아니라 하나의 목적이라는 것을 인정해야 한다. 교육의 목적을 묻는 것은 성취하는 동안 바람직한 것이 무엇인가를 명확히 밝히고, 그것에 주의를 집중하는 것이다. 교사들이 그들의 활동을 설명할 수 있는 교육 밖에 있는 목적을 산출할 것을 요구하는 것이 아니다. 피터스에 따르면 교육받는다는 것은 (1) 사람이 알고 있는 것이 체계가 서지 않은 사실들을 수집하는 것 이상이라는 것을 언급할 수 있을 정도로 개념체계를 포함한 지식체계와 어느 정도의 이해를 하고 있다는 것이며, (2) 그런 지식은 사람이 사물들을 바라보는 방식으로 특징지을 수 있는데, 그것은 살아있는 것이지 죽은 것이 될 수 없다. 왜냐하면 교육은 알고 있는 것에 의해 사람의 관점이 변형되게 하기 때문이다. (3) 사람은 참여하는 것에 국한할 수 없는 지적 안목을 갖고 있어야 한다. 훈련받는 것과는 달리 교육받은 사람은 특수한 과제를 수행하는 능력을 갖고 있는 것은 물론이고, 단순히 훈련받는 사람보다 더 폭 넓은 신념체계를 갖고 있어야 한다(Peters, 1966: 30-34).

비록 교육은 어떤 도구적인 목표들을 반드시 필요로 하는 것은 아니라고 하더라도 그 자체로 좋은 것이 아니라 어떤 다른 이유들을 위해서 사람들을 교육하는 것을 지지하는 이유들을 갖고 있을 수 있다는 것을 부정하기는 어렵다. 피터스는 교육은 내재적으로 바람직한 활동, 다시 말하면 사람들이 그 자체를 위해서 참여할 수 있는 활동에 입문하는 과정이라고 주장한다. 얼핏 보기에 이것은 하나의 매력적인 개념처럼 보인다. 결국 어린이는 세계를 이해할 수 있게 하는 개념체제를 가지고 태어난다. 어린이는 사물들이 어떤지, 그리고 그것들이 무엇을 의미하는지를 배워야만 한다(Bailey, 2010: 36-37).

피터스는 『윤리학과 교육』을 출판한 이후 교육의 주된 관심사는 그 자체를 위한 마음의 발달이라고 제안했는데, 이것은 주로 1965년에 허스트가 분명히 밝히고 옹호한 자유교육의 개념에 의존하고 있다. 이런 교육에는 무엇이 포함되어 있는가를 분명히 밝히는 데는 여러 가지 방법이 있다. 베일리(Bailey)는 그것을 허스트가 합리적인 정신이라고 부르는 것, 즉 사고하는 능력의 발달을 증진하기 위해서 기초적이고 일반적이고 내재적으로 바람직한 것에 열중하게 하는 것을 통해서 사람을 지금 여기에서 자유롭게 하는 능력으로 특징짓고 있다. 그 자체를 위한 지식과 이해를 보다 상세하게 살펴보기보다는 그것의 장점을 바탕으로 흔히 교육의 중요한 목적으로 제시되고 있다. 다른 것은 제외하고라도, 그것은 학교들이 관심을 가져야만 하는 지식의 종류와 관련된 문제들을 제기한다.

허스트에 따르면 지식은 수학, 물리학, 인간에 관한 지식, 문학과 예술, 도덕,

종교와 철학과 같은 일곱 가지 서로 다른 형식에 포함될 수 있다. 한 지식의 형식과 다른 지식의 형식을 구별하게 하는 것은 다음과 같은 사실이다. 첫째로, 각각은 예를 들어 수학의 수, 과학의 중력, 미술의 구상화, 중요한 신, 도덕의 사악한 등과 같은 그 자체의 독특한 개념을 갖고 있다. 둘째로, 각 형식은 독특한 논리적인 구조를 갖고 있다. 셋째로, 각 형식은 그 자체의 진리 평가 기준을 갖고 있다. 허스트는 그런 형식들은 학교에서의 교과와 같아야 한다고 말하지 않았다. 예를 들어 지리와 같은 교과들은 그가 분야들이라고 부르는 것으로 교육과정에서 한 위치를 차지할 수 있다는 것을 허용하고 있다. 지리는 역사와 물리 과학에서 비롯된 개념은 물론이고 수학적인 개념을 사용할 수 있지만, 그것은 명확한 지식의 한 형식이 아니다(Bailey, 2010: 37-38).

허스트는 지식의 형식은 피터스가 자유교육의 기초나 내용을 형성해야 한다는 생각을 옹호하기 위해서 어떤 것들이 그 자체가 가치가 있는가를 정당화한 것과 여러 면에서 비슷한 주장을 하고 있다.

그 자체를 위한 지식이라는 말은 엘리트주의 냄새를 풍기는 말이다. 그것이 21세기에 들어와서 우리가 직면하게 되는 물음들에 대한 대답으로 충분한지는 의문이다. 완전한 인간을 만드는 데 적절한 교육은 무엇으로 이루어져야 하는가 하는 물음으로 다시 돌아가기에 앞서 자유교육과 직업교육 간의 관계에 관한 최근의 논의에 대해 살펴보자.

사람들이 학교교육은 자격을 얻기 위한 수단이자 좋은 일자리를 얻는 수단이라는 견해를 정당화는 것을 자주 보게 된다. 그들은 흔히 보수가 얼마인가를 가지고 좋은 일자리를 판단할 수 있다고 생각하는 것 같다. 보수를 많이 받는 사람들은 행복하게 되는 데 필요한 많은 물건들을 살 수 있게 된다고 생각한다. 많은 물건들을 소유할 수 있게 되면 더 행복할 것이라는 의문의 여지가 있는 가정은 제외하더라도, 모든 다른 것은 단지 행복의 수단에 불과하며 행복은 이상적인 상태라는 가정이 담겨 있는 것 같다. 분명히 그들은 학교교육이 어떤 적절성을 갖고 있다고 한다면, 그것은 현실 세계를 위해 사람들을 준비시킨다는 측면에서 적절한 것이라고 주장한다. 그들은 고용의 세계에서 생계를 꾸려나갈 수 있다. 책을 공부하는 것은 좋지만, 그것은 아무 소용이 없다.

모든 중학생들이 기꺼이 공부 그 자체를 하는 것을 즐길 수 있다고 가정하는 것은 너무 고지식한 것이다. 불만을 갖고 있는 학생들이나 그런 학생의 교육을 맡고 있는 교사들을 위해 어떤 종류의 직업훈련을 해야 한다고 주장하는 사람들이 있다. 예를 들어 중학교에 다니는 학생 가운데 학구적인 학생과 직업 준비를 해야 하겠다고 생각하는 학생을 따로 교육하면 많은 교사들이 스트레스를 덜 받을 것이라고 생각할 수도 있다.

이런 해결책은 문제가 없는가에 대해 생각해보자. 예를 들어 어떤 학생이 학구적인 학생이 아니라는 것을 어떻게 확인할 수 있는가? 어떤 학생은 과학과 역사에 흥미를 잃어버렸고, 수업을 듣는 것을 귀찮게 여긴다고 말할 수 있다. 그렇다고 해서 우리가 그가 일자리를 얻기 위한 준비를 하면 인간으로서 보다 나은 상태에 있게 될 것이라고 결론을 내릴 수는 없다. 첫째로, 그 학생이 훈련받기를 기대하는 일의 종류와 관련된 문제들이 있다. 그것은 아무도 실제로 필요로 하지 않을 뿐만 아니라 환경이나 발전하는 국가의 경제를 위해 해로운 결과들을 초래한다는 의미에서 지루하거나 쓸모없는 일인가? 그것은 상상력의 발달을 도모하고 행사할 기회를 막거나 좌절하게 하는가 아니면 스포츠, 음악, 요리, 정원 가꾸기, 철학에 대해 그 학생이 갖고 있는 열정과 재능은 말할 것도 없고 가정생활, 우정을 쌓거나 예술과 자연적인 아름다움을 감상하는 것과 연관된 개인적인 충족의 기회를 막거나 좌절하게 하는가? 사람들이 합리적인 선택을 할 수 있는 위치에 서기도 전에 사과의 등급을 매기듯이 어린 학생들을 그렇게 하는 것은 문제가 있다. 우리 사회에서는 이미 특권을 갖고 있거나 부유한 사람들을 위해 이윤을 추구하려는 의도를 가지고 많은 일들을 수행하고 있다. 만일 우리가 보다 자유로운 견지에서 직업교육을 생각하지 않는다면, 우리 사회에서 어린이들을 빨리 일하는 곳에 보내는 것과 같은 이른바 직업과 관련된 답답한 현실을 당연한 것으로 받아들이게 하는 것이 될 것이다(Bailey, 2010: 39-40).

물론 이것은 일이 어떤 사람이 만족한 삶을 사는 데 본질적인 요소라는 것을 부정하는 것은 아니다. 사실 어떤 철학자들은 그것은 좋은 삶의 본질적인 요소라고 주장했다. 노만(R. Norman)에 따르면 일은 사람들의 삶의 공통적인 핵심이라고 한다. 또한 당신이 어떤 사람인가 하는 것은 주로 당신이 무슨 일을 하는가에 의해 결정된다(Bailey, 2010: 40).

인간의 삶에서 일이 차지하는 부분은 엄청나다. 인간은 살기 위해서 일을 해야 한다. 내가 하는 일이 내가 어떤 사람인가를 결정한다. 일은 인간의 삶에서 중심을 차지한다(Bailey, 2010: 27, 이지헌(외), 2016: 27-28). 화이트(J. White)는 일을 자율적인 일(무엇을 생산하려는 중요한 목표를 갖고 있는 일)과 타율적인 일(그런 목표를 갖고 있지 않은 일), 그리고 자발적으로 참여하는 일과 그렇지 않은 일, 그리고 유료 노동과 자발적인 일로 구별했다. 50억짜리 복권에 당첨되면 많은 사람들이 일을 포기할 것이라고 가정하는 것은 일리가 있다. 내재적 보상과 만족 때문에 일을 계속하려는 사람들이 있기는 하지만, 심지어 자율적인 일조차도 삶을 실현하는 필수적인 요소로 간주될 수 있는 것은 아니다. 노만은 자율적인 일이 아니라 의미가 있는 일에 관해 말했다. 달리기, 장기, 색소폰 연주, 포도주 시음, 대화를 즐기기 등과 같이 즐길 수 있는 일들이 많이 있다. 우리는 이처럼 열광할 수 있는 일 이외에 돈을 벌기 위해서 많은 일들을 하면서 살고 있다. 우리 사회에서 학교를 졸업하는 많은 학생들이 지루하고 반복적이고 따분한 일을 하지 않으려고 하는 것 같다. 그렇지만 그들은 삶의 중요한 목표라고 볼 수는 없지만, 필요에 의해 그런 일을 받아들여야 한다. 어떤 교사들은 직업교육을 하는 것이 자신의 임무라고 보고 학생들이 직업세계에 능동적으로 대비하게 하고 있다.

이와 전혀 다른 접근법은 직업교육을 자유교육의 한 부분으로 간주하는 것이다(Bailey, 2010: 41). 듀이 이후 많은 교육철학자들은 이론과 실제를 구별하는 것의 정당성에 의문을 제기해왔다. 최근에 프링(R. Pring)은 지적으로 풍요로운 삶을 준비하는 것과 직업을 준비하는 삶으로 양분하는 것에 반대했다. 그는 직업훈련은 문제가 있다고 주장했다. 단순히 훈련을 받기만 하는 사람은 그가 훈련받고 있는 목적을 파악하지 못한다. 또한 그는 성공적으로 훈련을 받는다고 해도 그것의 가치를 판단할 수 없다. 그는 단순히 그런 일을 감당할 수 있을 뿐이다. 프링은 젊은이들의 직업적인 흥미에도 인간이 되는 것은 무엇인가, 다시 말하면 자유주의의 이상과 관련지어 지적 탁월성이라는 교육의 이상이 수반되어야 한다고 보고, 이것은 모든 사람의 권리라고 주장한다. 그래서 그는 젊은이들이 적절성을 지각하고, 그들이 사회적이고 경제적인 맥락을 이해하는 것을 도와주고, 일의 세계를 위한 준비를 하는 가운데 지적인 의문을 제기할 수 있도록 도와주어야 한다고 주장했다. 직업교육은 인간을 자유롭게 하는 것일 수 있다. 그것은 인간이 무지에서 벗어나 자유롭게 되게 하고 새로운 상상을 가능하게 하는 지식의 형식에 접근하는 기회를 제공할 수 있다. 사람은 건물, 목공일, 자동차 역학의 실제적인 세계를 통해서 미학적, 과학적, 또는 도덕적인 관점에서부터 어떤 것을 음미할 수 있다. 프링은 자유교육과 직업교육은 양립할 수 없다고 보는 사람들에 대해 강력한 도전을 하고 있다.

많은 사람들은 제4차 산업혁명과 같은 급격한 변화가 우리의 삶과 고용에 전례 없이 큰 영향을 주고 있다고 말한다. 이것은 예를 들어 전자공학이나 생명공학 등에서의 발달과 관계가 있다. 비숙련공이 일할 수 있는 일자리가 점점 줄어들고, 제조업이 어려움을 겪고, 서비스업에 종사하는 사람들이 급격하게 늘었다. 이런 변화들은 교육제도에 다음과 같은 영향을 주었다(Pring, 2004: 45-46).

첫째로, 산업 활동에 종사하게 될 많은 사람들을 교육하는 것이 필요하다. 둘째로, 교육은 예전에 소홀히 했던 기능과 지식을 제공하는 일을 해야 한다. 예를 들어 정보공학, 경제적 인식, 의사소통의 기술, 그리고 실용적인 계산 등이 필요하다. 셋째로, 학교와 대학교는 산업계에 대해 보다 우호적인 태도를 가져야 한다. 자유교육의 전통에서는 유익한 것, 실용적인 것, 그리고 행하는 것과 만드는 것에 대해 경멸하는 태도를 보였지만, 이런 태도를 갖고는 변화에 능동적으로 대처할 수 없게 되었다.

이런 경제적인 변화의 영향과 사회 구성원들에게 영향력을 행사하는 사람들이 교육의 목적에 미친 영향을 언급하지 않고는 학교와 대학교에서 일어나고 있는 변화를 인식할 수 없을 것이다. 결과적으로 직업과 직접적으로 관계가 있는 기술과 지식, 그리고 새롭게 발견한 경영기법과 기업가 정신을 학교와 대학교의 교육과정에 도입하려고 노력하게 되었다. 이런 변화는 경제적인 것을 뛰어넘은 것이다.

게다가 적절성이라는 구호 아래, 특히 직업적 적절성의 측면에서 새로운 유형의 학습 가능성을 탐구하고, 이제까지와는 다른 학습의 목적과 교육내용의 가치를 실현하는 일을 하기 시작했다. 예를 들어 협동학습, 문제해결학습, 적절한 학습 등이 강조되었다. 수행을 평가하는 데 사용했던 옛 기준을 버리고 이제까지 당연한 것으로 간주했던 목적과는 다른 목적을 설정하고 그것을 실현하려고 한다. 이 모든 변화에 대해 철학적으로 의문을 제기할 필요가 있다.

이런 변화는 사회적인 우려를 반영한다. 지금의 사회는 10-20년 전의 사회와 다르다. 옳고 그른 것에 관한 확신이 적고, 가르쳐야 할 가치에 대해 합의한 것도 적고, 더 많은 자율을 강조한다. 이런 차이와 의심, 가치에 대한 회의, 그리고 수많은 자유주의의 가치를 거부했음에도 불구하고, 사람들은 학교가 반사회적인 힘에 대항하고, 사회를 개선하는 것을 돕고, 사람들을 착하게 만들기를 기대한다.

3. 자유교육의 변화

자유주의의 이상은 다양한 방식으로 해석되고 있는데, 모든 해석에서 유용성을 거부하고 있다고 가정하는 것은 위험의 소지가 있다. 사회적 유용성에 관한 견해의 차이가 크다. 자유교육의 이상이 사회적 유용성에 기여하는 정도에 관심을 갖는 주장들에 따르면 지식을 새롭게 조직하듯이 유용성도 새롭게 해석되어야 한다. 하지만 자유교육에서는 이성의 발달을 중요하게 여기고 있기 때문에 알고 이해하고 진리를 추구하는 능력을 촉진하는 교과를 중요하다고 보고 있다. 자유교육의 특징은 정리하면 다음과 같다(Pring, 2004: 50-51).

첫째로, 자유교육의 주된 목적은 지성을 발달시키는 것이다. 즉, 사고하고 이해하고 감상할 만한 가치가 있는 것을 인식하는 능력을 개선하는 것이다. 개선이라는 말은 행동의 성격이 아니라 진실한 것을 인식하는 데 관심을 갖는 것이다.

둘째로, 지적인 발달은 실제적이고 편리할 뿐만 아니라 철학적으로 건전한 지식의 조직에 바탕을 두고 있다. 예를 들어 허스트는 1965년에 다른 지식과 이해의 형식이 있다고 주장했다. 이것들은 임의적인 것이 아니며, 개인적 선택이 열려 있는 것도 아니며, 지식사회학자들이 어떻게 말하더라도 임의적인 사회적 재구성은 아니다. 그런 지식의 형식들은 그 자체의 독특한 개념들과 그 자체의 중심이 되는 공리들, 그리고 토론과 논증에 초석이 되는 핵심적인 교과들로 특징지을 수 있다. 그래서 수학적으로나 역사적으로 사고하려는 사람은 그런 이해의 형식에서 중심이 되는 탐구방법과 개념을 이해하고 사고하는 방법을 학습해야 한다. 자유교육은 우리가 다른 경험을 이해하는 데 근본이 되는 형식들에 입문하는 것이다. 이런 입문은 조직적인 방식으로 진행된다.

셋째로, 이런 이해의 형식들을 습득하는 것의 가치는 철학적으로 적어도 외재적인 정당화를 요구하지 않는다. 이런 의미에서 교육을 하나의 목적에 대한 수단으로 보아서는 안 된다. 왜 교육을 받는가? 왜 마음을 발달시켜야 하는가? 이런 물음에 대한 대답은 경제적 유용성이 아니라 가치의 진술을 요구한다. 물론 학습하는 가운데 즐거움을 느끼지 못하는 학생들은 예를 들어 한국 근대 시인들의 시를 읽는 것의 내재적 가치를 보지 못하고 그런 질문을 할 수 있다. 왜냐하면 이것은 그들이 아직 이해 그 자체의 가치를 지지하는 철학적이거나 윤리적인 주장을 잘 알 수 없거나 그런 이해의 형식을 내면화하고 있지 않기 때문이다. 자유교육을 해야 한다고 주장한 사람들은 교사들에게 그것의 가치를 정확하게 전달하지 못하고 있다.

넷째로, 자유교육은 지성의 형성을 요구하는데, 우연히 이런 일을 할 수는 없다. 경험을 통한 학습, 흥미를 바탕으로 한 학습, 또는 학생 중심이라는 말을 강조할 경우에는 지적 탁월성을 제공하기 어렵게 된다. 그런 탁월성을 제공하기 위해서는 인류가 사고하고 말한 것 가운데 무엇이 최선인가를 아는 교사들이 필요하다. 교사들은 즉각적이고 적절한 것을 중요하게 여겨야 한다는 압력에서 자유로워야 한다. 바꾸어 말하면, 그들은 학교와 대학교가 산업계나 유용성의 세계와 떨어져 있어야 한다고 주장한다. 이상적으로 말하면, 학교는 시장이 아니라 수도원과 같아야 한다.

다섯째로, 학습에 대한 책임, 그것의 내용, 평가, 강조, 방향 등이 이제까지와는 다른 지적인 학문의 권위자들의 수중에 있어야 한다. 그들은 학문과 비판적인 논의에서 권위자임을 입증하게 될 것이다. 그런 사람들은 주로 대학교에서 일한다. 그렇지만 학교들이 자유주의의 전통 안에서 변화의 문제에 관해 지적 탁월성과 사회적 개선을 관련지어야 한다면, 교사들은 자유주의의 학습의 발달을 위한 권위자로 간주되어야 한다.

철학자 오크쇼트가 좋아했을 것 같은 자유교육은 시, 역사, 철학, 과학의 소리를 들으려고 하는 각 세대들 간의 대화를 학습자에게 소개하는 교사와 학습자 사이의 상호작용이다. 우리는 관념의 세계에서 살고 있고, 교육은 그런 세계에 입문하는 것이다. 그것은 사람들이 대화를 즐기게 하는 것 이외의 목적을 갖고 있지 않다.

그런데 일부 학자들은 자유교육의 이상을 비판하고 있다. 그들은 정치적이고 재정적인 문제 때문에 자유교육이 구현하는 자유주의의 전통과 가치가 침해받는 것에 주목했다. 그들은 사회를 개선하는 것보다는 직업에 대한 요구가 너무 절박했기 때문에 자유주의적 전통의 내용과 근거에 대해 의문을 제기했다. 그러므로 자유교육을 변화시켜야 한다고 주장하는 사람들의 다음과 같은 비판에 주목할 필요가 있다(Pring, 2004: 52).

첫째로, 자유주의적 전통은 관념의 세계에 초점을 맞추는 가운데 현실 세계, 산업, 상업, 생계유지의 세계를 소홀히 하고, 실천적 지성을 무시했다. 능력은 정의하기 어렵지만 중요한 개념이다. 하지만 자유주의적인 학습을 추구하는 가운데 지적인 삶에서 그것의 의미가 무시되었다. 이것은 부분적으로 학문의 세계에서 사는 사람들과 산업계에 종사하는 사람들 간의 단절에서 비롯된 것이다.

둘째로, 우리가 물려받은 자유교육의 전통은 너무 많은 사람들을 교육 밖으로 몰아내고 있다. 많은 사람들이 입문 시험에서 실패한다. 많은 젊은이들이 대화에 참여하지 못하는 것으로 보아 자유교육은 소수만을 위한 것으로 보인다. 많은 젊은이들이 교육에서 실패하고 있다.

이런 비판에 대해 교육과정을 개선하기 위한 두 가지 방안이 제시되었다. 첫째로, 소수의 학생을 위해 자유주의의 이상을 실현할 수 있는 교육과정을 운영하면서 동시에 다수의 학생들을 위해 직업 준비 교육과정을 운영하자는 것이다.

둘째로, 자유교육을 하는 가운데 직업적인 것을 강조하자는 것이다. 직업적인 것을 강조하기 위해서는 직업훈련의 다음과 같은 특징에 유의해야 한다(Pring, 2004: 54-55).

첫째로, 이런 교육과정을 운영하는 목적은 지적 탁월성 그 자체가 아니라 학생들이 성인이 되었을 때 과제를 수행하는 능력은 물론이고 가정과 사회에서 해야 할 일을 하는 능력을 기르는 데 있다. 시민으로서 사회에 참여하거나 부모로서 자녀를 돌보는 일을 준비하는 것도 직업 준비의 일부이다.

둘째로, 학문이나 인류의 사유 결과가 아니라 수행한 일을 분석한 것을 갖고 교육과 훈련 프로그램의 내용을 구성한다. 산업계에 종사하는 사람들은 사업을 하거나 전기기사가 되거나 직원을 관리하는 데 필요한 기술 등이 중요하다고 말한다. 훈련을 위한 프로그램은 이런 기술들과 맞물려있어야 한다. 학습을 통한 성취가 목표이듯이, 할 수 있다는 말과 실제적인 능력을 강조하는 것이 중요하다.

셋째로, 학습되는 것의 가치는 내재적 선과 사회적 개선이 아니라 유용성의 견지에서 정당화된다. 여기서 말하는 유용성은 경제적 개선, 예를 들어 학습자가 경제적으로 잘 사는 것이나 지역사회가 경제적으로 윤택하게 되는 것을 의미한다. 직업 준비과정에서는 관념과 진리, 그리고 상상력보다 경영과 효능이 더 가치 있는 것으로 간주된다.

넷째로, 이처럼 유용한 학습을 하기에 가장 좋은 장소는 산업계에서 멀리 떨어져 있지 않은 곳이어야 하며, 젊은이들은 학교와 대학교를 졸업한 후에 직면하게 될 실제적인 문제들과 동떨어져서는 안 된다. 학습자는 도제훈련을 통해서 미래의 삶에 필요한 것을 잘 준비할 수 있다. 도제훈련은 장인의 감독을 받으면서 미래의 삶에 필요한 기술과 능력을 체계적으로 배우는 중요한 방법이 될 수 있다. 체계적인 학습이 필요하다는 것을 의심할 사람은 없을 것이다. 그렇지만 학습하는 학생들에게는 경제적인 현실이나 산업계의 현실과 무관한 자유주의의 이상은 필요가 없을 것이다. 직업교육은 어떻게 하면 실제적이고 유익한 학습을 적절하게 할 것인가를 무엇보다 중요하게 여기는 교육이라고 할 수 있다.

다섯째로, 직업과 관련된 학습, 그것의 목적, 내용, 가치, 그리고 장소를 학교에만 맡겨둘 수는 없다. 결국 자유교육의 이상은 경제적인 측면을 경시한 것과 다수가 배제되고 중요한 경험의 영역이 역할을 다하지 못하는 교육의 개념에 대해 책임을 져야 한다. 그러므로 교육과 훈련의 의미를 확장해야 한다. 어떤 학습이 가장 유익한가를 잘 아는 산업계의 사람들도 무엇을 학습해야 하고 무엇을 성공으로 간주해야 하는가를 판정할 수 있는 권위자로 인정해야 한다.

직업 준비과정을 논의할 때에 유용성, 목적의 적합성, 효과적인 수단과 같은 말을 사용한다. 직업교육은 개인적이고 사회적인 특질을 존중하며, 통제의 과정과 책무성을 요구한다. 학교와 대학교에서는 학문 연구보다는 직업 준비과정을 더 중요하게 여기는 경향이 널리 퍼져 있다. 예를 들어 정부에서는 대학교의 학부과정에서 경영의 가치와 기술을 가르치면 재정적으로 후원하겠다고 약속하기도 한다.

내재적 가치보다는 외재적 유용성의 견지에서 교육 활동을 정당화하는 것, 지적 탁월성보다는 경제적 적절성을 더 반영한 교육내용, 학계보다는 고용주의 손에서 평가하고 통제하는 교육, 그리고 산업계와 동떨어진 곳보다는 일터에서의 교육을 더 강조하는 것 등은 자유주의의 이상을 보완하기 위한 제안들이다. 이런 제안들은 훈련하는 것이 더 좋다고 여기는 능력이 적은 사람에게만 적용되었다.

4. 교육목적의 설정방법

교육적인 행위는 교육목적을 실현하기 위한 수단이기 때문에 특정한 목적을 실현하기 위한 수단으로 사용하는 어떤 방법은 목적을 실현할 수 있어야 한다. 그런데 교육의 목적이 실현 가능하다고 생각할 경우에도 그 목적은 실현되어 본 적도 없고, 실현 가능하다는 사실을 검증할 수 없는 경우도 있다. 왜냐하면 경험적인 것이 아닌 언어로 목적이 진술될 경우가 있기 때문이다. 그러므로 실현한다는 것은 무엇을 실천 가능하다고 여기는 것과 다른 것이다.

교육사상사를 통해서 보면 실현 가능성을 고려하지 않고 대부분의 교육목적을 설정했다는 점을 부정하기는 어렵다. 또한 일상 언어의 사용 예에서 보듯이 실현 가능성이 교육목적의 개념에 포함되어 있는 특성이라고 말하기는 어렵다. 오히려 교육목적의 내용을 분석해 보면 교육목적의 실현 가능성은 분명하지 않다. 물론 교육목적을 설정할 때, 그 목적의 내용이 실현 가능한지를 검증하는 것은 유익하지만, 실제로 교육목적의 실현 가능성을 검증하는 것은 쉬운 일이 아니다. 목적의 도달 가능성을 믿는 것과 목적에 도달하도록 행동할 준비가 되어 있다는 것만으로는 그 목적이 실현 가능하다는 것을 증명할 수 없다. 왜냐하면 그것은 신념과 의도만을 규정하고 있기 때문이다.

우리가 교육목적과 관련지어 실현 가능성이 무엇을 의미하는가를 알기 위해서는 교육받는 사람의 이상과 교사의 과업에 주목해야 한다. 이상의 측면에서 보면 실현 가능성이란 말은 특히 교육받는 사람의 당위적인 존재와 관계가 있다. 여기서 중요한 것은 이상으로 간주한 인격적인 특성이 실현될 수 있는가 하는 점이다. 다시 말하면, 한 인간이 자신을 변화시켜 이상에 접근할 수 있는 능력을 소유하고 있느냐 그렇지 않느냐의 문제가 중요하다.

이렇게 보면 실현 가능성은 이상의 특성이라기보다는 오히려 이상과 그것을 이상이라고 여기는 인간의 특성 간의 관계로 이해될 수 있다. 이상의 실현 가능성은 인간의 본질과 관계가 있으며, 실현 가능성은 학습 능력이나 동기 수준과 관계가 있다. 교육의 목적을 이상으로 간주하는 한, 실현 가능하다는 생각을 경험적으로 검증하기는 어렵다.

사람들은 교육목적의 실현 가능성을 믿고 있기 때문에 교육목적을 설정할 때 두 가지 일반적인 경향을 보이고 있다. 하나는 교육의 목적을 표어로 제시하는 경향이고, 다른 하나는 행동적 목표에 관심을 갖는 경향이다.

다수의 교육목적들은 예를 들어 인격교육, 생활적응을 위한 교육, 지적인 도야, 자아실현, 그리고 국가의 존속을 위한 교육 등과 같은 표어로 제시되고 있다. 교육개혁 운동이 표어와 구호를 만드는 것 같다. 몇 년에 한 번씩 국민들은 새로운 표어에 관심을 갖게 되었다. 이런 이유로 표어는 대중에게 교육이 무엇에 관한 것인가를 상징적으로 표현하는 경향이 있다(성기산(역), 1984: 71). 그러므로 교육의 목적을 설정하는 사람들은 교육적인 개념과 절차를 분석하는 경험을 쌓고 전문적인 지식을 습득해야 한다.

다른 한편에서는 교육목적을 행동적인 용어로 표현해야 한다고 주장한다. 여기에는 교육에서 주목할 만한 가치가 있는 결과는 오직 특수한 가르침의 결과로 학생들이 습득하는 구체적이고 관찰 가능한 것뿐이라는 가정이 포함되어 있다. 심리학자 스키너는 우리가 계속해서 논의해야 할 것은 의도나 마음이 아니라 인간의 행동이라고 주장했다. 한 마디로 말하면 행동주의자들은 교수가 효과적인 것이 되려면 그 결과로 어린이의 행동이 변화되어야 한다고 주장한다.

교육목적을 행동적인 용어로 진술하기 때문에 교사는 어쩔 수 없이 학생들의 행동 가운데 관찰 가능한 변화만을 논의하게 된다. 여기에는 두 가지 주장이 내포되어 있다. 학생은 자신의 행동을 변화시켜야 하고, 교사는 변화된 행동을 관찰할 수 있어야 한다. 하지만 우리는 모든 교육목적이 행동적인 목표인지 그렇지 않은지에 대해 진지하게 숙고해야 할 것이다.

또한 교육의 목적은 교육 활동의 방향을 제시해야 한다고 주장하는 사람들이 있다. 만약에 이런 교육의 목적을 설정한다면, 우리는 그 목적을 실현하기 위한 제반 수단을 고안할 수 있을 것이다. 여기서 우리가 생각할 수 있는 교육 활동의 방향은 두 가지이다. 그 하나는 수단적 가치이고, 다른 하나는 내재적 가치이다. 그런데 '교육목적'은 평가어이기 때문에 필연적으로 교육의 목적을 설정하는 사람의 가치를 반영하게 된다. 그래서 목적을 설정하는 과정에서 설정하는 사람의 가치가 정당화될 수 있는가를 검토해야 한다.

교육의 목적은 교육의 효과를 검증하기 위한 척도가 되어야 한다고 주장하는 사람들이 있다. 물론 교육받는 사람의 당위적인 상태를 정확하게 파악할 수 있어야만 교육받기 시작했던 시기의 상태와 비교할 수 있을 것이다. 만약에 교육의 목적이 없다면, 교육의 성과는 검증될 수 없을 것이다. 그래서 우리는 교육의 목적을 통해서 어떤 활동이 언제 완성되었고, 그 활동이 어느 정도 잘 수행되었는가를 판단하고, 교육의 수단을 평가할 수 있어야 할 것이다.

교육의 목적은 사회가 지향하는 가치를 보존하는 데 기여해야 한다고 주장하는 사람들이 있다. 교육의 이상이란 측면에서 교육목적을 생각해 보면, 교육목적은 사회가 지지하는 가치의 동질성을 보존하거나 강화하는 데 기여한다. 왜냐하면 교육을 사회적인 소속감을 기르고 사회 질서를 유지하기 위한 방법으로 이용하고 있기 때문이다. 물론 사회가 지향하는 가치체계를 파괴하는 역할을 수행할 수도 있지만, 그것은 예외적인 것에 지나지 않는다.

요컨대 좋은 교육목적은 사람의 내재적 활동과 필요에 근거를 두고 있어야 한다. 동시에 교육목적은 학교의 수업 활동을 도와줄 수 있어야 한다(Dewey, 1916: 104-110). 이런 입장에서 보면 외부에서 강요한 획일적인 교육목적이나 절대적이고 궁극적인 교육목적을 경계해야 한다. 왜냐하면 그것은 흔히 교육의 실제 상황과 동떨어져 있기 때문이다.

교육목적은 교육의 개념과 밀접한 관계가 있으며, 교육의 과정을 통해서 도달할 수 있는 최종적인 결과나 상태를 의미한다. 교육목적은 그것을 진술한 사람의 가치를 반영하므로 통일된 하나의 교육목적을 제시할 수는 없을 것이다. 그리고 교육의 목적에 포함되어 있는 가치는 그 목적이 진술된 시기에 진술한 사람이 부족하다고 여기는 가치를 표현한 것이다.

도구주의자들이 생각하는 교육목적은 주로 공리주의적이기 때문에 교육의 과정이 교육적이냐의 여부가 아니라 효능이 있느냐의 여부에 따라 결정될 가능성이 높다. 또한 교육의 목적보다는 수단을 더 강조하고, 독특하고 창의적인 인간이 아니라 기계의 부품과 같은 인간을 상정하게 된다. 개인주의적인 입장을 지지하는 사람들은 학습자 중심의 접근법을 주장한다. 그들은 교육 그 자체를 목적이 아니라 자아 발달의 수단으로 간주한다. 그렇지만 이런 접근법은 개성을 지나치게 강조한 나머지 단기간의 이익을 위해 자율성을 희생할 소지가 있다. 자유주의적인 관점의 이상은 지적 이상과 도덕적 이상으로 요약된다. 지적 이상으로는 합리성, 공정성, 그리고 진리의 추구를 들 수 있고, 도덕적 이상으로는 관용과 자유를 들 수 있다. 이런 입장을 고수하는 사람들은 교육은 그 자체 이외의 어떤 목적도 갖고 있지 않다고 주장한다. 그렇지만 그들이 지지하는 교육의 목적이 정당한 것인지를 검증하는 방법이 선험적이라는 데 문제가 있다.

사람들은 교육목적을 주로 표어로 제시하거나 행동적 목표를 제시하는 데 관심을 갖고 있다. 그런데 이런 표어들은 대중에게 '교육'이 무엇에 관한 것인가를 상징적으로 표현하는 경향이 있으며, 행동적 용어로 표현할 경우에는 가르침의 결과로 습득하는 구체적이고 관찰 가능한 것만을 가치 있는 것으로 간주하게 된다. 이런 경향으로 인해서 교육의 목적은 그것을 실현하는 수단과 동떨어져 있게 된다. 또한 외재적이고 수단적인 가치만을 인정하는 사회에서는 교육의 절차가 비교육적이고 교육이 훈련에 국한될 가능성이 높다.

결론적으로 말해서 모든 사람이 동의하는 하나의 '교육목적'은 존재할 수 없다. 또한 '교육목적'은 교육 밖에 있는 어떤 목적을 중심으로 이해할 수 없다. 또한 목적들은 교육의 절차에 내재하는 원리들, 즉 자유와 개인의 자기 발견의 중요성과 같은 원리들과 관련을 맺어야 한다. 그렇지만 절차의 원리만을 강조하고 교육의 방향과 내용을 무시해서는 안 된다.

요컨대 교육에서 하나의 목적을 갖는다는 것은 지적으로 행동하는 것이고, 결과를 예견하는 것이며, 대상과 선천적인 능력을 관찰하고 선택하고 정리하는 것이다. 이런 교육의 목적은 현재의 조건을 고려한 결과여야 하며, 융통성이 있어야 하며, 교육받는 사람의 내재적 활동과 필요에 근거를 두어야 한다. 그러므로 외부에서 설정한 교육목적을 단순히 수용하게 하거나 외재적인 교육목적만 강조하고 내재적인 교육목적을 경시하는 것은 문제일 것이다.

듀이는 『민주주의와 교육』에서 교육목적이라는 주제에 관해 상당히 많은 것을 밝히고 있다. 그는 '목적'을 현재의 관찰과 행위방식의 선택을 결정하는 한 요인이며, 의식을 하게 하는 어떤 자연적인 과정의 결과로 생각했다. 그는 목적을 갖고 행동하는 것은 지적으로 행동하는 것과 같은 것으로 보았다. 그는 목적이 단순한 결과와 어떻게 다른가를 보여주려고 많은 논의를 했다. 교육목적은 질서정연한 활동을 함축하고 있다는 점을 이해하는 것이 중요하다. 표적으로서의 목적은 활동 방향을 제시하는 일을 한다. 목적에 도달하기 위해 이용할 수 있는 수단은 어떤 것이 있는가를 알아보기 위해 제시된 조건을 세심하게 관찰하는 것과 목적을 위한 수단을 사용할 때의 적절한 차례나 순서, 그리고 가능한 대안을 선택하는 것이 포함되어 있다. 그러므로 교육에서 하나의 목적을 갖는다는 것은 지적으로 행동하는 것이며, 결과를 예견하는 것이며, 대상과 선천적 능력을 관찰하고 선택하고 정리하는 것이다(Dewey, 1916: 101-103).

듀이에 따르면 좋은 교육목적은 현재 조건의 결과이며, 이미 진행하고 있는 것을 고려한 것에 기초한 것임이 분명하다. 그런 목적은 융통성이 있어야 하며, 환경에 대처할 수 있도록 변화될 수 있어야 한다. 동시에 목적은 언제나 활동을 자유롭게 표현해야 한다. 그가 말하는 예견적인 목적이란 용어는 암시적이다. 왜냐하면 그것은 미리 어떤 과정의 종착점이나 결론을 생각하기 때문이다. 이런 교육목적을 설정하기 위해서는 교육받는 사람의 내재적 활동과 필요에 근거를 두어야 하며, 그것은 학교의 수업활동을 도울 수 있는 방식으로 해석되어야 한다. 외부에서 강요한 교육목적을 수용하게 하는 데 치중하는 것은 바람직하지 않으며, 교육의 과정을 비교육적으로 만드는 외재적인 목적은 교육을 그릇된 방향으로 이끌게 될 것이다.

제4장 비판적 사고

제4장 비판적 사고

1. 자율적인 삶

다문화사회에서는 다양한 가치가 존재하기 때문에 교육의 목적에 관한 새로운 시각의 논의가 필요하지만, 진학과 취업을 위한 교육의 가치가 절대적인 현재의 사회적 상황에서는 이런 논의가 활발하게 이루어지기 쉽지 않다. 다시 말하면, 현재와 같은 사회적 상황에서는 개인들이 자신들이 겪게 되는 문제들을 잘 해결하기 위해서는 어떤 교육을 해야 하는가에 관해 진지하게 논의하는 일이 쉽지 않기 때문에 비판적 사고가 자리 잡기 어렵다.

일반적으로 민주적인 다문화사회에서 사는 사람들은 부정확한 말이나 왜곡된 말, 또는 거짓말을 분간할 수 있어야 하며, 문제를 잘 해결하기 위해서 논리적으로 사고하고 좋은 이유를 찾는 능력을 가지고 있어야 한다. 그렇지만 관습과 관행이 사람들의 사고와 행동을 좌우하는 사회에서는 불합리하고 비논리적인 삶에 대해 의문을 제기하는 데 익숙하지 않을 수도 있다. 이런 사회에서는 그릇된 논증, 타당성이 의심스러운 일반화, 증거가 부족한 주장, 믿기 어려운 권위주의에 바탕을 둔 진리에 대한 주장 등이 널리 퍼져 있기 때문에 비판적 사고가 성장하기 어려울 것이다.

현대사회처럼 급속도로 변화하고 있고 미래의 삶이 불확실한 경우에는 인간이 자신의 삶에 영향을 주는 중요한 결정을 내릴 수 있고 합리적으로 선택할 수 있는 능력을 갖추는 것이 필수적이라고 할 수 있다. 이런 사회에서 사는 사람이 다른 사람들이나 직관에 의존해서 살아간다면 개인의 의미 있고 만족스런 삶의 극히 중요한 부분이 박탈되기 때문에 손상을 입게 될 수도 있을 것이다. 사실 우리가 가르치는 것의 목적이 어린이가 독립적이고 독자적인 인간으로 성장하는 데 있다는 데 동의한다면, 비판적 사고의 발달은 하나의 교육적 이상으로 간주될 수 있을 것이다.

실용적인 면을 중요하게 여기는 사람들은 학교가 학생들에게 절실하게 필요한 직업훈련을 하지 못하고 있다고 주장한다. 이런 사람들은 즉각적으로 활용할 수 있는 직업훈련을 강조하는 경향이 있다. 어느 누구를 막론하고 장차 원만하게 직무를 수행하면서 만족한 삶을 사는 것은 필수적일 것이다. 그렇지만 사회가 급격하게 변화하고 있기 때문에 미래를 예측하기는 매우 어렵다. 직업 세계도 역시 급격하게 변화하고 있다. 이런 상황에 비추어 볼 때 즉각적으로 활용할 수 있는 직업훈련은 효용성이 적을 수밖에 없다. 학교에서는 학생들이 미래에 종사하게 될 직업이 무엇인가를 예측하기도 어렵고 없어질지도 모르는 직업을 위한 훈련을 하기도 쉽지 않다. 학생들에게 이런 훈련을 했다고 해도, 그들이 장차 다른 일을 해야 할 경우가 생길 수 있다. 이런 경우에 학생들에게 필요한 것은 유연성과 능력이다(성기산, 2008: 156). 그들은 새로운 일을 수행하는 데 필요한 것을 다시 배워야 하기 때문에 자신이 어떤 능력을 가지고 있는지를 숙고해 보려는 태도를 가지고 있어야 한다.

비판적 사고의 중요한 도구는 형식 논리와 비형식 논리의 기술, 개념분석, 그리고 인식론적인 숙고이다. 비판적 사고의 으뜸가는 임무는 적당히 얼버무리거나 삐뚤어진 사고를 확실한 탐구 절차에 바탕을 둔 사고로 바꾸는 것이다. 신념들을 비판적으로 검토할 수 있는 사람이라야만 자유로운 인간으로 살 수 있을 것이다. 왜냐하면 행동하는 이유를 신중하게 생각하지 않으면 우리 자신의 운명을 제어할 수 없기 때문이다. 시겔(H. Siegel)이 말했듯이, 비판적 사고는 독자적으로 사고하고 판단을 내리고 그에 따라 자유롭게 사는 사람이 되는 것을 목적으로 삼는다. 이런 사람은 정당화할 수 없는 신념에 좌우되거나 압도되는 삶을 단호히 거부할 것이다(Siegel, 1998: 58). 다양한 가치가 추구되고 있고 급격하게 변화하는 다문화사회에서 사는 사람들이 자율적인 삶을 영위하기 위해서는 무엇보다도 먼저 비판적 사고의 기술을 터득하고 비판정신을 갖는 것이 중요하다고 볼 수 있다(Marples, 1999: 85).

2. 비판적 사고의 의미

시겔에 따르면 비판적으로 사고하는 것은 주장이나 진술에 대한 판단을 받아들일 것인지의 여부를 주의 깊게 결정하는 것이며, 주장이나 진술을 정확하게 평가하는 것이다(Siegel, 1988: 83). 그런데 이렇게 사고하는 기술이 존재하느냐의 여부는 비판적 사고의 의미를 서술하는 과정에서 중요한 논의의 주제가 되고 있다. 그것이 존재하든 그렇지 않는 간에, 많은 학자들이 제기하는 문제는 사고의 기술을 지지하는 사람들과 반대하는 사람 모두에게 매우 중요한 것으로 간주되고 있다. 그런 것이 존재한다는 가정 아래 사고의 기술을 가르칠 것을 제안하는 것은 교육과 관련된 다음과 같은 이유로 중요하다고 볼 수 있다. 첫째로, 교육의 목적과 관계가 있는 이유가 있다. 훌륭하게 사고할 수 있다는 것은 교육받은 사람의 가치 있는 특성이며, 교육제도가 발달시키려고 노력해야 하는 속성이라고 볼 수 있다(Winch, 2010: xi). 둘째로, 교육학적인 효능과 관계가 있는 이유가 있다. 즉, 사고하는 기술을 가르치는 것은 학습을 증진하고 폭 넓은 주제들을 이해하는 효과적인 방법이라는 주장과 관계가 있다. 그런데 폭 넓은 주제에 대해 적용할 수 있는 사고의 기술을 가르칠 수 있는지의 여부는 논쟁의 소지가 있다(Winch, 2010: xii). 사고의 기술은 전이가 가능한 기술인가 하는 문제는 비판적 사고의 의미를 밝히는 과정에서 중요한 주제가 되고 있다.

먼저 교육목적과 관련된 문제에 대해 살펴보자. 흔히 민주적인 사회에서 대중이 정치적인 문제들에 관해 이치에 닿게 잘 알고 있고, 개인들이 자신들의 인생행로를 계획할 수 있고, 독자적으로 모든 종류의 관심사들에 관해 사고할 수 있는 능력을 갖기를 기대하는 것은 직접적으로는 아니라고 하더라도 간접적으로 교육제도 안에서 기르려고 하는 특성이자 본질적인 특성으로 간주되고 있다. 이런 주장을 바탕으로 직접적으로 일반적인 사고 기술이나 전이 가능한 사고 기술은 없어서는 안 된다고 하는 결론을 내릴 수는 없지만, 그것은 적어도 이것이 사실이라는 것을 뒷받침하는 근거를 제공한다. 공적인 일들과 관련지어 볼 때 시민들이 반드시 전문가와 같은 지식을 소유하고 있지는 않다고 하더라도 사회의 복지와 관계가 있는 문제들에 관해 현명하게 의사결정을 하는 것이 필요하다는 것이 그 이유이다.

인간이 자기 자신의 개인적인 일을 처리할 경우, 특히 자신의 인생행로를 설계하는 문제에 있어서 개인적이고 가정적인 진로문제에 관해 분별 있고 현명하게 사고하는 능력은 바람직한 것처럼 보이며, 교육은 이런 능력을 기르는 것에 크게 기여할 것 같다(Winch, 2010: x iii). 공적인 일들뿐만 아니라 개인적인 일에 관해 현명한 판단을 내리는 것은 매우 바람직한 것이며, 현대 사회에서의 교육에 기대하는 결과라고 볼 수 있다. 여러 상황과 관련지어 다양한 주제들에 대해 비록 전문가는 아니지만 현명한 판단을 내리는 능력은 매우 바람직한 것처럼 보인다. 이런 입장에서 보면 전이 가능한 사고의 기술을 습득하는 것은 중요한 교육의 목적으로 인정받을 수 있을 것이다.

교육학적인 효능이라는 두 번째 문제는 현재 비판적 사고에 관한 연구를 하는 학자들에게 중요한 쟁점이 되고 있다. 사고의 기술을 습득한 사람들은 여러 주제들에 대한 효과적인 학습자가 될 수 있기 때문에 사고의 기술을 가르치는 것은 가치 있는 일이라고 주장하는 학자들이 있다.

다른 한편으로 비판적 사고에 관해 논의한 학자들은 그것을 기술로 간주할 수 있는가 아니면 성향으로 간주할 수 있는가 하는 문제에 대해 지금도 논쟁하고 있다. 비판적으로 사고하는 사람은 이유와 증거를 열심히 찾는 과정에서 빈약한 형태의 논증은 어떤 것인가를 아는 것은 물론이고, 특징을 제시하는 법을 알고, 특정 사고의 기술을 익혀야 한다. 이런 이유로 과거에는 비판적 사고를 하는 사람이 알아야 하거나 할 수 있는 것의 목록을 작성하여 제시하려는 학자들이 많았다. 그렇지만 최근에는 학습하는 사람들이 세상을 비판적인 눈으로 바라보려는 성향이나 경향을 갖지 않으면 특정 내용과 기술을 가르치는 것이 별 의미가 없다는 주장을 받아들이게 되었다. 비판적인 사람은 이유와 진리, 그리고 증거를 찾는 능력이나 기술뿐만 아니라 그것들을 찾으려는 성향을 갖고 있다.

예를 들어 에니스(R. H. Ennis)는 비판적 사고를 무엇을 믿고 무엇을 할 것인가를 결정하는 데 초점을 두고 있는 이치에 맞는 반성적 사고로 정의한다(Ennis, 1987: 10). 그리고 그는 비판적 사고를 하는 사람이 드러내야 하는 능력, 기능, 그리고 성향의 목록을 상세하게 제시했다. 시겔은 비판적 사고를 하는 사람을 이성적으로 사는 사람으로 특징짓고(Siegel, 1988: 23), 비판적 사고를 하는 사람은 정확히 좋은 이유, 즉 신념들과 주장들, 그리고 행위들을 보증하는 이유들이 될 수 있도록 하기 위해서 이유들이 충족해야 하는 인식론적인 준거를 알아야 한다고 주장했다. 에니스의 입장에 반대한 시겔이 말하는 비판정신은 셰플러가 말한 진리를 사랑하고 거짓을 경멸하는 것과 같이 깊이 자리 잡은 성격 특성과 같다(Siegel, 1988).

비판적 사고를 기술의 측면에서 정의하는 것은 이점이 있지만, 비판적 사고의 일부인 그런 성향을 만드는 것에 무엇이 포함되는지가 분명하지 않기 때문에 문제가 있다. 그것은 단순한 논리성을 초월한 비판의 개념을 확장할 뿐만 아니라 학자들이 제시하는 비판적 사고보다는 제도적 맥락과 사회적 관계에 더 주목할 것을 요구한다. 기술에 바탕을 둔 견해와 기술과 성향에 바탕을 둔 견해는 둘 다 여전히 개인에 초점을 맞추고 있다. 그렇지만 이런 성향들과 성격 특성들이 형성되고, 표현될 수 있는 것은 사회적 관계라는 맥락에서이다. 이런 이유로 비판적 사고의 실제는 일정한 사회적 조건을 만드는 것을 포함하게 된다. 비판적으로 사고하는 사람이 되는 것의 일부는 다른 사람들과 어떤 종류의 대화를 하거나 관계를 맺는 데 참여하는 것이다.

대다수의 철학적인 논의에서는 비판적 사고에는 잘 추론하는 능력과 그렇게 하려는 성향이 포함되는 것으로 파악한다(Blake and Smeyers, 2003: 182). 어떤 사고가 비판적인가 하는 것은 적절한 이유에 주목하거나 관심을 갖는 정도에 비례한다. 이런 측면에서 보면 비판적 사고는 교육적으로 합리성과 어원이 같다(Siegel, 1988: 32). 왜냐하면 비판적인 사고는 이유들의 적절성과 동질적인 것이기 때문이다(Scheffler, 1973: 1). 신념, 판단, 그리고 행위들은 믿는 사람과 행위를 하는 사람이 믿고, 판단하고, 행동하는 좋은 이유들을 갖고 있는 것만큼 합리적인 것이다. 비판적으로 사고하는 능력을 갖는다는 것은 후보가 될 수 있는 이유들의 좋음을 확인하는 능력을 갖고 있어야 한다는 것을 요구한다. 따라서 비판적 사고를 위한 교육을 하는 데 포함되어 있는 핵심적인 과제는 교육을 받는 사람들이 검증을 통해서 이유들의 힘을 평가할 수 있는 능력을 갖도록 하는 것이다(Blake and Smeyers, 2003: 182).

이것은 주로 성격상 인식론적이고, 후보가 될 수 있는 이유들의 좋음을 결정하는 준거는 어떻게 선정되며, 누가 선정하며, 어떻게 정당화되는가 하는 것과 같은 문제를 제기한다. 그런데 신념, 판단, 또는 행위를 지지하는 후보가 될 수 있는 이유들의 좋음이나 실험적인 힘을 결정하는 능력을 가졌다는 것은 비판적 사고의 필요조건은 될 수 있지만, 충분조건은 될 수 없다. 왜냐하면 주어진 사고를 하는 사람은 그런 능력을 갖고 있을 수 있지만, 그것을 체계적으로나 일상적으로 사용하지 않을 수 있기 때문이다. 그래서 비판적 사고에 관해 연구한 대다수의 이론가들에 따르면 비판적으로 사고하는 사람들은 이유들의 실험적인 힘을 평가하는 기술과 능력, 그리고 적절한 성향을 갖고 있어야 한다(Blake and Smeyers, 2003: 183). 제일 중요한 성향은 좋은 추론을 가치 있게 여기고 이유를 찾으려고 하고, 그것들을 평가하고, 그 평가를 바탕으로 신념과 행위를 관리하는 것이다.

일반적으로 비판적 사고를 하기 위해서는 먼저 이유들을 인지하고, 진술되지 않은 가정들을 찾고, 결론을 도출하고, 증거를 평가하며, 단어와 구절, 그리고 개념을 분석하는 기술을 가지고 있어야 한다. 문어나 구어를 통한 의사소통 안에 담겨 있는 이유들과 논증, 그리고 결론이 무엇인지 확인하고, 숨겨진 가정을 찾고, 결과를 추론해 보고, 증거와 대치되는 주장들을 평가해 보고, 용어를 명백히 밝히고, 오류를 찾는 기술이 요구된다.

다른 한편으로 비판적 사고에 관해 논의한 학자들은 비판적 사고를 정의하는 과정에서 사고의 기술과 성향뿐만 아니라 태도를 중심으로 설명하려고 노력했다. 이런 학자들에 따르면 비판적 사고는 한편으로 어떤 주장이나 논증이나 의견에 담겨 있는 주장이나 가정을 정확하게 확인하고, 의미를 파악하고, 오류를 찾고, 합리적인 증거가 무엇인지 찾고, 대치되는 주장의 합리성 여부를 판단하는 기술이나 능력을 의미하며, 다른 한편으로 합리성, 적절한 증거, 진리, 타당한 논리 등을 가치 있게 여기며, 이런 가치를 바탕으로 오류를 인정하고 적절성과 합리성을 받아들이려는 마음의 자세를 의미한다. 다시 말하면, 비판적 사고는 이유의 타당성 여부를 평가하려는 성향, 이른바 비판정신을 요구한다(Siegel, 1988: 23).

비판적 태도는 적합한 이유를 찾는 것과 그것에 따라 행동할 것을 요구한다. 비판적 태도를 가지고 있다는 것은 공정하게 판단하는 능력을 가지고 있고, 자신이 손해를 보더라도 공정한 판단에 따라 행동하는 것이다. 비판적 태도를 가진 사람은 이유와 증거를 찾고 그것을 정당화한다. 그는 모든 것을 비판의 대상으로 삼는다. 심지어 그는 자기가 마음속 깊이 확신하고 있는 것에 대해서도 비판한다.

교육을 어떻게 정의하든 간에 거기에는 바람직하게 여기는 특성들의 발달을 돕는 과정이라는 의미가 담겨 있다. 지식, 기능, 정신, 성격 특성 등의 발달은 가치 추구와 밀접한 관계가 있는데, 이런 가치는 현재의 상태에서 부족하지만 발달시키는 것이 바람직하다고 여기는 것들이다. 비판적 사고도 하나의 가치이며, 교육은 바람직한 성격 특성의 발달을 도모하는 활동이기 때문에 이런 특성 가운데 하나로 간주될 수 있다.

비판적으로 사고하려면 이유의 중요성과 구속력을 인정하는 것이 필요하다. 주장을 평가하고 판단을 내리고 절차를 평가하고 대안적 행동을 깊이 생각하려면 그런 평가와 판단과 행동에 바탕이 되는 이유를 찾아야 한다. 피터스가 말했듯이 이유를 찾는 것은 원리를 인정하고 받아들이는 것이다. 왜냐하면 원리는 이유의 적절성과 힘을 결정하는 수단이기 때문이다. 적절한 이유를 찾고 그것을 인정하기 위해서는 일반 규칙이나 원리를 존중하고 그것을 찾아보아야 한다. 적절한 이유를 존중하는 것은 언제나 똑같은 이유를 똑같이 취급하고 일반 원리에 비추어 문제를 판단하는 출발점이다. 적절한 이유를 인정하고 그것에 따르는 성향은 비판적 사고의 중요한 요소이므로 비판적 사고는 원리를 바탕으로 한 사고라고 할 수 있다. 원리의 중요한 특징 가운데 하나는 일관성이다. 그러므로 비판적 사고는 판단과 행동의 공정성과 일관성을 전제로 한다. 비판적 판단도 역시 임의적이고 일관성이 없고 편파적인 것을 거부하고 보편적이고 객관적인 기준을 인정한다. 보편적이고 객관적인 기준에는 다양한 이유를 평가하는 기준이 포함되어 있다.

비판적으로 사고하기 위해서는 이유를 평가하고 신념과 주장, 그리고 행동을 적절하게 정당화하는 능력을 갖고 있어야 한다. 이유를 정당하게 평가하기 위해서는 이유의 평가를 좌우하는 원리를 잘 이해하고 그것을 이용할 수 있어야 한다. 이런 원리들은 두 유형으로 나뉜다. 하나는 개별적 상황에서 특수한 이유를 평가하는 것을 좌우하는 특정 주제와 관련된 원리이고, 다른 하나는 폭 넓은 상황에 응용할 수 있는 일반 원리이다. 그런데 이유를 평가하고 정당화하기 위해서는 이유의 성격을 이론적으로 파악할 수 있어야 한다. 비판적 사고는 이성의 가치를 인정하고 열정을 가지고 이성을 활용할 것을 요구한다(Peters, 1971: 101).

3. 비판적 사고의 구성요소

비판적 사고는 사고하는 사람이 기술적으로 분석하고, 평가하고, 그것을 재구성하기 위해서 어떤 주제, 내용, 또는 문제에 관한 그의 사고의 질을 향상시키려는 사고이다. 비판적 사고를 하기 위해서는 지식, 규범적 원칙, 이론, 정책적 제언, 또는 그 밖에 판단이 요구되는 제반 문제에 대한 여러 가지 주장들을 검토하고 평가하며, 증거나 이론으로 제시된 것들을 받아들여도 좋은 것인지를 살펴보거나 편파적이고 부적절한 것과 결함이 무엇인지를 찾고, 명백한 것으로 간주하는 상황이나 문제를 논란의 여지가 있는 것으로 생각해 보는 일이 필요하다(Marple, 1999: 85-99).

인간은 습득한 지식을 이용해서 자신의 삶을 개선하는 일을 한다. 이 과정에서 필요한 것은 판단을 내리는 능력을 기르는 것이다. 예를 들어 건축가, 변호사, 그리고 의사들은 끊임없이 자신의 직무를 수행하는 과정에서 판단을 내리는 일을 해야 한다. 작곡가와 화가, 그리고 시인들도 마찬가지이다. 교사들과 농부, 그리고 물리학자들도 자신의 직무를 수행하거나 삶을 살아가는 과정에서 판단을 내려야 한다(Curren, 2007: 427). 훌륭한 전문가는 그들 자신의 실제는 물론이고 그들의 실제의 주제들에 관해 좋은 판단을 내린다. 좋은 의사는 환자가 어떤 병을 앓고 있는가를 정확하게 진단한 다음 그에 적절한 처방을 할 수 있다. 좋은 판단은 모든 것을 설명할 수 있다. 그러므로 판단은 사고, 발언, 행위, 또는 창조의 결정이다. 손을 흔드는 것과 같은 동작은 하나의 판단이 될 수 있다. '철수는 벌레와 같다.'는 비유는 하나의 판단이며, $e=mc^2$ 같은 방정식도 하나의 판단이다. 적절한 도구와 절차를 통해서 능숙하게 수행한 행위의 산물이라고 할 수 있다면 그것들은 좋은 판단일 것이다.

비판적 사고는 응용된 사고이다(Curren, 2007: 427). 그래서 그것은 단순한 과정이 아니라 하나의 결과를 드러내는 사고이기 때문에 이해에 이르게 되는 것에 그치는 것이 아니라 어떤 것을 산출하는 것, 즉 말하고 만들고 행하는 것을 의미한다. 그것은 이치에 맞는 변화를 초래하기 위해서 지식을 사용하는 것을 포함한다. 최소한의 경우에 그 산물은 하나의 판단이며, 최대한의 경우에 그것은 판단을 실천에 옮기는 것이다.

이런 비판적 사고에는 신뢰할 수 있는 해석, 즉 의미의 산출과 신뢰할 수 있는 번역, 즉 의미의 보존이 포함된다. 서적, 영화, 그리고 음악 평론이 산출 결과이고 판단에 관한 판단인 것처럼, 비판적 사고의 모든 사례들은 어떤 주제에 관한 사고라기보다는 사고에 관한 사고이다. 예를 들어 비판적인 고생물학자는 과거의 생물의 형태에 관해 생각하고, 사람들이 과거의 생물의 형태에 관해 어떻게 생각해 왔는가에 관해 생각한다. 비판적인 지질학자는 사람들이 바위에 관해 어떤 가정을 하는가를 살펴본다.

또한 비판적으로 사고한다는 것은 우리의 관습적이고 습관적인 사고방식과 행동방식의 배후에 있는 가정들에 대해 의문을 제기하고, 이런 의문을 바탕으로 다르게 사고하고 행동할 태세가 되어 있는 것이다. 또한 그것은 주장이나 진술에 대한 다양한 이유와 근거의 타당성을 적절하게 평가해 보는 것이다. 비판적으로 사고하기 위해서는 먼저 분명하게 확인된 증명의 기준에 따라 주장이나 진술을 합리적으로 평가해야 한다.

그러나 이것만으로는 비판적으로 사고한다고 말하기 어렵다. 비판적으로 사고하기 위해서는 사고능력과 기술은 물론이고 어떤 성격 특성을 갖고 있어야 한다. 비판적 사고에는 진술과 행동을 평가할 때 적절한 기준을 사용하려는 성향과 적절한 이유에 따라 신념이나 행동을 평가하려는 성향이 포함되어 있다. 다시 말하면, 합리적인 이유를 찾고 그것에 따라 행동하는 성향은 하나의 성격 특성으로 간주될 수 있다.

비판적으로 사고하는 사람은 비판적 사고의 가치를 인정하기 때문에 비판적으로 사고하는 성향을 갖고 있다. 이런 사람들은 열린 마음을 갖고 있어야 한다. 열린 마음이란 신념과 가치를 형성하는 과정에서 적절한 증거와 주장을 기꺼이 받아들이려는 성향을 말한다. 비판적으로 사고하는 것은 필요한 경우에는 지금 사람들이 지지하는 견해를 거부하거나 바꾸는 것이다. 왜냐하면 그런 사람은 증거와 주장을 신중하게 검토하는 능력과 이해력을 가지고 있기 때문이다. 비판적으로 사고한다는 것은 순응하기만 하는 것이 아니라 자신이 습득한 비판적 원리의 틀 그 자체에 대해서도 의문을 제기하는 것이다. 열린 마음은 깊은 반성을 통해서 자신의 견해를 수정하고 거부할 수 있는 가능성을 포함하고 있기 때문에 오만과 편견을 경계하고 겸손한 태도를 갖는 지름길이 된다.

요컨대 비판적 사고의 중요한 두 요소는 이유의 평가와 비판정신이다. 비판적으로 사고하기 위해서는 이유를 평가할 수 있어야 하고, 비판정신을 갖고 있어야 한다(Siegel, 1988: 23). 비판적 사고는 언제나 어떤 것에 대한 것이기 때문에 지식의 분야와 밀접한 관계가 있다. 그래서 비판적으로 사고하기 위해서는 사고의 대상인 주제에 적합한 의문을 제기하고 이유를 적절하게 평가할 수 있는 논리 체계를 가지고 있어야 한다. 비판적으로 사고하는 사람은 이유를 적절히 평가할 수 있는 것은 물론이고 그것에 따라 행동하려는 성향을 갖고 있다. 다시 말하면, 그는 이유를 찾고 그것을 바탕으로 판단하고 행동한다. 또한 그는 편파적이거나 임의적인 것을 거부하고, 증거가 적절한지의 여부를 객관적으로 평가한다. 그는 지적 정직성, 타당한 증거, 이익의 공정한 배려, 객관성, 공정성 등과 같은 덕목을 중요하게 여긴다.

비판적 태도는 적합한 이유를 찾는 것과 그것에 따라 행동할 것을 요구한다. 비판적 태도를 가지고 있는 사람은 자신이 손해를 본다고 해도 공정한 판단에 따라 행동한다. 그는 습관적으로 이유와 증거를 찾고 그것을 정당화한다. 그는 모든 것을 비판의 대상으로 삼는다. 심지어 자기가 확신하고 있는 것에 대해서도 비판한다. 비판적 태도의 핵심은 이유를 존중하는 것이다. 비판적 태도를 가지고 있는 사람은 좋은 이유를 제시하는 것을 중요하게 여기고, 그것에 따라 믿고 행동한다.

요컨대 비판적 사고는 좋은 이유인지 아닌지를 적절하게 평가하는 능력과 타당한 증거와 이유를 존중하고, 그런 이유와 증거에 따라 믿고 행동하려는 성향으로 이루어져 있다고 말할 수 있다. 교육은 자연적으로 일어나는 일이 아니라 의도를 가지고 하는 활동이다. 교육에 포함되어 있는 의도는 발달과 개선을 전제로 한다. 지식, 기능, 정신, 성격 특성 등의 발달은 가치 추구와 밀접한 관계가 있는데, 이런 가치는 현재의 상태에서 부족하지만 발달시키는 것이 바람직하다고 여기는 것들이다. 교육은 바람직한 성격 특성의 발달을 도모하는 활동이기 때문에 비판적 사고는 이런 특성 가운데 하나로 간주될 수 있다. 합리성과 합리적 인간의 발달은 하나의 교육적 이상으로 간주될 수 있다.

비판적 사고를 하기 위해서는 이유의 중요성과 구속력을 인정하는 것이 필요하다. 주장을 평가하고 판단하고 절차를 평가하고 대안적 행동을 깊이 생각하려면 그런 평가와 판단, 그리고 행동에 바탕이 되는 이유를 찾아야 하는데, 이유를 찾는 것은 원리를 인정하고 받아들이는 것이다. 왜냐하면 원리는 이유의 적절성과 힘을 결정하는 수단이기 때문이다.

적절한 이유를 찾고 그것을 인정하기 위해서는 일반 규칙이나 원리를 존중하고 그것을 찾아보아야 한다. 적절한 이유를 존중하는 것은 언제나 똑같은 이유를 똑같이 취급하고 일반 원리에 비추어 문제를 판단하는 것이다. 적절한 이유를 인정하고 그것에 따르는 성향은 비판적 사고의 중요한 요소이므로 비판적 사고는 원리를 바탕으로 한 사고라고 할 수 있다. 원리의 중요한 특징 가운데 하나는 일관성이다. 따라서 비판적 사고도 임의적이 아니라 공정하고 일관성이 있는 사고라고 할 수 있다. 비판적 사고는 판단과 행동의 공정성과 일관성을 전제로 한다.

요컨대 비판적으로 사고하는 사람은 이유를 적절히 평가할 수 있어야 할 뿐만 아니라 그것에 따라 행동하려는 성향을 갖고 있어야 한다. 비판적 사고를 하는 사람은 판단에 기꺼이 따르고, 원리에 따라 행동하려고 해야 한다. 비판적 태도를 갖고 있다는 것은 적절한 이유를 찾은 다음 그것에 따라 판단하고 행동하는 것이다. 이런 태도를 갖고 있는 사람은 편파적이고 임의적인 것을 거부하고,

객관적으로 적절한 증거가 어떤 것인지를 평가하며, 지적 정직성, 타당한 증거, 이익의 공정한 배려, 객관성, 공정성과 같은 것을 가치 있게 여긴다. 비판적 사고를 하는 사람에게 필요한 것은 열정을 가지고 이성을 사용하는 것이다 (Peters, 1971: 101).

4. 민주주의 사회에서의 비판적 사고

교육받은 사람은 교육받는 과정에서 바뀌어야 한다. 예를 들어 세상을 보는 눈, 다른 사람들을 이해하는 능력, 그리고 삶의 어떤 측면을 이해하는 능력의 변화가 포함되어야 교육받았다고 말할 수 있다. 특히 교육받은 사람은 건전한 판단을 내린 다음 그것을 실천에 옮길 수 있는 의지와 세련된 감정을 가져야 한다.

그렇지만 폭 넓은 교양과 지식, 건전한 도덕적 판단을 내리는 데 필요한 합리성, 세상 사람들의 삶을 깊이 이해하려는 태도 등과 같은 것이 경시되는 풍조가 널리 퍼져 있는 사회에서는 이런 목적을 실현하기 위한 교육보다 학교 성적, 상급학교 진학, 취업, 경쟁 등에 유리한 교육이 더 높이 평가받게 마련이다.

비록 우리의 현실이 이렇다고 하더라도 모름지기 교육받은 사람은 자신이 얻은 폭 넓은 지식을 바탕으로 건전하게 판단한 것을 자신의 의지로 실천에 옮길 수 있어야 하며, 이렇게 할 수 있는 마음의 자세를 갖추어야 한다. 또한 교과서에 담겨 있는 지식을 암기하는 데 머무는 것이 아니라 그런 지식을 바탕으로 다른 사람들의 삶을 애정 어린 눈으로 이해하며, 자신의 삶에 의미를 부여할 수 있게 되어야 한다.

또한 삶의 방식으로서의 민주주의는 합리적인 논의를 통해서 문제를 해결하는 것이 핵심이기 때문에 무엇보다도 교육받은 시민을 필요로 한다고 볼 수 있다. 이런 시민은 민주적인 제도의 본질을 충분히 파악하고, 책임을 충분히 받아들이고, 동료들을 정치 생활의 평등한 동반자로 여긴다. 그는 또한 이해관계가 얽혀있는 공공 정책을 검토하고, 그가 살고 있는 사회가 직면하고 있는 많은 문제들에 대해 현명하게 판단하고, 제안한 정책을 지지하는 이유가 무엇인지 알아보고, 그것에 도전해 보고, 그런 이유들을 공정하게 평가해 보고, 그렇게 하는 것이 옳다면 자신의 이익을 제쳐놓는다. 그런데 그가 공공생활에 기여하기 위해서는 비판적으로 사고할 수 있어야 한다. 사실 합리적인 논의를 통해서 문제를 해결하는 삶의 방식으로서의 민주주의의 성패는 시민들의 건전한 지성에 달려 있다고 해도 지나친 말은 아니다. 그런데 이런 지성은 비판적 사고를 하는 사람의 기술, 태도, 능력, 그리고 특성으로 이루어져 있다.

한마디로 말하면, 민주주의의 성장에 필요한 것은 사리에 맞는 절차와 비판 능력, 그리고 비판적 태도이다. 우리가 민주주의를 실현하려고 하는 한 비판적 태도의 발달은 교육이 지향하는 이상일 것이다. 왜냐하면 민주주의의 실현에 가장 적합한 교육은 비판적 사고의 발달을 중요한 과제로 여길 것이기 때문이다.

이런 과제가 중요하다는 전제 아래 우리에게 필요한 것은 먼저 학교에서 교육적인 풍토를 개선하는 일이라고 생각한다. 특히 학교에서는 근거의 적절성, 추론 규칙과 증명 방법, 이유를 적절하게 평가하는 것 등을 긍정적으로 받아들일 수 있는 풍토를 조성해야 한다. 이런 풍토를 조성하기 위해서는 사회와 가정의 근본적인 변화가 요구된다. 이른바 독백과 이기주의, 그리고 권위주의가 아니라 대화와 공동체 의식, 그리고 권위가 인정을 받을 수 있는 사회, 통일이 아니라 다양성이 존중되고, 소외와 몰개성이 점점 줄어들 수 있는 사회를 만들어야 한다.

이른바 다문화사회에서 능동적으로 살아가기 위해서는 문제를 잘 해결하고, 의사결정을 하고 증거와 추론에 바탕을 둔 결론에 도달하는 것을 가르치는 것이 필수적이다(Campbell, 2010: 268). 다시 말하면, 학생들에게 비판적 사고의 기술을 개발할 수 있는 경험을 제공하는 것이 무엇보다 중요하다고 할 수 있다. 이 과정에서 교사에게 필요한 것은 비판적 사고의 힘을 믿고 학생들에 대한 기대 수준을 높이는 것이다(Campbell, 2010: 271-272). 왜냐하면 학생들의 학업성적을 높이는 데만 관심을 갖다보면 고차적인 사고의 경험을 제공하기 어려울 것이기 때문이다.

교사들이 학생들의 비판적 사고능력을 기르는 것을 돕는 방법은 크게 두 가지가 있다. 첫째로, 교사가 자신이 담당하고 있는 교과를 가르칠 때 비판정신과 비판적 태도를 갖도록 도와주는 것이다. 이 과정에서 교사는 학생들에게 비판적 사고와 관련된 기술과 성향, 그리고 습관을 가르쳐야 한다. 교사는 필요할 때마다 의무적으로 이유를 제시하는 일을 하는 것은 물론이고 모든 신념과 실제를 깊이 생각해 보아야 한다. 이런 일을 하는 데 있어서 교사에게 가장 필요한 것은 지적 정직성이라고 생각한다.

둘째로, 교사는 비판적인 방식으로 가르치는 일을 해야 한다. 비판적인 방식으로 가르친다는 것은 학생들이 스스로 구어나 문어로 된 전제와 주장, 그리고 가치의 의미, 가정, 논리적 근거, 정당화 과정의 타당성 등에 의문을 제기하도록 가르치는 것을 말한다. 셰플러가 말했듯이 가르친다는 것은 이유를 비판적으로 탐구하는 것을 중요하게 여기는 합리적인 삶에 입문하는 것이다(Scheffler, 1960: 58-59).

사실 비판적 사고는 고정관념에 대해 적대적이며, 그런 고정관념은 편견을 가진 사고가 작용하는 장치이다. 비판적 사고는 기준을 가진 사고이며, 상황에 민감한 사고인데, 이렇게 사고하도록 가르치기 위해서는 다음과 같은 것이 필요하다(Curren, 2007: 427-432). 교사들이 학생들에게 비판적 사고를 가르치기 위해서 관심을 가져야 할 것으로는 자기 교정을 위해 다음과 같은 행동 익히기에 주목해야 한다. (1) 학생들은 서로 다른 학생의 사고의 오류를 지적한다. (2)

학생들은 그들 자신의 사고의 오류를 인정한다. (3) 학생들은 교과서들에서 모호한 표현들을 찾아낸다. (4) 학생들은 교과서들에서 애매한 표현들을 찾고 그것을 명료화한다. (5) 학생들은 아무도 제시하지 않는 곳에서 이유와 기준을 요구한다. (6) 학생들은 어떤 일을 당연한 것으로 받아들이는 것은 잘못이라고 주장한다. (7) 학생들은 토론에서 앞뒤가 맞지 않는 것을 확인한다. (8) 학생들은 교과서들에서 오류인 가정이나 타당성이 없는 추론을 지적한다. (9) 학생들은 비형식적인 추론에서 오류를 범한 것을 확인한다. (10) 학생들은 탐구의 절차가 정확하게 적용되었는지의 여부에 대해 의문을 제기한다. 또한 학생들이 상황에 대한 민감성을 습득하는 것이 필요한데, 이것과 관련된 행동으로는 다음과 같은 것을 들 수 있다. (1) 학생들은 문화의 차이에서 비롯된 의미의 미묘한 차이를 구별한다. (2) 학생들은 개인의 관점이나 견해의 차이에서 비롯된 의미의 미묘한 차이를 구별한다. (3) 학생들은 언어 차이, 학문적 차이, 그리고 의미 준거의 차이에 기인한 차이를 인정한다. (4) 학생들은 텍스트 해석의 확실성과 통합성을 확립할 것을 주장한다. (5) 학생들은 번역의 정확성을 서로 견주어 본다. (6) 학생들은 정의에 근거를 둔 의미가 맥락에 따라 어떻게 수정되는가를 지적한다. (7) 학생들은 강조점의 변화에 기인한 의미의 변화에 주목한다. (8) 학생들은 화자의 의도와 목표의 변화에 기인한 의미의 변화를 인정한다. (9) 학생들은 현재 상황과 비슷한 것 같은 과거의 상황 간의 어긋남에 주목한다. (10) 학생들은 결과가 다를 것처럼 보이는 상황들 간의 차이점을 찾는다. 또한 학생들이 기준의 안내를 받는 것이 필요한데, 이와 관련된 행동으로는 다음과 같은 것을 들 수 있다. (1) 이상, 목표, 목적, 구체적인 목표들과 같은 공유한 가치. (2) 규범, 규칙, 균일성, 절차, 또는 전통과 같은 관례들. (3) 공동으로 갖고 있는 측면, 속성, 또는 특성과 같은 비교의 공통적인 기초들. (4) 교훈, 명시, 약정, 그리고 제한과 같은 요구들. (5) 관심 영역, 의미 준거, 관점 등을 포함한 전망과 시각. (6) 가정,

전제조건, 그리고 이론적이거나 개념적인 관계를 포함한 원리들. (7) 법칙, 규칙, 규정, 헌장, 신조, 또는 지시와 같은 규칙들. (8) 기준을 만족하는 데 필요한 만족의 정도를 결정하는 기준. (9) 정의한 단어와 동일한 의미를 갖고 있는 기준의 모음. (10) 정당한 근거가 있는 주장으로 표현된 존재하는 것. (11) 경험적인 발견 결과들을 이끌어 내는 목적을 시험해보거나 조정하는 것.

요컨대 교사들은 비판적인 사고를 가르치기 위한 강좌를 설계하는 일을 해야 하며, 교사들과 전문가들이 그들의 실제 활동에서 비판적 사고를 강조할 필요가 있다는 점을 인정하도록 도와주어야 한다. 왜냐하면 학생들이 좋은 판단을 내리는 것은 중요한 교육의 결과이기 때문이다. 좋은 판단을 한다는 것은 우리가 들은 것이나 설득적인 주장을 잘 이해하고, 교과서의 내용을 건전하게 해석할 수 있게 된다는 것을 의미한다. 능숙한 추론 기술과 탐구, 그리고 의사소통 능력과 번역 기술을 습득해야만 좋은 판단을 할 수 있게 될 것이다.

민주적인 다문화사회에서 사는 사람들이 자신의 삶을 설계하고 정치적인 문제들과 같은 공적인 문제들에 대해 독자적으로 사고할 수 있는 능력을 갖기를 기대하는 것은 어쩌면 당연한 것인지도 모른다. 다문화사회에서 사는 사람들이 삶과 관련된 제반 문제들에 관해 현명하게 의사결정을 하는 것이 필요하다는 것은 부정하기 어려울 것이다.

사람들이 자신의 인생행로를 설계하는 문제와 관련지어 분별 있고 현명하게 사고하는 능력은 바람직한 것임은 물론이고 교육이 크게 기여해야 할 것처럼 보인다. 개인적인 일들은 물론이고 공적인 일들에 대해 현명하게 판단을 내리는 것은 다문화사회에서 하고 있는 교육이 기대하는 결과라고 생각한다. 다양한 상황과 관련지어 여러 주제들에 대해 논의하고 현명하게 판단하는 능력은 교육이 실현하려는 중요한 목적 가운데 하나로 간주할 수 있을 것이다.

비판적으로 사고하는 사람은 적어도 사리에 맞는 결론을 내릴 수 있어야 하며, 문제를 능숙하게 해결하고, 정보의 가치, 정확성, 관념들과 주장들, 그리고 제안들에 관해 세심하게 숙고해서 판단할 수 있어야 한다. 명료성, 정확성, 정정당당한 마음자세를 가지려는 충동, 사물의 밑바닥이나 가장 근원적인 쟁점에 이르려는 열정, 반대되는 견해를 동정적으로 들으려는 열정, 증거를 찾아내려는 충동, 엉성한 사고, 일관성 없이 기준을 적용하는 것, 모순 등에 대한 증오, 그리고 자신의 이익에 반하는 진리에 대한 헌신 등과 같은 특징들이 비판적인 사고의 중요한 요소들이라고 할 수 있다.

비판적으로 사고하기 위해서는 이유를 평가하고 신념과 주장, 그리고 행동을 적절하게 정당화하는 능력을 갖고 있어야 한다. 이유를 정당하게 평가하기 위해서는 이유의 평가를 좌우하는 원리를 잘 이해하고 그것을 이용할 수 있어야 한다. 비판적으로 사고하는 사람은 어떤 주장이나 진술, 또는 논증의 의미와 그것에 담겨 있는 가정들을 파악하고, 적절한 이유를 찾는 기술을 가지고 있어야 하며, 타당한 결론이나 논증에 따라 행동하려는 성향을 가져야 한다. 비판적으로 사고하려면 적절한 지식과 비판정신을 가지고 있어야 한다. 다시 말하면, 그는 이유를 적절히 평가하고 그것에 따라 행동하려는 성향을 가지고 있어야 한다. 그는 판단에 기꺼이 따르고, 원리에 따라 행동하려고 해야 한다. 비판적 태도를 갖고 있다는 것은 적절한 이유를 찾은 다음 그것에 따라 판단하고 행동하는 것이다. 그래서 그는 편파적이고 임의적인 것을 거부하고, 객관적으로 적절한 증거가 어떤 것인지를 평가하고, 지적 정직성, 타당한 증거, 이익의 공정한 배려, 객관성, 공정성과 같은 것을 가치 있게 여긴다.

교육의 이상적인 목적 가운데 하나인 비판적 사고능력을 기른다는 것은 궁극적으로 지적 미신에서부터 사람들을 해방시키고, 잘못된 논리에 유린당하지 않는 깨어 있는 정신을 갖게 하여 자신의 삶은 물론이고 사회적인 삶의 제반 조건을 개선하는 일을 하는 것이다. 또한 바른 사고와 합리적인 논의를 통해서 문제를 해결하려는 삶의 양식이 자랄 수 있는 토대를 마련하는 것이기도 하다. 사실 민주적인 다문화사회에서 능동적인 삶을 영위하기 위해서는 무엇보다도 합리적이고 비판적인 사고능력을 기르는 일이 필요하다. 왜냐하면 민주주의 사회에서는 한편으로 정책과 입법 활동을 비판적으로 평가할 수 있는 시민을 기르는 일을 해야 하고, 다른 한편으로는 자유주의의 권리와 의무의 틀과 각 시민의 선의 이상이 서로 조화를 이룰 수 있는 최적의 환경을 조성하는 일을 해야 하기 때문이다.

한마디로 말하면, 삶의 방식으로서의 민주주의가 성장하는 데 필요한 것은 사리에 맞는 절차가 무엇인가를 파악하고, 비판 능력과 비판적 태도를 갖는 것이다. 비판적 사고를 긍정적으로 받아들이고 비판적 사고의 발달을 도모하기 위해서는 학교에서 근거의 적절성, 추론 규칙과 증명 방법, 이유를 적절하게 평가하는 것 등을 긍정적으로 받아들이는 풍토를 조성해야 한다. 이런 풍토를 조성하기 위해서는 사회와 가정, 그리고 학교의 근본적인 변화가 요구된다. 대화와 공동체 의식, 그리고 다양성이 존중되고, 소외와 몰개성이 점점 줄어들 수 있는 사회를 만드는 일이 중요하다.

다문화사회에서 능동적으로 살아가기 위해서는 문제를 잘 해결하고, 의사결정을 하고 증거와 추론에 바탕을 둔 결론에 도달하는 것을 가르치는 것이 필수적이다. 다시 말하면, 학생들에게 비판적 사고의 기술을 개발할 수 있는 경험을 제공하는 것이 무엇보다 중요하며, 이 과정에서 교사에게 필요한 것은 비판적 사고의 힘을 믿고 학생들에 대한 기대 수준을 높이는 것이다.

오늘날 각 학교에서 학생들에게 비판적 사고를 위한 교육을 잘 하지 못하는 중요한 이유는 그런 교육을 시도조차 하지 않는 데 있다. 교사들은 학생들의 비판적 사고능력의 발달을 위해서 비판정신과 태도를 기르는 데 관심을 가져야 하며, 비판적인 방식으로 가르치는 일을 해야 한다. 왜냐하면 인간은 비판적으로 사고할 수 있게 되어야만 독자적으로 합리적인 삶을 영위할 수 있게 될 것이기 때문이다. 그런데 비판적인 사고를 할 수 있는 사람을 기르기 위해서는 무엇보다 먼저 가정과 사회, 그리고 학교에서 지적 정직성과 논리적 사고, 그리고 공정성이 존중될 수 있는 풍토를 조성하는 일이 필수적이라고 할 수 있다.

제5장 교수

제5장 교수

1. 교수의 준거

교수의 의미는 크게 두 가지로 정의할 수 있다. 교수는 사람들이 생계를 꾸려가는 하나의 방법을 의미하기도 하고, 학생이 학습하는 것을 돕기 위해 교사가 가르치는 활동을 의미하기도 한다. 여기서 논의하려고 하는 것은 주로 두 번째 의미의 교수란 무엇인가 하는 것이다.

우리는 다른 사람들이 어떻게 활동하는가를 관찰하고 왜 그렇게 했는가를 물어볼 수 있다. 예를 들어 빵을 잘 굽는 사람이 어떻게 빵을 굽는가를 관찰하고, 왜 그렇게 했는가를 물어보면 요리를 하는 것과 같은 실제적인 활동의 특성을 알 수 있다. 교수는 요리를 하는 것과 같은 실제적인 활동인데, 매우 복잡한 구조를 갖고 있다. 교수의 원리와 기술을 서술하기 위해서는 지식과 신념의 성격, 설명의 조건, 그리고 정의의 기준과 관련된 문제를 살펴보아야 한다.

교수는 실제적인 활동이기 때문에 교사들이 무엇을 하는가를 살펴보아야만 교수가 무엇인가를 알 수 있다. 교사들은 이야기하고, 돈을 걷고, 훈육하고, 평가하고, 보고서를 쓰고, 부모들과 이야기하고, 계획을 세우고, 설명하고, 정의하고, 시범을 보이고, 질문하고, 정보를 전달하는 일 등을 한다. 이런 목록에는 교사가 하는 모든 일이 포함될 수 있다. 그런데 이런 것들이 교수의 핵심적인 활동인지의 여부를 판단하기 위해서는 무엇보다도 먼저 교수가 무엇을 의미하는가를 알아야 한다.

'교수'는 논리적이고 방법적인 행위와 밀접한 관계를 맺고 있다. 즉, 교수는 평가하고, 동기를 부여하고, 격려하고, 훈육하고, 질문하고, 조언하는 것 등과 관계가 있다. 그린(T. F. Green)은 지식을 전달하거나 신념을 형성하는 것과 같이 명제를 가르치는 것을 교수의 가장 근본적인 활동으로 보고 있다(Green, 1971: 1-33).

셰플러는 '교수'에는 '학습'이 포함되어 있지 않다고 전제하고, '교수'의 세 가지 준거를 다음과 같이 제시했다(Macmillan & Nelson, 1968: 27).

> (1) 교사는 학습시키려고 의도해야 한다(의도의 준거).
> (2) 교사가 선택한 방법은 합리적으로 학습할 것이라고 생각하는 것이어야 한다(합리성의 준거).
> (3) 교사의 활동은 방법적 제약을 받아야 한다(방법의 준거).

대다수의 철학자들과 교육철학자들은 '교수'는 학습하게 하는 것을 목적으로 하는 활동이라는 첫 번째 준거를 당연한 것으로 받아들인다. 코미사(P. Komisar)와 같은 일부 철학자들은 이것에 반대하고 있다. 코미사는 소개하기, 증명하기, 가설을 세우기, 칭찬하기, 해석하기 등과 같은 지적인 행위의 목록을 제시하고, 이것들이 학생의 인식을 돕기 위해서 교사가 사용하는 교수 행위라고 말한다.

듀이는 적어도 이 점에 대해 부분적으로 코미사의 견해에 동의했을 것이다. 듀이는 교수가 학습을 이끌어내야 하지만, 교사가 미리 결정한 정보나 기술을 모든 학생들이 학습하도록 해야 한다고 주장하지 않았다. 그는 학생들이 자신들의 학습목표를 세우는 단계에 참여하기를 원했다. 그는 교사들은 학생들이 학습목표의 실현 가능성과 그런 목표를 성취할 수 있는 가능한 수단을 인식할 수 있게 해야 한다고 주장했다. 그는 다른 심리학자들과 교육학자들보다 학습이라는 말을 더 폭 넓게 사용했다. 학습은 자극으로서의 특정한 교수 행위에 대한 특정한 반응을 뜻하는 것이 아니었다. 코미사와는 달리 듀이는 학습은 실제로 예견된 목적이며, 인식만으로는 부족하다고 주장했을 것이다. 듀이의 관점에서 보면 교사가 인식시키는 것에서 멈추게 해서는 안 된다. 교사는 학생들이 처음에 인식한 것과 후속적인 탐구의 결과로 무엇을 학습하는가를 따라가 보아야 할 의무가 있다.

아마도 코미사의 견해도 다르지 않을 것이다. 셰플러는 교사를 비현실적인 기대와 자율성의 상실로부터 보호하려고 한 반면에, 코미사는 학생을 편협한 학습의 개념으로부터 보호하려고 노력했다. 코미사는 교사가 질문할 때 정해진 답을 제시하는 것이 학습을 의미한다면, 교수가 학습을 목적으로 하지 않기를 바랐을 것이다.

이런 논의를 통해서 학습의 개념을 분석할 수는 있지만, 여기서는 하지 않을 것이다. 그렇지만 교사들은 학습의 의미를 분석한 결과를 갖고 다음과 같이 학습을 구별할 수 있다. 첫째로, 학습은 어떤 질문이나 자극에 대해 적절한 반응을 하는 경우에 사용되는 말이다. '메뚜기의 각 신체 부위의 이름을 말하라.'와 같은 자극에 대한 정확한 대답이 그 예이다.

만일 우리가 학습을 이런 종류의 물음에 대한 정확한 대답이라고 정의한다면, 우리는 피아제(J. Piaget)가 말한 발달적인 학습과 학습을 구분할 수 있는지도 모른다. 여기서 말한 학습은 사고에서의 구조적인 변화를 입증하는 그런 종류의 학습을 의미한다. 두 번째 종류의 학습은 우리가 논의한 구분방식을 거부한다. 그것은 온갖 종류의 정보, 기능, 탐구도구 등을 폭 넓게 습득하는 것을 의미한다. 심지어 인식조차도 어떤 명제를 학습하는 것의 한 형식으로 서술될 수 있다. 이런 의미에서 우리는 교수의 목적 가운데 하나는 적어도 학습하게 하는 것이라는 점을 부정하기 어렵다.

교수의 세 가지 준거 가운데 의도의 준거에 대해 반대할 사람은 거의 없을 것이다. 셰플러는 예를 들어 학생들에게 직선방정식을 푸는 방법을 가르치려는 교사들은 바람직한 결과를 얻을 수 있다고 생각하는 방법을 선택해야만 한다고 말한다. 교사가 수업시간 내내 여행에 관해 이야기하거나 정치적인 행위를 하도록 권유한다면, 학생들이 직선방정식을 푸는 방법을 배우기를 기대할 수 없을 것이다. 그 교사는 가르치고 있다고 주장할 수 없다. 왜냐하면 선택한 방법이 목적으로 삼는 결과를 얻을 것이라고 논리적으로 기대할 수 없기 때문이다.

어떤 장학사는 학습하게 할 것 같은 방법을 사용하지 않는 교사들을 비판한다. 일부 사람들은 이보다 훨씬 더 신중하다. 어떤 사람들은 다양한 방법이 합리성의 준거를 충족한다는 것을 안다. 또한 다른 사람들은 교사의 방법을 높이 평가해서가 아니라 교사의 자율성을 믿기 때문에 교사를 비판하지 않는다. 여기서 말한 합리성은 주로 전문적인 판단과 동일한 의미를 지니고 있다.

이제 전문가의 판단을 확대해서 분석해보자. 교수의 한 준거인 합리성에는 다른 측면이 있다. 합리성을 특정한 방식으로 추구한다면, 최종적인 결과는 목표로 하는 학습이 되어야 한다고 주장할 수 있다. 그래서 어떤 사람은 준거를 제안하는 것을 포기하고 교수는 결국 학습을 함의한다는 듀이의 견해에 동의할 것이다.

논증은 다음과 같이 진행된다. 교사 T가 학생 S에게 X를 가르친다고 해보자. S가 X를 배울 것이라고 기대하는 수업의 과정을 살펴보자. T는 처음에 전문 관찰자들이 인정할 수 있는 방법을 선택한다. 그들은 T가 선택한 방법을 통해서

S가 X를 배우기를 기대하는 것은 합리적이라는 데 동의한다. 이제 T가 S를 고려하지 않고 그 방법을 사용해서 가르친다고 해보자. 또는 T가 실제로 S를 연습시켰는데 S가 그것을 습득하지 못했다고 해보자. S가 학습하지 않았다는 증거가 있는데도 T가 원래의 방법을 계속 사용한다고 주장한다면, 그것은 합리적인 것인가? 아니면 T는 S의 이해 수준이나 부족한 정도에 따라 다른 방법을 찾아야 하는가? 어느 시점에서 원래의 합리적인 방법을 사용하는 것은 비합리적인 것인가? 모든 사항을 점검해 볼 때 신호들이 우호적이라고 해보자. 선택한 방법은 원래 합리적이었고, 수업 내내 합리적이었는데, 어떻게 수업은 기대한 결과를 얻지 못할 수 있는가?

교사는 이런 방식으로 합리성을 고려해야 할 책임이 있다. S만 있다고 한다면, T에게 요구하는 책임은 크지 않다. 이것은 학교를 대신하는 가정교육이 효과가 있다고 주장하는 한 가지 이유가 될 수 있다. 사실 우리는 합리적이라고 생각하는 모든 방법을 사용했는데도 실패한다면, X를 포기하고 다른 것을 가르치려고 애쓰는 책임 있는 교사를 기대할 수 있다. 그렇지만 T가 한 학급의 전체 학생들을 대할 때는 어떤 일이 일어나는가? 원리는 여전히 적용되어야 한다. T의 방법은 t1이었을 때뿐만 아니라 수업시간의 어느 시점에서도 합리적이어야 한다. 수업이 끝났을 때 소수의 학생이 X를 학습하지 못했다고 해도, 우리는 교사를 비난하지 않을 것이다. 왜냐하면 T는 적어도 그것을 알고 있었고, 이런 학생들을 위한 계획을 갖고 있다고 주장할 수 있기 때문이다.

T가 모든 수업에서 X를 가르치기 위해 특수한 목표를 갖고 있어야 한다고 주장하는 사람들에 동의하기는 쉽지 않다. 학생들은 자신들의 학습목표를 구성하는 데 참여해야 한다는 듀이의 견해에 동의한다. 학생들이 학습내용을 선택하고 그것의 목표를 묻는 탐구의 과정에서 T가 그들을 안내하는 것이 중요하다. 이때 학생이 학습한 것은 무엇인가? 그것은 X를 가르치기 시작한 다음 끝에 가

서 학생이 X를 학습했는가를 묻는 것과 다르다. 그렇지만 우리가 셰플러가 말한 의도의 준거, 즉 T는 X를 가르치려고 의도했다는 준거를 받아들이면서 앞에서 주장한 합리성의 준거를 적용한다면, X의 학습은 T의 합리적인 방법을 따르는 것이 된다.

끝으로 방법의 준거를 살펴보자. 셰플러는 우리가 교사들이 가르치고 있다고 믿으려면, 그들이 특정한 방식으로 일을 수행해야 한다고 말했다. 그는 실제 교수 활동과 교수기계의 활동을 구분하려고 노력했다. 기계들과는 달리, 교사들이 학생들의 합리성을 인정하기를 기대한다. 만일 T가 가르치고 있는지의 여부를 알고자 한다면, 우리는 T가 이 준거를 충족하는 행위를 하는가를 알아보아야 한다.

또한 셰플러가 말한 합리성의 준거는 교수와 교화를 분리하는 하나의 도구로 사용될 수 있다. 어떤 사람이 교화할 때에 그의 활동은 의도와 합리성의 준거를 충족할 수 있지만, 방법의 준거를 충족하지 못할 수 있다. 여기서 교수는 다른 문화에서는 다르게 서술될 수 있다는 점을 인정해야 한다. 여러 문화권에서 세 가지 준거를 받아들이고 있지만, 그것을 전혀 다르게 받아들일 수 있다. 합리적인 자율성을 가치 있게 여기는 문화권에서조차도 합리성의 준거에 위배되는 방식으로 어떤 교과를 가르치는 것을 선택할 가능성이 있다.

우리는 교수 행의에 관해 숙고할 때 자신이 좋아하는 준거는 무엇이고, 왜 그런가에 대해 물음을 제기할 수 있다. 교사들은 왜라는 물음을 권유해야 할 의무가 있는가? 그런 물음을 권유하지 않아야 할 때가 있는가?

이것은 우리가 철학적인 방법을 배우는 것이 무엇인가를 숙고하는 계기가 될 수 있다. 우리는 셰플러의 준거를 갖고 반대하거나 거부하는 이유가 무엇인가를 확인해 볼 수 있다. 동시에 우리는 새로운 준거를 제시하거나 수정한 준거를 지지하는 주장을 하거나 원래의 철학자가 예측하지 못한 결과를 예측하거나 전제를 탐구하거나 체계 전체를 거부하는 일을 할 수 있다. 지금 논의하는 것에서 볼 수 있듯이, 분석은 철학의 핵심이라고 할 수 있다. 분석철학자들은 흔히 자신들의 가치와 자신들이 분석한 것을 구별하려고 한다. 비록 특수한 사회적 관점을 고수하고 있기는 하지만, 그들은 논증하는 데 분석의 방법을 사용한다.

그린은 「교수 개념의 위상」(A Topology of the Teaching Concept)에서 교수의 개념을 다음과 같이 분석했다(Macmillan & Nelson, 1968: 36).

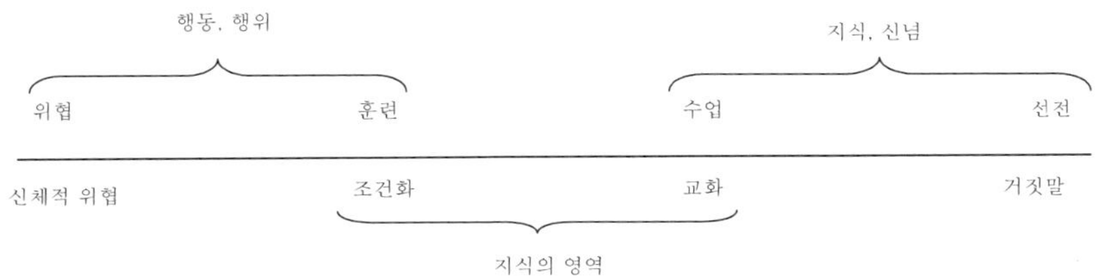

교수의 연속체

어떤 활동을 어떻게 하는지를 찾는 방법 가운데 하나는 어떤 사람이 그것을 하는 것을 지켜보는 것이다. 빵을 굽는 방법을 알기 위해서는 빵을 잘 굽는 사람을 관찰해 보아야 한다. 이처럼 무엇을 했는가를 관찰하는 것은 물론이고 왜 그렇게 했는가를 물어보아야 한다.

바꾸어 말하면 실제적 활동에는 거의 언제나 그런 특수한 활동에 적합한 지식에 근거를 둔 판단을 하는 것이 포함되어 있다. 실천적 활동을 학습하는 것도 이와 유사하다. 교수는 빵을 굽는 것과 같은 실제적 활동이며, 매우 복잡한 구조를 갖고 있다. 교수의 원리와 기술을 서술하기 위해서는 지식과 신념의 성격, 설명의 조건, 그리고 정의의 기준과 관련된 문제를 살펴보아야 한다.

그린은 명제를 가르치는 것을 가장 근본적인 교수 활동으로 보고 있다. 다시 말하면, 그는 그것을 주로 지식의 전달과 신념의 형성에 관심을 갖는 활동으로 보고 있다. 또한 '교수'는 행동의 형성과 정보의 전달을 포함하고 있는 반면에,

'훈련'은 주로 행동의 형성에 관심을 갖는 활동으로 보고 있다(Green, 1971: 1-33).

교수는 한편으로는 행동과 행위의 변화를 목표로 삼고, 다른 한편으로는 새로운 지식이나 신념의 습득을 목표로 삼는다. 훈련은 의심할 여지없이 행동의 변화를 위한 노력인 반면에, 수업은 지식이나 신념의 습득을 목표로 삼는다. 훈련은 흔히 수업을 포함하며, 수업은 훈련 계획의 어떤 측면을 뒷받침할 수 있다는 사실로 인해서 교수 개념의 이런 두 측면의 논리적 차이점을 못보고 지나쳐서는 안 된다. 조건화는 그림에서 행동적 측면에 속하고, 훈련의 왼쪽에 있다. 왜냐하면 그것은 훈련보다 지능에 덜 호소하고 있기 때문이다. 때때로 행동을 변화시키려고 그런 방법을 사용하고 있기는 하지만, 우리가 협박이나 신체적 위협을 가할 때 우리는 지능의 영역 밖으로 나가게 된다. 우리는 협박과 신체적 위협이 왜 교수 개념의 경계선 밖에 있는지를 알 수 있다.

그림의 오른쪽에 있는 교화는 일종의 수업이지만 그것은 우리가 알 수 있듯이 지능에 덜 호소하고 있기 때문에 수업의 오른쪽에 있고, 지능의 영역 끝으로 움직이고 있다. 선전과 거짓말은 지능에 전혀 호소하지 않는다. 그래서 신체적 위협과 마찬가지로 '교수'의 경계선 밖에 있다.

수영하기나 테니스를 하기와는 달리 우리는 단순히 어떤 사람의 행동을 지켜보고 그가 가르치고 있는지 그렇지 않은지를 말할 수 없다. 교사는 말하고, 침묵을 지키고, 앉아 있고, 물구나무를 서고, 움직이고, 쉴 수 있다. 그러므로 '교수'는 명확한 일련의 활동이 아니다. 어떤 사람이 가르치고 있는지 그렇지 않은지를 알아보려면, 우리는 적절한 준거를 가지고 그의 행동을 판단해야 한다. 나는 어떤 사람의 활동이 교수인지 아닌지를 결정하는 적절한 준거는 그가 다른 사람들이 어떤 종류의 이해를 적절한 방식으로 사용하는 성향과 더불어 의도적으로 그런 이해를 하게 하려고 힘쓰고 있느냐 그렇지 않느냐에 달려 있다고 주장한다.

다른 한편 아무도 어떤 일을 하지 않고서는 가르칠 수 없다. "당신은 무엇을 하고 있었습니까?" "나는 가르치고 있었습니다." "예, 압니다만 당신은 특히 무엇을 하고 있었습니까?" "나는 그저 가르치고 있었습니다. 그게 전부입니다." "그렇지만 당신은 강의를 하고 있지 않았습니까?" "아닙니다. 사실 나는 암송하는 것을 듣고 있었습니다." 그러므로 가르친다는 것은 어떤 일을 하는 것을 의미하지만, 그 일은 위의 준거를 충족해야 한다.

실례가 되는 대화로 방향을 바꾸어보자. "당신은 무엇을 하고 있었습니까?" "나는 토론을 이끌고 있었습니다." "아, 당신은 가르치고 있었군요." "아닙니다. 집단상담 시간이었습니다." 의심할 바 없이 교사들은 때때로 상담하지만, 이것을 할 때 그들이 반드시 가르치고 있는 것은 아니다. 상담자가 하는 많은 활동이 교사들이 하는 활동과 비슷한데, 상담은 교수와 어떻게 다른가? 그들의 성공 기준은 서로 다르다. 상담자의 목적은 교사의 그것과 다르다. 이런 목적이나 준거는 교육하는 것의 준거가 교사의 활동을 한정하듯이 그의 행동을 규정한다.

2. 교화와 교수

교화의 본질은 확신의 정도나 사람들이 추구하는 목표가 바람직한 것인지의 여부가 아니라 맹목적이고 확고한 실행에 있다. 교화에는 논증과 추론을 초월한 것이 있는데, 이것이 교육과 대치되는 이유이다. 교화의 개념을 살펴보는 이유는 한편으로는 교육을 더 잘 이해하고, 다른 한편으로는 합리성의 가치를 부정하는 것이 무엇인가를 더 잘 아는 데 있다(Barrow & Woods, 2006: 71).

우리의 입장이 건전한 추론에 기반을 두고 있는 것인가 아니면 교화에 바탕을 두고 있는 것인가를 구별하는 준거는 무엇인가? 교화의 특징은 무엇인가?

교육은 오직 도덕적으로 인정할 수 있는 방식의 교수를 포함한다는 것에 동의한다면, 대다수의 사람들은 곧 교화가 포함되어서는 안 된다고 주장할 것이다. '교화'에는 정의적인 의미가 담겨 있는데, 대다수의 사람들은 그것을 경멸하는 말로 받아들이고 있다. 교화의 서술적 의미는 무엇인가? 교사는 근본적으로 교화해서는 안 된다고 주장하려면, 교화가 무엇인지를 알아야 한다. 교화가 무엇인가를 분석하는 것은 왜 그것이 반대할 수 있는 실제로 간주될 수 있는가를 설명하는 데 도움이 된다.

교화는 분명히 사람들이 특정한 신념을 고수하게 하는 것을 포함한다. 만일 교사가 일 년 동안 어떤 학생을 책임지고 있었는데 그 해가 끝날 때까지 그에게 어떤 신념도 전달하지 않았다면, 그가 무엇을 하려고 노력했다고 하더라도 그 학생을 교화한 것은 아니다. 그러므로 교화는 조건화와 다르다. 어떤 사람을 조건화하는 것은 그가 특정한 방식으로 행동하게 하지만, 반드시 신념에 관해 언급하는 것을 포함하는 것은 아니다. 예를 들어 다양한 자극에 대해 일정한 방식으로 반응하도록 하기 위해서 쥐의 조건화에 대해 이야기한다. 그렇지만 쥐는 신념을 갖고 있지 않다는 가정 아래 쥐의 교화에 대해서는 말하지 않는다.

마찬가지로 교사가 학생들에게 어떤 신념을 전달한다는 사실은 그가 그들을 교화했다는 것을 충분히 지적하는 것은 아니다. 교사가 학생들이 세계 에너지의 위기가 다가오고 있다고 믿게 만들었다고 해서, 교사가 그들을 교화했다고 단정할 수는 없다. 왜냐하면 신념을 전달해야 한다는 것은 교화의 필요조건이지 충분조건은 아니기 때문이다. 교화를 하고 있다는 결론을 내리기 위해서는 어떤 조건을 제시해야만 하는가? 교화의 개념에는 신념을 전달하는 것 이외에 어떤 것이 포함되어 있는가? 교화는 학생들이 어떤 신념을 고수하게 만드는 다른 교수 활동과 어떻게 다른가?

교화의 특징은 다음과 같다. 첫째로, 교화되는 학생들이 받아들이는 신념은 가톨릭의 교리적인 신념체계와 같이 특수한 종류의 것이다. 즉, 그것은 의문의 여지없이 참이라는 것을 증명할 수 없는 명제나 주장에 바탕을 둔 서로 관련을 맺고 있는 사상으로 이루어져 있다(Barrow & Woods, 2006: 73-77).

하나의 명제가 의문의 여지없이 참이라는 것을 증명할 수 없다고 말한 사람은 반드시 그것이 참이라는 것을 부정하는 것은 아니다. 증명할 수 없는 어떤 명제가 의심의 여지없이 거짓이라는 것 역시 증명할 수 없다. 그것이 참인지 거짓인지를 보여주는 것으로 간주되는 증거에 대해 의견의 차이가 있는 명제는 그렇지 않은 명제와 구별된다. 증명할 수 없는 명제는 교화와 관계가 있다. 증명할 수 없는 명제는 예를 들어 '하나님은 존재한다.', '모든 사람은 자유로워야 한다.', '경제적인 고려는 사회변화의 기본적인 결정인자이다.'와 같은 것이다. 어떤 것을 이런 명제를 찬성하거나 반대하는 증거로 간주할 수 있는가에 대한 일반적인 합의는 없다. 교리 안에서 신념을 전달하는 것이 교화의 충분조건인지의 여부는 논의해 보아야 할 주제이다.

교사들이 가톨릭의 진리에 대한 확고한 신념을 전달하는 데 관심을 갖고 있다는 것은 교화의 본보기가 되는 예이다. 그들은 가톨릭의 교리를 제시하는 데는 관심을 갖고 있지만, 세계 안에서의 인간의 지위를 포함한 특수한 세계관을 전달하거나 스스로 그런 신념을 받아들일 것인가를 결정하게 하는 데는 별로 관심을 갖고 있지 않다. 교리는 진리로 제시되는데, 이것이 교화의 또 다른 필요조건이라고 할 수 있다. 교화된 사람의 가장 분명한 특징은 특수한 견해를 갖고 있고, 그 견해가 오류일 수 있는 가능성에 대해 닫힌 마음을 갖고 있다는 것이다. 교화된 사람은 그가 몰입하는 교리의 참과 거짓의 문제에 이르게 될 때 닫힌 마음을 갖는다. 교화되는 것에는 닫힌 마음을 갖는 것이 포함되어 있다는 결론을 필요조건으로 받아들이지 않는다면, 우리도 역시 교화되어 있다고 보아야 할 것이다. 왜냐하면 우리는 실제로 세계를 해석하는 방법을 포함한 특정한 신념체계에 따라 살고 있기 때문이다.

여기서 주장하려는 것은 가톨릭계 학교에 다니는 학생들이 그것의 진리는 논쟁의 여지없이 확고한 것은 아니라는 점을 의식하고, 그것이 참인지의 여부와 사람들이 그것의 참이나 거짓을 어떻게 확립해야 하는가에 대해 논의하는 데 기꺼이 참여한다면, 그들이 교화되었다고 생각할 수 없다는 것이다. 교사들은 교화하려고 노력하지만 실패할 수도 있다. 가톨릭 신자인 학생들이 가톨릭의 교리를 교정 불가능한 진리로 간주하지 않는 한, 교사는 그들을 교화하는 데 실패한 것이다. 교사들이 실패했다면, 그들은 분명히 교화되지 않은 것이다. 둘째로, 교화하는 사람은 실제로 어떤 사람이 입증할 수 없는 명제에 대해 확고한 믿음을 갖게 한다.

신념을 전달하는 방법은 교화의 필요조건이라고 할 수 있다. 교리를 갖고 교화할 수 있고 교화되는 사람은 교리를 의문의 여지없이 참인 것으로 받아들여야 한다면, 교화는 비합리적인 방법으로 신념을 주입하는 과정임에 틀림없다. 왜냐하면 교리체계의 기초는 참인지를 합리적으로 증명할 수 없는 일련의 명제들로 구성되었고, 그런 확고한 명제를 고수하는 것은 그것이 진리임을 합리적으로 증명하는 것이 근거를 둘 수 없기 때문이다. 확고한 신념을 갖도록 하기 위해서 비합리적으로 설득하는 것은 교화의 필요조건이다.

확고한 신념을 주입하려는 교사의 의도는 교화의 필요조건인가 아니면 교화의 예들이 보여주는 부수적인 특징인가? 교화하는 사람은 때때로 더 확신하게 만들려고 하는데, 이런 의도는 교화의 개념에 논리적으로 필수적인 것이다. 그럼에도 불구하고 의도를 교화의 필수적인 특징으로 받아들이기 어려운 이유는 그것이 언제나 분명하게 나타나는 것은 아니라는 데 있다.

교사들이 학교에서 가르치는 일을 할 때 교화가 어느 정도 개입될 수 있는가를 살펴보자(Barrow & Woods, 2006: 78-82). 적어도 한 가지는 분명하다. 만일 교사가 가르치는 교과의 내용이 확고한 사실로 이루어져 있기 때문에 논쟁의 소지가 있는 명제나 교리를 가르치지 않는다면, 그가 교화할 가능성은 전혀 없다. 수학을 예로 들어보자. 교사가 가르치는 내용이 곱셈표 외우기, 3차방정식 풀기, 유클리드(Euclid) 기하학 증명하기와 같이 교리 비슷한 것이 전혀 포함되어 있지 않은 경우에는 그가 교화할 가능성이 전혀 없다. 수학의 내용과 기법에 관한 한, 수학자들이 진술의 진리에 대해 동의하는 것이 있다. 과학을 가르치는 데도 이와 비슷한 생각이 적용될 수 있다. 물론 수학교사와 과학교사는 교화한다는 비난을 피할 수 있지만, 결코 그들이 특수한 교과를 가르친다는 사실 때문에 그런 것은 아니다. 예를 들어 어떤 수학교사가 하나님이 최고의 수학자이고, 모든 수학은 그에게서 비롯되었다고 주장할 수 있다. 또한 어떤 과학교사가 과학만이 공부할 만한 가치가 있는 유일한 교과이고, 예체능 교과를 공부하는 것은 시간 낭비라고 주장할 수도 있다. 수학교사와 과학교사가 이런 의심스러운 교리를 주장하는 한, 그들은 교화하는 사람이 될 소지가 있다. 여기서 우리가 주목해야 할 사항은 이런 교리들은 수학이나 과학의 본질과 전혀 관계가 없다는 것이다.

문학, 역사, 도덕, 사회, 또는 종교 교과의 내용은 본질적으로 논쟁이 가능한 주제와 관련을 맺고 있기 때문에 이런 교과를 가르치는 교사들은 교화하지 않고 가르치려고 노력할 필요가 있다. 특히 교사는 의문의 여지가 있는 신념을 확고한 신념인 것처럼 주입하려는 의도를 갖거나 비합리적인 수단을 사용해서 그런 신념을 전달하는 것은 아닌가 하고 깊이 생각해 보아야 한다. 역사교사나 문학교사라는 사실 그 자체는 그 교사가 교화하는 사람인가 아닌가를 결정하지 않는다.

일반적으로 말해서, 어린이들은 사물이 왜 그런가 하는 이유를 인식할 수 없다고 한다. 그들은 왜 약속을 어겨서는 안 되고, 왜 거짓말을 해서는 안 되는가에 대한 이유를 이해할 수 없다. 일부 학자들은 이런 어린이들을 가르치는 교사는 교화하는 사람이 되지 않을 수 없다고 주장한다. 어떤 교사는 어린이들에게 합리적으로 설명하는 것은 의미가 없다는 이유로 비합리적인 수단을 사용해서 어린이들이 특정한 도덕적인 명제를 받아들이도록 하고 있다. 대다수의 철학자들이 도덕적인 명제는 참인지 거짓인지를 결정할 수 없다는 데 동의하고 있다고 가정한다면, 교화의 필요조건이 개입되어 있다는 결론을 내릴 수 있다. 하지만 그것이 언제나 그런 것은 아니다. 교사의 의도가 문제가 되는 도덕적인 명제를 통해서 확고한 신념을 주입하려고 하는 것이 아니라면, 그는 교화하는 것이 아니다. 그는 단지 어린이들이 특정한 형태의 행동을 받아들이도록 영향을 주고 있는 것이다. 이런 영향에 반대할 수는 있지만, 그것은 별개의 문제이다.

요컨대 '교화'는 많은 사람들에게 경멸하는 의미가 담겨 있는 말로 간주되고 있다. 교화는 필연적으로 교리를 포함하지만, 가르치는 상황에서 교리의 존재가 반드시 교화하고 있다는 것을 의미하는 것은 아니다. 바꾸어 말하면, 교리적인 주제의 존재는 교육적인 상황과 일치한다. 그러므로 종교교육, 정치교육, 그리고 논란의 여지가 있는 주제를 포함하는 어떤 다른 종류의 교육에 관한 논의도 의미가 있는 것이 될 수 있다. 정치교육은 어떤 경우에 정치적인 교화가 되는가? 교사가 쟁점이 되고 있는 정치적인 문제에 대해 다른 사람들이 주장한 다양한 견해들을 제시하는 것을 그만두고, 그 문제에 대한 자신의 견해를 복음으로 간주할 때 학생은 합리성을 잃게 된다.

앞의 그림에서 교화는 어떤 위치에 있는가? 그것은 교수인가? 그것은 오직 교수의 가장자리에 있으며, 조건화의 경우와 마찬가지로 조건에 따라 달라질 수 있다고 말할 수 있다. 교화는 특별한 이론적 해석이 동반되는 말하기의 한 형식으로 간주될 수 있다. 교화의 의도는 사람들이 마치 탐구하여 도달한 것처럼 신념들을 지지하게 하고, 그 이후의 탐구와 관계없이 지지하게 하는 것이다. 그래서 후에 상반되는 이유들이나 상반되는 증거들을 도입해서 바꿀 염려가 없다. 교화의 결과로 주장된 견해들은 증거 없이 주장된 것이다.

아주 쉽게 생각하게 되는 교화의 전형적인 예는 신부가 교리 문답서를 가르치는 것이다. 가장 좁은 의미에서 이것은 학생들이 이해하든 이해하지 못하든 간에 교리 문답식 질문들에 대한 적절한 대답을 확실히 열거할 수 있게 이야기하고 연습시키는 것이다. 이것은 의심할 바 없이 교리 문답식 수업을 풍자한 것이다. 실제로 실행할 때 보통 교리문답의 의미를 얼마간 설명하며, 지적으로 세련된 정도에 따라 다르겠지만 신부는 표준적인 대답들 대신에 이유들을 제시한다. 만일 어떤 사람이 수업하는 것을 들으면, 그는 그것을 증거가 있는 신념들을 이해시키려고 하는 전형적인 의미의 교수의 한 예로 생각할 수 있다.

교화에는 분명히 사람들이 어떤 신념을 지지하게 하는 것이 포함되어 있다. 신념은 조건화와 구별되어야 한다. 어떤 사람을 조건화시키는 것은 그가 일정한 방식으로 행동하게 하는 것이므로 신념과 관계가 없다. 그렇지만 어떤 교사가 어린이들에게 신념을 전달했다는 사실은 그가 그들을 교화시켰다는 것을 충분히 나타내는 것이 아니다. 신념이 전달되어야 한다는 것은 교화의 필요조건이지 충분조건은 아니다.

어린이들이 받아들이게 하려는 신념이 특수한 종류의 것이라는 것이 내용적 측면의 두드러진 특징이다. 가톨릭은 교리적 신념체계이다. 그것은 검증할 수 없는 명제이다. '신은 존재한다.'와 같은 명제를 지지하거나 반대할 수 있는 모든 사람이 동의하는 방법은 없다. 교화의 내용은 원칙적으로 참인지 거짓인지를 논쟁할 필요가 없고 증명할 수도 없는 명제들이다. 교리체계는 입증되지 않은 명제에 근거를 두고 믿는 사람에게 세상을 보는 특수한 방법과 생활방식을 지지하게 하는 신념이다. 교화의 특징은 교리적 신념을 전달하는 데 있다.

교화하는 교사가 교리적 신념을 전달하는 데만 관심을 갖고 있는 것은 아니다. 그리고 교화에는 특수한 세계관과 그 안에서의 인간의 위치에 관한 견해를 포함하고 있는 신념이 포함되어 있다. 어린이가 스스로 이런 신념들을 받아들일 것이냐 아니냐를 결정하게 내버려두지 않는다. 교리들은 진리로 제시된다. 교화된 사람의 가장 두드러진 특징은 그가 갖고 있는 특수한 견해가 잘못된 것일 수도 있다고 생각하지 않는 것이다. 교화된 사람은 자신이 주입 받은 교리가 참인지 거짓인지에 대해 의문을 제기하지 않는다. 물론 우리 모두가 세계를 해석하는 방법을 포함하고 있는 어떤 신념체계에 따라 살고 있다는 점을 부정할 수는 없다. 그렇지만 교화의 특징은 닫혀 있는 마음에 있다.

교화의 또 다른 필요조건은 교화하는 사람이 어떤 사람에게 실제로 입증할 수 없는 명제에 관한 확고한 믿음을 갖게 한다는 점이다.

교리가 교화될 수 있고, 교화된 사람은 교리를 의문의 여지없는 진리로 간주해야 한다면, 교화는 비합리적인 방법을 통해서 신념을 주입하는 과정일 것이다. 만약에 교리체계의 근거가 합리적으로 참인지 검증할 수 없는 일련의 기본적인 명제라고 한다면, 이런 확고한 명제를 수용하는 것은 그것의 진리를 합리적으로 증명하는 것에 근거를 둘 수 없을 것이다.

어린이들은 왜 약속을 어겨서는 안 되며, 거짓말을 해서는 안 되는지에 대한 이유를 모를 수 있다. 어린이들에 관한 이런 사실 때문에 일부 교사들은 교화하지 않을 수 없다고 주장할 수 있다. 그렇지만 우리는 이런 어린이들에게도 이유를 제시할 수 있다. 예를 들어 어린이가 왜 어떤 캔을 훔쳐서는 안 되냐고 물어보면, 우리는 다른 사람의 감정을 중심으로 설명해 줄 수 있을 것이다.

그러므로 교화가 아니라 교육하고자 하는 교사들은 누구나 그들이 하려고 애쓰고 있는 것이 무엇이고, 그것의 전체적 목적과 특수한 목표가 무엇인지를 총체적으로 인식해야 한다. 이런 총체적 인식에는 교수방법에 관한 생각뿐만 아니라 그들이 다루고 있는 교과의 논리적 성격에 관한 생각도 포함될 것이다

(Woods and Barrow, 1975: 64-79).

두 가지 이유로 교화의 본질적 성격과 그것의 이론적 배경을 구분하는 것이 좋다. 첫째로, 현대 교육에서 공립학교 교사들의 임무는 이런 방식으로 종교교리를 가르치는 것이라고 생각하는 사람은 드물다. 그래서 오늘날 교화에 대한 관심은 종교교리라는 주제보다 더 폭 넓은 것에 관한 것이다. 두 번째 이유는 거의 모든 주제가 교화의 내용이 될 수 있다는 점이다. 예를 들어 어린이 중심 교육이론가들은 모든 전통적 교수방법을 교화로 여긴다. 그래서 흔들리지 않도록 학생의 신념을 고정하는 것을 목적으로 하는 교육방법은 어느 것을 막론하고 교화이다. 이것은 애국심이나 도덕성과 같은 비신학적인 주제에도 적용될 수 있다.

교수는 교화와 양립할 수 있는가? 만일 교수가 학생이 이해할 수 있는 이론적 근거를 가지고 수행되어야 한다면, 교화는 교수의 경계선 밖에 있는 것 같다. 어떤 사람들은 교화시키는 사람들은 아주 자주 그들의 견해를 지지하는 근거들을 제시한다고 불평할 것이다. 분명히 그렇지만, 우리는 차이점이 있다는 것을 살펴보았다. 가르칠 때 제시되는 근거들은 언제나 이론적인 의미에서 반박될 수 있다. 교수는 어떤 주제의 논리나 의미에 관한 완성되지 않은 탐구라는 의미를 함축하고 있으며, 탐구의 미완성적 성격은 신념들이 전혀 흔들리지 않는 단계는 없다는 것을 의미한다. 원칙적으로 그것들은 확대되고 수정되고 심지어 반박될 수 있다. 물론 사람이 그의 근본적인 원리들을 하루걸러 바꿀 수 있다고 생각하는 것은 불합리하다. 어떤 신념들은 반영구적인 상태에 있다. 그럼에도 불구하고 원칙적인 차이는 중요하다. 그래서 교화되지 않고 이해하려는 학생은 그의 모든 학습의 잠정적이고 도전 가능한 성격을 분명히 파악해야 한다.

나는 어떤 사람이 교화되고 있다는 것을 단순히 아는 것이 그것의 성공을 제한하는 것은 아닌가 하고 생각한다. 어떤 사람이 한 학생에게 "나는 지금 너를 교화시킬 것이다."라고 말한다면, 그는 전체 계획에 이의를 제기할 수 있는 좋은 위치에 있을 것이고, 분명히 그렇게 할 것이다. 마찬가지로 "나는 내가 교화받은 견해들이 진리라고 믿는다."고 말한 사람은 이미 그가 그것을 믿는 다른 이유들을 가지고 있다는 것을 시사한다. 만일 그가 어떤 추가적인 이유들을 가지고 있지 않다면, 그는 "나는 이렇게 증명된 견해들이 증명되지 않았다고 생각한다." 또는 "나는 이런 그릇된 견해들을 진리라고 믿는다." 또는 "나는 불확실하고 의심스러운 이런 견해들을 의심할 여지가 없는 것이라고 믿는다."고 말하는 사람과 같은 것이다.

교수는 논리적으로 교화를 배제한다고 말하는 것은 당연하고 유익하지만, 이 진술은 아주 복잡하다. 주제에 대해 합리적으로 설명할 수 있고, 박식한 연구자들이 공개적인 검증을 통해서 합의에 이르는 분야에서는 교화를 피하기가 비교적 쉽다. 그렇지만 똑같은 사고력과 호의를 가지고 있는 사람들 사이에서도 뿌리 깊은 차이가 있는 종교와 정치적 신념들, 그리고 도덕의 영역에서는 이 문제가 복잡하다.

화이트는 이 분야에서 교화는 필연적이라고 생각하고 있다. 그는 교사들은 근거를 가지고 쟁점을 해결할 수 없는 곳에서는 필연적으로 교화할 것이라고 생각하고 있다. 예를 들어 헤어(R. M. Hare)는 도덕적 판단은 그가 '결정의 원리'라고 부르고 있는 것에 바탕을 두고 있기 때문에 합리적으로 정당화될 수 없다고 믿고 있다. 도덕은 교화되어야 하거나 교육적인 활동에서 제외되어야 하는 것처럼 보인다. 교육 그 자체는 사람들에게 유익한 것을 한다는 도덕적인 가정에 바탕을 두고 있기 때문에 교육 그 자체의 기초에 결점이 생기게 된다. 이런 난점에서 벗어날 수 있는 방법은 있는가?

여기서는 헤어가 도덕의 성격을 기술한 것에 대해 논쟁하지 말고 그의 원리를 확장해보자. 그 자체를 합리적으로 증명할 수 없는 궁극적인 가정에 의존하고 있다는 의미에서 인간의 모든 지식에는 불확정적 요소도 있고 결정적 요소도 있다. 예를 들어 우리가 더 상세히 탐구한다고 하더라도 자연의 질서에 관한 이해할 수 있는 가정이 없이는 계속해서 과학을 탐구할 수 없다. 이해할 수 있는 질서에 관한 이런 가정은 일종의 과학적 신조이며, 우리가 의도했지만 증명하지 못했다고 해도 그것은 독단적이거나 이상한 것이 아니다. 그런 가정이 없는 인간의 삶은 생각하기 어렵다. 그것을 부정하는 것은 과학은 물론이고 상식을 파괴하는 것이다. 민주주의도 역시 자신들을 다스리는 사람들의 힘에 관한 증명되지 않은 가정에 근거를 두고 있다. 그러므로 어느 한 집단의 사람들에게 그와 동시대의 사람들에 대한 권력을 무한정 허용하는 것은 어리석은 것이다. 증명할 수 없지만, 이런 종류의 가정은 경험적으로 옹호되고 있다. 생활방식에 관한 원리를 결정한 기독교 신자, 유대교 신자, 또는 불교 신자들도 역시 똑같은 논증을 사용할 것이다.

인간의 지식은 이런 임의적 성격과 결정적 성격을 가지고 있기 때문에 교육에서 탐구자들이 합의하여 경험적으로 근거를 제시할 수 없는 주제를 제외시킨다고 해도 교화를 피할 수 없다는 것이 요지이다. 우리의 문제에 대한 해결책은 다른 방향, 즉 학생들에게 인간 지식의 임의적 성격을 가르치고 그들이 그런 개념을 파악할 수 있게 되자마자 평가하게 하는 데 있는 것 같다. 정치적이든, 종교적이든, 사회적이든, 도덕적이든 간에 신조들은 교육적인 과정에서 자리를 차지하게 되겠지만, 학생들은 이런 것들이 다양하게 주장되는 이유들을 이해하도록 가르침을 받아야 한다.

의심할 바 없이 이것은 교사에게 보기 드문 초연함을 요구한다. 드물기는 하지만 불가능하지는 않다. 분명히 민주주의를 믿는 사람은 가르치기보다 교화하기 쉽다. 그렇지만 자격을 제대로 갖추고 가르치는 활동에는 학생들이 민주적인 신조에 헌신하는 사람은 어떤 사람인가를 완전히 이해하게 하는 초연함이 수반될 것이다. 이 견해에 따르면 교화는 적당한 형태의 교화와 부적당한 형태의 교화의 희미한 경계선이나 끝에 있다고 해도 교수의 영역에 속한다.

그리블(J. Gribble)이 말했듯이 누구도 미끼를 단 낚싯줄을 물속에 넣어 물고기를 잡은 것이 없다면, 그것을 낚시라고 부를 수 없을 것이다. 어떤 활동이 가끔 성공하는 경우도 있지만 동사들은 단지 과업을 나타낸다(Gribble, 1969: 5). 이것은 교수가 어떤 특별한 활동이라고 주장하기 위해서는 학습이 이루어질 수 있는 어떤 기회가 있다는 것이 입증될 필요가 있다는 것을 시사한다. 이것 때문에 이른바 어떤 특수한 교수방법의 지위를 탐구해 보아야 한다.

어떤 형태의 활동이 정확히 어떤 교수방법을 가리킨다는 주장도 역시 성공 가능성 이외의 다른 준거를 필요로 한다. 의심할 바 없이 위협이나 협박을 통해서 학습이 이루어질 수 있지만, 보통 이것을 교수라고 부르지 않을 것이다. 전형적인 의미의 교수는 지능의 영역에 속하는데, 이런 방법들은 학습자의 이해나 지적 능력에 거의 호소하지 않는다는 것이 그 이유이다. 어떤 사람이 어린이를 때리는 것을 볼 때, 우리는 그 어린이가 어떤 것을 배우고 있다는 데 동의할 수도 있지만, 때리는 것을 교수라고 생각하기는 어려울 것이다. 여기서도 역시 경계선이 분명하지 않다. 가르칠 때 가끔 위협과 보상을 사용한다. 우리가 명백하게 교수로 간주하지 않은 것은 아주 극단적인 경우뿐이다.

3. 훈련과 조건화

소크라테스의 방법과 개가 껑충 뛰어 후프를 통과하도록 가르치거나 앵무새에게 감사하다고 말하도록 가르치고 있는 경우를 비교해보자(성기산, 1999: 108-112). 후자에는 교수의 표준적인 세 요소, 즉 교사와 교과, 그리고 가능성 있는 학습자가 있지만, 이해의 요소가 빠져 있다. 이해한다는 말은 사실을 안다는 의미뿐만 아니라 무엇을 할지를 안다는 의미가 포함되어 있다. 무엇을 할 줄 안다는 의미의 이해를 기계적 이해라고 한다. 이와는 달리 설명과 이론적 근거를 가지고 있는 이해가 있는데, 이것을 상세한 이유를 가지고 있는 이해라고 부른다. 이해한다는 것은 이해할 것을 보다 폭 넓은 틀과 관련지을 수 있다는 것을 의미한다. 또한 그것은 이해할 것을 이미 이해한 것이나 알고 있는 것과 연결할 수 있다는 것을 의미한다.

이해는 어느 경우를 막론하고 전부 이해하느냐 아니면 전혀 이해하지 못하느냐의 문제가 아니다. 어떤 주제를 잘 이해하고 있다는 것은 원리들과 그것들의 응용 방식을 잘 알고 있는 것이다. 원리들이 언제나 이런 사례들로 바꾸어지는 것은 아니지만, 사례들은 원리들이 관계를 맺는 경우로 간주될 수 있다. 그러므로 일반 원리들을 올바로 인식하는 것에는 그것들을 적용하는 방법을 아는 것이 포함된다.

어린이에게 일반 원리를 언급하지 않고 소량의 정보를 소개하는 것은 이해의 발달을 막는 가장 확실한 방법이다. 그런 어린이는 지적으로 맹인이 될 것이다. 그렇지만 원리들만 집중적으로 제시하는 것도 만족스럽지 못한 결과를 초래하게 된다. 세심하게 주의를 기울여 원리와 사례 간의 균형을 유지해야 한다. 그렇지만 일반성의 정도가 있기 때문에 한 수준의 일반성에서 완전한 이해에 도달하는 것은 보다 낮은 수준의 이해에서 도달한 것과의 균형을 전제로 한다. 즉, 일반적 견지에서 원리를 이해하는 것은 특수한 사례들과 그것의 관련성 간의 균형을 전제로 한다. 전통적인 교사들은 학생들의 개념 발달의 수준을 충분히 참조하지 않고 교수 활동을 했다. 그래서 수학에서는 변수의 성격을 깨닫지 못한 채 X와 Y를 다루었고, 역사는 이해하지 못하는 사건들의 목록이 되었다.

흄(D. Hume)에 따르면 이해는 근거와 밀접한 관계가 있다. 그렇지만 이해가 느낌, 정서, 태도, 공감 등의 개념과 관계가 있는 경우도 있다. '나는 그가 왜 신을 믿고 싶은가를 이해할 수 없다.'에서 보듯이, 이해한다는 것은 개인의 사적 감정이나 정서와 관계가 있다. 이때 이해할 것을 나와 연결하는 것이 필요하다 (Woods and Barrow, 1975: 47-63).

개에게 재주를 가르치는 것에 관해 말하는 것은 잘못이 아니지만, 일상 언어에서는 여전히 차이점을 인정하고 있다. 예를 들어 우리는 당신의 개나 앵무새가 잘 교육을 받았다고 말하지 않고, 잘 훈련받았다고 말할 것이다. 만일 당신이 컴퓨터에게 장기를 두는 것을 가르쳤다고 하더라도, 우리는 컴퓨터가 장기를 두는 것을 훈련받았다고 말하지 않을 것이며, 교육을 받았다고는 더더욱 말하지 않을 것이다. 또한 우리는 컴퓨터가 장기를 이해했다고 말하지도 않을 것이다.

일상 언어에서는 흔히 훈련과 교수를 구별하지 않는다. '나는 그에게 수영을 가르쳤다.'와 '나는 그에게 수영을 훈련시켰다.'는 둘 다 정확한 어법이다. 우리가 '훈련'과 성질이 다른 '교수'의 상세한 의미를 명백히 설명하는 데 유익한 구별을 하는 것은 아주 복잡한 상황에서 뿐이다.

훈련의 목적은 어린이의 전 인격의 발달보다는 어린이의 제한된 능력이나 기능을 성공적으로 수행하는 데 있다. 성공적인 수행을 위해서 지능을 폭 넓게 사용하는 것이 필요하지만, 그것은 구체적이고 제한된 것에 초점을 맞추고 있다. 훈련은 지시하려는 의도를 가지고 있고, 그것의 목적은 어떤 인격을 지닌 어린이를 기르는 데 있는 것이 아니라 어떤 능력이나 기능을 수행하게 하는 데 있다 (Akinpelu, 1981: 196-197).

의학, 법학, 또는 교육학과 같이 복잡한 교과의 경우에도 우리는 의학훈련, 법학훈련, 또는 교사훈련과 같이 훈련이라는 말을 사용한다. 의학교육이나 법학교육이라는 말은 전적으로 옳은 표현이 아니다. 후자와 같은 표현을 사용할 때, 우리는 훈련 이상의 어떤 의미가 담겨 있는 것으로 보게 된다. 우리가 의사교육이나 교사교육에 관해 이야기할 때, 우리는 의사나 교사의 훈련 이상의 어떤 것을 말하고 있는 것이다. 우리는 그들의 비직업적인 배경에 관심을 갖는다. 교사교육에 관한 쟁점 가운데 하나는 바로 폭이 좁은 직업훈련과 폭 넓은 교육의 차이에 있다.

교육의 개념은 훈련의 개념보다 폭이 더 넓다. 또한 교육은 교수의 핵심적 의미와 밀접한 관계가 있다. 교수의 전형적 의미와 마찬가지로 교육도 단순히 특수한 기능이나 제한된 지식체계를 습득하는 것이 아니라 이해의 개념을 포함하고 있다. 그런데 훈련이 교수의 일종이라는 것을 부정하는 것은 잘못이다. 그것은 교수의 의미 안에 있지만 초점에서 약간 벗어나 있다. 훈련하는 사람은 교사이지만 귀감이 되는 교사는 아니다. 우리는 훈련할 때 가르치는 일을 하지만, 교수가 모두 훈련은 아니다. 이 개념들은 서로 관계가 있지만 동일한 것은 아니다. 한 개념이 전적으로 다른 개념을 대신할 수는 없다.

동물을 훈련하는 조련사와 사람에게 수영 훈련을 하는 사람을 비교해보면 이것을 알 수 있다. 물론 동물 조련사는 훈련받는 동물에게 이유를 제시하지 않지만, 수영 훈련을 하는 사람은 이유를 제시할 것이다. 훈련받는 사람이 관련된 지시 사항을 이해하면 어떤 기능을 수행하는 능력을 향상시킬 수 있다. 이런 의미에서 보면 동물 조련사는 인간을 훈련하는 사람보다 교수의 핵심적 의미에서 더 멀리 떨어져 있는 것이다. '훈련할 수 있지만 교육할 수 없다.'와 같이 정신 지체아를 가르치는 교사들이 흔히 사용하는 표현에서 이런 구별은 잘 드러난다. 그린이 말하고 있듯이 "지능을 발휘하는 행위를 목적으로 삼는 한, 훈련은 교수와 유사하다"(Macmillan and Nelson(eds.), 1968: 31). 지적 능력을 많이 사용한 훈련일수록 그만큼 교수와 비슷하게 된다. 그런데 훈련이 얼마나 교수와 가까운가를 아는 방법 가운데 하나는 그것이 설명, 이유, 논증, 그리고 증거의 평가를 얼마나 포함하고 있는가를 확인하는 것이다. 대다수의 경우에 우리는 의미를 바꾸지 않고 훈련이라는 말 대신 교수라는 말을 사용할 수 있다. 왜냐하면 훈련은 때때로 이 특징에 근접해 있기 때문이다(Macmillan and Nelson(eds.), 1968: 31).

조건화는 교수와 교수가 아닌 것의 경계에 있다. 물론 파블로프(I. P. Pavlov)의 개들이 종소리가 날 때 침을 흘리도록 학습한 것은 고전적 조건화의 예이다. 훈련과 마찬가지로 조건화도 행동의 변화를 목표로 삼는다. 조건화라는 말은 어떤 것에 어떤 것이 일어나는 과정에 대한 명칭이다. 어떤 것에 어떤 것이 일어나는 것은 어떤 사람이 어떤 것을 행하는 것과 다르다.

과정은 어떤 것을 변화시키기 위해서 어떤 것에 일어난 것을 가리키는 말이다. 어떤 것에 일어난 것이나 어떤 사람에게 일어난 것을 어떤 사람이 행하는 것과 대조적인 것으로 생각할 때 일어난 변화는 두 가지가 있을 수 있다. 그 하나는 형태적 변화이고, 다른 하나는 행동적 변화이다. 생물학에서는 보통 동물을 크기, 모양, 색깔과 같은 신체적 특징을 가지고 분류한다. 유사한 종의 경우에는 예를 들어 뼈의 구조 등과 같이 우연한 관찰자가 분명히 알 수 없는 특징을 가지고 분류한다. 우리는 이런 신체적 특질을 가지고 동물의 형태를 결정한다. 고양이와 코끼리처럼 현저하게 다른 동물들은 서로 다르게 행동한다. 우리는 어린 코끼리가 공을 가지고 놀고 있는 것을 상상만 해도 이런 사실을 알 수 있다. 이와는 달리 행동을 통해서만 서로 다른 두 종류의 동물을 구별할 수 있는 경우도 있다. 예를 들어 소리나 날아다닐 때의 행동을 가지고 두 종류의 새를 구별할 수 있다. 이런 행동적 특징을 토대로 분류한다면, 그런 특징들이 학습 때문일 가능성은 배제될 것이다. 또한 이런 행동의 차이가 형태적 특징에 기인한 것이라는 점을 의심할 수도 있다.

여기서 말하는 행동은 물리적 측면에서 생각할 수 있는 외부의 자극에 대해 반응하기 위한 신체의 운동을 의미한다. 물리적 대상에 해당되는 과정이란 말을 사용하면, 여기서 구분하는 방식을 가장 분명하게 정당화할 수 있을 것이다.

나무 조각은 선반 위에 올려놓는 과정에 있을 수 있다. 여기서 과정은 올려놓는 것이라고 말할 수 있을 것이다. 과정에 의해서 일어난 형태적 변화는 공기의 흐름과 같은 어떤 자극에 대해 다르게 반응한다는 점이다.

동물은 이와 유사한 과정을 겪을 수 있다. 물소는 육포로 만들어질 수 있고, 청어는 훈제해서 말린 것이 될 수 있다. 겉모습이 변화하는 것은 물론이고 외부 자극에 대한 반응도 변화한다. 육포는 박테리아에 부패하지 않는다. 조건화의 경우에 적어도 형태적 변화는 관찰될 수 없다. 그렇지만 동물은 그에게 작용하는 외부의 힘에 대해 다르게 반응한다. 이런 행동적 변화가 일어나는 방식을 말하는 데 관심을 가지고 있는 심리학자는 동물의 신체적이거나 생화학적인 구조에 어떤 변화가 일어났음이 틀림없다고 생각할 것이다. 그렇지만 그런 변화는 내부에서 일어났기 때문에 동물의 관찰 가능한 형태에 영향을 주지 않았다고 생각할 것이다. 사실 심리학의 어떤 학습이론은 이런 변화를 설명하는 것과 같은 형태를 취하고 있다. 스키너(B. F. Skinner)와 같은 심리학자들은 동물의 내부에서 일어나는 것에 대해서는 관심을 갖지 않고 외부의 자극을 분명하게 표현한 행동과 연결하려고 노력하고 있다.

그러므로 조건화는 생물체와 외부의 자극이 상호작용한 결과로 다른 형태를 취하게 되는 과정을 의미한다. 이런 상황에서 성공이라는 증명서를 받을 수 있는 사람은 누구나 학습했다고 말할 수 있다. 조건화가 인간 학습의 일부임은 분명하지만, 그것은 유일한 학습방법이 아니다. 사실 인간이 되기 위해서 하는 학습은 대부분 이런 방식으로 행해지고 있지 않다.

그렇지만 조건화를 교수의 일종으로 간주할 수 있는가? 우리는 파블로프가 그의 개들이 침을 흘리도록 조건화했다고 말한다. 그가 그 개들이 그렇게 하도록 훈련했다고 말하는 것은 이상할 것이다. 동물을 훈련할 때도 그 동물은 어느 정도 지능을 가지고 대처한다고 가정하는 것 같다. 우리는 사실 이해하기 어려운 묘기를 배울 수 있는 영리한 동물에 관해 말하고 있다. 분명히 파블로프의 개가 그렇다고 말할 사람은 아무도 없을 것이다. 대다수의 인간 이하의 동물에게 있어서 이런 유형의 행동 변화는 지능을 요구하지 않으며, 심지어 인간에게 그런 일이 일어날 때도 그렇다.

예를 들어 어떤 사람은 어떤 학생에게 생략해와 같은 구두 명령에 대해 반사적인 반응을 하도록 조건화할 수 있다. 명령하는 사람 자신이 마침내 그 학생에게 생략하라고 명령할 수 있게 된다고 하더라도 지능은 전혀 수반되지 않는다. 명령하는 사람은 그의 학생들의 반응을 의식적으로 통제하지 않으며, 더 열심히 하게 하거나 보다 기술적인 방법을 사용해서 상황을 보다 좋게 만들 수 없다. 그 학생은 파블로프의 개가 침을 분비한 것과 완전히 똑같은 반응을 하게 된다.

의심할 바 없이 대부분의 훈련에는 심지어 말하기와 같은 복잡한 행동의 경우에도 조건화나 강화의 요소가 있다. 연습의 개념은 그런 요소들을 일부 포함하고 있다. 그럼에도 불구하고 후자의 경우에는 일반적으로 관찰되는 순전히 신체적인 반사행동을 능가하는 학습자의 행동이 있다. 연습하는 사람은 기능이 향상됨에 따라 올바른 실천방법과 그른 것을 구별하게 된다. 예를 들어 피아니스트는 어떤 악절을 정확하게 연주하는 데 필요한 근육의 반응을 각인시키기 위해서 그 악절을 되풀이해서 연주할 것이다. 그 후 연주해야 할 때가 오면 그는 연주의 이 부분에 대해 생각할 필요가 없게 된다. 그것은 자동적인 것이 된다.

조건화가 교수의 의미에 포함될 수 있는 경계선에 있다고 한다면, 신체적 위협과 협박은 경계선 밖에 있는 것 같다. 예를 들어 고문은 분명히 인간의 행동을 변화시키지만, 교수의 일종으로 간주될 수 없다. 제임스(W. James)가 깊이 생각했듯이 당신의 시신경이 두뇌의 청각 중추와 잘 결합하여 당신이 소리를 알 수 있게 되었다고 하보자. 당신이 소리를 알도록 가르침을 받았다거나 그것을 알도록 배웠다고 말하는 것은 맞는 말인가? 그래서 외과 처치는 교수와 학습의 영역 밖에 있는 것이다.

4. 명제적 지식의 교수

교수의 내용 가운데 하나는 명제적 지식이며, 그것은 수업이나 교화와 관계가 있다. 다시 말하면 그것은 참과 거짓, 즉 정확하거나 그릇된 추론이나 증거 등에 관심을 갖는다. 반면에 훈련과 조건화는 그런 문제들을 수반하지 않는다. 학생들이 모순된 말을 하도록 할 때 진리의 문제는 없다. 성공하느냐 실패하느냐가 문제이다.

만일 우리가 어떤 것을 알게 되거나 믿게 되면, 우리는 그것을 참이라고 생각한다. 우리가 어떤 것을 알거나 믿는다고 말할 수 있는 방식은 여러 가지가 있는데, 이것들은 교수와 관련이 있다. 특히 우리가 예를 들어 교화의 결과로 생기는 믿음과 수업이나 가장 기본적인 의미의 교수를 목표로 삼는 믿음을 구별하고자 할 때 그렇다.

그래서 신념체계의 논리는 교수 개념의 어떤 요소들과 깊은 관련이 있다. 그린은 증거가 있는 믿음과 증거가 없는 믿음을 대조해서 말하고 있다(Macmillan and Nelson(eds.), 1968: 43). 증거가 있는 믿음은 합리적인 비판을 통해서 바뀔 수 있는 믿음이다. 많은 믿음은 이런 특성을 가지고 있지 않다. 개인의 심리 안에서 심적 기능 때문에 갖게 된 신념과 같은 어떤 신념들은 증거 없이 주장된 것이다. 이런 종류의 신념들은 심리적 체계를 형성하지만, 그것이 반드시 논리적 체계는 아니다. 심리적 체계 안에서 어떤 신념들은 다른 것들보다 더 기본적이지만, 그것들은 논리적으로 기본이라기보다는 기능적으로 중요하다. 만약에 공격을 받으면, 의심할 바 없이 이른바 이유들을 가지고 옹호할 것이다. 그렇지만 한 번 조사해 보면 이것들은 합리화임이 드러날 것이다. 게다가 심리적으로 중요한 믿음을 지지하기 위해 주장한 이유들이 반박을 받을 경우에도, 그 믿음을 버리지 않는다. 믿는 사람은 단지 새로운 합리화를 가지고 방어한다. 그런 신념들 간의 모순들조차도 이런 신념들과 다른 신념들을 분리하지 못하게 하기 위해서 개발한 심리적 기제 때문에 믿는 사람의 태도를 바꾸지 못할 수 있다. 그래서 민주주의를 확고하게 믿는 사람도 역시 그의 신념의 요소들 간에 보이는 모순들에도 불구하고 인종적인 편견을 가질 수 있다. 합리화로 감추거나 동시에 양립할 수 없는 두 항목을 생각하지 않는 간단한 방법을 통해서 모순을 방어한다.

이런 관찰 결과들은 교수의 의미와 중요한 관계가 있다. 교수의 목적은 합리적인 믿음이나 증거가 있는 믿음에 있다. 예를 들어 수업하는 사람은 그가 전달하려고 하는 신념들의 정당한 근거에 관해 의문을 제기하게 된다.

5. 방법적 지식의 교수

코미사는 학생에게 어떤 것을 이해시키려고 하는 교사와 학생이 어떤 것을 배우게 하려고 하는 교사를 구별할 것을 주장한다. 예를 들어 우리가 듣는 사람이 그것을 인정하게 하려고 T라는 증거를 제시하는 것과 같이 어떤 공리(T)를 증거로 받아들였다고 해보자(Macmillan and Thomas W. Nelson(eds.), 1968: 76). 코미사는 그것을 성취하기 위해서 논거를 제시하기보다는 순차적으로 보조에 맞추어 학생들을 반복해서 연습시켜야 한다고 말하고 있다(Macmillan and Thomas W. Nelson(eds.), 1968: 76).

우리는 그 학생이 이해하지 못하고 앵무새가 말하듯이 증거를 말한다면, 그가 공리를 배웠다고 말할 수 있겠는가? 그는 분명히 어떤 것, 즉 어떤 말을 앵무새처럼 따라서 말하는 것을 배웠을 것이다. 그것은 공리를 배운 것이라고 생각할 수 있는가? 아니면 역으로 우리는 그가 이해했지만 그것을 반복해서 제시할 수 없다면 증거에 관해 어떤 것도 배우지 못했다고 말해야 하는가? 의심할 바 없이 이해하고 증거를 되풀이해서 제시할 수 있는 학생은 다른 두 경우보다 더 중요한 의미에 관해 배웠을 것이다. 이 경우에 교사는 그의 의도를 충분히 전달했을 것이다. '이해하게 된다'는 의미 이외에 기계적 반복이라는 의미의 학습이 있다. 이해한 것을 적절한 방식으로 표현하는 능력과 결부시켜 '이해하게 된다는 것'은 이런 요소들 가운데 어느 하나보다 교수 행위의 의도를 더 적절하게 진술하고 있다.

이야기하기와 같은 교수와 관련된 또 다른 말에 주목해 보면, 우리는 구분 방식을 명백하게 설명할 수 있다. '나는 그에게 X에 관해 이야기했다.'는 '나는 그에게 X를 가르쳤다.'와 똑같지 않다. '나는 그에게 X를 증명했다.'는 두 개념 사이의 어딘가에 있다. 이야기하기는 분명히 교수의 일부이지만, 그것만으로는 충분하지 않다. 어떤 학생에게 6×7=42라고 이야기하는 것은 그에게 실제로 이것이 그렇다고 가르치고 있는 것이 아니다. 오직 교사가 학생의 이해를 목표로 삼고 있을 때, 즉 6×7의 결과가 왜 그런지를 목표로 삼고 있을 때만 학생에게 이 내용을 가르쳤다고 말할 수 있다. 코미사는 그 학생이 비록 그 당시에는 그것을 설명한 것을 이해했지만, 그것이 설명되는 방식을 잊어버린 후에도 어떻게든지 해서 계산할 수 있어야만 배운 것이라고 말할 것이다. 분명히 단순한 이해 이외에 그 자신이 계산할 수 있는 것은 온당한 것이지만, 이해만이 정확히 학습한 것이라는 말을 배제하지 않는다. 학습이 목표였다면 연습이 사용되었을 것이라고 말하는 것은 결함이 있다는 것을 보지 못하는 것이다. 반복해서 연습한 학생은 분명히 철저히 익힌 행동을 수행할 수 있지만, 그는 그가 무엇을 하는지를 모를 것이고, 그래서 형식적인 유사성을 볼 수 없기 때문에 비슷한 과제를 수행할 수 없을 것이다. 반면에 한 번 이해한 학생은 대부분의 경우에 이해한 것을 다시 이해할 수 있고, 이런 특수한 문제뿐만 아니라 똑같은 상태에 있는 다른 문제에 대해서도 능숙하게 실행할 수 있다.

연습할 때는 반복해서 판에 박은 것 같은 행동을 한다. 이런 연습은 언어적일 수도 있고 그렇지 않을 수도 있다. 어떤 종류의 신체적 연습을 반복 연습이라고 한다. 수업과는 달리 말로 표현할 필요는 없다. 수업과는 달리 연습은 연습하는 사람의 능동적 참여를 필요로 한다. 그렇지만 이것이 반드시 상당한 정도의 지적이거나 인지적인 일임을 보여주는 것은 아니다.

연습은 연습하는 것의 가치에 대해 불가지론적이다. 그렇지만 연습은 합리적 인식과 이해의 필요성을 못보고 지나치기 쉽다. 연습이 제공하는 숙달은 아주 제한적이다. 연습은 지식과 창의적 자율성보다는 훈련과 단순한 기능과 더 관계가 깊다. 설명이 첨가되지 않은 연습은 흔히 뜻도 모르고 기계적으로 따라하거나 생각 없이 기계적인 일을 하게 할 수 있다. 이런 이유로 그것은 흔히 조건화나 교화와 결합되기 쉽다.

기법으로서의 연습은 신념의 기억과 행동의 솜씨에 도움이 된다고 주장할 수 있다. 우리는 어떤 사람에게 어떤 것을 연습시킬 때, 그 사람이 새로운 지식을 습득하고 이해하게 하는 것보다는 지식의 기억이나 기능의 숙달을 더 강조한다.

연습의 가능한 유용성을 옹호하는 것은 물론 연습을 실제로 사용하는 것을 지지하는 것이 아니다. 현실적으로 연습을 강조하는 것은 교육제도의 구조적 결함을 반영하는 것이다. 학급에 학생이 지나치게 많고 협동적이고 건설적인 상호작용에 도움이 되지 않는 분위기일 경우에 손쉬운 방법으로 연습을 사용하게 된다. 학교와 같은 위계적 조직에서 연습은 통제를 쉽게 만든다. 동시에 그것은 지배적인 사회 현상을 유지하는 데 중요한 권위에 순종하는 습관을 갖게 하는 데 기여한다(Kleinig, 1982: 47-48).

우리는 연습은 수업과 더불어 지식을 되풀이해서 가르치거나 믿음을 변화시키기 위한 수단이라는 점에 주목해야 한다. 그렇지만 그것은 행동의 변화를 다루는 쪽에 속하는 훈련이나 조건화와 밀접한 관계가 있다. 연습은 정확히 구두로 수행하는 능력을 목표로 삼고 있는 일종의 훈련으로 간주될 수 있다. 교사가 그것을 필수적으로 사용한다는 것은 의심할 여지가 없다. 그것은 특히 듣고 말하는 언어 교수법과 구구단 등과 같은 기본적인 정보를 기억하는 데 적합하다. 여기서 이해는 최소한의 것이거나 실질적으로는 결여되어 있을 수 있다. 듣기와 말하기를 다양하게 이용하고, 사전을 찾아보고, 문자화된 기호가 있고, 문법이나 언어의 논리적 구조가 가득 차 있는 어학강좌는 학습 속도에 부정적 영향을 주는 것으로 간주되고 있다. 심지어 말하는 사람이 그가 무엇을 하고 있는가를 전혀 생각하지 않을 때조차도, 즉석에서 새 언어를 흉내를 내서 반응하는 것이 필요하다.

연습은 이런 수업의 정수이다. 그래서 그런 수업을 하는 교사들이 가르치고 있었다는 것을 부정할 사람은 아무도 없을 것이다. 그들의 학생들은 흔히 비교적 짧은 시간에 숙달하게 된다. 그렇지만 연습이 학생들이 뜻도 모르고 따라 하기의 수준에 머문다면, 그런 목적을 달성할 수 없을 것이다. 점차적으로 언어 반응이 습관화되면, 학생은 스스로 새 언어를 생각할 것이다. 그는 의미들을 연상하고, 자기 모국어의 경우처럼 개념들을 이해하게 된다. 프랑스어를 연습할 때 표준이 되는 질문들과 대답들의 의미를 이해하지 못하면서 표준이 되는 물음들에 대해 빨리 정확하게 대답하는 사람은 프랑스어를 학습한 것이 아니다. 수업하는 사람은 학생의 연습을 위해 제시하지 않은 물음들에 대해 말할 수 있을 때까지 기다린다. 그가 숙달했는지를 이처럼 폭 넓은 상황에서 평가하기 때문에 이해하지 못했다면 결정적인 결함이 있는 것이다. 원래의 표준이 되는 어법들이 풍부한 의미를 지니고 있는 이유는 적절한 문맥에서 그것들이 되풀이해서 다시 사용되고 있다는 데 있다. 학생은 반복해서 연습하는 것 이상을 한다. 그는 그 단어들이 적합한 상황과 그것들에 재치 있게 대답하는 상황을 관찰한다.

그래서 교수의 우형들이 목적으로 삼고 있는 이야기하기, 수업하기, 증명하기, 설명하기, 그리고 연습하기와 같은 개념들 간의 논리적 관계의 준거는 있지만, 학습은 그런 것을 필요로 하지 않는다. 우리가 살펴보았듯이 교수는 성취어가 아니라 과업어이기 때문에 그런 기준을 필요로 하지 않는다.

제6장 학습

제6장 학습

1. 학습의 의미

많은 심리학자들은 학습은 경험의 결과로 일어나는 비교적 영속적인 행동의 변화라고 주장하고 있다. 학습에 관한 실험들은 일반적으로 이처럼 행동을 변화시킬 수 있는 방법들을 찾는 것과 관계가 있다. 그런데 모든 학습이 이런 종류의 것이라고 보기는 어렵다. 행동의 변화가 없어도 학습은 일어날 수 있다. 어떤 경우에 행동의 변화는 기껏해야 학습이 일어났다는 것에 대한 그럴듯한 증거에 불과하다.

그러므로 학습과 행동의 관계는 확실하지 않다. 우리가 학습을 전혀 받지 않고도 그 행동이 의미 있게 변화될 수 있다는 점을 알게 될 때, 이 점은 더 분명해진다. 그가 이미 하는 방법을 알고 있는 어떤 것을 하기로 결심했다는 이유만으로도 어떤 사람의 행동은 의미 있게 변화될 수 있다. 한 비평가가 말하고 있듯이 한 은행의 출납 계원이 횡령하기로 결심했다고 해보자. 그의 행동은 상당히 바뀌겠지만, 학습 때문에 그런 것은 아니다. 어떤 사람의 발목이 삐었다고 해보자.

이것은 분명히 하나의 경험이고, 걷는 것에서 절뚝거리는 것으로 그의 행동이 바뀌게 되지만, 그가 이런 새로운 행동을 학습한 것은 아니다.

이것은 교육이론에서 중요한 쟁점이기 때문에 심리학적인 견해를 더 상세히 살펴보자. 하디는 모든 학습은 두 유형 가운데 하나라고 주장한다. 한 유형은 새로운 자극에 대해 오래된 반응을 제시하도록 학습하는 것이다. 고전적인 예는 파블로프의 개가 종소리에 침을 흘리도록 학습한 것이다. 두 번째 유형은 선별한 행동을 할 때마다 보상해서 장차 그것이 고도로 규칙적으로 일어나게 강화하는 것이다. 이런 후자의 한 예는 되는대로 쪼다가 우연히 먹이를 주는 장치의 단추를 누른 굶주린 비둘기이다. 보상은 다시 보상받기를 원하는 행동을 하게 한다. 강화의 회수가 늘어나면 바람직하지 못한 반응은 줄어들게 되고 바라는 반응이 고정된다. 그 비둘기는 배가 고플 때 단추를 누르는 것을 학습했다. 그래서 하디는 "학습은 비교적 영구적인 새로운 연합의 구조물이다. 그리고 연합들은 이미 한 자극과 결합되어 있는 한 반응과 새로운 자극 사이에 있거나 결합되지 않은 한 반응과 전에 함께 연합되어 있지 않았던 자극 사이에 있어야 한다."(Komisar and Macmillan, 1967: 153)고 말하고 있다.

행동주의자의 학습이론의 또 다른 난점은 자극의 개념이 모호하다는 것이다. 어떤 사람이 안구에다 대고 훅 부는 자극 때문에 눈을 깜박였다고 말하는 것은 아주 분명하지만, 윙크에 대한 자극은 무엇인가? 윙크는 단순한 신체적 자극과 관련지어 설명할 수 없는 어떤 상황에서의 사회적 행동이다. 윙크를 하게 하는 사태는 분명히 의미를 가지고 있다. 이 의미는 어떤 사람이 그가 사는 세계를 보는 방법과 분리될 수 없다. 우리는 행위자가 이해한 것과 소중히 여기는 것과 지각한 것을 이해해야만 윙크를 이해할 수 있다. 또한 우리는 엄밀히 행동적이거나 관찰할 수 있는 대상이 없는 상징적 세계로 들어가야만 이것을 할 수 있다.

그린은 우연히 일어난 일과 행위를 이렇게 구분하는 것을 명백하게 설명하고 있다. 우연히 일어난 일들을 고려할 때 우리는 규칙에 따라 행동하는 성향을 습득했다고 말할 수 있는 반면에, 행위의 경우에 우리는 규칙을 준수해서 행동하는 성향을 습득했다고 말할 수 있다(Komisar and Macmillan, 1967: 195). 미로를 정확하게 달리는 것을 학습한 쥐는 규칙에 따라 행동하는 성향을 습득했다고 말할 수 있다. 결국 미로를 달리는 정확한 방법이 있지만, 그 쥐는 규칙을 '고려해서' 이런 식으로 행동했다고 말할 수 없다. 그린은 규칙을 준수하는 것을 학습하는 것은 단순히 어떤 방식으로 행동하는 성향을 습득한 것이 아니라 그것이 옳은 방법이기 때문에 그런 방식으로 행동하는 성향을 습득한 것이라고 말한다. 상당히 많은 인간의 학습은 이런 종류의 것이기 때문에 하디와 많은 심리학자들이 주장했듯이 모든 학습은 조작적으로 조건화된 학습의 범주에 속한다는 것은 거짓이다. 게다가 행동주의 심리학의 이런 부적합성에서부터 어떤 인간의 행동은 있음직한 원인들을 찾는 것으로 설명될 수 있지만, 다른 인간의 행동은 오직 이유들을 찾아야만 이해될 수 있다고 판단할 수 있다.

프로이트(S. Freud)의 견해를 지지하는 심리학자들은 이런 구분에 대해 이의를 제기할 수 있다. 만일 우리가 모든 행동에는 동기가 있다는 외관상으로 정당한 명제를 받아들인다면, 우리는 잠재의식과 무의식을 다루는 심리학자에게 편의를 제공하는 것이다. 그는 이른바 모든 합리적 행동은 본질적으로 비합리적 동기에 의한 것이며, 그 활동을 지지하기 위해서 주장한 이유들은 합리화에 불과하다고 주장한다. 그래서 행위자는 결코 동인이 아니며, 그는 무의식적인 힘에 붙잡혀 있다. 나는 프로이트 학파와 스키너 학파의 심리학자들이 일관된 체계를 갖는 이론을 갖고 있다고 생각하지 않는다.

A가 어떤 활동을 지지하는 인과율적인 설명과 성질이 다른 참된 이유라고 여기는 것을 제시한다고 해보자. B는 A가 이 견해를 지지하는 이유, 즉 A가 모르는 비합리적인 심리적 원인들을 안다고 말한다. C가 와서 B는 그가 밝힌 이유

가 아니라 그의 마음속에 있는 비합리적인 심리적 원인들 때문에 이 견해를 지지한다는 점을 지적한다. D가 와서 그와 같은 것 등을 한다. 분명히 사람들은 때때로 그들이 공개적으로 말한 이유들이 아니라 비합리적인 원인들을 위해 그들의 견해를 지지한다는 생각이 조금이라도 있다면, 이것은 어떤 심리학자들이 그런 행동에 대한 그들의 견해를 참된 이유라고 지지할 경우에만 유지될 수 있을 것이다. 만일 어떤 사람의 견해를 지지하는 합리적 근거를 갖고 있는 사람이 없다면, 어떤 사람도 확실하게 그가 비합리적인 원인을 위해 그의 견해를 주장하고 있다는 것은 참이라고 주장할 수 없을 것이다. 만일 어떤 사람이 합리적인 의견을 가지고 있을 수 있다면, 심리학자가 아닌 다른 사람들도 역시 그 의견을 지지할 수 있을 것이다. 요컨대 비합리성 이론의 일반화는 자체 모순이다.

이와 똑같은 입장에 대해 더 많은 언어적 논증을 제시할 수 있다. 합리화의 개념은 사리에 맞는다는 것을 전제로 한다. 합리화는 단지 이유의 형식만 갖춘 가짜 이유이다. 아무도 그 이유가 무엇인지를 어느 정도 이해하지 못하면 합리화할 수 없다. 왜냐하면 합리화할 때 우리는 모두 정당한 것처럼 보이고 싶어 하기 때문이다. 합리적이라는 것이 어떤 의미가 있는 경우에만 이처럼 사리에 맞지 않지만 그렇게 보이려는 욕구는 이치에 닿는다.

게다가 우리가 일상 언어를 숙고의 준거로 간주한다면, 우리는 과학, 도덕, 또는 실제적인 일들에서의 이유들에 관한 수많은 논의들을 무의미한 말이 모인 곳으로 추방시킬 수 없을 것이다. 일상적인 대화에는 분명히 이런 구분이 있는데, 그것은 어떤 철학이론의 결과가 아니라 단지 거기에 있는 것이다. 그것을 거부하는 것은 홉스(T. Hobbes)의 이론을 변형한 수정주의자의 형이상학을 선택하는 것이다. 이런 견해가 어떻게 분석적 추론의 결과로 간주될 수 있는가를 이해하기는 어렵다.

이런 심리학적 논의는 학습은 무엇을 의미하는가를 밝히는 문제에 얼마나 많은 측면들이 있는가를 예증한다. 행동주의적 접근법을 적절한 방법으로 인정하기는 어렵다. 행동은 그것이 보여주고 있듯이 어떤 것을 학습으로 간주하기 위한 필요조건도 아니고 충분조건도 아니다. 쥐는 실제로 미로에서 달리는 것을 학습한다. 하디가 말했듯이 이것은 소크라테스가 메논의 노예를 가르쳤던 것이 교수의 전형적인 예와 같은 방식의 학습의 전형적인 예가 아니다.

학습의 개념을 유익하고 쉽게 구분하기 위한 하나의 제안은 학습하는 것을 가지고 학습을 분류하는 것이다. 학습 대신에 'X를 학습하기'를 사용하는 것이 요령이다. 그래서 이 제안에서는 미로에서 달리는 것을 학습하는 것은 언어를 학습하는 것과 다른 종류의 학습이라는 점을 받아들인다. 우리는 분명히 미로에서 달리는 것을 학습하는 것, 말하는 것을 학습하는 것, 어떤 것의 가치를 학습하는 것, 어떤 것이 진리임을 학습하는 것, 어떤 것을 믿도록 학습하는 것 등과 같은 것들의 중요한 차이점에 유의해야 하기 때문에 이런 지시 사항은 매우 유익하다. 이것이 그와 같은 학습의 개념을 가지고 있는 우리에게 도움이 되는지는 의문이다. X가 무엇이든 간에 X를 학습하는 것은 언제나 학습의 한 예일 뿐이다. 이런 학습들 가운데 어느 것이 다른 것들보다 조금이라도 학습에서 더 핵심적이라는 것이 드러나지 않았다. 그런 것들을 단순히 학습으로 간주하는 것은 학습 전체를 논리적인 방식으로 베어내지 못한다. 그린이 주장했듯이 이런 구분들은 대부분 교수의 구분방식임이 드러났다. 그러므로 교화는 예를 들어 어떤 사람이 'X가 거짓일 때 X는 참이다.'라는 것을 학습하게 하는 방법일 수 있다. 이것은 교수 과정에 대한 언급이 생략되어 있을 때보다 그런 학습이 무엇을 의미하는가를 더 분명하게 설명해 준다.

이 분석을 통해서 얻은 첫 번째 결론은 학습에 관한 심리학적 연구들이 반드시 교사들에게 유익한 것은 아니라는 것이다. 심리학자는 교수로 간주할 수 없는 학습을 유발시키는 온갖 종류의 방법을 찾을 수 있다. 예를 들어 아주 배가

고픈 쥐는 먹을 것을 충분히 먹은 쥐보다 미로에서 달리는 것을 훨씬 더 빨리 학습한다. 학생들을 굶게 했다가 바람직한 반응을 하면 보상으로 음식을 조금 주는 것을 교수방법으로 간주할 수 있는가?

쥐는 아마도 적절한 때 전기 충격을 받으면 미로에서 달리는 것을 더 효과적으로 학습할 것이다. 우리는 학생들의 책상에 전선을 배선하는 것을 교수방법이라고 말하겠는가? 심리학자는 우리가 그런 방법을 사용하지 않으려고 하는 것을 단지 현재의 도덕적 가치 때문이라고 대답할 것이다. 우리가 덜 까다로우면, 우리는 더 좋은 교사가 될 수 있을 것이다. 그린은 윤리의 변화가 교수 개념의 논리를 바꾸지 못할 것이라는 점을 지적하고 있다(Macmillan and Nelson, 1968: 60-61). 교화와 수업, 또는 조건화와 훈련의 구별은 교사의 윤리와 관계없이 유효할 것이다. 교수의 개념은 윤리적으로 중립적이며, 이런 구분들에 관한 우리의 분석은 윤리가 아니라 논리의 문제이다.

라일은 학습의 개념을 분석하기 위한 새로운 의미의 영역을 개척했다. 이해한다는 의미에서 학습하는 것은 분명히 어떤 사실을 아는 것을 의미한다. 그렇지만 그것은 그 이상을 의미한다. 그것은 그런 행위를 정확하게 실행했음을 명백하게 보여주는 규범과 일치되게 어떤 종류의 행위를 수행하는 능력을 의미한다. 장기를 이해한다는 것은 단순히 장기를 두는 규칙을 말하는 것이 아니라 잘 두는 것이다.

이 점은 중요하지만 과대평가될 수 있다. 장기를 잘 두는 사람은 장기를 둘 때 장기의 규칙을 자세히 말하는 것이 아니라 어떤 전략을 구사한다. 그는 우리에게 규칙을 말해 주거나 그의 전략을 상세히 설명할 수 있는 어떤 사람만큼 장기를 충분히 이해했다는 말을 듣지 못할 수 있다. 우리는 장기 게임을 잘 하는 컴퓨터가 마땅히 장기를 이해하고 있다고 말할 것이라고 생각하지 않는다. 우리가 그 기계는 장기 두는 것을 학습했다고 말할 때, 우리가 학습했다는 단어를 비유적으로 사용하고 있는 것은 아닌가 하고 생각한다. 유기체들은 우리 언어의 관례들을 통해서 학습하지만, 무생물은 그렇지 않다. 못을 구부렸다가 똑바로 폈다면, 다시 그것을 구부릴 때 똑같은 곳이 구부러지기 쉽다. 우리는 그 못이 그렇게 특수한 방식으로 구부러지는 것을 학습했다고 말하겠는가? 우리는 정원사에 의해 일정한 방향으로 구부러진 식물에 대해 이렇게 말할 수 있지만, 여기서 학습했다는 말은 이상한 것 같다. 반면에 우리는 어떤 개가 반복해서 꼬리를 그런 자세로 들고 있었다면, 그 개는 꼬리를 일정한 방식으로 들고 있는 것을 학습했다고 말할 것이다. 우리가 인간에서부터 동물, 식물, 돌멩이로 지능과 인식의 계단 아래로 내려가 보면, 학습했다는 말은 점점 더 부적합하게 된다.

인간의 수준에서 어떤 것이 학습되었다고 말하기 위해서는 어느 정도의 기억이 필요한 것 같다. 우리는 못이 구부러지는 곳을 기억했다고 말하지 않을 것이다. 기억하는 것은 사실들을 바로잡는 것과 같이 특별한 방식으로 본 과거를 가리킨다. 나는 그 사건이 일어나지 않았다면 어제 일어난 어떤 일을 기억했다고 말하지 않을 것이다. 단순한 기계적 암송은 비슷한 과거의 사건들을 기억하는 것으로 간주되지 않을 것이다. 적어도 인간 학습의 경우에는 기억의 요소들이 얼마간 포함되어 있는 것처럼 보인다. 어떤 활동을 정확히 수행하는 것은 그것을 수행하기 위한 규칙에 따라 그것을 되풀이하는 능력 이상의 것을 의미한다. 그것은 그 사람이 이것이 그것을 하는 방법이라고 기억하고 있기 때문에 과거에 했던 것과 같은 방법으로 현재 수행하라고 하는 것을 의미한다. 장기를 두는 컴퓨터는 어떤 것도 기억하지 못한다. 기계는 과거에 대해 아무것도 말할 수 없다. 그것의 행동과 구조는 엄밀히 말하자면 현재시제이다.

라일이 지적했듯이 재치 있는 사람이 그의 독특한 행위를 지지하는 이유를 언제나 자세히 말하는 것은 아니라는 것은 사실이다. 이것은 그의 기억이 수행을 수반하지 않는다는 것을 말하는 것이 아니다. 어려운 경우에 그는 실제로 주어진 행동에 대한 이유를 자세히 말할 수 있다. 심지어 이런 경우에도 일반적인 숙고 결과들은 결코 적절한 행위의 시험이 없는 이해를 의미하지 않는다는 라일의 지적은 옳다.

게다가 인간의 학습은 명제를 아는 것과 방법을 아는 것을 둘 다 포함하고 있다. 하지만 그것은 분명히 그 이상을 포함하고 있다. 어떤 어린이가 습관적으로 말을 가로막는다면, 사람은 다른 사람들이 말할 때 조용히 있어야 한다는 것을 이해했다고 말할 수 없을 것이다. 그는 사실적인 의미에서 그것이 적절하지 않다는 것을 알고 있을 수 있다. 그는 또한 가로막는 것을 중지하고 조용히 있는 법을 알고 있을 수 있다. 알고 있는 것을 수행할 때까지, 적절한 때 조용히 있는 성향을 가질 때까지 그는 정말로 학습했다고 말할 수 없을 것이다.

라일은 이와 관련지어 다른 점을 제시하고 있다. 그에 따르면 재치 있게 수행하는 것은 한 가지 일을 하는 것이지 두 가지 일을 하는 것이 아니다. 그것은 세 가지 일을 하는 것이 아니다. '다른 사람들이 말하는 동안에 조용히 있는 것'은 조용히 있다는 것을 보여주며, 이것을 충분히 이해한 어린이는 분명히 적절한 시기에 그것을 한다. 그는 마음속으로 어떤 사실이나 원리를 외우지 않고도 이런 식으로 행동하는 성향에 호소한 다음 드디어 조용히 앉아 있을 것이다. 이런 일들은 한 조각의 일부이다. 이것 때문에 우리가 그의 활동에는 세 가지 일이 포함되어 있다는 것을 분석해서 찾아내지 못하는 것은 아니다. 이유는 분명하다. 그 어린이는 실제로 (1) 조용히 하지 않고도 조용히 하는 것에 관한 규칙을 암송할 수 있고, (2) 조기에 조용히 하지 않고도 그가 하고 싶을 때 조용히 할 수 있음을 보여줄 수 있고, (3) 적절하게 조용히 함으로써 이런 식으로 행동하는 그의 성향을 입증할 수 있다. 이런 완전한 앎이 우리가 바로 그 어린이가 다른 사람들이 말하는 동안에 조용히 해야 한다는 것을 이해하고 있다고 말하는 것이다.

또한 그가 다른 사람들을 존중한다는 것의 의미를 어느 정도 파악하지 못했다면, 그리고 그가 이해 가능한 논의의 조건을 어느 정도 터득하지 못했다면, 그는 그가 하고 있던 것을 이해하지 못했다고 말할 수 있다. 다른 사람들이 말하는 동안에 조용히 하는 것은 단지 어떤 상황에서만 좋은 규칙이다. 조용히 있고 싶다는 생각을 갖게 하는 적절한 상황을 식별할 수 있다는 것은 규칙을 이해하는 것의 일부이다. 예를 들어 다른 사람들이 외치고 있기 때문에 그가 축구 시합을 하는 동안에 조용히 있었다면, 우리는 이것을 이상하게 생각해야 한다. 어떤 대화를 나눌 때 그가 이해하고 있다는 것을 보여주기 위해서 이따금 말을 가로막지 않는다면, 그는 잘못 이해하고 있는 것이다.

요컨대 인간의 학습에서 명제를 아는 것은 방법을 아는 것과 밀접한 관계를 맺고 있다고 할 수 있다. 또한 그것 이외에 중요한 것이 포함되어 있는데, 그것은 지식과 행위의 규칙에 따라 행동하는 성향이 포함되어 있다는 것이다.

학습의 함축적 의미를 알아보자. 만약에 우리가 교육과 교육의 결과를 보다 잘 이해할 수 있는 방법을 찾으려고 한다면, 교육과 학습의 관계를 밝혀 보아야 할 것이다. 비록 우리가 용어를 분명하게 사용하지 않는다고 하더라도, 학습의 의미를 파악하기 어렵다는 것은 알 수 있다. 어떤 면에서는 학습의 개념을 지나치게 협소하게 제안하고 싶은 유혹에 빠지기도 하고, 또 어떤 때에는 지나치게 광범위하게 사용하려는 유혹에 빠지기도 한다.

어떤 교육철학자들은 학습에 숙달이나 성공이 포함되어 있다고 주장하고 있다. 예를 들어 피터스와 허스트는 『교육의 논리』(*The Logic of Education*)에서 학습의 과정은 언제나 X에 대해 숙달했다거나 성공했다거나 성취한 것과 관계가 있다고 말하고 있다. 학습했다는 것은 언제나 어떤 표준에 도달한 것이다. 예를 들어 우리가 전에 몰랐던 것을 알거나 제시한 기능을 익힌 것이다(Hirst and Peters, 1970: 75).

만일 우리가 문법을 중심으로 이 말을 해석해 보면, 이 이론은 건전하다. 즉,

'학습한다'는 타동사이므로 어떤 대상을 포함하고 있다. 예를 들어 '발견한다', '세운다', '죽인다', '씻는다', '자른다' 등도 이런 기능을 한다. 성공, 숙달, 성취, 또는 어떤 표준에 도달하는 것에 관해 말하는 것은 우리가 어떤 것을 학습해야 한다는 것을 상기하는 방법이다. 이런 수행동사의 경우에는 어떤 것을 살해하고, 씻고, 자르는 데 성공해야만 우리가 그런 동사를 이해할 수 있다. 그런데 성공의 준거는 진리나 제시한 기능과의 관계에 달려 있다.

우리는 유대인을 적으로 생각하거나 여성을 열등한 존재로 간주하도록 학습할 수 있다. 비록 지구가 평평하다는 것을 배울 수는 없지만, 지구가 그렇다고 생각하는 것을 배울 수는 있다. 우리가 사람들이 유익하거나 바람직한 것을 배운다는 경험적 사실과 P는 참이라는 것을 믿지 않는다면, 우리는 P를 학습했다고 말할 수 없다.

학습에는 분명히 어떤 대상이 있어야 한다. 성공, 또는 성취로 간주하는 것에 관해 의문을 제기할 수 있을 뿐만 아니라 학습에 실제적인 숙달이 포함되어 있는지 아니면 단지 숙달하려는 시도만 포함되어 있는지에 대해 의문을 제기할 수 있다.

'그는 X를 학습했다.'는 것은 실제로 어떤 지식을 습득하는 것을 포함하고 있어야 한다. '그는 X를 배우고 있다.'는 말은 단순히 그가 어떤 것을 성취하려고 애쓰고 있다는 것을 의미한다. 그렇지만 단순히 애쓰고 있는 것만을 가지고 학습이라고 말할 수 있는가? 그는 어떤 것을 성취하지 않아도 되는가? (1) 내가 논리적으로 불가능한 어떤 것을 학습하고 있다고 해보자. 나는 그것을 하는 것을 학습하고 있다고 말할 수 없을 것이다. (2) 원칙적으로는 가능하지만 실제로 나에게 불가능한 것이면, 나는 X를 배웠다고 할 수 없을 것이다. (3) X가 나에게 가능한 것이고, 시간이 경과하면 성취할 수 있는 것이라고 해보자. 나는 초기 단계에서 X를 배우고 있었는가? 우리는 흔히 이 물음에 대해 그렇다고 대답할 것이다. 우리가 그런 대답을 하는 이유는 내가 지금 X를 향해 진보하고 있다는 데 있다. (4) X가 진보의 개념과 거의 관계가 없거나 그 개념이 전혀 적용되지 않는다고 해보자. 이 경우에는 진보가 전혀 없으므로 학습으로 간주할 수 있는 것이 아무것도 없다. (1)과 (2)의 경우처럼 불가능한 경우를 제외하고는, 언제나 인간이 어떤 X를 성취하기 위해 행동할 수 있는 것이 존재한다고 생각할 수 있다. 그러나 진보의 개념을 적용할 수 있는 경우도 있지만 그렇지 않은 경우도 있다. '그는 X를 배우고 있다.'는 말은 그가 실제로 X를 성취했거나 학습했다는 것을 의미하지 않는다. 그것은 그가 X를 성취하려고 애쓰고 있었다는 것 이상을 의미한다. X를 향해 약간 진보했다는 의미가 내포되어 있다.

또한 어떤 교육철학자들은 학습이 지식을 수반한다고 주장한다. 어떤 사람이 새로운 지식을 습득하지 못했다면, 그는 어떤 것을 학습했다고 말할 수 없다고 주장한다. 학습의 대상은 어떤 명제적 지식이나 기능, 또는 이해임이 분명하다. 또한 X를 학습한다고 말할 때 X는 일종의 간접적 대상이라고 말할 수 있다.

학습한다는 말은 두 가지 의미를 가지고 있는데, 하나는 지식을 습득하거나 이해하게 되는 것이고, 다른 하나는 발견하거나 알게 되는 것이다. 또한 학습한다는 말에는 일반적으로 의도적 요소와 의식의 적용이 포함되어 있다. 학습은 의식적으로 지능을 사용할 것을 요구한다. 학습한다는 말은 한 인간이 주목하는 것에 관심을 갖는다는 의미를 지니고 있다. 주목의 적합성이라는 기준은 인간이 적절한 증거에 주목함으로써 자신의 신념을 가져야 한다는 것이다.

학습의 개념을 분석하는 방법은 두 가지가 있다. 첫 번째 방법은 학습과 특수한 행동 수행의 관계를 살펴보는 것이다. 예를 들어 참 명제의 발언, 유익한 기능의 시범, 그리고 바람직하게 행동하는 것 등은 학습의 간접적 증거에 불과하다.

두 번째 방법은 학습을 목표 지향적 활동으로 보는 것이다. 우리는 목표를 서술해야만 학습 활동을 기술하거나 평가할 수 있다. 어느 경우를 막론하고 학습에는 어떤 특수한 X, 즉 학습하는 것이 포함되어 있어야 한다. 비록 X의 범위가 어떤 사람이 생각하는 것보다 더 넓을 수 있지만, 모든 X에는 어떤 표준이 있다. X를 성취하는 데 필요하거나 도움이 되거나 적어도 적절한 것이라야만, 한 인간이 행동하고 있는 것을 X를 학습한 것으로 간주할 수 있다. 그러므로 우리는 X가 무엇인지에 관해서는 물론이고 어떤 단계들이 X를 성취하는 데 적절한지를 분명히 밝혀야만, 어떤 사람이 X를 학습하는 데 어느 정도 참여하고 있고, 얼마나 성공했는지를 평가할 수 있다. 명제적 학습이나 교과의 학습이 가장 분명한 예이다.

교사는 실제로 학생에 관해 알아보아야 한다. 학생들은 실제로 그렇고 그런 것을 학습하고 있는지, 그리고 학생들이 실제로 그것을 학습하고 있는지를 알아보아야 한다. 교사는 학생들의 변화, 즉 언급한 명제와 학생들이 성취한 수행이 실제로 교사가 활동한 결과인지를 숙고해 보아야 한다.

2. 성향과 이유의 학습

성향이란 잠재적 실현 가능성을 의미한다. 사람들은 보통 관찰 가능한 특징을 존재하게 하는 내적 조건이나 성질이 있을 것이라는 가정 하에서 내적 조건과 성질을 성향이라고 말하고 있다.

방법적 지식과 명제적 지식의 학습은 특정한 방식으로 수행하는 능력을 습득하는 데 주력하는 데 반해서, 성향의 학습에서는 특정한 방식으로 행동하는 능력 이상의 것을 습득해야 할 필요가 있다. 여기서 말하는 능력 이상의 것이란 그렇게 행동하는 성향을 의미한다. 예를 들어 정직한 것은 단순히 정직하게 되는 법을 알고 있는 것이 아니라 적절한 상황에서 행동하는 성향을 갖고 있는 것이다. 그것은 그렇게 행동하기 쉽거나 그렇게 행동하는 경향을 가지고 있다는 말이다(Soltis, 1978: 41-42).

라일은 성향을 어떤 물리적 대상의 속성과 비슷한 것으로 취급한 것 같다. 그에 따르면 그 어린이는 다른 사람들이 말하는 동안에 조용히 있는 성향을 가지고 있다고 말하는 것은 유리컵은 어떤 상태에서 산산조각으로 깨진다고 말하는 것과 같다.

라일이 '재치 있는', '정직한', '명랑한', 그리고 '우쭐한'과 같이 성향을 나타내는 말들은 어떤 상황에서의 특수한 행동을 암시한다고 말한 것은 옳다. 재치 있는 사람에게 수수께끼를 내면 그것을 풀 수 있는 방법을 찾으려고 할 것이다. 지금까지 '재치 있는'이라는 말이 '깨지기 쉬운'과 같은 것처럼 보이겠지만, 중요한 차이점이 있다. 재치 있게 되려고 학습하는 것은 비록 무수히 많은 판에 박은 것 같은 상황에 대한 것이라고 하더라도 판에 박은 것 같은 상황에 대한 일련의 기계적 반응을 학습하는 것을 의미하지 않는다. 재치 있게 된다는 것은 복잡한 방식으로 무수히 많은 가능성이 있는 상황들과 관련을 맺고 있는 이유들에 관한 규칙을 포괄적으로 이해한다는 것을 의미한다. 그것은 어떤 준거를 알고 있다는 것을 의미한다.

게다가 그것은 그 기준을 가치 있게 여긴다는 것을 의미한다. 사람이 단지 합당한 방법으로 행동하는 능력을 가지고 있기 때문에 재치 있게 되는 것은 아니다. 그는 합리성을 존중해야 한다. 그는 합리적으로 행동하려고 해야 한다. 이처럼 합리적인 행동 방식을 긍정적으로 평가하지 않으면, 그는 합리적인 사람이 되도록 능력을 발휘할 수 없을 것이다. 유리컵은 산산조각이 나는 '성향'을 가지고 있다고 말하는 것은 어떻게든지 해서 그것은 적당한 상황에서 깨지지 않으면 안 된다고 말하는 것이다. 그러므로 재치 있게 되도록 학습하는 것은 어떤 성향을 학습하는 것이며, 성향을 학습하는 것은 명제적 지식과 방법적 지식, 그리고 어떤 방법을 소중히 여기는 것의 복합적인 혼합물이다. 소중히 여기는 것은 능력과 성향을 연결하는 것이다.

성향을 나타내는 말에는 '현명한', '자만하는', 그리고 '정직한'과 같은 것들이 있다(Magee, 1971 82). 현명한 사람에게 문제를 제시하면 그는 문제를 해결할 수 있는 방식으로 행동할 것이다. 현명하게 되려고 학습하는 것은 제시된 상황에 자동적으로 반응하는 것을 학습하는 것과 다르다. 현명하게 된다는 말은 많은 잠재적 상황과 관련이 있는 규칙의 근거를 이해하는 것을 의미한다. 즉, 그것은 기준을 인식하고 그 기준을 평가할 수 있게 된다는 것을 뜻한다. 또한 현명하게 된다는 것은 합리적인 방식으로 행동하는 능력과 합리성, 그리고 합리적으로 행동하는 것을 긍정적으로 평가하게 되는 것이다. 현명하게 되는 것을 학습하는 것은 성향을 학습하는 것의 예이다.

그러나 명제를 안다는 것, 적절한 기술을 가지고 있다는 것, 그리고 특정한 방법으로 수행할 수 있는 성향을 가지고 있다는 것만 가지고 학습을 완전히 설명할 수는 없을 것이다. 학습에는 왜라는 물음에 대답할 수 있는 능력이 포함되어 있다고 생각할 수 있다. 그런데 왜라는 말은 복합적인 의미를 지니고 있다. '너는 왜 저 그림보다 이 그림이 낫다고 생각하니?'와 '너는 왜 잘 익힌 스테이크를 좋아하니?'는 서로 다른 종류의 대답을 요구하는 물음이다. 후자의 경우에는 잘 익히지 않은 스테이크를 보면 먹을 맛이 없어진다거나 그런 음식이 낯설어서라고 대답할 수 있을 것이다. 이와는 달리, 예술작품을 감상하기 위해서는 그 자체의 논리에 다라 예술작품을 평가해야 할 것이다. 우리가 예술작품을 감상하려면, 평가의 근거인 좋은 이유를 학습해야 할 것이다.

인간의 또 다른 이해 방식은 왜라는 물음에 대답하는 능력이다. 만일 우리가 왜라는 물음에 대답할 수 없다면, 사실을 아는 것, 적절한 기능을 소유하는 것, 심지어 일정한 방식으로 수행하는 성향을 갖는 것은 인간의 학습을 완전하게 설명하는 것이 아닐 것이다. 왜는 복잡한 개념이다. '수도관은 왜 얼었는가?'라는 물음에 대해 온도가 떨어졌다거나 단열처리가 잘 되지 않았다는 것을 지적하는 것으로 대답할 수 있다. '내가 잊고 그 기계 장치에서 배수하지 않아서.'는 또 다른 대답이 될 수 있다. 후자와 같은 설명은 물리적 법칙이 아니라 인간의 활동을 증거로 제시한 것이다. '왜 당신은 그것을 도덕적인 사람이 해야 할 일이라고 생각합니까?', '왜 그런 일이 일어났습니까?', '그가 왜 그렇게 행동합니까?'와 같은 물음은 그 주제의 논리에 적합한 다른 종류의 대답을 요구한다. 어리석게 행동하는 사람조차도 무모한 행동을 하는 방법을 가지고 있다. 이런 왜에 대한 탐구는 심리요법의 근거가 된다. 그리고 그 대답이 얼마나 자주 순전히 물리적인 사태들이 왜 그런가에 답하는 것, 즉 인과율적인 설명을 하는 것보다는 합리적인 행동이 왜 그런가에 대해 답하는 것, 즉 이유를 제시하는 것이라는 것임이 판명되는 것은 놀라운 일이다.

아무도 왜에 대해 대답할 수 없다는 점을 강조하는 것은 중요하다. 그것을 깨닫지 못하는 것이 많은 혼란의 원천이다. '너는 왜 이 그림보다 저 그림을 더 좋아하니?'는 '너는 왜 잘 구워진 스테이크를 좋아하니?'와 같은 물음과는 다른 종류의 대답을 요구하는 물음이다. 후자와 같은 물음에 대해 도축장에서 일을 해서 덜 구워진 고기를 먹고 싶지 않다거나 사람이 어렸을 때 좋아하게 되는 그런 종류의 음식이라는 말로 대답할 수 있다. 예술적인 기호에 관한 물음들에서 흔히 이런 종류의 설명이 시도되고 있지만, 그것들은 요점에서 벗어난 것이다. 다른 그림이 아니라 이 그림을 좋아하는 것은 일반적으로 개인 경력의 문제가 아니라 미술에 관한 지식의 문제이다. 특정 음식에 대해 조건 반사를 하는 것은 이상할 게 없지만, 음악의 취향은 순전히 조건화의 문제가 아니다. 사실 미술을 이해하려는 사람은 흔히 그 작품 자체를 편견을 갖지 않고 바라보기 위해서 처음부터 자신의 조건 반사를 극복해야 하며, 그의 판단을 확정하기 위해서는 미술의 논리를 인정해야 한다. 그는 미술에 관한 판단에 적합한 이유를 학습해야 한다.

3. 학습과 교수의 관계

일반적으로 사람들은 교수의 결과로 학습을 한다고 생각하고 있다. 그래서 교수는 어떤 사람이 어떤 것을 학습하게 하기 위한 의도적 활동으로 간주된다(Scheffler, 1965: 11). 또한 듀이는 학습을 사는 행위로, 교수를 파는 행위로 설명하고 있다(Dewey, 1971: 35-36).

사고파는 행위에 비유하여 학습과 교수의 관계를 생각해보자. 사고파는 행위에 비유하여 교수와 학습을 설명하는 것은 교수가 학습을 포함한다는 가정을 전제로 한다. 또한 이것은 사는 행위와 파는 행위의 관계는 학습과 교수와 동류어로 간주될 수 있다는 가정을 전제로 한다.

그러면 사는 행위와 파는 행위의 관계에 비유하여 학습과 교수의 관계를 설명하는 것은 타당한 것인가? 교수는 학습을 포함하고 있다는 생각은 타당한 것인가?

전자에 관해 생각해보자. '나는 X를 팔고 있다. 그래서 누군가가 그것을 사고 있다.'는 진술을 살펴보자. 이런 진술은 동어반복에 불과하다(Smith, 1961: 15). 일반적으로 말해서 어떤 사람이 어떤 것을 팔려면 누군가가 그것을 사야만 한다는 것은 분명한 사실이다. 그러므로 '나는 X를 팔고 있는데, 아무도 그것을 사고 있지 않다.'고 말한다면, 그것은 모순이다. 왜냐하면 '나는 X를 팔고 있다.'는 말은 '누군가가 X를 사고 있다.'는 것을 포함하고 있기 때문이다.

이제 '나는 A에게 X를 가르치고 있다. 그래서 그는 그것을 학습하고 있다.'는 진술을 생각해보자. '나는 X를 팔고 있는데, 누군가가 나에게서 그것을 사고 있다.'는 진술과는 달리, 이런 진술은 동어반복이 아니다. 다시 말하면, '나는 A에게 X를 가르치고 있는데 A는 그것을 학습하고 있지 않다.'고 말할 수 있다. '나는 A에게 X를 가르쳤다.'고 말하는 것은 '나는 A에게 X를 하는 법을 보여주었다거나 A에게 X에 관해 그렇고 그렇게 말했다는 것을 의미한다. 그런데 여기에는 A가 나에게서 X를 하는 법을 학습했다는 의미가 내포되어 있지 않다. 그러므로 '나는 A에게 X를 가르쳤다.'는 진술은 '나는 A에게 X를 가르쳤다. 그래서 그는 나에게서 X를 학습했다.'고 말하는 것과 다른 것이다. 그러므로 학습과 교수의 관계를 사고파는 것에 비유하여 설명하는 것은 부적절하다.

그러면 교수에는 학습이 포함되어 있다는 주장은 타당한 것인가? 교수에 학습이 포함되어 있지 않다고 주장할 수는 없는가를 살펴보자.

라일은 모든 개념은 성취어와 과업어로 구분된다고 주장하고 있다. 성취어라는 말은 어떤 사람이 어떤 일을 하는 데 성공했다는 것을 가리킨다. 예를 들어 승리한다는 성취어이다. 이에 반해서, 과업어라는 말은 어떤 사람이 어떤 것을 하려고 노력하는 것을 가리킨다. 예를 들어 노력한다는 과업어이다. 라일의 구분 방식에 따르면 학습은 성취어이며, 교수는 과업어이다. 따라서 교수와 학습은 다른 범주의 개념이므로 교수에는 학습이 포함되어 있지 않다고 생각할 수 있다(Derr, 1979: 145).

교수는 성취어가 아니라 과업어라고 주장하는 사람들이 있다. 예를 들어 '나는 내 아들에게 탁구 잘 치는 법을 가르쳤다.'는 진술에서 가르쳤다는 말은 행위를 표현하는 것이다. 교수는 필연적으로 어떤 결과에 도달하게 하는 한 행위이다. 이 경우 가르친 결과는 성공적일 수도 있고, 그렇지 않을 수도 있다. 내가 내 아들에게 탁구를 잘 치는 법을 가르친다는 것은 내 아들이 그것을 학습하도록 하는 행위이다. 그런데 내가 내 아들에게 탁구를 잘 치는 법을 가르쳤는데 내 아들이 그것을 학습했다면, 나의 가르치는 행위는 성공한 것이다. 이런 측면에서 보면, 교수는 과업어의 범주에만 속하는 개념이라고 말하기 어렵다. 교수에 성취어적 의미가 포함되어 있다는 것은 분명하다.

어떤 사람이 교수하고 있다는 말은 그가 어떤 활동에 참여하고 있음을 말하고 있는 것이다. 여기에서 그가 어떤 활동에 참여하고 있다는 말은 그가 특정 목표를 지향하고 있으며, 의도와 관심을 가지고 있다는 것을 의미한다. 그것은 그는 어떤 시도를 하고 있는 중이며, 그가 시도하는 것은 어떤 최종상태가 아니라 그가 참여하고 있는 활동의 성공을 의미한다. 그러므로 교수는 의도적 용법과 성공적 용법으로 구분하여 설명될 수도 있다(Scheffler, 1960: 42).

교수의 의도적 용법과 성공적 용법을 이해하기 위해서 다음과 같은 진술을 살펴보자. '만일 내가 내 아들에게 탁구를 잘 치는 법을 가르치고 있다면, 내 아들은 지금까지 탁구를 잘 치는 법을 학습하지 않았다.'고 말할 수 있다. 실제로 그는 그것을 학습한 적이 없었을 것이다. 이런 경우에 나는 지금 그가 그것을 학습하도록 시도하고 있는 것이다. 나는 그런 시도과정에서 그가 반드시 학습할 것이라고 예상할 수 없다. 왜냐하면 내가 시도하는 것은 하나의 과정이지 결과에 도달한 것이 아니기 때문이다. 그러므로 'P가 A에게 어떤 것을 하는 방법을 가르치고 있다.'는 진술에는 성공이 포함되어 있지 않다고 말할 수 있다.

그러면 '나는 내 아들에게 탁구를 잘 치는 법을 가르쳤다.'는 말은 어떤가? 만일 내가 내 아들에게 실제로 탁구를 잘 치는 법을 가르쳤다면, 그는 실제로 그것을 학습했을 것이다. 그런데 어떤 사람이 '나는 오늘 내 아들에게 탁구를 잘 치는 법을 가르쳤는데 그는 학습하지 못했고 결코 학습할 수 없었다.'라고 말한다면, 이 말을 듣는 사람은 그가 혼돈했다고 생각할 것이다. 그러므로 'P는 A에게 어떤 것을 하는 법을 가르쳤다.'는 진술에는 성공이 포함되어 있다고 말할 수 있다.

일반적으로 "P는 A에게 X를 가르친다."고 말할 경우, 말하는 사람이 생각하고 있는 교수가 이루어지고 있거나 P가 가르치려고 시도하고 있다고 생각할 수 있다. 여기에는 P가 시도하는 것은 A가 X를 학습하도록 하는 것이다. 예를 들어 '나는 내 아들에게 탁구를 잘 치는 법을 가르친다.'는 말은 '내 아들은 내 가르침에 따라 탁구를 잘 치는 법을 학습하려고 노력하고 있다.'는 것을 의미한다. '내 아들이 탁구를 잘 치는 법을 학습한다.'는 진술은 나의 교수에 의해 내 아들의 학습이 진행되고 있음을 의미한다(Derr, 1979: 144). 또한 학습자가 탁구를 잘 치는 법을 학습하려면 시간이 필요하다. 그런데 일정 시간이 지난 다음 그가 학습하게 될 것인지의 여부는 알 수 없다.

교수하는 사람이 의도하거 시도하는 것은 무엇인가? 그것은 학습이라고 분명하게 말할 수 있다. '무엇이라는 것을 가르친다.', 즉 'P라는 사람이 A에게 X를 가르친다.'는 말은 A가 X를 인정하도록 하거나 X를 믿게 하는 것을 뜻하며, A는 X를 학습하려고 노력하고 있다는 것을 의미한다. 만일 P가 A에게 교수하는 데 성공했다면, A는 X를 학습한 것이며, X를 믿게 된 것이다. 그러나 그 역은 거짓이다. 왜냐하면 어떤 사람의 가르침을 받지 않고도 X를 학습할 경우가 있기 때문이다.

어떤 교사가 학생들에게 X라는 사실을 가르칠 경우를 생각해보자. 그 교사는 1교시에 학생들에게 X라는 사실을 가르쳤다. 학생들은 가르침의 결과로 X라는 사실을 학습했다. 그런데 그 교사는 2교시에 다른 학생들에게 X라는 사실을 가르치게 되었다. 그런데 가르침을 받은 학생들은 X라는 사실을 알지 못했다. 이런 예에서 보는 것처럼, 교수의 개념에는 학습을 유도하려는 시도와 학습한다는 의미가 내포되어 있다고 말할 수 있다.

그런데 많은 사람들은 교수는 반드시 학습의 성공과 연결되어 있다고 생각하고 있다. 다시 말하면, 교수를 하면 반드시 잘 학습될 것이라고 믿고 있다. 그러나 이런 믿음은 교수의 개념을 잘못 이해한 데서 비롯된 것이다.

일반적으로 사람들은 학습의 의미에는 숙달이나 성공의 의미가 내포되어 있다고 생각하고 있다. 또한 학습은 인간을 유익하게 변화시킨다고 생각하고 있다. 이처럼 사람들은 학습을 성취어의 측면에서만 이해하려고 하는 경향이 강하다. 라일도 학습을 성취어적 의미만 지닌 개념으로 이해했다. 사람들이 이처럼 학습을 성취어적 의미로만 생각하는 이유는 어디에 있는가? 학습의 의미에는 성취어적 의미만 있는 것인가? 학습에는 과업어적 의미가 없는 것인가?

학습한다는 타동사이므로 대상을 내포하고 있다. 대상을 X라고 하자. X는 어떤 지식이나 기능 같은 것을 의미한다. 또한 성취어적 의미로 학습이 사용될 경우에 학습하는 과정에는 항상 어떤 종류의 숙달과 성공, 그리고 성취가 내포되어 있다고 생각할 수 있다. 이런 전제 아래 학습에는 성취어적 의미만 있는가에 대해 살펴보자.

'어떤 사람이 X를 학습하고 있다.'는 진술은 '어떤 사람이 X를 학습하기 위해, 즉 성취하려고 애를 쓰고 있다.'는 것을 의미한다. 또한 학습했다는 말은 예를 들어 몰랐던 것을 알게 되거나 제시한 기능을 숙달하는 것과 같은 표준에 도달한 것이다. '어떤 사람이 X를 학습했다.'는 진술에는 어떤 사람이 실제로 학습한 것이 포함되어 있다고 말할 수 있다.

그러나 '어떤 사람이 X를 학습한다.'는 말은 지식이나 기능을 습득하는 과정에 있지만 아직 완성된 것이 아니다. 그럼에도 불구하고, 많은 사람들은 '어떤 사람이 X를 학습한다.'는 말을 '어떤 사람이 실제로 X를 학습했다.'는 의미로 이해하고 있다.

'어떤 사람이 단순히 애를 쓰고 있다.'는 것을 성취라고 말할 수 있는가? 예를 들어 'A는 논리적으로 불가능한 어떤 것을 성취하려고 시도하고 있다.'고 해보자. 이 경우에 'A는 그것을 하는 것을 학습하고 있다.'고 말할 수 없을 것이다. 또한 원칙적으로는 가능하지만 실제로는 할 수 없는 경우에 학습하고 있다고 말할 수 있는가? A에게는 X가 불가능한 것이라면, 'A는 X를 학습한다.'고 말할 수 없을 것이다. 또한 A는 X를 학습할 수 있지만 학습하는 데 시간이 필요할 경우에, 'A는 초기단계에서 X를 학습하고 있다.'고 말할 수 있는가? 우리는 대개 그렇다고 대답할 것이다(Wilson, 1979: 71). 그러나 어떤 사람이 무료함을 달래거나 벌을 피하려고 학습할 때도 있다. 이런 경우에는 학습을 성취라고 말할 수 없을 것이다(McClellan, 1976: 69).

일반적으로 말해서, 성공의 준거는 진리나 가치 있는 기능과 관계가 있다(Wilson, 1979: 69-70). 즉, 학습한 내용은 학습자에게 유익하거나 바람직한 것이어야 한다. 유대인을 적으로 생각하거나 여성을 열등한 존재로 간주하도록 학습할 경우도 있는데, 이것은 성공이라고 말할 수 없을 것이다.

어떤 사람이 어떤 것을 하려고 시도하는 가운데 부수적으로 어떤 것을 학습하게 되는 경우를 생각해보자. 이런 경우에 우리는 그것을 성취라고 말하기도 하고 아니라고 말하기도 한다. 어떤 학생이 별자리를 관측하는 것을 학습하고 있다고 가정해보자. 천체 망원경을 조작하는 방법을 공부하다가 렌즈의 원리를 학습했다고 해보자. 우리는 이것을 성취라고 말할 수 있을 것이다. 그러나 어떤 사람이 자신의 생명을 구하려고 산적의 손에 은전을 주었을 경우에는 그것을 성취라고 말할 수 없다. 왜냐하면 그것은 유익한 변화가 아니기 때문이다.

학습은 학습자가 스스로 해야 하는 어떤 것이다. 그러므로 학습에서 가장 중요한 것은 학습자이다. 노를 젓는 방법을 학습하는 사람은 직접 노를 저을 것이다. 학습은 학습자가 스스로 해야 한다는 것이 진실이라면, 학습은 성취어적 의미만 지닌 개념이 아니라고 말할 수 있을 것이다.

다음과 같은 두 진술을 중심으로 학습한다는 말의 의미를 살펴보자.

(1) 만일 B가 S하기를 시도하고 있다면, S하는 것은 B가 시도하는 것이다.

(2) 만일 B가 S하기를 시도하고 있다면, R은 B가 성취하려고 시도하는 것이다.

(1)에서 S하는 것을 시도하는 것이란 말 대신에 의미와 진리값(truth value)을

변화시키지 않고 승리하기 위해나 노력하기 위해라는 말을 대입할 수 있다. 그러므로 (1)에서 S하는 것을 시도하는 것이란 말 대신 학습을 시도하는 것이란 말을 대입할 수 있다. 학습을 시도하는 것이란 말은 수업을 받기와 같은 과업어로 대치될 수 있다

학습자가 학습의 과정에서 수행하는 것은 관찰하고, 듣고 이해하려고 노력하고, 생각하고, 기억하고, 분석하는 활동이다. 또한 우리는 'A는 테니스의 규칙을 공부하고 있다.'는 진술을 'A는 테니스를 하는 방법을 학습하고 있다.'는 진술로 대치할 수 있다. 또한 우리는 'A는 Y의 공격 전략을 분석하고 있다.'는 말을 'A는 Y의 공격 전략에 관해 학습하고 있다.'는 말로 바꾸어 생각할 수 있다.

이런 학습의 과업어적 의미는 분석하기, 평가하기, 비교하기, 비판하기, 기억하기, 연습하기 등과 같은 다양한 활동을 포함하고 있다(Kapunan, 1975: 366). 학습의 과업어적 의미는 학습자가 완전히 자율적이고 독자적인 행위자로서 학습하는 것을 전제로 하고 있다. 이 경우에 학습자는 학습활동을 수행할 것인지의 여부를 스스로 결정할 수 있다.

(2)에서 B가 성취하려고 애쓰는 것은 승리나 성공이다. B가 X를 학습하려고 할 경우 거기에는 B가 성취하려는 것을 나타내는 것이 내포되어 있을 것이다. 예를 들어 X에 관한 지식, X의 숙달, 이해, 기능, 그리고 성향 등이 내포되어 있을 것이다.

이제까지 분석한 것과 마찬가지로, 학습의 개념에는 성취어적 의미뿐만 아니라 과업어적 의미도 포함되어 있다고 말할 수 있다.

4. 지식의 유형과 학습의 조건

사람들은 보통 학습의 필연적 전제조건은 무지이며, 학습의 목적은 무지의

상태에서 벗어나는 것이라고 말하고 있다(Green, 1971: 128). 또한 어떤 것을 하는 것을 학습하는 것에는 무엇이라는 것을 아는 것이 포함되어 있다고 말하고 있다. 이런 말에서 보는 것과 마찬가지로, 학습은 지식과 밀접한 관계가 있음을 알 수 있다. 우리가 학습의 개념을 포괄적으로 이해하려면, 학습은 지식과 어떤 관계가 있는가를 살펴보아야 한다.

지식은 한 종류만 있는 것인가, 아니면 여러 유형으로 분류될 수 있는가? 학습은 지식의 유형과 어떤 관계가 있는가? 지식이란 말은 매우 포괄적인 의미를 지니고 있다. 지식은 정보, 학문의 체계, 또는 언어로 전달할 수 있는 모든 것을 의미한다. 그런데 일상 언어에서 지식이 무엇인가를 파악하려면, 명사인 '지식' 보다 동사인 '안다'를 살펴보는 것이 더 나을 것이다. 문법적으로 볼 때, 안다는 타동사이므로 목적어에 해당되는 앎의 대상이 있어야 할 것이다. 그런데 용도의 측면에서 생각해 보면 '안다'는 무엇이라는 것을 안다와 어떤 것을 할 줄 안다는 것으로 구분할 수 있다.

전자는 '나는 지구가 둥글다는 것을 안다.', '나는 0℃에서 물이 언다는 것을 안다.'와 같이 명제를 아는 것이다. 이것은 어떤 명제를 안다는 점에서 명제적 지식이라고 말할 수 있다.

명제적 지식은 명제의 종류에 따라 논리적 지식과 사실적 지식, 그리고 신념적 지식으로 나누어질 수 있다. 논리적 지식이란 '총각은 결혼하지 않은 성년 남자이다.', '삼각형의 내각의 합은 180도이다.'와 같이 분석적인 문장으로 표현되는 지식이다. 그러므로 이런 지식의 진위 판별은 경험이나 사실과 관계가 없다. 또한 사실적 지식은 '지구는 태양계에 속한다.', '이순신 장군은 거북선을 만들었다.'와 같이 사실이나 현상을 서술하거나 설명하는 지식이다. 신념적 지식은 '새치기하는 것은 나쁘다.', 음주운전은 위험하다.'와 같이 평가적 용어로 표현되며, 가치나 규범을 표현한다.

후자와 같은 지식은 '나는 피리를 불 줄 안다.', '나는 종이비행기를 접을 줄 안다.'와 같이 표현되는 지식이다. 어떤 행위를 하는 방법을 안다는 점에서 이것을 방법적 지식이라고 부른다. 좁은 의미에서 방법적 지식은 기술을 가지고 있다는 말과 같은 뜻으로 해석될 수 있다. 여기서 기술을 가지고 있다는 말은 어떤 방법으로 그것을 할 것인지를 말로 표현할 수 있다는 것과 다르다. 예를 들어 농담을 잘하는 사람에게 비결을 말해 달라고 하면, 그는 대답할 수 없을 것이다. 그는 적절하게 농담할 줄 알고 있으며, 적절하지 못한 농담을 가려낼 줄은 알고 있지만 다른 사람에게 그런 비결을 말할 수는 없다. 우리는 그렇게 할 수는 있지만 그것의 비결을 말할 수 없는 것을 가리켜 기술을 가지고 있다고 말한다.

이제까지 언급한 것과 같은 명제적 지식과 방법적 지식은 학습과 어떤 관계가 있는가?

'학습한다'의 품사는 타동사이다. 그러므로 학습의 대상이 존재한다는 것은 분명하다. 우리는 'A는 이순신 장군이 거북선을 만들었다는 것을 학습했다.'고 말할 수 있다. 여기서 A가 학습한 것은 '이순신 장군이 거북선을 만들었다.'는 명제적 지식이다. 또한 'A는 탁구를 하는 방법을 학습했다.'고 말한다면, A가 학습한 것은 탁구를 치는 법, 즉 방법적 지식이다.

'A는 X를 학습했다.'는 문장에서 X는 A가 학습한 내용이다. 여기서 X는 명제적 지식일 수도 있고, 방법적 지식일 수도 있다. 다시 말하면, 학습에는 명제적 지식과 방법적 지식이 포함될 수 있다.

먼저 P가 명제적 지식이 되기 위한 조건은 무엇인가를 살펴보자. 'A는 명제 P를 안다.'는 말이 성립하기 위한 조건을 찾기 위해서 다음과 같은 물음을 생각해 보자. 'A는 명제 P를 안다.'는 말은 'A는 P를 믿는다.'는 말과 어떻게 다른가? 'A는 P를 안다.'는 말에는 P가 참이라는 것이 포함되어 있는가? 거기에는 'A는 P가 참임을 증명할 수 있다.'는 것이 포함되어 있는가?

먼저 'A는 P를 믿는다.'의 경우를 생각해보자. 예를 들어 "나는 내일 비가 올 것이라고 믿는다."고 말할 경우, 그 말을 들은 사람은 "왜 그렇게 믿느냐?"고 물을 수 있다. 그러면 "날씨가 흐린 것을 보니 그럴 것 같다."고 대답할 수 있다. 여기서 왜 그렇게 믿느냐는 물음은 믿음의 증거를 제시하거나 증명을 요구하는 것이 아니라 믿는 동기를 말하라는 것이다. 그러므로 이런 대답은 적절한 것으로 간주될 수 있다. 그러므로 믿는다는 것은 증거를 전제로 하지 않다. 또한 'A는 P를 믿는다.'는 말은 P의 진위와 관계가 없다(Scheffler, 1965: 14-16).

이와는 달리 "A는 P를 안다."고 말할 경우를 생각해보자. 예를 들어 "나는 내일 비가 올 것이라는 것을 안다."고 말할 경우를 생각해보자. 누군가가 그 이유를 물을 경우에 "그럴 것 같은 생각이 든다."고 대답한다면, 그것은 적절한 대답이 될 수 없을 것이다. 최소한 달무리가 생긴 다음 날에는 비가 왔다고 말하는 것처럼 상대방이 납득할 만한 증거를 제시할 경우라야만 적절한 대답이 될 것이다. 그러나 증거를 제시한다고 할지라도, "내일 비가 온다는 것을 안다."고 말하기는 어렵다. 다음 날 비가 오지 않았다면, 그는 그렇게 믿고 있었던 것이지 그가 정말로 알고 있었던 것이 아니다. 그러므로 "A는 P를 안다."고 말하는 것은 "A는 P를 믿는다."고 말하는 것과 다른 것이다.

'A는 P를 안다.'는 말은 'A는 P를 믿는다.'는 것이 포함되어 있는가? 예를 들어 '나는 골프를 치는 것이 몸에 좋다는 것을 알지만 그것을 믿지 않는다.'는 말을 생각해보자. 이 말은 '나는 전문가들이 골프를 치는 것은 몸에 유익하다고 말하는 것을 알고 있지만, 나는 그들의 말을 믿지 않는다.'는 말이다. 여기서 그가 아는 것은 '사람들이 골프를 치는 것이 몸에 유익하다고 말하고 있다.'는 것이며, 그가 믿지 않는 것은 '골프를 치는 것이 몸에 유익하다.'는 진술이다. 그러므로 '나는 X를 안다. 그런데 그것을 믿지 않는다.'는 말은 성립할 수 없다.

'나는 기체의 부피는 온도에 비례하고 압력에 반비례한다는 것을 안다.'는 것에는 '나는 기체의 부피는 온도에 비례하고 압력에 반비례한다.'는 것을 믿는다는 것이 포함되어 있다고 말할 수 있다.

'A는 P를 안다.'는 진술에서 P가 참이어야만 참인가? 예를 들어 갈릴레오(G. Galileo) 이전의 사람들은 대부분 지구는 평평하다고 생각했다. 이런 시절에 가르치는 사람이나 학습하는 사람들은 모두 지구는 평평하다고 가르치거나 학습했을 것이다. 그들은 '지구는 평평하다.'는 것은 사실이라고 알고 있다고 말했을 것이다. 그러나 갈릴레오 이후 이런 진술은 거짓임이 밝혀졌다. 그래서 우리는 그들은 '지구가 평평하다.'는 것을 알고 있었던 것이 아니라 믿고 있었다고 말하게 되었다. 그런데 '지구는 둥글다.'는 것을 안다고 말할 경우, '지구는 둥글다.'는 것을 밝히는 증거를 제시할 수 있어야 한다.

이처럼 'A는 P를 안다.'는 진술은 다음과 같은 조건을 충족해야 한다. 첫째로, A는 P가 참이라고 믿어야 한다. 둘째로, P는 참이어야 한다. 셋째로, A는 P가 참임을 증명해야 한다. 이런 세 조건을 충족할 경우에만, 'A는 P를 안다.'고 말할 수 있다. 셰플러에 따르면 세 조건 가운데 하나라도 위배되면, 아는 것이 아니라고 말할 수 있다.

그런데 'A는 P를 학습했다.'는 진술은 표면상 'A는 P를 안다.'는 진술과 문법적 구조가 유사하다. 그러면 표면적 유사성처럼, 학습은 지식과 밀접한 관계가 있는가를 살펴보자. 명제적 지식의 진리조건이 명제의 학습에 적용되는가를 살펴보자. P가 참일 경우에만, 'A는 P를 안다.'고 말할 수 있다. 마찬가지로, 'A는 P를 학습했다.'고 말할 경우에도 P가 참일 경우에만 가능한가?

A는 어렸을 때, 할머니에게 동짓날 팥죽을 쑤어 먹고 팥죽을 대문이나 벽에 뿌려놓으면 병마가 들지 않는다는 것을 학습했다. 문법적 구조로 볼 때, 이런 진술은 적합하다. 그런데 만일 그가 학습한 내용이 참이 아닐 경우, 그는 동짓날 팥죽을 쑤어 먹고 그 팥죽을 대문이나 벽에 뿌려 놓으면 병마가 들지 않는다는

것을 학습하지 않았다고 말할 수는 없는가? 명제적 지식의 경우, 어떤 학생이 '지구는 달의 위성이다.'는 것을 안다고 말할 수 없다. 왜냐하면 P가 거짓이면 'A는 P를 안다.'는 진술은 성립할 수 없기 때문이다.

그러나 A가 어떤 것을 학습했다고 말할 경우에 A가 학습한 것이 거짓이면 A는 어떤 것을 학습하지 않았다고 말하기보다는 A가 학습한 것은 거짓이라고 말할 것이다. 그러므로 명제의 학습의 경우에는 명제적 지식의 조건인 진리조건이 반드시 적용되는 것이 아니다. 이것은 명제적 학습과 명제적 지식의 차이점이다.

명제적 지식의 신념조건은 명제의 학습에 적용될 수 있는가? 'A는 P를 안다.'는 진술은 A는 P를 믿고 있어야만 참이다. 마찬가지로 A가 P를 믿고 있을 경우에만 'A는 P를 학습했다.'는 진술은 참인가?

"어떤 사람이 어떤 것을 학습했다. 그런데 그는 학습한 것을 믿지 않는다."고 말할 수 있는가? 신념을 습득하지 않고 명제를 학습할 수 있는가? 예를 들어 어떤 학생이 철새가 이동하는 원인을 학습했다. 그러나 그는 자신이 학습한 것이 철새가 이동하는 원인이라고 믿지 않는다고 말하거나, 어떤 학생이 복잡한 방정식을 푸는 방법을 학습했는데 자신이 학습한 것은 복잡한 방정식을 푸는 방법이라고 믿지 않을 수 있는가?

'A는 P를 읽었다나 A는 P를 들었다.'와 동일하게 'A는 P를 학습했다.'는 진술이 사용될 경우가 있다. 예를 들어 "나는 세종대왕이 한글을 창제했다는 것을 책에서 읽었다. 그러나 나는 세종대왕이 한글을 창제했다는 것을 믿지 않는다."고 말할 수 있다. 그러므로 'A는 P를 안다.'는 진술과는 달리, 'A는 P를 학습했다.'는 진술은 학습자의 신념과 관계가 없다.

그러나 어떤 학생이 '정약용은 『목민심서』를 썼다.'는 사실을 믿지 않지만, 시험을 치를 때 올바르게 대답했다면 우리는 어떻게 말해야 하는가? 이런 경우에 우리는 그 학생이 '정약용은 『목민심서』를 썼다.'는 사실을 학습했다고 말하지 않는다. 이 경우에 우리는 그가 시험에서 요구한 해답, 즉 교사가 그렇다고 믿었던 것을 학습했다고 말할 것이다. 교사가 시험에서 요구하는 것을 학습하는 것은 '정약용은 『목민심서』를 썼다.'는 사실을 학습하는 것과 다른 것이다.

한 학생이 '정약용은 『목민심서』를 썼다.'는 것을 학습했다고 해보자. 그래서 교사가 "『목민심서』의 지은이는 누구인가?"라고 물었을 때, "예, 『목민심서』의 지은이는 정약용입니다."라고 대답했다고 해보자. 그런데 그 학생이 믿고 있는 『목민심서』의 지은이는 역사적 인물인 정약용이 아니라 같은 이름을 가진 이웃 사람이었다고 해보자. 그리고 교사가 이런 사실을 알게 되었다면 그 교사는 그 학생이 '정약용은 『목민심서』를 썼다.'는 사실을 학습했다고 말하지 않을 것이다.

이제 'A는 P를 학습했다.'고 말할 경우에 P가 거짓일 경우에도, 'A는 P를 믿는다.'고 말할 수 있는가를 살펴보자. P가 거짓일 경우에도, 'A는 P를 학습했다.'고 말할 수 있다. 마찬가지로, 어떤 사람이 학습한 내용이 거짓일 경우에도 그것을 믿는다고 말할 수 있는가? 예를 들어 어떤 사람은 무당에게 굿을 하면 병이 완쾌될 수 있다는 것을 학습할 수 있으며, 그것을 굳게 믿을 수 있다. 그러므로 A는 P가 거짓일 경우에도 P를 학습할 수 있으며, 그것을 믿을 수 있다.

그러나 'A는 P를 학습했다.'는 진술에서 P가 참인데도 불구하고 A가 P를 믿지 않는다면, A는 소심한 사람으로 간주될 것이다. 이럴 경우에는 그를 격려하거나 안심시킬 필요가 있다.

'A는 P를 안다.'고 말할 경우, A는 P가 참임을 증명할 수 있어야 한다. 그러면 'A는 P를 학습했다.'는 진술에도 이런 명제적 지식의 증거조건이 적용될 수 있는가?

우리는 어떤 학생이 복잡한 방정식을 푸는 방법을 학습했는데 시험시간에 그런 문제를 풀지 못했을 경우를 생각할 수 있다. 그가 복잡한 연산을 푸는 방법을 학습했는데 시험을 보는 시간에 그 문제를 풀지 못했을 때 그에게 필요한 것은 침착한 태도일 것이다. 이런 분석을 통해서 알 수 있는 것처럼, 문법적 구조는 유사하지만 명제적 지식의 성립조건은 명제의 학습과 별로 관계가 없다.

그러나 학습의 목적이 무지의 상태에서 벗어나게 하는 데 있다는 점을 인정한다면, 명제의 학습은 명제적 지식의 성립조건을 충족해야 할 것이다. 다시 말하면, "A는 P를 학습했다."고 말할 경우에 P는 참이어야 하며, A는 P가 참이라는 것을 믿어야 한다. 동시에 A는 P가 참임을 증명할 수 있어야만, 'A는 P를 학습했다.'고 말할 수 있을 것이다.

A가 어떤 것을 하는 방법을 학습했다면, 우리는 A가 어떤 것을 하는 방법을 알고 있다고 말할 수 있다. 그런데 이런 방법의 학습은 방법적 지식과 어떤 관계가 있을 것이라고 가정할 수 있다. 방법의 학습은 방법적 지식과 어떤 관계가 있는가?

일반적으로 방법적 지식은 명제적 지식과 전혀 성격이 다른 지식으로 간주되고 있다. 명제적 지식의 조건은 방법적 지식에도 적용될 수 있는가를 살펴보기 위해서 명제적 지식의 신념조건은 방법적 지식에 적용되는가에 대해 살펴보자. 어떤 것을 할 줄 안다는 말 대신에 어떤 것을 믿는다는 말로 바꾸어 사용해 보자. 예를 들어 'A는 바둑을 두는 방법을 믿는다.'는 말은 'A는 바둑을 두는 방법이 이러이러하다는 것을 믿는다.'는 의미를 지니고 있다고 할지라도, 'A는 바둑을 두는 방법을 믿는다.'는 말의 의미는 불분명해질 것이다. 그러므로 어떤 것을 하는 방법을 믿는다는 것은 어떤 것을 할 줄 아는 것과 별로 관계가 없는 것 같다. 또한 명제적 지식의 조건이 방법적 지식에 적용되는지를 묻는 것은 의미가 없는 것 같다.

명제적 지식의 경우에는 어떤 것을 아는 경우와 어떤 것을 모르는 경우로 나눌 수 있다. 즉, 명제적 지식의 세 조건 가운데 어느 하나라도 충족되지 않으면,

우리는 어떤 것을 모르는 것으로 간주할 수 있다. 그런데 방법적 지식의 경우는 어떤가? 일반적으로 어떤 것을 할 줄 안다고 말할 경우, 그 행위는 사회 일반의 어떤 기준에 도달하거나 어떤 준거를 충족하는 것이어야 한다. 그런데 기준이나 준거는 필연적이거나 논리적인 것이 아니라 임의적이거나 관습적인 것이다. 그러므로 방법적 지식의 경우에는 어떤 것을 할 줄 아는 경우와 어떤 것을 할 줄 모르는 경우로 확연하게 구별할 수 없다.

그러면 방법의 학습은 어떤가? 방법적 지식의 경우와 마찬가지로, 행위나 성향의 학습은 인지적인 것이 아니기 때문에 지식이나 신념과 관계가 없는 것 같다. 그러면 명제적 지식의 조건은 행위의 학습에 적용될 수 있는가? 'A는 그렇고 그런 것을 안다.', 또는 'A는 그렇고 그런 것을 믿는다.'는 조건에서만 'A는 그렇고 그런 것을 학습했다.'는 말이 참인지를 묻는 것은 의미가 없다.

방법의 학습은 방법적 지식과 밀접한 관계가 있는 것처럼 보인다. 예를 들어 내가 나룻배의 노를 젓는 방법을 학습했다면, 나는 나룻배의 노를 젓는 방법을 알고 있는 것이다. 다시 말하면, 내가 나룻배의 노를 젓는 방법을 학습했다면, 그것은 내가 노를 젓는 방법을 알고 있다고 말하기 위한 충분조건이다. 이와 같이 방법의 학습은 방법을 아는 것을 포함하고 있다.

그러면 그 역은 어떤가? 즉, 방법을 아는 것에는 방법을 학습하는 것이 포함되어 있는가? 방법적 지식은 두 가지 의미를 지니고 있다. 여기에는 어떤 사람이 어떤 것을 하는 규칙, 즉 방법을 안다는 것과 규칙에 따라 행동하는 기술을 가지고 있다는 의미가 담겨 있다. 어떤 사람이 스케이트를 탈 줄 안다고 말할 경우, 그는 스케이트를 타는 방법을 말로 표현할 수 있는 능력을 가지고 있으며, 동시에 그는 실제로 스케이트를 탈 줄 안다는 것을 의미한다.

그런데 방법적 지식의 두 가지 의미 가운데 전자를 생각해보면, 방법을 아는 것에는 방법의 학습이 필연적으로 포함되지 않는다는 것을 알 수 있다. 예를 들어 어떤 사람이 어떤 것을 하는 방법을 학습했다고 말할 경우, 그가 습득한 것이 어떤 기술에 관한 지식이라면 그것은 인지적인 것이다. 그러나 그가 학습한 것은 기술 그 자체이다.

그러므로 우리는 "A는 나룻배의 노를 젓는 방법을 안다."고 말할 경우, 실제로 A가 나룻배의 노를 저을 수 있을 경우에만 'A는 나룻배의 노를 젓는 방법을 학습했다.'는 것이 포함될 수 있다.

요컨대 행동주의 심리학자들은 학습을 조건화와 행동의 수정, 그리고 변화로 정의하고 있다. 이런 정의는 동물 실험의 결과로 얻은 결과를 인간의 학습에 적용할 수 있다고 주장한 것이다. 그런데 행동이 변화되거나 수정되지 않는 학습이 존재하는 것은 물론이고 학습은 조건화라는 주장은 인정하기 어려운 주장이다.

듀이가 '학습'과 '교수'를 사고파는 행위에 비유하여 설명한 것은 '학습'과 '교수'의 관계를 사고파는 행위의 관계와 같은 것으로 간주하는 것이다. 그러나 '나는 A에게 X를 팔고 있다. 그래서 A는 나에게서 X를 사고 있다.'는 진술은 '나는 A에게 X를 가르치고 있다. 그래서 A는 나에게서 X를 학습하고 있다.'는 진술과 다르다. 왜냐하면 나는 A에게 X를 가르치고 있지만, A는 나에게서 X를 학습하지 않을 수도 있기 때문이다. 그러므로 학습과 교수의 관계를 사고파는 행위에 비유하여 설명한 것은 부적절하다.

그러나 교수는 과업어라는 라일의 주장은 타당한 것인가? 만일 내가 내 아들에게 탁구를 치는 법을 가르쳤고 그가 내 가르침에 따라 탁구를 치는 법을 학습했다면, 나의 가르치는 행위는 성공했다고 말할 수 있다. 이런 측면에서 생각해 보면, '교수'는 과업어의 범주에만 속하는 개념이라고 말할 수 없다. 다시 말하면, '교수'에는 과업어적 의미뿐만 아니라 성취어적 의미도 내포되어 있다. 그러므로 교수와 학습은 서로 다른 범주에 속하는 개념이므로 '교수'에는 '학습'이 포함되어 있지 않다는 라일의 주장은 타당성이 없다.

그러면 '학습'은 '교수'와 어떤 관계가 있는가? 세플러는 '의도적 용법'과 '성공적 용법'으로 구분하여 '교수'를 설명하고 있다. 그는 의도적 용법의 '교수'를 'P는 A에게 X를 가르친다.'는 말로 설명하고 있으며, 성공적 용법의 '교수'를 'P는 A에게 X를 가르쳤다.'는 말로 설명하고 있다. 그에 따르면 의도적 용법의 교수는 학습을 포함하지 않으며, 성공적 용법의 교수는 학습을 포함한다.

그런데 많은 사람들은 교수를 하면 반드시 학습이 이루어진다고 생각하거나 가르친 결과를 학습이라고 생각한다. 그래서 학생이 학습하지 못하면, 그 학생을 가르친 교사를 열등한 교사로 간주하는 경향이 있다. 이것은 교수의 의미를 잘못 이해한 데서 비롯된 것이다.

라일은 학습을 성취어로 간주하고 있다. 일반적으로 사람들이 학습을 성취어로 생각하는 이유는 무엇인가? 그 이유는 일종의 숙달이나 성공이 학습에 내포되어 있다는 믿음에 있다. 그러나 학습이 성취어로 간주될 수 없는 경우가 있다. 'A는 X를 학습하고 있다.'는 말은 'A는 X를 학습하기 위해 애를 쓰고 있다.'는 의미로 사용되기도 한다. 'A는 X를 학습한다.'는 진술은 지금 A는 지식이나 기능을 습득하려고 애를 쓰고 있다는 말이다. 그러므로 'A는 X를 학습한다.'는 말에서 '학습'은 성취어가 아니라 과업어이다. 그러므로 '학습'은 성취어적 의미와 과업어적 의미를 동시에 지닌 개념이라고 할 수 있다.

지식은 명제적 지식과 방법적 지식으로 구분될 수 있다. '나는 지구가 둥글다는 것을 안다.'와 같이 어떤 명제를 안다고 말할 때 이것을 명제적 지식이라고 부른다. 방법적 지식이란 '나는 피리를 불 줄 안다.'와 같이 어떤 행위를 하는 방법을 아는 것이다.

학습의 대상을 X라고 할 때 학습 내용인 X는 명제적 지식일 수도 있고, 방법적 지식일 수도 있다. 그러므로 학습에는 명제적 지식이나 방법적 지식이 포함되어 있다고 말할 수 있다. 그러나 'A는 X를 학습한다.'는 진술의 경우에 X에는 명제적 지식이나 방법적 지식뿐만 아니라 규칙에 따라 행동하는 성향도 포함되어 있다. 학습은 명제의 학습, 방법의 학습, 성향의 학습, 그리고 이유의 학습으로 구분될 수 있다.

셰플러는 명제적 지식의 조건을 진리조건과 신념조건, 그리고 증명조건으로 구분했다. 명제학습의 경우, 명제적 지식의 조건은 학습의 필수조건이 아니다. 왜냐하면 'A는 X를 학습했다.'는 진술에서 X가 거짓일 경우에도 'A는 X를 학습했다.'고 말할 수 있기 때문이다. 명제의 학습에서 'A는 P를 학습했다.'는 진술은 'A는 P를 들었다.', 또는 'A는 P를 읽었다.'와 동일한 의미로 사용될 수 있다. 그러므로 명제적 지식의 신념조건은 학습의 필수조건이 아니다. 또한 우리는 'A는 P를 학습했는데 시험에서 실패했다.'고 말할 수 있다. 그러므로 명제적 지식의 증명조건은 명제 학습의 필수조건이 아니다. 명제적 지식의 조건은 명제 학습과 별로 관계가 없다. 그러나 학습의 목적은 무지의 상태에서 벗어나는 데 있다는 점을 인정한다면, 명제 학습은 명제적 지식의 조건을 충족해야 할 것이다.

행위와 성향의 학습은 인지적인 것이 아니기 때문에 지식과 관계가 없다. 그러므로 명제적 지식의 조건이 학습에 적용되는지의 여부를 묻는 것은 의미가 없다. 방법의 학습은 방법적 지식과 밀접한 관계가 있다. 방법적 지식은 '규칙을 안다'는 것과 '기술이 있다'는 것으로 구분될 수 있다.

방법의 학습에서 'A는 어떤 것을 하는 법을 학습했다.'고 진술하려면, A는 어떤 것을 하는 법을 실제로 실행할 줄 알아야 한다. 그러므로 'A는 어떤 것을 하는 방법을 학습했다.'는 진술에는 'A는 어떤 것을 하는 방법을 안다.'는 것이 포함되어 있다고 볼 수 있다. 방법의 학습에는 방법적 지식이 포함되어 있다. 그러나 방법적 지식의 두 가지 의미 가운데 하나인 '규칙을 안다'는 의미에서 보면, 방법적 지식은 방법의 학습을 포함하고 있다고 말할 수 없을 것이다.

제7장 지식의 가치

제7장 지식의 가치

1. 정당화된 참된 신념

소크라테스는 그의 제자 테아이테토스(Theaetetus)와 함께 지식은 지각일 가능성이 있는가 하는 문제를 탐구했다(Noddings, 2007: 108-110). 우리는 지각에 근거를 두고 지식을 주장하기 때문에 지식은 지각이라고 정의하려는 유혹을 받는다. “나는 보았다.”, “나는 들었다.”, “나는 느낀다.”고 말하는 것을 많은 경우에 “나는 안다.”고 말하는 것과 같은 말로 간주한다. 그렇지만 소크라테스와 테아이테토스는 우리가 지각하지 못하는 것들을 안다고 주장하는 것에 주목한다. 우리는 다음과 같은 것에 대해 안다고 주장할 수 있지만, 그것을 지각한다고 주장하지 않는다. 만일 영희가 지금 입고 있는 옷의 색깔이 빨간색이라면, 그것은 푸른 것일 수 없다. 왜냐하면 사실에 관한 진술은 참이면서 동시에 거짓일 수 없기 때문이다. 만일 p가 참이고 q가 참이라면, $p \wedge q$(p와 q)는 참일 것이다. 소크라테스와 테아이테토스는 정신이 감각기관의 필수적인 개입 없이 아는 진리들이 있다는 점에 주목하면서 지식은 지각과 동일하지 않다고 하는 결론을 내린다.

이어서 소크라테스는 지식은 의견일 가능성이 있는가 하는 문제를 탐구한다. 소크라테스는 어떤 사람 S가 그의 의견이나 신념이 거짓일 경우에 지식을 갖고 있다는 것을 믿지 않을 것이라고 보고 있다. 만일 S가 "나는 3+2=6이라고 믿는다."고 말한다면, 우리는 S가 3+2=6이라는 것을 안다고 말하지 않을 것이다. 그래서 그릇된 의견이나 신념은 지식에서 제외된다.

그런데 참인 의견조차도 소크라테스를 만족시킬 수는 없을 것이다. S는 이런 믿음을 지지하는 확실한 이유를 전혀 제시할 수 없지만, 세계는 둥글다고 믿을 수 있다. 교사가 자주 보는 예를 살펴보자. S는 a라는 수학문제에 대해 바른 답을 제시하지만, 어떻게 그것이 그런가를 설명하거나 증명할 수 없다고 해보자. 대다수의 교사들은 이런 경우에 믿지 않는다. 수학교사들은 모든 학생들에게 자신의 능력을 보여주어야만 한다고 말한다. 소크라테스가 그랬듯이, 우리도 지식에 대한 자신의 주장을 정당화해야 한다.

이런 예들에서 보는 바와 같이 후대의 철학자들은 확실성을 탐구하고, 정당화된 참된 신념으로서의 지식이 무엇인가를 밝히려고 노력했다. 하지만 소크라테스는 이런 탐구는 실패할 수밖에 없다고 경고했던 것 같다. 명제적 지식의 조건을 제시하면 다음과 같다. S는 다음의 조건을 충족해야만 p를 안다고 말할 수 있다.

(1) S는 p를 믿는다.
(2) p는 참이다.
(3) S는 p에 대한 믿음을 정당화할 수 있다(p를 믿는 것에 대한 좋은 이유를 갖고 있다).

심지어 이런 조건도 소크라테스를 만족시킬 수 없을 것이다. 왜냐하면 좋은 이유나 적절한 설명에는 지식이 포함되어 있는데, 이것이 그가 정의하려는 바로 그것이기 때문이다. 그런데도 지금 이런 지식의 조건을 일반적으로 받아들이고 있다.

이제까지 어떤 사람 S가 p를 안다는 것이 무엇을 의미하는가를 알아보았다. 그렇지만 철학자들은 알고 있는 인식의 주체가 아니라 그가 지식을 주장하는 위치에 있다는 것에 관심을 갖고 있다(Noddings, 2007: 110-112). 그래서 우리는 어떤 조건에서 p를 주장하는 것에 지식의 지위를 부여할 수 있는가를 알아보아야 한다. 좋은 설명은 어떤 것이며, 어떤 것을 믿는 좋은 이유가 있다는 것은 무엇을 의미하는가? 소크라테스는 우리가 p를 믿는 이유들을 제시할 때 우리는 결과적으로 q, r, 그리고 s와 같은 다른 명제들을 안다고 주장하는 것을 진술한 것으로 보았다. 우리가 이런 주장을 옹호하기 위해서는 결국 보다 많은 이유들을 제시해야 한다. 그래서 지식에 관한 우리의 주장은 우리가 처음에 탐구한 것을 완전히 충족할 수 없다.

소크라테스가 주장한 엄격한 요구들을 충족하려면, 우리는 의심의 여지가 없거나 자체적으로 정당화되는 처음의 신념에 대한 다른 믿음을 갖고 있어야 한다. 이런 믿음들은 모든 지식을 위한 정초로 사용될 수 있다. 지식을 위한 확고한 정초를 제공하는 데 관심을 갖고 있는 철학자들은 이것을 하는 두 가지 방법을 탐구했다. 합리주의자들은 우리가 자명한 진술에 이르게 될 때 이성의 사슬이 멈추는 것을 정당화한다고 주장했다. 이런 진술에는 소크라테스가 지식은 지각과 동일한 것이 될 수 있다는 주장을 반박하는 가운데 지적한 '이성의 진리'가 포함된다.

한 예를 생각해보자. 당신이 여러 해 동안 방문하지 못한 고향에서 우연히 한 친구를 만났다고 해보자. 당신은 이웃들과 친구들, 그리고 옛날에 학교에서 알았던 사람들에 관해 말한다. 그 친구는 잔디를 밟는다고 언제나 당신에게 소리

쳤던 철수가 아직도 잘 살고 있다고 말한다. 또한 옛날에 유치원 교사였던 영철이 부인도 잘 살고 있다고 한다.

이제 우리는 다음과 같이 적는다.

(1) p: 철수는 살아 있다.

(2) q: 영철이 부인은 살아 있다.

당신은 이런 진술 가운데 하나, 또는 모두에 대한 증거를 요구할 수 있다. 그렇지만 각각의 진리에 대해 만족스러운 증거를 얻을 수 있다면, 당신은 주저하지 않고 다음과 같은 결론을 내릴 것이다.

(3) $p \wedge q$: 철수와 영철이 부인은 살아 있다.

이런 진술에 대해 그 이상의 이유를 제시할 필요는 없다. 만일 p가 참이고 q가 참이라면, $p \wedge q$는 참이다. 마찬가지로 우리가 p는 참이라는 것을 확인했다면, 아리스토텔레스의 논리학에서 ~p는 참일 수가 없다. 많은 철학자들은 자명한 진리 안에 논리학의 진리는 물론이고 산수의 기본적인 진술들도 포함되어 있다고 생각한다.

만일 우리가 지식을 위한 확실성의 정초를 확립하려고 노력하는 일을 이런 방식으로 진행한다면, 우리는 자신의 정신 밖에 있는 세계에 대해 어떤 것을 말할 때에 어려움을 겪게 될 수도 있을 것이다. p의 진리와 q의 진리를 분리해서 확신할 때, $p \wedge q$는 우리에게 알지 못했던 것을 아무것도 말해주지 못한다고 반대할 수 있다. 옛 친구와의 대화에서 당신을 놀라게 한 것은 p 그 자체나 q였다. 당신은 "철수가 살아 있다는 것은 무엇인가?"라고 말할 수 있다. 내가 다섯 살이었을 때 왜 그를 백 번 정도 보았는가? 나는 그것을 믿지 않는다. 그 친구는 당신이 확신하도록 하기 위해서 무엇을 할 수 있는가?

정초주의를 주장하는 경험주의자들은 우리의 감각을 통해서 확실성을 추구한다. 당신의 친구는 "나는 너를 놀리는 게 아니야. 나는 그를 어제 직접 보았어."라고 말한다. 이 말은 당신에게 충분한지도 모른다. 당신은 "네가 틀림없이 잘못 보았을 거야. 내가 직접 보아야지."라고 말할 수 있다. 그 노인을 보자마자 당신은 '나는 철수를 보았다.'고 결론을 내릴 것이다.

현재시제에서 관찰한 것을 보고하는 이런 진술은 아주 기본적이기 때문에 우리들 가운데 누구도 그 이상의 증거를 요구하지 않는다. 그렇지만 우리는 이런 방식으로 절대적인 확실성을 확립할 수 없다. 첫째로, 우리가 철수를 보고 막 돌아섰을 때, 당신은 과거시제의 보고를 하지 않으면 안 된다. 즉, "나는 철수를 보았어."라고 말해야 한다. 이것 역시 아주 강력하지만, 공격할 수 없거나 수정할 수 없는 것은 아니다. 다른 사람들은 당신이 친구에게 그랬듯이 당신의 보고를 의심할 수도 있다. 그것은 의심을 표명하는 가운데 정당화될 것이다. 우리는 눈으로 목격한 보고는 믿을 만한 것이 못 된다는 것을 입증하는 많은 증거를 갖고 있다.

둘째로, 당신은 자신의 관찰을 의심할 수 있다. 사실 우리는 때때로 "나는 내 눈을 믿을 수 없어."라고 말한다. 아마도 철수처럼 보이고 분명히 그 집에서 살고 있는 그 노인은 철수가 아닐 수도 있다. 그의 어린 동생이거나 사기꾼일 수도 있다. 결국 당신은 자신의 감각에 의존할 수 없다. 당신은 의심할 여지가 없는 절대적으로 믿을 만한 것을 찾아야만 한다.

데카르트가 '나는 생각한다. 고로 나는 존재한다.'는 격언을 만든 것은 이런 종류의 탐구에서였다. 데카르트가 유일하게 의심할 수 없었던 것은 그가 생각하고 있다는 것이었다. 의심한다는 바로 그 행위는 사고의 존재를 입증한다. 그렇지만 데카르트는 신의 존재에 의존해야 했고, 자신이 사고한 내용을 정당화하기 위해서 신은 속이는 자가 아니라는 가정에 의존했다. 당신은 철수의 경우에 대해 데카르트와 같은 연습을 하려고 노력할 수 있다. 당신은 직접 본 노인이 철수라는 것을 절대적으로 확신하기 위해서 무엇을 할 수 있는가? 당신은 어떻게 자신이 정교한 속임수의 희생자가 아니라는 것을 확신할 수 있는가?

많은 철학자들은 오늘날 절대적인 진리나 확실성을 탐구하는 것을 포기하고 있다. 그렇지만 어떤 분야를 막론하고 사고하는 사람들은 자신의 지식에 대한 주장을 뒷받침하기 위해서 주로 이성의 자명한 진리와 관찰을 보고하는 진술들의 조합에 의존한다. 과학자들은 한 사람이 관찰한 것을 보고한 것에 대한 반대되는 견해를 해결하기 위해서 반복 가능성을 요구한다. 즉, 그들은 모든 실험자와 관찰자들은 동일한 조건에서 동일한 것을 볼 수 있어야 한다고 주장한다. 법률에 의존해서 사건들을 사실과 타당한 논리, 그리고 논쟁의 여지가 없는 문제로 돌릴 수 있을 때, 우리는 사건을 입증했다고 말한다. 우리는 일상생활에서 이와 비슷한 방식으로 자신의 주장을 뒷받침한다. "내가 그것을 직접 보았어.", "내가 그것을 들었어."라고 말하는 사람이 믿을 만하다고 판단될 경우에는 결정적인 것으로 간주된다.

또한 어떤 철학자들은 오류에 빠지기 쉬운 정초주의의 한 형식을 지지하는 주장을 하고 있다. 그들은 절대적으로 확실한 신념을 탐구하는 것에는 희망을 걸 수 없다는 점을 인정한다. 그렇지만 그들은 어느 정도의 확실성을 지지하는 주장을 하기 위해서 확률이론을 이용한다. 지식이론에 대한 이런 접근법은 다른 비정초주의적인 접근법과 양립할 수 있다. 수학체계 또한 확실한 것이라고 주장한 것이 아니라 선택된 정초들에서부터 출발한다고 말할 수 있다.

2. 진리

어떤 사람 S가 p가 거짓인데 p를 알고 있다고 말한다면, 우리는 직관적으로 그 사람을 믿지 않을 것이다. 그렇지만 p가 참이라는 것은 무엇을 의미하며, 어떻게 그것의 진리를 입증할 수 있는가? 여기서 우리는 지금 정의하려고 하는 지식에는 무엇이 함축되어 있는가에 대해 고민할 수 있다. 많은 철학자들과 신학자들은 과거와 현재, 그리고 미래의 대상과 사물에 관한 모든 진술과 신념을 신의 정신 안에 미리 녹음되어 있는 것으로 해석하는 견해를 받아들였다. 그래서 사람들은 인간의 정신과 독립되어 존재하는 진리를 발견해야만 한다. 사람들이 이런 진리를 발견하고 그것에 대한 자신의 신념을 정당화할 수 있을 때, 그들은 적절하게 지식을 주장할 수 있다. 여기서 말하는 지식은 인간 탐구자들이 습득한 진리의 원인이다(Noddings, 2007: 113-116).

듀이는 지식을 진리보다 더 포괄적인 개념으로 이해했다. 듀이는 탐구를 안내하는 모든 진술들과 신념들을 지식으로 간주해야 한다고 주장했다. 이런 모든 진술들이 탐구의 검증에서 살아남는 것은 아니다. 우리는 살아남은 것을 참이라고 부른다. 듀이의 견해를 살펴본 다음에 고정된 절대적인 진리의 개념을 거부하는 견해를 살펴보자.

철학자들은 참된 진술과 신념의 집합을 의미하는 진리가 인간의 정신 밖에 있다는 견해를 지지하기 위해서 그것을 신의 정신 안에 존재하는 것으로 간주하지 않는다. 철학자들은 진리를 포함한 전지전능한 정신이 없이, 대상과 사태의 구성에 관해 말해야만 한다. 우리는 이것들은 있는 그대로이며, 참된 진술들은 그것에 대응한다고 주장할 수 있다. 이것이 진리대응설의 기본적인 주장이다. 이 견해에 따르면 참된 명제는 사실들과 대응한다. 사실은 사태나 신념이나 명제 등과 동일한 것인가?

진리대응설에 의해 제기된 직관적으로 그럴듯한 주장을 살펴보자. 이것은 분명히 우리가 일상생활에서 '참된'과 '진리'라는 단어를 사용할 때 염두에 두고 있는 것이다. 우리가 "어제 한화가 승리했다."거나 "비가 오고 있다."고 말할 때 실제로 한화가 어제 승리했거나 비가 오고 있다면, 우리의 진술은 참이 된다. 실제로 모든 사람들은 국지적인 수준에서 말할 수 있는 진리에 대한 이런 견해를 받아들이고 있다.

모든 진리를 이런 식으로 기술할 수 있는가? 철수가 "악티움전투는 기원전 31년에 일어났다."고 말한다고 해보자. 이론적으로 이것은 참이거나 거짓이다. 진리대응설을 주장하는 사람들은 근거 없이 주장된 사건이 실제로 기원전 31년에 일어났느냐 그렇지 않느냐에 따라 그것은 참이라거나 거짓이라고 주장할 것이다. 그렇지만 현실적으로 실제의 사태에 반대되는 진술을 조사할 길이 없다. 어제 승리한 한화의 예에서 볼 수 있듯이, 우리는 자신의 믿음을 정당화하는 생생한 목격자와 기록을 갖고 있다. 시간적으로나 공간적으로 멀리 떨어져 있는 사건들은 이와 비슷한 방법으로 확인되어야만 한다. 그렇지만 대응을 확인하기는 쉽지 않다. 역사가들은 이것을 한다고 주장하는 자료들을 연속적으로 만들 수도 있지만, 흔히 그것은 불가능하다. 그래서 역사가들은 그 진술이 확고하게 확립된 다른 것들과 어떻게 일치하는가를 보아야만 한다. 사실 많은 역사적인 사실들은 초기 형식에서 그것들이 받아들이고 있는 일련의 믿음들과 모순되기 때문에 수정되었다. 이런 식으로 진리를 평가하는 이론들을 진리정합설이라고 부른다.

그렇지만 대응이론가는 이런 예에 대해 크게 고민할 필요가 없다는 점에 주목해야 한다. 그는 인정받고 있는 일련의 믿음들이 어떻게 확립되느냐고 물어볼 수 있다. 분명히 대부분의 확실한 믿음들은 사실과의 대응을 통해서 확립된다. 그러므로 그는 한 진술을 수용하기 위한 검증으로 정합성을 이용하는 것은 궁극적으로 진술들이 인간의 정신과 독립되어 있는 대상이나 사태와 대응하는 것에 의존하는 방법에 불과하다고 주장할 것이다.

그렇지만 p: 2+3=5와 같은 종류의 진술을 생각해보자. 예를 들어 숫자와 같은 수학의 기호들은 대상과 사건의 세계에서의 어느 것과도 대응하지 않는다. 물 2컵+설탕 3컵에서와 같이 그것이 대응한다면, p가 언제나 참인 것은 아니다. 만일 2와 3이 실제의 세계, 즉 우리가 감각기관을 통해서 접근할 수 있는 대상의 세계에 존재하는 대상들을 가리키는 것이라면, p는 해석을 요구한다. 수학에서 숫자는 수를 뜻하며, 수는 사태에서의 요소나 성분이 아니다. 플라톤은 우리의 정신이 직관을 통해서 접근해야 하는 이데아의 세계를 가정함으로써 이 문제를 해결하고 있다. 수, 선분, 삼각형, 그리고 다른 기하학적인 도형은 이런 특수한 세계에서 순수 형상으로 존재한다. 그렇지만 명제들과 명제의 요소들은 관찰 가능한 세계에서의 대상들과 대응한다고 주장하는 이론가들은 하나의 어려운 과제를 해결해야 한다. 첫째로, 우리가 보았듯이 과거시제로 제시할 때 관찰한 것을 보고하는 진술들의 힘은 상실된다. 둘째로, 가장 강력한 언어는 사태가 아니라 다른 언어라는 점을 지적할 수 있다. 셋째로, 우리가 관찰하는 것, 즉 우리가 대상과 사태로 간주하는 것은 주로 우리가 사용하는 이론들과 언어에 의존하는 것처럼 보인다.

이런 이유들 때문에 수학자들은 보통 정합성에 의존해서 진리를 검증한다. 가장 강력한 의미에서 보면 수학체계에서의 모든 진술은 환원 불가능한 일련의 초기 진술이나 공리에 함축되어 있다. 공리들에서부터 각 진술을 타당하게 유도할 수 있고 공리들을 참으로 받아들일 수 있다면, 각 진술은 참이 된다. 그렇지만 정합성은 우리에게 진리의 일반적인 준거를 제공할 수 없다. 왜냐하면 다른 공리체계는 다른 진리를 산출할 것이기 때문이다. 그래서 수학자들은 대개 모순이 없음에 대하 말하고 특수한 공리체계에 국한된 주장을 한다.

우리는 일상생활을 하는 가운데 지식에 대한 자신의 주장을 정당화하기 위해서 대응이나 정합성과 관련된 관념들을 사용한다. 그렇지만 철학자들은 모든 지식을 위한 정초가 무엇인가를 탐구하는 데 관심을 가졌다. 그런데 이런 탐구에서 진리의 이론을 세우는 것은 기초적인 것이었다. 한 진리이론이 모든 사례들을 망라하지 못한다면, 아는 것의 모든 사례들을 서술하는 지식이론을 만들 것이라는 기대는 사라질 것이다.

오늘날 일부 철학자들은 인식론의 전통적인 문제들을 포기할 것을 제안하고 있다. 그들은 진리를 지역적으로, 또는 권력의 한 기능으로, 또는 언어 밖에 있는 어떤 것에 대한 의미 있는 언급이 없는 언어의 가공품으로 서술한다. 이런 급진적인 견해에 따르면 우리는 진실을 말하기와 거짓말을 하기에 관해 말할 수 있다. 사람은 지역에서 일어나는 우연한 일을 보고할 수 있고 귀 기울여 듣는 사람들을 속일 수 있다. 사람은 다른 사람들에게 유익할 것 같은 정보를 전달할 수 있고, 무기력하고 의존적이게 만들기 위해서 그릇된 정보를 제공하거나 정보를 제공하지 않을 수 있다. 사람은 지역의 관습과 일치하는 언어나 그런 관습을 무시하는 언어를 사용할 수 있기 때문에 듣는 사람들이 의미를 구성하기 어렵게 만들 수도 있다.

그렇지만 진리를 거부하고 지엽적인 진리를 말하는 데서 벗어나려는 경향이 강하다는 것을 인식하는 것은 중요하다. 일부 철학자들은 '큰 이야기'를 창조하거나 보편화하려는 시도들에 대해 의문을 제기했다. 사회적 동기나 윤리적인 동기 때문에 보편적인 진리를 거부하는 것으로 생각해야 하겠지만, 전통적인 진리의 개념을 거부하는 것의 대가가 클 수 있을 뿐만 아니라 철학적인 난점을 초래할 것이다.

3. 인식론과 교육

교사들은 대개 지식의 정초에 관해 연구하는 학자들이 연구한 결과에 대해 별로 관심을 갖고 있지 않다. 그렇지만 교사들이 인식론에 관심을 가져야만 하는 몇 가지 이유가 있다(Noddings, 2007: 122-123). 첫째로, 교사들은 자신이 가르치는 자료가 어떤 것인가에 대해 결정해야 할 것이 있다. 그것은 참인가 아니면 참이 아닌가와 같은 것을 결정해야 한다. 둘째로, 교사들은 교육연구를 통해서 얻게 되는 지식을 평가해야 한다. 셋째로, 교사들은 모든 학생이 소수의 학생들이 오랫동안 비축해 놓은 지식에 접근할 수 있게 해야 하는가, 또는 그렇게 할 수 있는 것인가를 결정해야 한다. 이런 문제는 너무 큰 문제이기 때문에 여기서는 예를 하나 제시하기로 한다.

우리는 일반적으로 자신이 가르치는 자료는 실제로 참이라는 것이 검증되지 않는다고 해도 학자들이 적어도 거짓이 아닌 것으로 받아들이고 있다고 가정한다. 우리는 지금의 과학적인 지식은 장차 거짓임이 드러나거나 수정될 수 있다는 것을 인정한다. 교사들은 흔히 학생들에게 교육과정에서 볼 수 있는 많은 것들의 잠정적인 성격을 알려주지 못하는 것 같다. 교사들은 교육과정의 내용을 제시하는 가운데 생략하거나 다양한 편견을 전달하는 우를 범하는 것 같다. 예를 들어 최근에 와서 콜럼버스(C. Columbus)의 아메리카 발견에 관한 독단적인 옛 주장, 신대륙을 발견한 사람들이 토착민을 잔인하게 대한 것, 그리고 지배를 당한 집단들이 역사적으로 공헌한 것들을 너무 소홀히 다루었다는 것을 의식하게 되었다. 비록 우리가 무감각하고 편견에 사로잡혀 있다고 하더라도, 거짓임을 알고 있는 것을 실제로 가르치는 것을 옹호할 수 없다.

교사들은 진리의 중요성을 거부하는 진술을 하기 어렵다. 의심스럽고 편견이 담겨 있는 자료를 자주 진리로 옹호하고 있지만, 제시한 자료의 형식과 출처는 학생들의 흥미를 사로잡는 것보다 더 유익하고 중요하다. 사회연구를 하는 어떤 학자는 예를 들어 우리가 교육과정을 구성하는 가운데 본질적인 지식을 확인하고 활용하는 것이 중요하다고 주장한다. 이것은 우리가 권위 있게 지식으로 인정한 자료, 즉 학문의 루비콘 강 아래서 이미 모은 자료를 이용해야 한다는 것을 의미한다. 여기서 여권운동가와 비판이론가들이 반대한 것은 중요하다. 권력은 학문의 내용을 확립하는 데 있어서 중요한 역할을 한다. 비록 우리가 널리 인정받고 있는 자료에 매달림으로써 명백한 거짓을 피할 수 있는지는 모르겠지만, 완전한 진리를 말하는 데는 실패할 수 있다. 이런 문제를 해결하는 하나의 방안은 학생들이 문제를 명확하게 말하고, 정보를 모으고, 대안들을 논의하고, 결정하는 것을 요구하는 중요한 문제들을 고려해서 교육과정을 수립하는 것이다.

학문을 통해서 지식을 가장 잘 전달하고 서술할 수 있다고 주장하는 사람들과 듀이처럼 효과와 유용성의 견지에서 지식을 서술해야 한다고 주장하는 사람들 사이에는 논쟁이 있게 마련이다. 철학자들과 교육과정 이론가들은 학문의 구조에 따라 교과를 조정해야 한다고 주장한다. 모든 학문에는 구조가 있는가? 학문이란 무엇인가? 한 학문의 구조가 있다면, 그것은 교육과정을 잘 조정할 수 있는가? 인지구조를 어떻게 학문의 구조와 관련짓는가? 지금 존재하는 학문들은 인간의 모든 지식을 대표하는가? 오늘날 이런 문제들에 관한 논의가 활발하게 이루어지고 있다.

소집단학습과 협동학습에 관한 많은 연구들에서 사용한 개념들을 분석하고 그것의 전제들과 결론들에 관해 의문을 제기하는 것은 교육철학의 한 과제이다. 오늘날 능력과 수준에 따라 소집단으로 나누어 수업하는 것에 관한 특수한 제언들은 다음과 같은 의문을 제기하고 있다. 예를 들어 모든 집단은 이질적이어야만 하는가? 능력위주로 집단을 나누는 것은 유익한 것인가? 이질적인 집단에게 적합한 과제는 어떤 것인가? 개인학습과 집단학습 간에는 어떤 관계가 있는가? 교사는 소집단 활동을 도와주는 과정에서 어떤 역할을 해야 하는가?

교사들은 교육연구의 결과를 이해하고 활용해야 한다. 교사들이 이런 일을 잘 하려면 분명히 개방적이고 실험적인 태도를 갖고 있어야 한다. 교사들은 다음과 같은 어려운 물음을 제기해야 한다. 연구자들이 주장한 것은 교사가 학교에서 일상적으로 관찰하는 것과 일치하는가? 그들의 전제와 방법, 그리고 결론은 확실한가? 그들의 설명에 모순은 없는가? 그들의 설명은 권위적인가? 누가 이런 특수한 영역에서 권위자로 간주되어야 하는가? 잘 훈련받은 경험적인 연구자들도 때때로 수학과 같은 교과를 잘 알지 못하는 경우가 있다. 이것은 문제가 될 수도 있고, 문제가 되지 않을 수도 있다. 그렇지만 분명히 어떤 경우에는 관심을 가져야만 한다. 연구자들은 어떻게 문제에 접근하는가? 그들이 보고한 것의 문제점은 무엇인가? 편견은 솔직하게 드러났는가?

교사들은 문화자본으로서의 지식에 관한 쟁점을 알아야 할 필요가 있다. 대학에 진학하는 것과 직결된 지식, 예를 들어 대학수학능력시험을 치르는 데 도움이 되는 지식이 지식의 가치를 결정하는 중요한 요소로 인정받고 있다는 것은 부정할 수 없는 것 같다. 이 점을 인정하는 일부 이론가들은 모든 학생들이 이런 특권을 부여받은 지식의 형식에 접근할 수 있어야 한다고 주장한다. 그렇지만 이것은 윤리적인 주장이라는 점에 주목해야 한다. 그것은 자료의 인식론적인 적절성이 아니라 사회적 정의와 관계가 있다.

인식론적인 관점에서 이 문제를 살펴보는 것은 문제의 소지를 밝히는 데 도움이 된다. 대수와 기하가 목수일과 기계일보다 학교의 교과로 더 적합하다고 보게 하는 것은 무엇인가? 사람들은 대학수학능력시험을 준비하는 데 필요한 국어와 수학, 그리고 영어가 실제적이고 문제 지향적인 교육과정보다 더 우수하다고 주장할 수도 있다. 그렇지만 실제로 이런 주장을 하지는 않을 것이다. 교사들이 다수의 학성이 대학수학능력시험을 준비하는 데 필요한 수학을 억지로 이수하게 하기 위해서는 인식론적인 관점에서 보면 적절하지 않은 자료를 제시해야만 한다. 수학의 공리적인 성격은 전혀 논의되지 않고, 심지어 기하에서 증명이 상당히 축소되었다. 논리적인 관계를 제시하지 않고, 학생들은 위대한 공리들과 개념들의 중요성을 거의 의식하지 못한 채 대학수학능력시험을 준비하기 위해서 일반적으로 수학을 6-7년 동안 공부한다. 이런 관점에서 보면 학교에서 지금 가르치고 있는 교과의 인식론적인 우수성이나 적절성을 주장하기는 쉽지 않다고 말할 수 있다.

이와는 대조적으로 목수, 판매원, 요리사, 두피 관리사, 또는 텔레비전 수리기사를 양성하는 많은 과정들은 잘 조직되어 있을 뿐만 아니라 실제로 작업하는 과정에서 필요한 지식을 제공하고 있다는 측면에서 적절하다고 말할 수 있다. 전통적인 인식론의 관점에서 보면, 여기서 말한 실용적인 과정들이 학교에서 제공하는 빈약한 수학 과정보다 신뢰할 만한 지식에 근거하고 있다는 점에서 더 우수하다고 주장할 수 있다.

그렇지만 정당화된 참된 신념의 전통에서 벗어나 있는 인식론적인 견해들이 있다는 점을 기억해야 한다. 만일 우리가 지식은 힘의 원천일 뿐만 아니라 도구라고 주장한다면 모든 학생은 한때 소수만이 접할 수 있었던 지식에 접근할 수 있어야 한다는 제안은 이치에 맞는다. 그런데 이런 제안은 너무 단순하다는 것이 문제이다(Noddings, 2007: 126). 지식은 특권과 관련이 있다고 한다면, 지배집단의 구성원들은 지식을 습득함으로써 권력의 중심으로 이동하게 될 것이다. 이런 관점에서 보면, 지식의 중요성은 인식론적인 의미보다는 자본의 측면에서 결정된다고 볼 수 있다. 그러므로 사람들이 이런 특수한 지식을 갖고 있느냐 그렇지 않느냐 하는 것은 실제로 문제가 아니다. 문제가 되는 것은 그들이 지식으로 얻는 것이 중요한 것으로 인정되느냐 그렇지 않느냐 하는 것이다. 지배집단의 지식을 보다 공정하게 분배하는 것 그 자체는 한 사회의 물질적인 재화를 재분배하는 데 효과가 없을 것이다.

4. 지식의 정당화

플라톤은 지식에 관한 이론은 교육의 과정이 타당성을 지니고 있는가의 여부를 결정하는 기준이며, 그것의 철학적인 근거라고 주장했다. 그는 세계에 관한 진리를 아는 것은 존재의 근거를 아는 것이며, 인간의 삶을 철저하게 이해한다는 것은 삶을 지배하는 목적을 아는 것이라고 생각했다. 그는 사회의 진정한 이익은 인간의 가장 고차적인 본성의 이익과 일치한다고 주장했다. 왜냐하면 인간의 선은 무엇이며, 인간의 선이 요구하는 것은 무엇인가를 연구하는 것은 그런 본성의 요구를 충족하는 가장 좋은 방법이기 때문이다. 그에 따르면 교육의 과정은 인간의 행위를 지도하는 원리들에 관한 지식을 탐구하는 과정이다. 그래서 그는 인간의 지식은 어떤 과정을 거쳐 진보하며, 정신의 진보를 막는 무지의 원인은 무엇이며, 어떻게 하면 정신의 발달을 도모할 수 있는가 하는 문제를 탐구하는 데 큰 관심을 갖게 되었다.

플라톤은 『국가』에서 인간이 무지의 상태에서 벗어나 그가 목표로 간주했던 지식에 이르는 과정을 선분에 비유했다(『국가』, 509d-511e). 영상과 신념, 그리고 오류에서 벗어나 진정한 지식을 습득하게 되는 과정은 '동굴의 비유'에서 어두운 동굴 밑바닥에 갇혀 있는 죄수가 계단을 올라와 동굴 밖으로 나오게 되는 과정과 같다. 아담(J. Adam)의 견해에 따르면 인간의 지식이 진보하는 과정은 다음 그림과 같다(Adam, 1979: 171).

플라톤이 생각한 인식의 단계

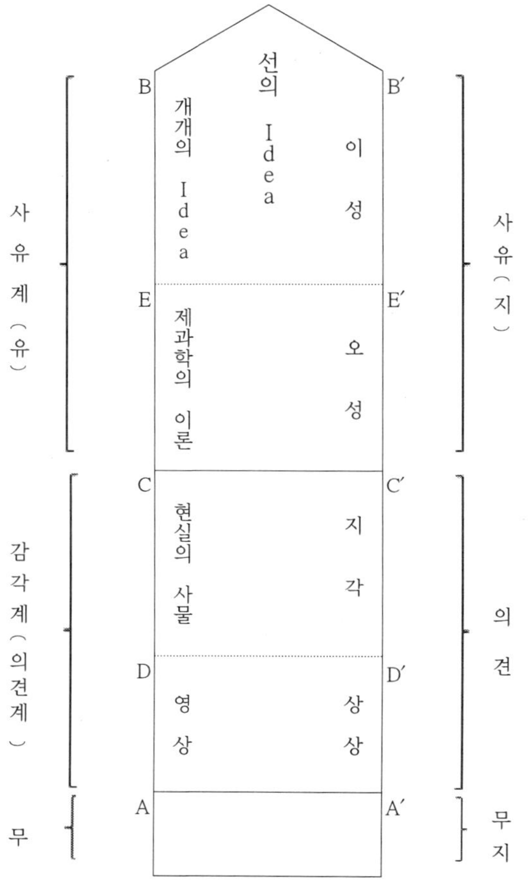

그림에서 좌측선분은 인식의 대상을 가리키며, 우측선분은 인식능력을 가리킨다. 선분의 길이를 등식으로 표현하면 $\overline{AC} : \overline{CB} = \overline{AD} : \overline{DC} = \overline{CE} : \overline{EB}$이다. $\overline{AD}$에 속하는 대상은 영상(eikones)이다. 플라톤에 의하면 이것은 그림자(skia)와 물속이나 고체 면에 반영된 상(phantasma)이나 이와 비슷한 종류의 것을 가리킨다. 예술작품도 여기에 속한다. 왜냐하면 예술작품은 언어, 소리, 색깔, 또는 형식을 통해서 사물이 어떻게 보이며, 감각과 상상하는 것이 무엇인가를 표현하고 있기 때문이다(Cross and Woozley, 1964: 218-223). 이것을 인식하는 능력인 $\overline{A'D'}$는 상상(eikasia)인데, 그것은 현실적인 것을 있는 그대로 해석하거나 추측하는 것이며, 영상을 파악하는 것이다(Nettleship, 1968: 95).

$\overline{DC}$에 속하는 대상은 우리들의 주변에 있는 동물과 식물, 그리고 자연적이거나 인공적인 사물들이다. $\overline{AD}$는 원래 $\overline{DC}$의 영상이다. 현실의 사물에 대응하는 능력인 신념(pistis)은 보통 사람이 감각을 통해서 사물을 대할 때 갖는 확실한 의식을 의미한다(Nettleship, 1968: 247). 또한 이것은 "사물 그 자체가 우리의 눈앞에 있기 때문에 확신에 대해 근거를 갖게 된 것을 의미한다"(Crombie, 1963: 76). 그래서 이것은 이론적인 근거에 의한 확신이라기보다는 지각에 의한 신념을 의미한다. 이러한 두 종류의 정신적인 작용, 즉 상상과 신념은 보다 고차적인 지식의 단계와 비교해 볼 때, 중요한 차이점이 있다. 플라톤은 이것을 의견(doxa)이라고 표현했다. 의견은 주관적인 측면에서 보면, 진리이거나 영적인 것임을 보증할 수 없는 정신 상태이다. 그러므로 그것은 진실인지도 모르며 거짓인지도 모른다(『국가』, 477e). 이에 반해서 우리가 지식으로 이해하고 있는 것은 분명히 진실한 것이다. 또한 우리가 정말로 진리를 알게 되면 우리는 항상 그것을 알고 있는 것인데 반해서, 그것은 변화되거나 소멸되기 쉽다(『국가』, 412e). 객관적인 측면에서 볼 때, 그것은 감각의 형태로 제기된 문제와 관련된 것이며, 특수하고 다양하며 상대적이다(『국가』, 476a-480a).

$\overline{CE}$에 속하는 대상은 과학적인 이론들이다. 특히 기하학이나 산수와 같은 것들이다. 그것은 감각적인 대상, 예를 들어 도형과 같은 것을 상징하는 데 사용되지만 그것의 진정한 대상은 초감각적인 것, 예를 들어 정사각형, 대각선 등과

같은 것이다. 이것을 인식하는 능력은 오성, 또는 이해(dianoia)이다. 원래 소크라테스가 디아노이아라는 말을 사용했을 때, 그 말은 그가 서술한 수학적인 훈련을 가리키는 말이었다(Crombie, 1963: 77). 그런데 소크라테스는 그 밖의 분야에 대해서는 사용하지 않았다. 만일 다른 분야에 디아노이아라는 말을 사용했다면, 그것은 '가정에서부터 추구해야만'(『국가』, 510b) 하는 훈련이며, 제1원리를 의미하는 근원(arche)을 향해 나아가는 것이 아니라 목표(teleute)를 향해 나아가는 것을 뜻하는 것 같다(Crombie, 1963: 77). 그것은 가정들을 초월할 수 없으며(『국가』, 511a), 가정하고 있는 사물들을 설명하려고 하지 않는다. 또한 디아노이아는 이성(nous)과 의견의 중간에 있다(Crombie, 1963: 77).

$\overline{EB}$에 속하는 것은 개개의 이데아이다. 이것을 인식하는 능력은 노에시스(noesis)이다. 이것은 가정이 없는 근원으로 향하는 정신이며 감각의 도움이 없이 각 사물의 본질적인 특성을 합리적으로 파악하는 것이며(『국가』, 534b), 각 사물의 본질에 도달하려고 노력하는 과정이다. 이것은 순전히 개념적으로 작용하는 철학적인 사색이다.

$\overline{A}$보다 아래에 있는 선분은 어떤 대상도 없는 무(to me on)를 가리킨다. 이에 대한 인식은 불가능하기 때문에 무지(agnosia)에 해당된다. $\overline{AD}$와 $\overline{CD}$를 합쳐서 가시계(to orata)라고 한다. 그런데 이것은 무지와 진지의 중간에 위치한 능력인 의견의 대상이기 때문에 의견계(to doxasta)라고 한다. 이것은 일반적으로 감각(aisthesist)의 대상인 감각계(ta aisthanomena)라고 해석해도 별 차이가 없다(Nettleship, 1968: 265). $\overline{CE}$와 $\overline{BE}$는 사유의 세계(ta noeta)이며 유(to on)의 세계이다. 여기에 대응하는 능력은 총괄적으로 말해서 사유나 지(gnosis)이다.

또한 선(to agathon) 이데아는 인식의 대상과 인식능력을 가능하게 하는 원인이며 근거이다. 이것은 가시계에 있는 태양에 해당된다. 즉, 빛을 발하는 태양은 시각에 시력을 주며 가시물에 가시성을 준다. 이와 마찬가지로 선 이데아는 인식되는 것에 진리를 주며, 인식하는 자에게 능력을 준다(『국가』, 508).

플라톤의 동굴의 비유에서 자신, 동료, 또는 통행인들 이외에는 어느 것도 볼 수 없기 때문에 동굴 속에 갇혀 있는 죄수들은 동굴의 벽에 있는 그림자들을 실재로 생각할 것이다. 만일 그들이 불빛과 통행인을 향해 자유롭게 돌아선다면, 그들은 눈이 부시고 당황하게 될 것이다. 그래서 그들은 그림자를 향해 다시 눈을 돌리려고 할 것이다. 만일 누군가가 그들을 불빛으로 데리고 가서 실제로 사람들을 바라보는 데 익숙하게 만들게 되면, 그들은 비로소 자유롭게 될 것이다. 이런 경우에만 전에 죄수였던 사람들은 자신의 원래 조건을 경멸하게 될 것이다.

비유의 요지는 두 가지다. 첫째로, 묶여 있는 죄수들의 상태는 감각적인 지각의 세계에서 살고 있고, 우리가 보고, 느끼고, 맛보고, 듣고, 냄새 맡는 것을 진실한 것으로 간주하는 대다수의 사람들의 실제적인 상태를 표현하는 것이다. 우리는 더 나은 것을 아무것도 알고 있지 못하고 있기 때문에 이러한 실수를 한다. 둘째로, 그림자에서 탈출하거나 벗어나는 과정은 단순히 감각적인 지각이 아니라 보다 진실하게 이해할 수 있도록 교육을 받는 과정인 것이다. 왜냐하면 감각적인 지각의 세계 그 자체는 단지 그림자나 환상의 세계에 불과한 것이기 때문이다. 진정한 세계에 관한 희미하고 신뢰할 수 없는 그림자에서 벗어나야만 우리는 감각적인 힘이 아니라 합리적인 능력의 교육을 목표로 간주해야 한다는 것을 알 수 있게 된다. 그러한 교육은 가치가 있는 것이다. 왜냐하면 우리는 그것을 통해서 지식으로 널리 간주되고 있는 것이 아니라 진정한 지식을 얻기 때문이다.

플라톤은 자신이 무언가 얼핏 보기에 묘한 것을 말하고 있다는 것을 알고 있었다. 감각의 증거에 기초한 지식은 가장 굳건한 것이며 믿을 수 있다는 사실은 상식이다. 그런데도 플라톤은 이러한 감각적인 세계에서 벗어나 감각적인 지각의 대상보다도 더 진실하고 알기 쉽고 추상적인 관념의 세계에 들어가야만 한다고 제안하고 있다. 이처럼 있을 법 하지도 않은 제안이 어떻게 합리적인 것처럼 간주될 수 있었는가? 플라톤을 높이 평가한 한 연구에서는 우리의 감각이란 증거는 일관성이 전혀 없다는 사실을 지적하고 있다. 즉, 동일한 대상도 사람들에게 아주 다르게 보일 수 있다. 또한 같은 사람이라고 하더라도 다른 각도나 다른 관점에서 보거나 술을 마시고 나서 볼 수 있다. 게다가 지식은 진리에 관한 것이며 진리는 분명히 영원한 진실인 것이다. 이에 반해서, 우리의 감각의 세계 안에 있는 사물들은 끊임없이 변화하고 있다는 것에 주목해야 한다. 플라톤은 우리가 감각을 통해서 접하는 말, 개, 나무, 그리고 삼각형은 말, 개, 나무, 그리고 삼각형의 이데아를 복사한 것이라고 주장했다. 이러한 사물의 이데아는 분명히 영속적인 것이다. 우리는 감각을 통해서 형상을 지각할 수 없다. 그러나 우리는 합리적인 이해력을 통해서 그것을 알 수 있다. 그러므로 형상을 진정으로 알게 되는 것이 지식을 획득하는 것이다. 우리가 플라톤이 고찰한 두 가지 문제를 살펴보면 이러한 형상의 이론을 더 잘 이해할 수 있는지도 모른다.

첫째로, 소크라테스는 도덕적인 문제에 관한 논의를 권장했다. 그런데 정직, 정의, 덕과 같은 것에 관해 신중하게 논의하는 사람들은 용어들을 정확하게 정의할 필요가 있다고 생각할 것이다. 소크라테스는 진정한 용기, 진정한 정직, 진정한 덕과 같은 것들이 존재한다고 믿었다. 그래서 그는 우리가 그것을 아는 것이 필요하다고 믿었다. 플라톤은 이러한 관심을 일반적인 지식과 정의에까지 확장했다. 그는 '붉은', '인간', '고결한', '똑같은'과 같이 특수한 단어들을 여러 가지 서로 다른 사물이나 상황에 적용할 수 있다는 사실에 깊은 관심을 가지고 있었다. 이러한 사실을 통해서 그는 대다수의 현대 철학자들이 부정하고 있는 결론을 내렸다. 플라톤은 '붉은'이란 단어는 다양한 대상에 적용되고 있기 때문에 이러한 모든 대상에 근접할 수 있는 붉음이라는 어떤 본질은 분명히 존재한다고 믿었다. 다른 단어들도 이와 마찬가지다. 그러므로 '붉은', '인간', '고결한', 또는 '똑같은'이라고 부를 수 있는 사물들을 설명할 수 있는 붉음, 사람다움, 덕, 그리고 평등이라고 하는 완전하고 항구적인 이데아가 분명히 존재한다.

둘째로, 우리가 기하를 배울 때 생기는 일을 생각해 보면 우리는 플라톤의 또 다른 이유를 이해할 수 있을 것이다. 우리는 오렌지, 탁자, 그리고 막대기와 같은 물리적인 대상들에 적용되는 '둥근', '네모난', 그리고 '직선의'와 같은 단어들을 사용하는 것에서부터 논의를 시작한다. 후에 우리는 오렌지, 탁자, 그리고 막대기가 아니라 원, 정사각형, 직선과 같은 도형을 그리고 측정하게 된다. 얼마 동안 시간이 지나면 우리의 사고는 크게 증진된다. 그래서 이제까지 주목하지 않았던 것을 쉽게 사고하게 된다. 우리는 종이 위에 그렸던 삼각형만을 생각하는 데서 벗어나 삼각형 일반을 생각하게 된다. 또한 이것과 더불어 아주 현저한 변화가 일어나게 된다. 비록 우리는 여전히 우리가 그렸던 삼각형들을 시각교육의 도구로 사용하지만, 우리는 곧 어느 누구도 그려본 적이 없는 삼각형에 관해 논의할 수 있게 된다. 왜냐하면 우리는 넓이는 없지만 길이가 있는 완전히 똑바른 직선들로 둘러싸여 있는 삼각형에 관한 공리들을 배우기 때문이다. 삼각형의 내각의 합은 분명히 180도이다. 만일 우리가 그린 삼각형을 측정해 보면 내각의 합은 약 180도일 것이다. 그래서 우리는 직접 본 것이 아니라 생각한 삼각형의 내각의 합은 정확하게 180도이어야만 한다는 것을 밝힐 수 있게 된다. 그런데 이처럼 눈으로 볼 수 없는 도형을 '진실한', '완전한', 또는 '진정한' 것이라고 서술하는 것은 아주 자연스러운 것 같다. 이와는 달리, 우리가 종이 위에 그린 불완전한 도형은 그렇지 못하다고 서술하는 것은 당연하다. 그러므로 우리는 기하학을 통해서 불완전한 감각의 세계에서 벗어나 진정한 이데아의 세계로 들어가게 된다.

우리가 사유하게 될 완전한 삼각형과 원은 플라톤이 삼각형과 원의 형상, 또는 이데아라고 불렸던 것이다. 그는 그것이 존재한다는 것을 믿는 근거는 우리가 그것을 알 수 있고 이론을 세울 수 있다는 사실에 있다는 것을 알았다. 물론 우리가 플라톤에게 그것을 보여 달라고 묻는다면 우리는 핵심을 파악하지 못하게 될 것이다. 자신이 유능한 수학자였던 그는 이러한 사고의 방법을 모든 종류의 지식에까지 확장했다. 우리가 진정한 원의 형상, 또는 이데아에 비추어 불완전하게 그린 원을 인지할 수 있는 것과 마찬가지로, 사람들이나 사물들은 정직, 덕, 또는 아름다움의 이데아나 형상과 대조하여 측정하지 않는다면 우리는 사람과 사물들을 정직하고, 고결하고, 아름답다고 평가할 수 없을 것이라고 생각했던 것 같다. 이와 마찬가지로, 우리가 모든 특수한 경우들을 나무, 의자, 또는 사람의 형상과 관련지어 생각하지 않는다면 우리는 나무, 의자, 그리고 인간의 다양성을 나무, 의자, 그리고 인간으로 인식할 수 없을 것이다. 인간은 자신의 감각이 아니라 이성이나 지성을 통해서 이러한 형상들을 알 수 있다. 형상들은 감각적인 세계가 아니라 이해가 가능한 진정한 지식의 세계에 속한다.

여기서 우리가 형상의 이론을 옹호하는 플라톤의 다른 이유들이나 다른 비판에 대한 그의 대답을 상세하게 살펴볼 수는 없다. 오히려 우리는 이러한 지식에 관한 견해에 근거를 두고 그가 어떻게 철인왕의 교육을 위한 교육과정을 만들었는가를 살펴보아야 한다. 우리에게 중요한 것은 인격, 정서, 신체, 그리고 감각을 일정 기간 훈련하고 난 다음 학생은 시간이 많이 걸리는 연구를 시작한다는 것이다. 이러한 연구를 통해서 그의 정신은 단순히 의견으로 가득 찬 감각적인 세계에서 벗어나 지식의 세계로 들어가게 된다. 그는 자연과학에서부터 시작할 것이다. 자연과학은 감각적인 세계에서의 관찰에 의존하고 있다. 그러나 천문학과 같이 보다 추상적이고 수리적인 과학을 더 중요하게 생각해야 할 것이다. 순수한 수학적인 지식이 증진되면, 비록 완전하게 탈출한 것은 아니지만, 학생은 지식과 형상에 더 접근하게 될 것이다. 왜냐하면 그는 감각적인 세계에 있는 도형들에 의존할 것이기 때문이다. 그러나 이제 그는 철학, 또는 추론의 영역으로 들어갈 수 있다. 또한 그는 순수한 사고의 힘에 의해 이성이 직접적으로 이해할 수 있는 진정한 지식을 소유할 수 있게 된다. 그래서 감각에 의존하는 것에서 벗어나게 된다. 이것은 진정한 지식에 도달한 것이다. 그것은 교육이 완성된 것이다.

플라톤이 이러한 교육을 가치가 있는 것으로 생각하는 이유들 가운데는 철인왕들은 선의 형상을 알게 됨으로써 도덕적인 전문지식을 습득하게 될 것이라는 실제적인 의미가 포함되어 있다, 그들은 확실하게 믿을 수 있는 올바른 것에 관한 지식을 토대로 국가를 통치할 수 있게 된다. 그러나 그는 또한 그것을 가치가 있는 것으로 간주한다. 왜냐하면 학습자는 그것을 통해서 환상과 모호, 그리고 의견에서 벗어나 진리를 습득할 것이기 때문이다. 왜냐하면 그것은 지식의 교육이기 때문이다.

많은 독자들은 이것을 설득력이 없다고 생각할 것이다. 아무리 플라톤이 능숙하게 논증한다고 하더라도, 우리의 진정할 지식은 사물에 관한 것이 아니라 관념에 관한 것이라는 견해를 인정하기는 어렵다. 또한 우리가 가장 높이 평가하는 학문들을 그처럼 낮게 평가하려고 하지는 않을 것이다. 사실 우리가 플라톤을 매우 신중하게 살펴보아야 하는 여러 가지 이유들 가운데 하나는 우리가 가장 굳건하게 믿고 있는 것들을 재평가할 것을 요구하는 매우 집중적이고 강력한 논증에 의해 우리의 지적인 분발을 촉구하고 있다는 데 있다. 그러나 현대 철학자들 가운데 단지 한 종류의 지식만 존재한다고 믿는 철학자는 극소수이다. 또한 항구적이고 진실하고 진정한 것에 접하도록 해 주기 때문에 그것이 진정한 지식이라고 믿는 현대 철학자는 극소수이다. 그래서 여기서는 플라톤을 현대 이론가 가운데 한 사람인 허스트와 대조해 보는 것이 좋을 것 같다. 허스트는 지식에 관한 자신의 견해를 기초로 교육과정을 제안하고 있다. 그러나 그는 지식에 관한 다른 견허와 다른 교육과정을 제안하고 있다.

허스트는 1965년에 쓴 「자유교육과 지식의 성격」(*Liberal Education and the Nature of Knowledge*)에서 처음으로 교육과정에 관한 자신의 견해를 제시했다. 이러한 견해는 후에 교육과정에 관한 그의 글들을 묶어 놓은 책 속에 수록되어 있다(Hirst, 1974). 허스트는 '자유교육'이란 말이 너무 다양하게 사용되고 있기 때문에 의미가 모호하게 되었다고 주장하고 있다. 하지만 그것은 중요한 교육적인 계획에 알맞은 확실한 의미를 지닐 수 있다. 왜냐하면 그것은 지식 자체의 본질에 근거를 둔 교육의 개념이기 때문이다(Hirst, 1974: 30). 자유교육은 두 가지 서로 관련이 있는 철학적인 이론을 근거로 그리스인들이 개발한 것이다. 첫째로, 아리스토텔리스와 같은 종류의 인간에 관한 이론이 있다. 즉, 본질상 지식을 추구하는 것은 다른 동물과 확연하게 구별되는 정신의 독특한 활동이다. 지식의 습득은 정신을 만족시키고 충족시킨다. 정신은 지식을 습득함으로써 자신의 고유한 목표에 도달하게 된다는 이론이다. 게다가 지식을 추구하는 것은 선한 삶을 발견하기 위한 중요한 수단이다(Hirst, 1974: 30). 둘째로, 우리가 플라톤을 살펴보았던 것과 마찬가지로, 지식에 관한 이론들이 있다. 이 이론들에 따르면 마음은 사물의 본질을 인식하기 위해 이성을 사용할 수 있다. 또한 마음은 궁극적으로 실재하는 것에 관한 지식을 획득하기 위해 의심스러운 의견과 믿을 수 없는 현상에서 벗어날 수 있다. 이 개념은 인간의 이해는 구조화된 단계가 있다는 견해와 병존하는 것이었다.

이러한 이론을 결합해서 명확하게 정의되고 정당화된 자유교육은 지식의 추구에만 관심을 기울인다고 규정했다.

> 그 정의는 분명하다. 왜냐하면 지식의 형식들 그 자체와 그것들의 조화되고 단계가 있는 관계들에 의해 교육의 범위와 구조, 그리고 내용이 객관

> 적으로 결정되기 때문이다. 여기에서 유익할지도 모르는 지식과 기능의 견지에서 교육을 정의할 생각은 없다. 또한 여기에서 바람직하다고 생각할 수 있는지도 모르는 정신의 특질들이나 도덕적인 덕들에 의거해서 교육을 정의할 생각은 없다. 정의는 사실이 무엇인가에 관한 인간의 지식이란 견지에서 엄밀하게 진술된다. 정신의 발달이 기능, 덕, 또는 다른 특성들의 발달이라면 가장 좋을 것이라고 생각한다(Hirst, 1974: 31).

허스트는 세 측면에서 정당화하고 있다. 그것은 불확실한 의견과 일시적인 가치가 아니라 진실한 것에 근거한 교육이다. 지식은 분명히 인간적인 가치 가운데 하나이기 때문에 그것은 인간의 마음을 충족하는 교육이다. 그리고 그것은 인간이 어떻게 살아야만 하는가를 이해하는 데 필수적인 지식을 제공한다.

그러므로 이러한 자유교육의 개념은 자유인에게는 적합하지만 노예에게는 적합하지 않은 교육에 지나지 않는다고 거부할 수 있다. 옹호하는 데 도움이 되는 이론들이 활발하게 제기될 때에는 때때로 강력하게 되기도 하지만, 그것은 계속적인 매력을 지닌 하나의 개념이다. 정신이 객관적인 실체와 일치하여 만족을 얻거나 선하게 될 때 지식은 습득된다는 것을 믿을 경우는 가장 강력하게 된다. 그것은 처음에 호소력이 있었지만, 그런 이론들은 점점 더 인정을 받기 어렵게 되었다(Hirst, 1974: 33). 실재를 직선적으로 반영하는 정신의 문제로 간주하기가 어렵게 되었다. 어떤 철학자들은 인간정신과 감각기관의 본질이 우리가 세계를 경험하는 방식을 규정하는 데 미치는 영향에 관심을 가졌다. 다른 철학자들은 사물에 관한 우리의 견해가 어떻게 사회적으로 물려받은 관념들과 언어에 의해 형성되고 규명되는가에 주목했다. 그래서 다른 문화를 지닌 사람들은 사물들을 다르게 보고 이해한다는 것에 주목했다. 그러므로 이것이 실제로 존재하는 세계와 일치되거나 그것을 직접적으로 반영하는 것이 지식이라고 생각하는 플라톤과 더 이상 논의할 수 없는 것 같다. 오히려 우리는 사물을 이해하는 방식들을 통해서 여과되고 변형된 세계만을 경험한다. 그러므로 지식은 이제 더 이상 실재에 관한 이해로 간주될 수 없다. 그것은 단지 경험에 관한 이해로 간주되어야 한다(Hirst, 1974: 33). 그래서 우리는 지식을 더 이상 실재를 직접 반영한 것으로 이해하는 관점에서 정의한 교육을 정당화할 수 없을 것이다.

허스트는 이것이 왜 어떤 현대 사상가들은 지식이 아니라 능력의 발달, 창의성, 효과적인 사고, 그리고 판단과 같은 정신의 특질들에 근거를 두고 자유교육을 논의하는가 하는 이유라고 생각하고 있다. 그러나 그들은 본말을 전도했다. 왜냐하면 효과적인 사고능력 등과 같은 것의 발달에 관해서는 거의 논의하지 않고 있기 때문이다. 또한 이러한 힘들이 사용되는 데 작용하는 지식과 이해의 영역에 관해서는 전혀 언급하지 않고 있기 때문이다. 예술작품을 감상할 때의 효과적인 사고는 수학문제를 풀거나 선거방법을 결정하는 데 사용하는 효과적인 사고와 다르다.

이러한 견해는 제한된 몇 가지 확연하게 구별될 수 있고 타당한 지식의 형식들이 존재한다는 허스트의 생각에 도입되고 있다. 이러한 견해는 현대의 인식론과 일치할 뿐만 아니라 지식의 본질에 근거를 두고 전적으로 결정되는 원래 그리스인들이 가지고 있는 교육관과 일치한다. 그는 확연히 구분되는 지식의 형식들이 존재한다고 주장한다. 왜냐하면 우리가 사물을 경험하는 방식은 우리가 세계를 이해하는 데 사용하는 언어에 의해 결정되며, 우리의 경험을 조직하거나 인식하기 위해 언어를 사용하는 여러 가지 방식들은 구별될 수 있기 때문이다. 그의 논의는 대부분 인식론적인 요소에 집중되어 있다. 여기서는 이런 중요한 문제들을 탐구할 수 없다. 왜냐하면 그의 주장에 관한 정당화에 관심을 갖고 있기 때문이다. 그러나 그의 핵심적인 생각은 쉽게 파악할 수 있다. 우리에게 필요한 것은 왜 박테리아가 질병을 일으키는가, 우리는 어떻게 행동해야만 하는가, 그리고 형상의 실존을 지지하기 위한 플라톤의 논증 등과 같은 것에 관한 우리의 지식을 표현하기 위해 우리가 언어를 사용하는 다양한 방법들을 상세하게 고찰하는 것이다. 각 경우에 언어를 사용하는 다양한 방법은 서로 다른 종류의 지식과 연결되어 있는 것 같다.

허스트는 인간의 지식 전체를 제한된 수의 형식들로 구별하는 방법에 관해 궁극적이고 만족스러운 사색을 하기는 어렵다는 점을 인정하고 있다. 그는 몇 차례에 걸쳐 설명하는 가운데 세부적인 사항을 바꾸었다. 그와 같은 적응은 일반적인 논제를 위협하는 것이 아니다. 현재의 목적에 비추어 볼 때, 피터스와 함께 쓴 『교육의 논리』(Hirst & Peters, 1970: 63-64)에서 제시한 목록에 주목하면 충분할 것이다.

(1) 형식논리학과 수학: 여기에서 진리는 일반적이고 추상적인 종류의 관계들을 구별하는 개념들을 포함한다. 여기에서 공리체계 안에서 추론할 수 있는 가능성은 진리의 특수한 증거이다.
(2) 물리적인 학문들: 이러한 학문들은 감각에 의거한 관찰이란 증거에 의한 최종분석에서 지지되거나 거부되는 진리에 관심을 갖는다.
(3) 우리 자신과 다른 사람들의 정신에 관한 인식과 이해: 비록 우리가 다른 사람들의 정신적인 상태에 관해 어떻게 판단할 수 있는 것인지는 결코 분명하지 않지만, 분명히 그것은 물리적인 학문들에서처럼 단순한 관찰의 문제가 아니다. 이러한 이해의 형식은 대인관계뿐만 아니라 역사학, 심리학, 그리고 사회학에서 명백히 존재한다.
(4) 도덕적인 판단과 인식: 비록 도덕적인 판단의 객관성은 논란의 여지가 있지만, 이것은 '마땅히 해야 한다', '그른', 그리고 '책임'과 같은 개념들로 표현되는 확연히 구분되는 지식의 형식이다.
(5) 미학적인 경험: 이것은 언어뿐만 아니라 어조, 모양, 그리고 색깔과 같은

다른 상징적인 표현의 형식들을 포함한다.

(6) 종교적인 주장들: 이것은 다른 종류의 판단처럼 분명하지 않다. 그래서 그것의 객관적인 근거가 있는지의 여부에 관해 활발하게 논의하고 있다.

(7) 철학적인 이해: 이것은 독특한 이차적인 개념들을 포함하고 있다. 철학은 다른 지식의 형식들에 관한 합리적인 근거들을 이해하고자 하는 지식의 형식이다.

허스트가 이러한 지식의 형식들을 고안하거나 추천하지 않고 있다는 점에 유념하는 것은 중요하다. 그는 실제로 존재하는 지식의 종류에 주의를 기울일 것을 주장한다. 또한 그는 다른 형식들이 생길지도 모르며 인정될지도 모른다는 것을 인정하고 있다. 이러한 최후의 양보는 문제를 임의적으로가 아니라 건전하게 해결하는 것인지도 모른다. 만일 새로운 지식의 형식들이 생긴다면 우리가 그 순간에 우연히 갖게 되는 새로운 형식들에 관한 것 가운데 특수한 것은 무엇인가? 그러나 두 가지 측면에 주목해야만 할 것이다.

첫째로, 우리는 다양한 지식의 형식들에 적합한 방식으로 언어를 사용하는 것을 학습하는 가운데 공적인 언어를 배우게 된다. 우리는 일시적인 생각이나 변덕에 따라 우리가 좋아하는 방식으로 언어를 사용하는 것을 배우지 않는다. 우리는 언어에 의미를 부여하는 공적인 기준들에 따라 언어를 사용하는 방법을 배운다. 다른 지식의 형식들도 존재할 수 있다. 그러나 가지고 있는 지식의 형식들은 단순히 별안간에 생긴 것이 아니다. 그것은 언어적인 경험을 분명히 하기 위해 여러 세대가 비판적으로 노력한 결과로 수천 년이 지난 뒤에 생긴 것이다. 둘째로, 한 지식의 형식을 다른 지식의 형식과 구별하는 네 가지 현저한 특징들에 관한 허스트의 목록에서 언급한 것과 마찬가지로, 이러한 독특한 언어 사용 방식들은 모두 그러한 언어를 사용한 명제들을 검증하는 독특한 방법을 가지고 있다.

(1) 그들은 모두 그 형식에 독특한 성격을 지닌 어떤 중심 개념을 내포하고 있다. 허스트의 예들은 과학에서의 중력, 가속도, 수소, 광합성 등이다. 종교에서의 신, 죄, 운명, 그리고 도덕적인 지식에서의 당위, 선, 그리고 그른 등이 그 예들이다.
(2) 각 형식은 독특한 논리적인 구조를 가지고 있다. 예를 들어 역학에서의 용어들과 명제들은 어떤 엄격하게 제한된 방식 안에서만 의미 있게 연관을 지을 수 있다. 역사적인 설명도 마찬가지이다.
(3) 각 형식은 그 형식의 고유하고 특수한 기준에 따라 경험을 검증할 수 있는 독특한 표현들을 가지고 있다.
(4) 형식들은 경험을 탐구하고 그 형식의 독특한 표현들을 검증하기 위해 특수한 기법들과 기술들을 개발했다(Hirst, 1974: 44).

이러한 견해에 따르면 사람들은 자유교육을 통해서 다양한 지식의 형식들에 적합한 방식으로 사고하게 될 것이다. 처음 보기에는 그렇게 생각할지도 모르지만, 이것은 터무니없이 거창한 것이 아니다. 왜냐하면 학생들은 다양한 형식들 가운데 알려져 있는 것들을 상당히 많이 배우거나 모두 배워야만 한다고 주장하지는 않고 있기 때문이다. 단지 학생들은 각 형식에 적합한 사고방식들을 이해할 수 있을 정도로 학습하면 충분하다고 제안하고 있기 때문이다. 허스트는 이러한 교육은 지식의 형식들 그 자체의 교육일 것이며, 지식의 형식들의 특성들에 관해 단순히 강한 자아의식을 가지고 철학적으로 논의하는 것이 아니라는 것을 강조하고 있다(Hirst, 1974: 49).

허스트는 이런 방식으로 자유교육의 범위와 내용은 지식 그 자체에 의해 결정되며, 정신의 발달에 관심을 기울인다는 것을 그대로 인정하면서 자유교육의 전통적인 개념에 관한 지도를 다시 작성하고 있다. 그러나 이런 교육을 정당화할 필요가 있다. 그런데 그가 지식의 형식들이 지니고 있는지도 모르는 어떤 유용성에 관심을 가지고 있지 않다면, 왜 지식의 습득을 통해서 정신의 발달을 도모하는 교육 그 자체가 좋은 것인가 하는 이유를 밝혀야만 할 것이다. 그는 이러한 목적을 위해 초월적인 연역(transcendental deduction)으로 알려져 있는 논증방법을 사용하고 있다. 간단히 말해서, 초월적인 연역은 이미 그러한 물음을 제기한 물음을 초월하여 대답을 연역하거나 정당화하는 논증방법이다. 그래서 그는 왜 우리가 지식의 습득을 통해서 정신의 발달을 도모하는 것을 소중하게 생각해야만 하는가 하는 이유를 묻는 사람은 누구나 이미 합리적인 지식의 추구를 높이 평가하고 있는 것이라는 점을 지적하고 있다. 왜냐하면 이것은 그의 물음이 의문을 제기하고 있는 것이기 때문이다. 그는 이것을 다음과 같이 서술했다.

> 어떤 형식의 활동을 정당화한 것에 대해 의문을 제기하는 것은 우리가 이미 합리적인 지식을 추구하겠다고 약속한 경우에만 의미가 있는 것이다. 그러므로 합리적인 지식 자체를 추구하는 것에 관한 정당화에 대해 의문을 제기하는 것은 우리가 정당화하기 위해 추구하는 것에 어떤 형식으로든 개입되어 있다는 것을 전제로 하는 것이다(Hirst, 1974: 42).

실제적인 측면에서 보면, 허스트의 명제는 아주 매력적이라는 데 주목해야 한다. 그것의 철학적인 기초는 의문의 여지가 있지만, 어떤 교육자들은 그것을 실제적인 프로그램으로 간주하고 있다는 데 주목해야 한다. 그러므로 그것은 어떤 중요한 것을 가르치지 못했을지도 모른다는 두려움 때문에 고민하는 교사들을 안심하게 해 줄 수 있을 것이다. 왜냐하면 모든 지식의 형식들에 관해 기본적인 것을 이해하고 있는 사람은 그가 알아야 할 필요가 있다고 생각하는 미해

결의 소재를 혼자서 숙달할 능력이 있는 사람이기 때문이다. 더군다나 그 형식의 본질에 관한 이해를 보장할 수 있을 정도로 각각의 특수한 형식들에 관해 공부하는 것이 중요하다면, 재간이 있는 교육과정 기획가들은 각 형식 안에서 그 형식의 본질을 예증할 뿐만 아니라 직업, 또는 시민정신과 같은 다른 이유들 때문에 높이 평가되고 있는 논제들을 선별할 수 있을 것이다.

그러나 허스트가 제안하고 있는 것과 같은 종류의 교육과정이 바람직한 것이라는 데 대해 의문을 제기할 수 있는 중요한 이유들이 있다. 그래서 엘리어트(Elliott)는 『교육과 인간』(*Education and Human Being*, 1975)에서 허스트의 교육과정은 중요한 것을 생략하고 있으며, 학생의 창의성을 짓누르거나 잘못 지도할 위험이 있다는 것을 우려하는 근거들을 제시하고 있다. 여기서는 정신의 힘과 학문들에 관한 비평, 그리고 가장 중요한 것은 무엇인가의 측면에서 그의 중요한 견해를 살펴보려고 한다.

첫째로, 엘리어트는 정신의 힘의 측면에서 마음의 힘이 지식의 형식들을 통해서만 발달할 수 있다는 점을 부정하고 있다. 오히려 인간이 이해하고, 잊지 않고 있고, 예상하고, 명료하게 할 수 있는 힘을 가지고 있지 않다면, 지식의 형식은 결코 발달할 수 없었을 것이다. 이러한 점을 무시하는 것은 인간의 지식을 구체적으로 표현하고 있는 관습의 측면을 과대평가하고 학습자와 그의 본성을 과소평가하는 것이다. 진보주의 교육자들이 어린이의 자연적인 잠재력의 발달에 관해 논의한 것에서는 허스트의 견해에서 허용하고 있는 것보다 더 많은 것을 허용하고 있다. 둘째로, 엘리어트는 학문들에 대해 다음과 같이 비평하고 있다.

> 허스트가 제시한 이론의 기초는 정당성을 확인하는 방식과 관련지어 판단들을 논리적으로 분류하는 데 있다. 그러므로 수학이 경험에서 파생된 것인지, 또는 그렇지 않은지는 중요한 것이 아니다. 또한 그것이 경험에 적용

> 될 수 있는 것인지, 또는 적용될 수 없는 것인지는 문제가 아니다. 논리적으로 확연하게 구별되는 표현의 한 형식으로 간주하는 것이 정당하다는 것을 확인하는 것이면 충분하다. 그것은 왜 어린이들이 학교에 다니는 동안 계속해서 수학을 공부해야만 하는가에 대한 충분한 이유로 간주되고 있다 (Elliott, 1975: 58).

그러나 그러한 형식적인 특질들만 가지고 교육적인 가치가 있다고 단정할 수는 없다. 그렇게 하려면 한 학문이 정신의 힘을 계발하는 데 더 좋은 수단이라거나 그것은 인간이 무엇인가 중요한 것에 관심을 기울인다는 것을 보여줄 수 있어야만 한다. 예를 들어 수학, 물리, 역사, 그리고 철학과 같은 정밀하고 체계적인 학문들은 이해력을 행사하기 위한 폭 넓은 안목을 제공하며 중요한 사물들에 관한 학문이라는 것은 분명한 것 같다. 하지만 사물들은 이처럼 직선적인 것이 아니다. 왜냐하면 우리는 흔히 한 학문을 먼저 학습하지 않고도 다른 어떤 학문의 내용에 접근할 수 있기 때문이다. 더군다나 학문은 본질상 그것의 장점들과 맞먹는 교육적인 결함을 지니고 있는 것인지도 모른다. 다양한 학문들은 공통적이거나 일상적인 이해에서부터 발전되어 그 학문의 내용들을 보다 정밀하게 체계적으로 논의하기 때문에 우리는 당연히 학문들을 이러한 주제들에 관한 우수한 인식방법이라고 생각하게 된다. 그러나 이것은 의심스러운 것이다. 체계적인 심리학이나 사회학을 통해서 제시한 것은 지지하고 일상생활이나 허구적인 문학작품에서 찾아볼 수 있는 인간에 관한 비체계적인 이해는 하찮게 생각해야만 하는가? 학생들의 미학적인 경험을 풍부하게 함으로써 그들이 더 예술작품에 접근하도록 하는 것에 의존하여 예술비평에 관한 연구를 할 수 있는가? 우리는 관련이 있는 학문을 공부하지 않고도 사람들이나 예술작품들을 더 잘 알게 될 수 있는지도 모른다.

이와 마찬가지로, 가장 높이 평가되고 있는 학문들조차도 의심의 여지는 있는 것이다. 사람들은 대개 과학은 우리에게 물리적인 실재에 관해 설명하고 있다고 생각했다.

> 하지만 후설은 『유럽 과학의 위기』(*The Crisis of the European Sciences*)에서 점진적이긴 하지만 갈릴레오 이후 물리학의 연구동향이 큰 변화를 겪었다고 말하고 있다. 주로 진취적인 이상 때문에 이러한 변화가 일어났다. 이제 더 이상 과학은 원래 관심을 가졌던 실체에 관한 이해를 제공하지 못하고 있다고 말하고 있다. 또한 그는 과학을 연구하는 사람들은 대개 전문적으로 연구하고 있으며, 자신이 하고 있는 일에 관한 전문적인 지식만을 가지고 있다고 말하고 있다(Elliott, 1975: 60).

이러한 말들의 배후에는 과학의 역사에 어려운 문제들이 내포되어 있다는 의미가 숨겨져 있다. 간단히 말해서, 자연과학은 우리에게 물리적인 사실을 말해준다고 생각하는 경향이 있다는 것이다. 왜냐하면 그것은 실체에 관한 엄밀하고 체계적인 관찰에 근거하고 있기 때문이다. 그러나 과학의 역사를 엄밀히 살펴보면, 이러한 견해가 얼마나 단순하고 그릇된 것인가를 알게 될 것이다. 많은 그릇된 전기들과 반대로, 갈릴레오는 다른 사람들이 사색했던 곳에서 관찰을 했기 때문에 성공하지 못했다. 사실 관찰은 그의 연구에서 큰 역할을 하지 못했다. 또한 그는 새로운 발견 결과를 대담하게 위장하지 못했다. 그가 철저하게 물리학을 수학으로 간주했다는 점은 매우 중요하다. 그는 자연에 관한 연구를 수학적인 관계들에 관한 연구로 바꾸었다. 그 시대 이후의 물리학자들은 그 분야의 전문가들이 엄밀하게 산출한 방정식들이 오늘날 물리학의 주제로 간주되고 있는 물리적인 실체와 어떻게 연결되어 있는가를 말하기 어렵다는 점을 인정할 수 있을 정도로 진보했다.

우리가 이미 인정을 받고 있는 학문들에 관한 이런 특수한 비평에 동의하든 그렇지 않든 간에, 어떤 학문에 관해서도 이러한 의문을 제기할 수 있다는 사실은 중요하다. 그러그로 한 학문을 숙달하면 그 학문의 내용에 관한 우리의 이해가 증진된다고 가정하는 것은 경솔한 것이다. 엘리어트는 다음과 같이 말하고 있다.

> 이러한 고찰들은 당연히 교육철학에 포함되어야 하는 하나의 과제를 시사하고 있다. 즉, 학문의 교육적인 가치를 평가하기 위해 학문들의 성격을 탐구해야 한다는 것을 제안하는 것이다. 그것은 학문의 진정한 성격이 밝혀진 어떤 학문을 학생이 열정적으로 연구하는 것을 권장하는 교육을 하는 것과 같은 것이다. 극단적인 경우에 그는 성지를 해방시키기 위해 군인처럼 훈련을 받는 사람과 같은지도 모른다. 또한 어느 누구도 잘못이 없다는 사실을 통해서 그는 오히려 콘스탄티노플을 박차고 떠나버릴지도 모른다. 그가 학문 그 자체가 아니라 상식적인 이해를 통해서 학문을 연구하는 것이 연구하는 대상에 접근하는 데 더 좋은 방법이라는 충고를 들었을지도 모르는 경우에 그가 여러 해 동안 열심히 연구하는 것은 유익하지 않을 것이다 (Elliott 1975: 61-62).

우리는 이러한 견해의 혁신적인 의미들에 주목해야 한다. 흔히 철학자의 임무는 과학, 역사, 수학과 같은 학문들을 개혁하는 것이 아니라 단순히 그런 학문의 본질을 분명히 밝히는 데 있다고 생각한다. 또한 사람들은 그러한 규명을 통해서 교육자는 무엇을 가르쳐야 하며 어떻게 가르쳐야 하는가에 관해 결론을 내린다고 생각한다.

셋째로, 엘리어트는 가장 중요한 것은 무엇인가라는 물음에 대해 논의했다. 그는 한 인간이 교육받은 존재가 되는 데 적합한 요소는 그가 알게 되는 사물들의 중요성에 있다고 말하고 있다. 유감스럽게도, 그는 우리에게 그러한 중요성을 평가하는 방법을 전혀 제시하지 않고 있다. 하지만 분명히 그는 지식의 한 형식이 지니고 있는 논리적인 특징들을 가장 잘 예시하고 있기 때문에 그것을 교육과정의 내용으로 선별하게 되면 알아야 할 것 가운데 가장 중요하고 특수한 것들을 소홀히 할 위험이 있다고 하는 제안은 옳은 것이다. 예를 들어 역사적인 설명의 본질을 가르치는 가장 좋은 방법은 객관적으로 공정하게 고찰하기 쉬운 어떤 낙후된 지역의 역사를 공부하도록 하는 것이라고 생각할 수도 있다. 정확하고 다양한 학문들의 어떤 부문이 자유교육의 목적에 가장 적합한 것인가 하는 문제를 여기에서 논의할 수는 없다. 철학적인 근거들에만 의존한다고 하더라도, 예를 들어 과학의 어떤 분야들은 다른 것들보다 더 과학적인 사고의 본보기에 가까운 것 같다는 것은 분명하다. 아마도 물리학의 많은 부분들은, 예를 들어 생물학보다 더 포괄적이고, 논리적인 성격이 더 분명하며, 잘 발달된 물리적인 학문들을 대표하는 것 같다. 만일 그렇다면 다른 것들은 모두 똑같지만, 그것들은 과학적인 지식을 더 잘 소개하는 데 기여할 것이다(Hirst, 1974: 49).

피터스는 활동의 가치의 문제에 관심을 갖고 있었다. 그는 교육이란 말 그 자체는 가치 있는 활동들을 인식하고 그것에 관심을 기울인다는 의미를 지니고 있다고 주장했다. 그는 몇 차례에 걸쳐서 이 문제를 논의했다. 그는 『윤리학과 교육』에서 처음으로 가치 있는 활동에 관한 두 가지 접근방법을 살펴보고 있다. 그는 두 접근방법은 결함이 있지만 중요한 의미가 담겨 있다고 생각하고 있다. 공리주의자가 쾌락을 강조하는 것은 오류이다. 그러나 우리가 쾌락을 얻으려고 하는 욕망을 가지고 있지 않았다면, 인간은 어떠한 것을 하려는 이유를 가질 수 없었을 것이며, 이유를 위해 행동하겠다는 생각은 결코 표현되지 않았을 것이라는 점을 공리주의자는 상기시켜 주고 있다. 아리스토텔레스의 목적론적인 견해 또한 그른 것이다. 그러나 이런 견해는 이성의 사용에 호소하는 것을 통해서 인간의 선한 삶을 정당화하려고 노력하는 것이다. 이런 정당화 방법은 인간이 가정하고 있는 목적에 의거해서 논증하는 것이 아니라 초월적인 연역을 통해서 논증의 출발점이 되는 이유를 제시하는 것이다.

한 초월적인 논증에서는 내가 마땅히 해야 하는 것은 무엇인가라는 물음에 대답하려고 노력할 때 자신의 이성을 이용하는 사람은 어떤 사람인가를 분명히 밝히려고 노력하고 있다(Peters, 1966: 153). 피터스는 내가 마땅히 해야 하는 것은 무엇인가? 그리고 왜 저것이 아니라 이것을 해야 하는가?와 같은 질문들은 사물을 특정한 방식으로 보는 사람과 이미 관여하고 있는 사람만이 신중하게 제기할 수 있는 물음이라고 주장한다. 만일 우리가 이러한 가정들을 분간할 수 있다면 그것은 대답의 방향을 제시해 줄 것이다.

첫째로, 그런데 왜 저것이 아니라 이것을 해야 하는가?라고 물을 수 있게 되려면, 우리는 활동을 추구하는 이유인 활동 그 자체에 내재하고 있는 동기가 존재한다는 것을 알 수 있어야 한다. 어떤 사람은 이러한 태도를 전혀 모른다. 그래서 그는 단지 어떤 활동이 다른 것의 수단으로 좋은 것인지의 여부에 관해서만 의문을 제기할 것이다. 그러나 이러한 의문을 제기한 사람은 자신에게 도움이 되도록 활동을 이해하는 방법을 배우게 된다. 만일 이것이 사실이라면 그는 특수한 활동 그 자체는 무엇을 초래하는가가 아니라 그 활동에 내재하고 있는 준거들 때문에 높이 평가할 수 있다는 것을 인식하고 있는 것이 분명한 것이다. 왜냐하면 탁월성의 기준에 부합되는 활동에 참여하지 않고는 활동 그 자체를 가치가 있는 것으로 간주할 수 없기 때문이다. 다양한 방식으로 행하는 활동은 다양한 준거를 지니게 될 것이다. 예를 들어 고상함, 재주, 민첩성, 적절성, 균형, 또는 설득력 등과 같은 준거를 지니게 될 것이다. 우리가 그러한 활동에 참여할 때 우리는 그러한 준거에 반응하게 되며, 활동 그 자체는 가치를 가질 수 있다는 것을 인식하게 된다. 원시인은 음식이 필요하다는 이유만으로 사냥을 하러 갈지도 모른다. 그가 짐승을 뒤쫓는 법, 속도, 그리고 기술과 같이 훌륭한 사냥꾼의 자질을 갖추게 되면 그는 이러한 기준을 성취한 것에 만족할 것이다. 비록 고

기를 저장하는 곳에 고기가 가득 차 있다고 하더라도, 그는 자신의 기술, 속도, 그리고 방식을 확인하기 위해 사냥하기로 결정하는 날도 있을 것이다. 활동 그 자체에 내재하고 있는 기준들 때문에 그것은 가치가 있게 될 것이다.

그래서 피터스는 우리에게 질문하는 사람은 기준의 성취에 대한 범위를 제시하고 있는 활동들을 더 좋아하게 될 것이라고 말하고 있다. 게다가 활동들은 얼마 동안 계속되기 때문에 그는 지루하게 하지 않는 것들을 더 좋아하게 된다. 또한 예측할 수 없다는 사실과 기술을 표현하는 기회를 중요하게 여기는 상황에 처하게 될 때 자신의 기지, 감수성, 그리고 재능을 이용하는 기회를 풍부하게 제공하기 때문에 그는 관심을 갖기 쉬운 활동을 더 좋아하게 된다(Peters, 1966: 167). 이것은 모두 음식, 성, 그리고 따뜻함에 대한 욕구와 같은 기본적인 욕구의 충족에 지나지 않는 활동들을 인간이 변형시켰던 방법들과 관계가 있다. 요리법, 구혼, 의상, 건축에 관한 정교한 규범들은 우리가 그러한 욕구를 충족하는 방식을 지배하게 되었다. 규범과 관습은 기능, 취미, 감수성 등과 같은 것을 행사할 수 있는 범위를 규정하기 때문에 사람들은 그 자체를 가치가 있다고 생각하게 되었다.

분명히 인간이 선택하는 다양한 활동은 자신의 삶과 계속적으로 조화를 이룰 수 있다는 견해는 좀 더 강력한 것이다. 신중한 인간은 서로 병존할 수 없는 활동들을 선택할 수 없다.

그러나 피터스는 이제까지의 논증에 만족하지 않고 있다. 왜냐하면 이러한 논증에서는 과학이나 예술의 탐구가 골프를 치거나 카드놀이를 하는 것보다 더 가치가 있다는 것을 하나도 보여주고 있지 않기 때문이다. 준거에 의존하고 있는 이러한 두 종류의 활동은 모두 새로운 가능성이 있는 것이며 병존할 수 있는 것이다. 과학과 예술은 훌륭한 게임보다 더 가치가 있는 것도 아니며, 더 가치가 없는 것도 아니다. 하지만 분명히 과학, 철학, 또는 역사는 단순한 오락이 아니다. 그러므로 그것은 게임이나 오락이 지니고 있는 것 이상의 것이다. 그것이 공유하고 있는 특징은 중요하다(Peters, 1966: 158). 피터스는 이처럼 무언가 고차적인 것을 알기 위해 왜 저것이 아니라 이것을 해야 하는가?라는 물음의 배후에 있는 두 번째 가정들을 밝히고 있다. 물론 여기에서 왜라는 말의 의미는 이유를 묻는 것이다. 만일 그 물음이 진정한 것이라면, 그것은 타당하거나 진실한 이유를 묻는 것이다. 그런데 피터스가 진지한 활동이라고 불렀던 것은 모두 제기된 문제에 대한 대답과 관계가 있는 지식을 제공하고 있다. 과학, 철학, 그리고 문학은 우리가 자신, 세계, 그리고 이러한 세계에서 추구할지도 모르는 종류의 활동들에 관한 견해를 형성하는 데 도움이 된다.

간단한 두 가지 예들은 그가 여기에서 알려고 하는 것을 설명하는 데 도움이 될 수 있다. 역사 연구는 어떤 일이 할 가치가 있는가라는 물음에 관해 중요한 사실을 제공하고 있다. 왜냐하면 그것은 서로 다른 시대에 인간이 하는 활동은 다양하며, 우리는 그것에서 다양한 가치를 발견하게 된다는 것을 밝혀주고 있기 때문이다. 또한 최근에 과학의 각 분야에서의 발달결과에서는 인간이 예술작품을 창조할 때나 지구의 표면을 탐구할 때와 같은 경우에 실제로 무슨 일이 일어나는가를 아주 다르게 설명하고 있다. 그래서 피터스는 의문을 제기하는 사람들에게 다음과 같이 말할 수 있었다.

> 그가 뒤로 물러서서 지금 하고 있는 일이 무엇인가를 생각하면 그는 대학의 교육과정에서 주류를 이루고 있는 것과 같은 종류의 활동에 참여하게 된다. 그는 활동의 다양한 형식들을 서술하고 설명하고 평가하는 데 관심을 기울이는 과학, 역사, 문학, 그리고 철학과 같은 형식에 관해 탐구하고 있는 자신을 발견하게 될 것이다. 한 인간이 그가 묻고 있는 물음을 밝힐 수 있는지도 모르는 어떤 탐구의 형식에 대해 임의적으로 자신의 마음의 문을 닫은 채 '왜 저것이 아니라 이것을 하는가?'라고 진지하게 묻는 것은 비합리적

인 것이다(Peters, 1966: 162-163).

그러므로 무엇을 하는 것이 가치가 있는가를 알고자 하는 사람은 누구나 그 문제를 해명할 수 있는 종류의 지식을 추구하는 것을 가치가 있다고 생각해야만 한다. 하지만 그래도 여전히 하나의 문제는 남아 있다. 피터스가 주목하고 있는 것과 마찬가지로, 이것은 단지 진지한 활동의 도구적인 가치를 지지하는 논증에 불과하다고 말할지도 모르기 때문이다. 질문에 답하는 데 도움을 주기 위해 그러한 활동을 추구해야 한다는 것을 밝히는 것은 그런 활동 그 자체를 추구해야만 한다는 것을 보여주는 것이 아니다. 예를 들어 과학적으로 사고하는 것은 왜 저것이 아니라 이것을 하는가? 하는 물음에 대한 도구적인 대답과 똑같은 것이 아니다. 왜냐하면 이것과 저것이 간주되는 방법을 바꾸는 것에 의해 그것은 물음을 변형하고 있기 때문이다(Peters, 1966: 163-164).

과학과 다른 진지한 활동이 이러한 변형하는 힘을 가져야만 한다는 사실은 이제까지 주의를 기울이지 않았던 다른 측면에서 추론된 것이다. 그것은 세계에 관한 인간의 호기심이나 자신의 특수한 처지에 관한 관심이나 두려움과 관계가 있다(Peters, 1966: 164). 그것은 인간이 마땅히 무엇을 해야 하는가에 관해 의문을 제기할 때 제시되는 진리에 공통적으로 관심을 가지고 있다. 그 이유는 다음과 같다. 자신의 생활을 떠나서 '왜 저것이 아니라 이것을 하는가?'라는 의문을 제기하는 한, 그는 이미 자신의 의식을 통해서 확립한 진리를 위해 진실한 관심을 가지고 있음에 틀림없다. 물음이 제기되는 상황과 가능한 해답의 구조를 제공하는 다양한 종류의 사실들에 관해 알 수 있을 뿐만 아니라 자신을 알고자 하지 않는다면 인간이 어떻게 진지하고 실제적인 물음을 제기할 수 있는가? 다양한 이론적인 탐구들은 경험의 이러한 서로 다른 측면들의 폭로인 것이다. 왜 저것이 아니라 이것을 하는가라는 물음을 진지하게 제기하는 것은 그가 묻고 있는 물음의 구조를 제공하는 실재의 그러한 측면들에 진지하게 관심을 기울이는 것으로 규정되는 탐구를 수행하는 것이다. 요컨대 그러한 활동의 정당화는 순전히 도구적인 것이 아니다. 왜냐하면 그러한 활동들에는 '왜 저것이 아니라 이것을 하는가?'라는 물음을 제기하는 것뿐만 아니라 그것에 대해 대답하는 것도 포함되어 있기 때문이다(Peters, 1966: 164).

피터스는 「교육의 정당화」(1973)란 논문에서 왜 진리와 합리성을 인간의 궁극적인 가치들 가운데 하나라고 생각하는가를 보다 상세하게 언급하고 있다. 또한 그는 왜 행복과 마찬가지로 그것이 초래하는 어떤 결과를 위해 가치가 있는 것이 아니라 그 자체가 가치가 있는 것인가를 보다 상세하게 논의하고 있다. 그는 여기서 어떤 사람은 정당화 그 자체의 가치를 의심할지도 모른다는 점에 관해 논의하고 있다. 정당화의 가치를 의심하는 논쟁은 그러한 의심이 어떤 것이든 그것의 가치를 전제로 하고 있다는 점에 있다. 왜냐하면 그것의 가치를 논의하는 것은 그것을 찬성하거나 반대하는 이유를 찾는 것의 시작이기 때문이다. 그런데 그것 자체는 정당화의 보다 확실한 예인 것이다(Peters, 1793: 253). 철학자가 아닌 사람들은 흔히 이러한 논증을 인정하지 않고 있다. 그는 정당화를 하기 위한 탐구와 이유를 요구하는 것은 인간의 삶에서 불가피한 것이라는 사실을 지적하고 있다 그것은 무언가 인간에 관해 중요한 것을 분명히 일깨워 주고 있다.

> 왜냐하면 나방이 등불에 가까이 가기를 좋아하는 것처럼 인간은 단순히 목표를 향해 전향하는 존재가 아니기 때문이다. 인간은 본능적인 능력에 의해서만 계획을 세우는 존재가 아니다. 인간은 목적에 관해 생각한다. 인간은 목적에 대한 수단과 목적에 관한 규칙을 따르기도 하고, 그것을 수정하고 평가하기도 한다.
>
> 그러므로 인간은 이성의 요구에 부합하게 사는 생물이다. 물론 그는 비

> 이성적이거나 비합리적일 수 있다. 그러나 이러한 용어들은 단지 이성의 측면에서 볼 때 부족하다는 의미로 이해할 수 있다. 이성의 요구는 단순히 반성하는 존재가 선택할 수 있는 것이 아니다(Peters, 1966: 254).

바꾸어 말해서, 인간의 삶은 올바르게 사물을 이해하려고 노력하거나 판단하는 것의 문제인 것이다. 그러므로 행복과 쾌락이 가치 있는 것과 마찬가지로, 이성, 진리, 그리고 지식은 가치가 있는 것임에 틀림없다. 적어도 부분적으로 지식의 본질에 의거한 논증은 인간의 본질에 관한 논증임에 틀림없다.

만일 우리가 피터스의 논증에 관해 어떤 평가를 하려고 한다면, 우리는 그가 초월적인 연역에 근거를 두고 논증하고 있다는 사실 때문에 특수한 문제에 직면하게 될 것이다. 초월적인 논증의 현저한 특성 가운데 하나는 그러한 논증을 사용하고 있는 많은 철학자들이 그러한 논증을 우려하고 있다고 고백할 정도로 자신들의 논리적인 결함을 발견하지 못하고 있다는 것이다. 결국 이미 물음을 제기했다는 사실을 통해서 강력하게 정당화하는 논증은 무언가 결함이 있는 것이다. 물론 예감과 느낌은 결코 반박을 허용하지 않을 것이다. 그러나 그것은 철학에서 한 자리를 차지하고 있다. 왜냐하면 단순히 막연하게 지각했던 것을 분명하게 밝히려는 세심한 분석을 통해서 예감을 규명할 경우에만 철학은 진보하기 때문이다. 초월적인 연역과 그것의 다양한 이용에 관해 철학적으로 연구할 필요가 있다. 그러므로 우리는 피터스가 주장한 세 가지 특수한 의미에 주목해야 할 것이다.

첫째로, 우리는 교육과정을 선별할 때 어떤 학문을 연구하는 것이 더 가치가 있는 것인가, 그리고 각 학문에서 가장 가치 있는 지식은 무엇인가를 판단해야 한다. 피터스가 인간이 이용할 수 있는 다양한 종류의 지식을 선택권의 확장이라는 견지에서 평가한다고 주장할 때 제시했던 예는 두 가지 문제에 대한 대답을 지적하는 것이다. 가장 잘 해명하고 있는 지식을 가장 높이 평가하게 될 것이다. 그러나 피터스는 여기에 만족하지 않고 있다. 그는 진리와 합리성을 추구하는 것을 지지하려고 계속해서 논증하고 있다는 사실을 알았다. 이러한 결론이 교육과정의 세부적인 내용을 선별하는 데 얼마나 도움이 되는가를 알기는 어렵다. 앞에서 허스트의 이론에 관해 비판했던 것들은 대부분 여기에도 해당된다.

둘째로, 어떤 사람이 피터스가 진지한 활동이라고 불렀던 것에 지대한 관심을 가지고 있는 경우를 생각해 보면 또 다른 문제에 직면하게 된다. 피터스의 추론에 접하게 될 경우, 그는 그것의 결점을 전혀 발견하지 못할지도 모른다. 그는 논증에 결함이 없다고 생각할지도 모른다. 하지만 그 논증은 그가 과학, 역사, 문학, 또는 그 밖의 것에 관심을 기울이는 이유와 전혀 무관하다. 이 문제를 체계적으로 연구할 수 없었다. 하지만 진지한 활동에 지대하게 관심을 가졌던 사람들은 대개 이러한 관심의 근거를 찾기 위해 그들의 심정을 알려고 했다면 우리가 어떤 것을 해야 하고 어떤 것을 하지 말아야 하는가와 그런 일을 하는 이유를 알려고 하는 욕망에 전제되어 있는 진리와 합리성에 똑같이 관심을 가지고 있다고 생각하는 사람은 분명히 거의 없을 것이다. 다음은 지금 우리가 관심을 가지고 있는 것의 적절한 예인지도 모른다. 시험이나 자격증이 필요하다는 것에서 벗어나서 교육과정의 철학에 관해 숙고하는 사람들은 이것을 흥미가 있고 중요하다고 생각하기 때문에 그렇게 하는 것 같다. 진리와 합리성에 접근하는 것을 표현하는 유일한 방법이기 때문에 그렇게 하는 것은 아니다.

물론 다양한 개인적인 이유 때문에 사람들은 일반적으로 정당화하기 쉬운 활동을 추구할 수 있다. 그러나 일반적인 정당화의 근거가 감수성이 예민하고 지혜로운 사람들이 열정적으로 활동하는 동기와 동떨어진 것이라면 우리는 피터스가 일반적인 용어로 정당화한 것이 이러한 활동이 지니고 있는 많은 가치를 이해한 것이라는 것을 의심할 수 있는가? 엘리어트가 말했던 것과 마찬가지로,

"어떤 비평가가 다른 것보다 시에 관한 진리를 탐구하는 이유는 시를 사랑하기 때문이다. 자신이 일반적으로 지식을 사랑하고 있기 때문에 시는 가치가 있다고 생각한다면, 그는 결코 시를 사랑하는 사람이 될 수 없을 것이다"(Elliott, 1977: 13).

끝으로 피터스는 이 문제를 제시하는 방법에 관해 무언가 잘못 이해하고 있다. 어떤 사람이 왜 저것이 아니라 이것을 하는가? 하는 물음을 진지하게 논의하는 것은 우리가 열의를 가지고 이러한 활동을 할 필요가 있다는 것을 무시하는 것이라고 생각하는 것 같다. 또한 그것은 조용히 심사숙고한 다음 그런 일을 선택하는 것이 아니라 그런 일에 사로잡히게 되는 것을 무시하는 것이라고 생각하는 것 같다. 마치 그것은 피터스가 질서정연하게 삶을 영위하고 있거나 정당한 방법을 사용하려고 하지 않을 때를 제외하고는 수수께끼, 문제, 또는 책임감이 전혀 없는 어떤 인간의 모습을 우리에게 보여 주려고 하는 것과 같은 것이다. 그는 왜 제도용 핀, 시, 크리켓, 또는 학문에 몰두해야 하는 것인지, 그리고 그런 것에 몰두해야 할 필요가 있는 것인지를 의심하고 있다. 피터스가 진지한 활동의 진지성을 강조한 목적은 그것이 삶에 즐거움을 더해 주는 장식물이 아니라 삶은 무엇이며 어떠해야만 하는가의 일부라는 데 있다. 우리가 왜 이것은 그런가 하는 것을 밝히려면 지식과 합리성보다 더 많은 것을 언급해야 할 것이다.

5. 구성주의

하나의 철학, 인식론, 인지적인 입장, 또는 교육방침 등으로 서술되고 있는 구성주의는 오늘날 수학과 과학교육을 지배하는 것 같다. 그것의 기본적인 전제 가운데 하나는 모든 지식은 수동적인 수용의 결과가 아니라 구성된다는 것이다. 이 전제는 모든 형태의 구성주의에 공통적인 것이며, 인지심리학의 기본 교의

이다. 오늘날 극소수의 학자들만이 인식의 주체들은 능동적으로 자신들의 지식을 구성해야 한다는 생각을 거부할 것이다. 그래서 인식의 주체가 모든 인간에게 공통적인 인지적인 장치를 사용하거나 전적으로 특이한 방법으로 그의 지식을 구성하느냐 그렇지 않느냐 하는 문제가 제기된다. 그렇지만 인지적인 전제는 강력한 반대를 초래할 만한 것은 아니다(Noddings, 2007: 126-131).

구성주의자들은 교육에서 그들의 뿌리를 찾고 있다. 피아제의 구성주의에 대한 해석은 정신적 발달의 각 단계의 특징인 인지행동에 근본이 되는 정신의 구조를 확인하는 것이다. 피아제는 추상적인 인식론적 주체, 즉 우리가 관찰하는 인지행동을 설명할 수 있는 기계의 프로그램과 유사한 구조를 서술했다. 그의 연구는 구조주의적인 동시에 구성주의적이었다. 그는 정신의 구조와 기계의 추상적인 구조를, 생물학적인 구조와 인지구조를, 그리고 인류의 지적인 발달의 구조와 개인의 지적인 발달의 구조를 관련지었다.

피아제의 연구는 어린이들은 능동적으로 학습해야 한다고 믿는 많은 교사들에게 매혹적인 것이었다. 교사들은 '발달적인 학습'과 '암기학습'을 구별하기 시작했다. 전자는 학생들이 문제와 새로운 상황에 접근하는 방법에 있어서 능동적이고 지속적인 반면에, 후자는 수동적이고 일시적이고 이후의 학습에 도움이 되지 않는 것으로 서술되었다. 이런 구성에는 이미 이론적인 모순이 있었다. 만일 모든 인지와 지각이 능동적이라면, 암기학습은 능동적임에 틀림없을 것이다.

구성주의를 지지하는 교사들은 강의하기와 말하기를 덜 강조하고, 학생들이 자신의 학습목표를 세우고 추구하는 데 능동적으로 참여하는 것을 권장한다. 그들은 수동적인 학습을 권장한다는 이유를 제시하면서 강의하기와 말하기를 적게 할 것을 주장할 수 있다. 또한 그들은 능동적인 학습이 더 효과가 있다거나 교사들이 학생들의 학습을 돕기 위해서는 학생들이 무엇을 생각하고 있고 어떻게 생각하는지를 알 필요가 있다는 이유를 제시하면서 강의하기와 말하기를 적게 할 것을 주장할 수 있다. 그래서 구성주의를 지지하는 교사들은 피아제의 '임상적 방법'을 개작하여 사용한다. 그들은 학생들에게 "여러분이 생각하는 것을 듣고 싶다."고 말하는 것에서부터 시작한 다음에 처음 문제에 대한 도전과 변인 등을 추적한다.

구성주의를 주장하는 사람들과 반대하는 사람들은 모두 피아제의 구성주의에 반대했다. 구성주의자들이 피아제의 견해에 대해 반대한 것을 살펴본 다음, 구성주의 일반에 대해 반대하는 견해를 살펴보자. 구성주의를 지지하는 많은 교육철학자자들은 피아제의 연구에서 개개의 어린이와 사물 간의 상호작용에 지나치게 집중한 것에 대해 비판했다. 이런 교육철학자들은 우리가 대개 사물을 직접 조작하는 것이 아니라 다른 사람들과의 상호작용을 통해서 학습한다는 점을 지적한다. 우리는 다른 사람들과의 상호작용을 통해서 반성적 탐구의 과정에서 제기되는 다음과 같은 기본적인 물음을 제기한다. 나는 어떻게 이런 결과에 도달했는가? 그것은 효과가 있는가? 그것은 무엇에 유익한가? 나는 어떻게 확신할 수 있는가? 나는 어떻게 다른 사람들에게 그것을 설명할 수 있는가? 실행 가능한 대안은 있는가? 다른 사람들이 이런 물음을 제기하고 우리에게 도전하듯이, 우리는 그런 질문을 내면화하고, 우리 스스로 다른 사람들에게 질문하는 습관을 기른다. 게다가 우리는 다른 사람들의 도움을 받으면서 많은 과제들을 수행할 수 있다. 피아제가 학습의 사회적 측면을 소홀히 했다고 생각한 학자들은 비고츠키(Vygotsky)의 사회적 구성주의에 관심을 가졌다. 급진적 구성주의는 피아제로부터 멀리 떠났다. 그것은 모든 지식 구성의 중심에서 인식론적인 주체를 덜 강조하고, 주체를 인지하는 개인을 갖다 놓았다.

포스트모더니스트들은 급진적 구성주의에 반대했다. 첫째로, 그런 입장이 실제로 포스트인식론적이라면, 왜 실재의 성격에 관해 이야기 하는가? 둘째로, 그들은 구성하는 주체의 개념에 반대했다. 포스트모더니즘의 관점에서 보면, 인간은 자신의 실재를 창조하는 자율적인 주체가 아니며, 지식이 구성되는 방법에도 문제가 있다. 주체인 우리는 어떤 기관을 갖고 있고, 우리의 인지적 과정은 구성될 수 있는지 고르겠지만, 우리는 실재를 구성하지 않는다.

구성주의자들은 학습자에 관한 능동적인 견해를 상세히 밝힌 듀이의 연구를 주의 깊게 살펴보면 유익할 것이라고 생각한다. 교사들은 피아제가 연구한 것을 자세히 살펴볼 필요가 있다. 듀이는 중요한 문제들에 대해 피아제와 다른 견해를 갖고 있는가? 두 사람 모두 상호작용론자였다. 그들은 잠재적인 경험의 세계 안에 인식하는 사람과 인식의 대상을 갖다 놓았다. 그렇지만 피아제는 칸트의 노선을 따라 각 발달단계에서의 정신 활동을 서술한 인지구조를 가정한 반면에, 듀이는 눈으로 볼 수 있는 행동, 말로 표현된 의도, 그리고 관찰 가능한 결과를 갖고 연구하기를 더 좋아했다. 또한 피아제는 교육이 아니라 발달에 관심을 갖고 있었던 데 반해서, 듀이는 교육에 관심을 갖고 있었고, 교육철학을 모든 철학의 중심에 갖다 놓았다.

교사들은 구성주의자가 되지 않으면서도 그들이 제안한 실제들을 선택적으로 활용할 수 있다는 것을 명심해야 한다. 결론적으로 말해서 우리는 다음과 같은 물음을 제기할 수 있다. 교사들이 권유한 자료들은 구성주의자가 제시한 특별한 준거를 충족하는가? 즉, 그것들은 강력하고 실행 가능한 구성을 요구하는가? 구성주의자의 연구에 심각한 문제점은 없는가? 명료화가 필요한 개념들은 어떤 것들인가? 대안은 경시되는가? 일관성이 없는가? 지식사회학에 주목하는가?

제8장 도덕교육

제8장 도덕교육

1. 도덕교육의 의미

전통적인 사회에서 살던 사람들은 관습과 규범에 따르는 행위를 도덕적인 행위로 간주했다. 그런데 오늘날과 같은 다문화사회에서는 급격한 사회변동과 불확실성으로 인해서 다양한 가치가 공존하고 있기 때문에 통일된 규범도 드물고 관습과 금기를 행동의 근거로 삼기도 쉽지 않다.

이처럼 변화된 경향으로 인해서 도덕 현상에 관한 연구의 방향도 새롭게 모색되고 있다. 현대의 도덕연구의 특징 가운데 하나는 윤리적 지식, 특히 도덕적 판단의 성격을 규명하는 데 치중하고 있다는 점이다. 이러한 이론들은 모두 인간의 당위적 행동의 근거는 도덕적 판단에 있으며, 그것의 성격을 규명한다면 인간의 당위적 행동의 성격은 밝혀질 수 있다는 가정에 근거를 두고 있다고 할 수 있다.

이런 윤리학 연구 경향으로 인해서 도덕교육에 관한 이론도 도덕적인 판단능력의 성격을 규명하거나 그것을 기를 수 있는 방안을 모색하는 데 주력하는 경향을 보이고 있다. 예를 들어 피터스는 도덕적인 발달과정을 해명하기 위해서 도덕적인 성장의 인지적, 정의적, 그리고 의욕적인 측면을 설명하고 있다. 콜버그(L. Kohlberg)의 이론도 도덕적인 판단능력의 성장 과정을 중심으로 도덕적인 발달과정을 해명하는 데 치중하고 있다. 피터스와 같은 교육철학자들은 도덕적인 성장과정에서 도덕적인 판단능력이 중요한 역할을 한다고 주장한다. 이와는 달리 일부 교육철학자들은 도덕적인 행위를 하려면 올바른 습관을 갖는 것이 중요하다고 보고 있다.

이러한 이론의 영향을 받은 인지적인 도덕교육이론들에서는 주로 도덕적인 판단능력을 기를 수 있는 도덕교육의 방법을 모색하고 있다. 교육철학자들의 도덕교육에 관한 견해는 매우 다양한 것처럼 보이지만, 사실 그들은 도덕적인 성장과정에서 도덕적인 추론 능력의 발달이 가장 중요하다고 보고 있는 것처럼 보인다.

그렇지만 어떤 사람이 옳고 그른 것에 관한 지식이나 행위에 관한 방법적인 지식만 가지고 있다고 해서 반드시 그가 도덕적인 행위를 하는 것은 아니다. 다시 말하면, 도덕적인 지식은 도덕적인 행위의 필요조건이지 충분조건은 아니라고 할 수 있다.

이런 입장에서 보면 도덕교육의 문제는 도덕적인 지식을 전달하는 것과 그런 지식을 도덕적인 행위와 연결하는 것의 문제로 분석할 수 있다. 그런데 도덕적인 지식과 도덕적인 행위를 연결하는 중요한 요소는 도덕적 판단능력이라고 할 수 있다.

도덕적인 갈등 상황에 처한 사람은 어떻게 행동하는 것이 적절한가를 결정하지 않으면 안 된다. 이런 결정 과정에서 행위자는 합리적 근거를 바탕으로 판단을 할 수 있어야만 도덕적인 행위를 할 수 있다. 비록 도덕적 판단능력을 발달시키는 것이 도덕적인 행위를 보장하는 것은 아니지만 도덕적 판단능력은 도덕적 행위의 전제조건임을 부정할 수는 없을 것이다.

도덕교육의 의미는 여러 가지로 정의될 수 있다. 도덕교육의 의미를 규정하는 일반적인 방법은 도덕의 의미와 교육의 의미를 분석하는 것이다. 도덕이라는 말에서 도는 인간이 행하지 않으면 안 되는 도리를 의미하고, 덕은 윤리적으로 행동하는 습관을 말한다. 이런 입장에서 보면 도덕은 사람이 마땅히 행해야 하는 도리나 규범을 말한다고 볼 수 있다. 한편 어원적으로 볼 때 도덕은 사회의 습속이나 사회 구성원들에게 용인되거나 금기로 여기는 행동양식을 의미하는 라틴어 모레스(mores)에서 유래한 말이다.

그런데 도덕은 법이나 관습과 구별되는 사회 규범이다. 도덕이 법이나 관습과 구별될 수 있는 근거는 자유의지에 있다. 법이나 관습과는 달리 도덕은 행위자의 자유의지를 전제로 한다. 도덕적인 행위의 경우에는 보편적인 도덕률을 따르려는 행위자의 자발적인 의지가 필수적이며, 도덕이라는 말은 마땅히 행해야 하는 행동과 밀접한 관계가 있다. 여기에는 이성의 명령이 내포되어 있으며, 행위자의 합리적인 판단과 자발적인 동기가 내포되어 있다. 그러므로 도덕은 합리적인 판단과 자발적인 동기, 그리고 의지를 전제로 하고 있다고 볼 수 있다.

이러한 어원적인 의미만을 가지고 도덕의 의미를 규정하기는 어렵다. 몬티화이어(A. Montefiore)에 따르면 도덕의 의미는 서술적인 기능과 평가적인 기능을 한다(Montefiore, 1967: 148-154). 일상 언어에서 도덕원리라고 말할 경우에 도덕이란 말은 용인된 행위 기준과 일치하는 행위를 가리킨다.

도덕이란 말은 이러한 서술적인 의미뿐만 아니라 평가적인 의미로도 사용된다. 평가적인 의미로 사용될 경우에 도덕이란 말은 발언자 자신이 가지고 있는 사회적 행동에 대한 견해나 판단을 내리는 상황의 어떤 국면이 중요하다는 것을 나타낸다.

프랑케나(W. K. Frankena)는 도덕의 의미를 형식적 개념과 실질적이고 사회적인 개념으로 나누고 있다. 그에 따르면 도덕의 개념은 두 가지 기준을 충족해야 한다. 첫째로, 행위의 지침을 제시해야 하고, 둘째로 행위의 지침을 궁극적인 권위로 간주해야 한다. 그런데 행위의 지침은 규칙, 원리, 이상 등을 포함하는 판단으로 이루어져 있다. 이러한 도덕은 개인의 문제가 아니라 사회적 관심의 표현이며, 사회적인 재가를 통해서 유지된다(Frankena, 1973: 5-9).

그런데 도덕교육은 가치 있고 바람직한 것을 전달하는 과정을 포함하고 있다고 할 수 있다. 이처럼 가치 있고 바람직한 것에 입문해야 하는 이유는 도덕적인 사람이 되는 데 있다. 다시 말하면, 도덕적인 인간이 되기 위해서는 가치 있고 바람직한 행위를 할 수 있어야 한다. 그런데 이러한 행위를 하기 위해서는 도덕적인 판단능력과 순화된 정서, 그리고 도덕적 의지를 구비해야 한다. 다시 말하면, 도덕적인 사람이 되는 데는 합리적인 판단에 근거해서 바람직한 규칙을 특수한 상황에 적용하는 능력을 갖추는 것이 필수적이라고 할 수 있다.

규칙을 특수한 경우에 적용하기 위해서는 환경의 변화에 규칙을 적용한 결과나 적용의 조건에 관한 경험적인 지식을 참고하여 공정성, 진실을 말하는 것, 자유, 인간 존중, 그리고 관심의 고려 등과 같은 고차적인 원리를 적용할 수 있는 능력을 갖추어야 한다. 왜냐하면 고차적인 원리는 특수한 규칙의 정당성을 입증하거나 특수한 상황에서의 판단이 타당한 것인지의 여부를 결정하는 중요한 준거이기 때문이다.

그렇지만 도덕교육은 진리를 추구하고 아름다움을 인식하고 바람직한 인간관계를 맺고, 합리적이고 이지적으로 행동하는 인간을 만드는 것만을 가리키는 말이 아니다. 합리적인 판단을 내리는 것은 물론이고 판단한 것을 실천에 옮길 수 있게 하는 도덕적 감정과 의지를 기르는 것을 포함하고 있는 말이다.

흔히 사람들은 성실, 용기, 관용 등과 같은 덕목을 가르치는 것을 도덕교육이라고 여기고 있다. 그러나 이러한 덕목을 습득시키는 것이 성실한 행위, 용기 있는 행위, 관용을 베푸는 행위를 보증하는 것은 아니다. 용기의 의미를 아는 것은 용기 있는 행위의 필요조건은 될 수 있지만 필요충분조건은 아니다. 용기 있는 행위를 하기 위해서는 용기가 무엇인지를 아는 것을 물론이고 구체적인 현실에서 용기 있는 행위를 할 수 있는 도덕적인 감정을 소유하고 있어야 한다. 이렇게 보면 도덕교육은 단순히 바람직한 덕목을 주입하는 것에 국한된 것이 아니라고 할 수 있다.

요컨대 도덕교육은 합리적인 판단을 할 수 있는 능력과 판단한 것을 실천에 옮기게 하는 도덕적인 감정의 순화, 그리고 도덕적인 의지의 습득을 통해서 합리적이고 자율적으로 행위를 선택할 수 있는 능력을 기르는 것을 돕는 활동이라고 할 수 있다.

도덕교육은 도덕의 규칙과 원리를 가르치는 것은 물론이고 그 원리와 규칙을 특수한 상황에 적용할 수 있는 능력을 기르는 것으로 이루어져 있는데, 이제까지 학교의 도덕교육에서는 주로 전자만을 강조해 왔다. 도덕적 규칙의 주입이나 덕목만으로는 합리적인 판단을 바탕으로 도덕적인 행위를 하게 하는 것을 보증할 수 없다. 그래서 오늘날에 와서는 덕목 주입식의 도덕교육에 대한 비판과 더불어 개인이 이성적인 도덕성을 습득할 수 있도록 자율성의 발달을 유도하고 촉진시키는 것이 필요하다는 견해가 제시되고 있다. 다시 말하면, 도덕교육을 도덕적 사고능력을 기르고 자율적인 행위자가 되도록 도와주는 것으로 이해하기 시작했다.

그러면 왜 도덕교육을 하는가? 도덕교육을 하는 이유는 합리적이고 자율적인 인간을 만드는 데 있다. 그런데 자율적인 인간은 스스로 규칙을 정하고, 그 규칙에 따라 행위하며, 규칙에 위배되게 행동했을 때는 죄의식을 느끼거나 서로 상충되는 가치들의 우선순위를 판단할 수 있다. 다시 말하면, 스스로 도덕적인 규칙을 세우고 그것을 실제의 상황에 적용할 수 있다(Benn & Peters, 1959: 45).

도덕교육의 목적은 인간의 도덕적인 자율성을 발달시키는 데 있다. 도덕적으로 자율적인 사람은 법이나 관습과 같은 사회적 질서와 도덕적 질서를 구분할 수 있다. 그는 도덕적으로 선한 것과 옳은 것이 무엇인지를 알고 그것을 스스로 추구할 수 있다(Langford & O'Connor, 1973: 97-98).

초기 단계의 도덕교육에서는 어른을 공경할 줄 알고, 규칙을 잘 지키는 정직한 사람을 만드는 데 관심을 갖는다. 이런 수준의 도덕교육에서는 어른을 공경하지 못할 경우에는 죄책감을 느끼고, 새치기를 하는 사람을 보면 눈살을 찌푸리고, 다른 사람들에게 들키지 않았어도 다른 사람을 속인 것을 부끄러워하는 사람으로 만드는 데 관심을 갖는다. 이런 도덕교육의 궁극적인 목적은 도덕적인 지식과 감정, 그리고 의지를 가진 자율적인 인간을 만드는 데 있다고 할 수 있다.

도덕적으로 합리적이고 자율적인 인간이 되기 위해서는 무엇보다도 도덕적인 지식을 습득하는 것이 중요하다. 도덕적인 지식의 습득에서 유념해야 할 것은 두 가지가 있다. 첫째로, 사람은 해야 할 것과 해서는 안 되는 것에 대한 지식, 즉 도덕적 지식을 습득해야만 한다. 둘째로, 그는 행위의 정당화에 관한 지식을 습득해야 한다. 그는 이렇게 행동해서는 안 되고 왜 저렇게 행동해야 하는지를 알아야 한다. 다시 말하면, 그는 행위에 대한 좋은 이유를 가지고 있어야 한다.

그런데 도덕적 지식을 습득했다고 해서 그 사람이 반드시 도덕적인 행위를 하는 것은 아니다. 도덕적 지식이 도덕적 행위로 승화되기 위해서는 도덕적인 감정과 의지가 필요하다. 다시 말하면, 도덕적인 행위를 하려는 마음자세와 온갖 어려움을 무릅쓰고 도덕적 지식을 행동으로 옮기려는 굳은 결의가 요구된다.

도덕적 지식과 감정, 그리고 의지를 소유한 사람은 도덕적인 상황과 비도덕적인 상황을 구별할 수 있고, 자신이 직면한 상황에서 합리적으로 행동할 것이다. 그는 특수한 상황에 직면하여 자신이 정한 규칙에 따라 행위를 선택하고 그것을 실천에 옮길 것이다. 그는 다른 사람의 감정, 욕구, 이익 등도 자신의 감정이나 욕구나 이익 못지않게 중요하다고 여길 것이며, 자기 행위의 결과를 예측할 수 있을 것이며, 보편적이고 자율적으로 판단할 수 있을 것이다.

이런 도덕적인 인간은 보상, 칭찬, 사회적인 비난, 처벌 등과 같은 외적인 동기가 아니라 자신이 소유하고 있는 도덕적 지식을 바탕으로 도덕적인 판단을 할 것이며, 자신의 도덕적 원리와 지식을 바탕으로 일관성 있게 행동할 것이다. 그는 도덕적인 지식을 가지고 도덕적인 판단을 내리기 때문에 어떤 대가나 처벌에 관계없이 자율적으로 도덕적인 행위를 할 것이다.

요컨대 도덕교육의 문제는 도덕적 지식은 무엇으로 구성되어야 하는가 하는 문제와 도덕적인 행동을 할 수 있게 하기 위해서는 어떤 방법으로 도덕적인 지식을 전달해야 하는가 하는 문제로 요약될 수 있다.

또한 도덕교육의 목적은 도덕적으로 합리적이고 자율적인 인간을 만드는 데 있다고 할 수 있다. 이런 인간을 만들기 위해서는 무엇보다도 도덕적 지식을 습득시키고 도덕적 감정을 순화시키고 도덕적 의지를 기르는 것이 필요하다. 합리적이고 자율적인 인간을 만들기 위해서는 현실의 여러 상황에서 무엇이 옳은지를 판단할 수 있는 능력을 기르는 것이 중요하다고 볼 수 있다. 왜냐하면 단순히 어떤 상황에 덕목을 기계적으로 적용하는 것이 아니라 그 상황에 맞게 규칙을 적용하는 것이 도덕적인 행위의 출발점이기 때문이다.

2. 도덕적 행위의 근거

도덕적 행위는 어떤 문제 상황에 대한 숙고와 판단을 근거로 한 행위인 동시에 실제적인 사고와 추론을 통하여 판단한 것을 자발적으로 행한 행동이라고 할 수 있다. 다시 말하면, 어떤 문제 상황에 대해 숙고하고 선택하는 과정에서 결정적으로 작용하는 것은 도덕적 판단이라고 할 수 있다.

그런데 문제 상황에 대해 숙고하여 합리적으로 판단한다는 것은 좋은 이유를 가지고 행동하기 위한 전제조건이라고 할 수 있다. 그리고 합리적인 판단을 할 수 있다는 것은 특수한 상황에서 합리적으로 행동하는 방법을 알고 있는 것이며, 자신의 실제적인 결정이 실현할 만한 가치가 있다는 것을 반성적으로 이해하는 능력을 가지고 있는 것이다. 특수한 상황에서 합리적으로 행동하는 방법을 가지고 있는 사람이 되려면, 명제적 지식을 많이 가지고 있어야 한다. 왜냐하면 명제적 지식을 가지고 있는 사람은 특수한 상황에서 어떻게 행동하는 것이 좋은가를 알 수 있기 때문이다.

합리적인 판단은 어떤 상황에서 자신의 실제적인 결정이 실현할 만한 가치가 있는지를 반성적으로 이해하는 능력이며, 왜 그렇게 행동해야 하는가에 대답할 수 있는 능력이다. 다시 말하면, 합리적인 판단을 할 수 있는 사람은 특수한 상황에서 행동하는 방법을 아는 것은 물론이고 일상적인 행위를 통해서 성취할 수 있는 일반적인 선에 비추어 자신의 행동을 정당화할 수 있다.

사람들은 일상생활을 하는 가운데 실천적 지혜를 이용한다. 예를 들어 직장에서 퇴근한 후에 전철을 타고 가다가 노인에게 자리를 양보하거나 몸이 불편해서 서 있을 수 없는 사람에게 자리를 양보하는 경우를 생각해보자. 하루 종일 일에 시달린 나머지 지쳐 있는 경우라면 어떻게 해야 되는가? 몸이 불편해서 서 있을 수 없는 사람에게 자리를 양보할 때에는 별로 망설이지 않을 것이다. 이 경우에 몸이 불편한 사람에게 자리를 양보하는 것은 분명히 도덕적인 행동이다. 그러나 노인에게 자리를 양보하는 경우는 어떠한가? 이 경우에는 실천적인 지혜가 필요하다. 이때는 자신이 어떻게 행동해야 하는가를 생각하게 될 것이다. 비난을 받는 것보다는 칭찬을 들을 수 있는 행위를 하는 게 현명하다고 여길 수도 있고, 푹 쉬는 것이 더 중요하다고 생각하고 그대로 의자에 앉아 있을 수도 있다.

이런 상황에서 실천적 지혜는 옳고 그름을 평가하는 데 도움이 된다. 옳고 그름을 평가하는 과정이 숙고이며, 실천적 지혜는 도덕적으로 행동하도록 숙고하게 한다. 실천적인 지혜를 가진 사람은 도덕적인 선에 이르게 하는 방법을 아는 것은 물론이고 특수한 상황에서 자신이 추구하는 목표의 타당성을 숙고할 수도 있다. 실천적인 지혜를 가진 사람은 특수한 상황에서 합리적으로 행동하는 것은 물론이고 그가 습득한 가치를 분명히 이해하고 실천할 수 있다. 다시 말하면, 그는 도덕적 행동의 목표는 바로 자신에게 달려 있다는 것을 알고 있으며, 자신이 선택한 행위의 근거를 분명히 인식할 수 있다.

도덕적 행위는 선택 사태를 포함한 문제 상황에서 한때의 감정적인 행동이나 외부의 통제에 의해 하는 단순한 행동이 아니라 합리적인 사고의 과정을 거쳐 선택한 행위이다. 이처럼 도덕적 판단을 바탕으로 이루어지는 행위는 충동적이거나 숙고의 과정 없이 행한 것이 아니라 선한 동기와 의지를 바탕으로 이루어지는 이성적인 행위이다.

도덕적 판단은 실제적인 지식과 이해, 추론 능력, 지각, 사고, 그리고 결정과 관련을 맺고 있다. 또한 도덕적 정서는 감정과 세계에 대한 반응 양식, 즉 정서, 감각, 분위기, 그리고 태도와 관련이 있으며, 도덕적 의지는 인격 특성, 의지, 노력, 유혹을 물리치는 것, 그리고 신념 등과 관련을 맺고 있다(Tobin, 1989: 15-16).

그런데 우리가 도덕적인 행동을 하기 위해서는 먼저 당면한 사태에서 무엇이 옳은가를 알아야 한다. 어떤 사람이 도덕적인 행동을 했다고 하더라도 그것이 합리적인 판단이나 좋은 이유를 가지고 행한 것이 아니라면 도덕적이라고 말하기 어렵다. 다시 말하면, 도덕적 행위는 좋은 이유나 근거나 합리적인 선택을 전제로 하는 행위라고 할 수 있다. 이렇게 보면 도덕적 행위의 출발점은 도덕적 판단이라고 생각할 수 있다.

그러면 도덕적 판단의 특징은 무엇인가? 판단한다는 것은 어떤 대상이나 사태에 대해 평가하고, 추정하고, 예측하는 것이므로 판단하고 있는 사람이 근거를 갖고 추정하는 의식 작용이다. 판단은 불완전한 조건에서 불충분한 근거를 갖고 사실을 추정하는 것이지만, 어림짐작하는 것과는 달리 어느 정도 근거를 갖고 추정하는 것이다. 사태가 어떻게 돌아갈지에 대해 아무렇게나 말하는 것은 판단이 아니다. 도덕적 판단도 일종의 판단이기 때문에 이런 특징을 갖고 있다. 우리는 어떤 주어진 상황에서 어떻게 행동하는 것이 옳은지를 판단해야 한다. 또 어떤 경우에는 이렇게 하면 어떤 결과가 초래될 것인지를 판단해야 하고, 어떤 것이 적절한 행동인지를 판단해야 할 때도 있다(최병태, 1996: 305-307).

도덕적 판단은 문제 상황에서 충동과 같은 본능이나 낡은 관습으로 해결할 수 없는 문제를 자율적이고 도덕적으로 해결하는 판단의 과정이기 때문에 가치판단능력은 인간의 사유 능력 가운데 가장 중요한 능력이라고 할 수 있다. 다시 말하면, 우리는 어떤 도덕적인 의무를 지켜야 할 문제 상황에 직면할 때 그 문제를 해결하기 위해 숙고의 과정을 거치게 된다. 이 과정에서 갈등하는 상황과 의무 사이에서 합리적인 결정을 할 수 있는 추론 능력이 요구된다.

이렇게 보면 도덕적 판단은 어떤 가치나 규범에 입각해서 어떻게 행동할 것인가를 사고하는 과정이다. 그러므로 도덕적 판단력은 도덕적인 문제를 해결하는 능력이라고 할 수 있다(Gewirth, 1976: 21). 도덕적 판단이나 가치판단은 이유들을 함축하고 있으며, 이러한 이유들은 보편성을 지니고 있다. 예를 들어 어떤 가치판단은 하나의 사례에만 적용되는 것이 아니라 모든 유사한 경우에 적용될 수 있다(Frankena, 1973: 25).

도덕적 판단은 때때로 강력한 감정적 요소를 포함하고 있다. 도덕적 판단은 크게 보면, 그 사람의 정서와 직관에 관한 것이며, 판단하고 행동하는 주체가 감정을 참조함으로써 정당화될 수 있다. 그러므로 도덕적 판단은 도덕적 감정과 별개로 작용하지 않는다. 도덕적인 판단을 실제 행동으로 옮기기 위해서는 동기 부여가 필요한데, 그것이 도덕적인 감정이다.

인간은 살아가면서 세계와 다양한 방식으로 관계를 맺는 가운데 기쁨, 슬픔, 분노, 불안 등과 같은 감정이나 정서를 체험하고 내면화한다. 감정은 마음의 활동에 수반되어 생기는 즐거움이나 불쾌함을 의식하는 상태를 가리키는 말이다. 감정은 느낌, 욕망, 그리고 판단의 복합체이다. 도덕적인 문제를 해결하기 위한 실천적인 추론은 감정을 내포한 판단의 훈련을 포함한다(Winch, 1991: 130). 감정은 개인적인 욕구나 느낌에 좌우되기도 하지만, 우리가 모두 본성적으로 동의할 수 있는 도덕률이라고 할 수 있다(Simpson, 1989: 15).

어떤 특정한 대상에 대한 감정이나 느낌은 그 대상이 자신과 관련된 정도와 자기가 바라는 목적과 어느 정도 관련이 있는가에 따라 결정된다. 도덕적 상황에서 자신이 추구하는 목적을 달성하는 데 도움이 되거나 대상에 대해 호의적인 관심이 있을 경우에는 긍정적인 감정을 갖게 되지만, 목적 달성에 도움이 되지 않거나 관심이 없는 경우에는 부정적인 감정을 갖게 된다. 우리는 하고 싶다거나 불쌍하다와 같은 욕구나 감정을 갖고, 그 감정적인 요구가 달성되기를 바라고 있다. 이러한 감정들은 도덕적인 행위와 판단의 중요한 요소이다. 그런데 합리적인 도덕적 판단에 필요한 감정은 도덕적인 행위자가 어떤 상황과 관련된 사람들을 동정하거나 미워하거나 좋아하는 것과 같은 실제적인 감정보다는 도덕적 판단의 과정에서 고려의 대상이 될 수 있는 긍정적이고 합리적인 감정이어야 한다.

피터스는 어떤 인지적 요소를 만드는 감정은 합리적인 생각을 방해하기보다는 근본적인 원리를 획득하기 위한 필수적인 조건이 된다고 주장한다. 그는 도덕적 행위와 밀접한 관계를 맺고 있는 정서적인 반응으로 다음 세 가지를 들고 있다(Tobin, 1989: 17).

첫째로, 동정이나 연민과 같은 타인 중심의 감정이 있다. 유아도 다른 사람에게 애정을 느낄 수 있지만, 타인 중심의 감정은 이성적으로 도덕적인 사람이 순수한 연민으로서 감정에 의해 동요되는 것을 나타낸다. 자기 자신과 다른 사람을 구별하는 것만이 아니라 다른 사람의 개인적인 관심을 인식하고, 인간으로서 개인적인 것과 여러 종류의 역할을 맡은 사람을 구별하는 감정이다.

둘째로, 부정적인 감정들이 있다. 정서적인 측면의 동기를 두 가지로 제시할 수 있는데, 감정을 긍정적인 동기 부여와 부정적인 동기 부여로 구별한다. 긍정적인 동기 부여는 기본적인 원리의 측면에서 볼 때 다소 추상적인 단계에서 발견되는 고려 사항을 구체적으로 표현한다. 부정적인 동기 부여는 반대되는 동기 부여에 작용함으로써 우리의 바람직하지 못한 동기를 억제하거나 소멸하는 데 도움을 준다. 피터스는 수치심과 같은 감정을 언급하면서 부정적인 감정의 개념을 광범위하게 사용하고 있다. 수치심은 자아 존중감과 밀접한 관련이 있는데, 도덕적 수치심은 자신의 삶의 형태를 유지하는 가치에 미치지 못할 때 생긴다.

셋째로, 합리적인 감정이 있다. 비합리적인 감정은 판단을 왜곡하고 빗나가게 하는데, 이는 개인을 탈선시키는 감정으로 나타내거나 개인이 방심하지 않도록 도움을 주는 감정의 나약함이나 부재에 의해 생길 수 있다. 합리적인 감정은 진리에 대한 사랑, 일관성 있는 관계, 적절한 감각, 활동적인 욕구, 그리고 비판적인 정신과 같은 감정이다.

감정은 반성이나 사고의 과정을 거치기 전에 나타나기 때문에 가치를 분별하는 눈으로서의 도덕적 지성을 요구한다. 이러한 측면에서 보면 감정은 지적인 측면을 갖고 있으며, 지적인 능력에 의해 가치를 인식하게 된다. 그러므로 도덕적 감정은 지성에 의하여 반성적으로 지각된 도덕적 의지로 형성되고, 실천적인 가치판단을 통해서 도덕적 지식을 갖추게 된다.

합리적인 도덕적 행위자는 도덕적 판단의 추론 과정에서 감정적인 요소들을 이용하는데, 타인 중심의 감정이나 자신의 실수에 대한 수치심을 느끼고 후회하는 것 등을 통해서 자극을 받게 된다. 그러나 인간은 비합리적인 욕망을 가지고 있기 때문에 다른 사람에게 호의를 베푸는 것과 정반대의 성향에 직면할 경우에 도덕적인 판단과 실천적인 행위를 지속하기 위해서는 강한 의지가 필요하다. 도덕적 행동은 신체적 동작 그 이상이며 일련의 감정 그 이상의 것을 요구한다.

친절과 같은 도덕적인 개념은 단지 감정이나 행위만이 아니라 의도적이고 자발적인 어떤 성향을 필요로 한다. 다시 말하면, 친절한 행동을 한다는 것은 도덕적이라고 판단할 수 있고 동정심과 같은 감정을 가지고 있는 것은 물론이고 그런 행동을 하는 사람의 의지력도 요구한다. 도덕적인 판단을 하고 그것을 실천하기 위해서는 판단하는 사람의 신념이 필요하다. 이처럼 도덕적 의지는 도덕적 행위를 실천에 옮기는 힘으로 작용한다.

의지는 지성이나 감정과 구별되며 충동적 욕망과 다르다. 의지의 개념은 여러 가지가 있지만, 의지가 하나의 독립된 능력인가 아닌가에 대한 시비를 떠나서 인간의 의식에는 지성이나 감정과는 달리 의지라고 불리는 독특한 작용이 있다는 사실을 부인할 수는 없을 것이다. 의지는 자각적이며 자기 의식적이라는 점에서 맹목적인 욕망과 구별된다. 의지는 목적을 실현하기 위해 자기 자신을 한정하는 작용이라고 할 수 있다.

의지는 자기 통제적이고 목표에 선택적으로 작용하려는 노력이며, 의도적이고 자발적인 행동과 자유 선택적인 행동을 일으키는 과정이나 원인이다. 충동적인 행동을 자제하여 신중하게 숙고하고 나서 행동할 경우에 충동적인 행동을 하려는 욕망과 신중하게 숙고하여 행동하는 것 사이에는 선택의 과정이 포함되어 있다. 이러한 선택의 과정에서 의지가 작용한다.

도덕적 의지는 신념을 형성하는 것이며, 갈등으로부터 도덕적 감정을 보호하고 신중하게 숙고하여 행동하게 하는 능력이다. 도덕적 신념이 형성되어 있는 사람은 도덕적인 문제 상황을 회피하지 않으며, 도덕적인 것이 어떤 것인지를 알고 자신의 의지에 따라 합리적인 선택을 하고 자율적으로 도덕적인 행동을 한다.

도덕적 의지는 도덕적 행동을 하기까지 선택하고 결정하는 작용이나 과정을 의미한다. 도덕적 의지는 인간의 도덕적인 행동을 지속시키는 중요한 요소이다. 도덕적인 행위에 영향을 주는 의지적인 반응으로는 세 가지를 들 수 있다. 첫째로, 이성적인 감정의 영향을 들 수 있다. 도덕적 의지는 이성적인 감정의 영향을 받는다. 이것은 사람의 신념일 뿐만 아니라 그의 행위에도 영향을 미치는 긍정적인 동기 부여이다. 행위의 단계에서 이상적인 발달의 결과는 추론하고 논증하는 능력과 어떤 특정한 감정을 요구하는 특징을 갖는다.

둘째로, 사고하고 행동하는 데 있어서 확실히 굳어버린 습관의 표현을 들 수 있다. 피터스는 도덕적인 생활을 유지하는 것은 어떤 사람이 사고하고 행동하는 양식과 살아가는 방법을 깨닫는 문제라고 말한다. 도덕적인 생활에서 개인적인 측면의 많은 부분은 추론이 필요하지 않으며, 이성적으로 도덕적인 사람은 새롭고 익숙하지 않은 상황에서만 행동하기에 적당한 원리인가를 다시 생각하고, 그 원리에 충실하려고 노력한다. 대체로 이성적으로 도덕적인 사람은 의식적으로 추론하거나 긴장하지 않고도 도덕적인 삶을 유지한다.

셋째로, 상위의 인격 특성을 들 수 있다. 피터스는 용기, 인내, 결단력, 끈기 등을 다른 사람 중심의 감정들보다 더 상위에 두고 있다. 왜냐하면 의지와 관련된 것은 도덕적인 힘이나 자제력을 표현하고 있기 때문이다. 그러한 감정들은 원인을 어떤 사람에게 돌리면서 추구하는 도덕적 목표의 위상을 언급하지 않는다는 의미에서 도덕적으로 중립적인 특성을 갖는다.

그러므로 도덕적인 판단의 상황에서 도덕적 의지를 소유한 사람은 외적인 강제나 억압에 의하지 않고 자발적으로 도덕적인 판단과 행위를 할 수 있게 된다. 인간은 자신의 자율적인 의지에 의해 도덕적 판단의 과정을 거쳐 행위를 선택하고 결정한다는 점에서 많은 도덕적 행위는 자율적인 의지의 통제 아래 있다고 할 수 있다. 어떤 사람이 도덕적인 판단을 하고 그 판단에 따라 행위를 하지 않기로 결정하거나 그 행위를 반드시 해야겠다고 결심하는 것은 의지의 역할과 밀접한 관련이 있다. 결국 도덕적 의지의 형성, 즉 능동적인 가치판단에 대한 의지는 도덕적 판단과 행위를 주체성에 따라 판단하고 행동할 수 있도록 방향을 결정하는 역할을 한다.

도덕적 판단과 행위를 하기 위한 세 가지 요소 이외에 도덕적 행위의 기본적으로 전제가 되어야 하는 것이 있는데, 그것은 도덕적 행위의 지속적인 실천을 위한 습관이다. 습관 그 자체는 사고하고 관찰하고 기억할 수 없기 때문에 판단 능력이나 인식의 범위에 있어서 하위 요소이지만 도덕적인 행위를 위해서는 배제할 수 없는 요소이다.

습관 그 자체는 조직적이고 단정적이고 결정적이기 때문에 탐구나 상상을 하고 싶은 대로 할 수 없다. 그러나 습관은 행동의 경향성을 가정하고 있으며, 인간의 삶의 방식이나 지혜는 수행한 대부분의 일을 습관으로 환원한다(Frankena, 1965: 110-111). 우리가 기술적인 용어로 사용하는 습관의 개념에는 전에도 그렇게 했고 다시 그렇게 할 것이라는 의미와 어떤 행동을 자동적으로 수행할 수 있다는 의미가 포함된다.

습관은 내적인 속성인 동기나 감정은 아니지만 습관적으로 행동한다는 것은 이전에 그런 행동을 한 적이 있고, 다시 그 행동을 할 수 있다는 것을 가정하고 있다. 습관은 반복적인 행동과 무의식적인 행동을 수행하는 능력을 포함하고 있지만, 습관적인 행동에는 지성이 포함되어 있으며 확실히 정립된 습관은 도덕적인 행위를 하는 데 있어서 중요한 위치를 차지한다.

습관의 형성은 지적인 능력과 밀접한 관련이 있다. 일반적으로 습관의 형성은 지혜의 사용이 전제된다고 할 수 있다. 특수한 행동이나 행동의 과정을 설명할 때 습관적으로라는 말을 사용한다. 습관은 그 자체의 지속적이고 반복적인 특징으로 인해서 일상생활의 과정에서 여러 가지 활동의 효율성과 적절성을 충족한다. 어떤 문제 상황에 직면한 사람이 문제 사태를 인식하고 이것을 합리적으로 판단하고 해결하려는 경향성을 지니고 있을 때 이 경향성이 습관이다. 습관은 이성을 대신할 수 없지만 이성과 모순되지 않는 정당한 개념이며 도덕적으로 반성적인 사람을 발달시키는 과정에 있어서 필요하고 귀중한 개념이다.

아리스토텔레스는 『정치학』(*Politics*)에서 인간이 선하고 덕스럽게 되는 것은 본성(physis)과 습관(ethos), 그리고 이성(logos)에 달려 있다고 말했다. 그는 이 세 가지 가운데 본성은 도덕적인 우월함을 성취하기 위한 필수적인 조건이지만 덕을 보증하는 것은 아니라고 주장한다.

실제적으로 덕과 같은 가치는 실천을 통해서 성취되는데 그때의 행동은 단지 기술을 행하는 것이다. 예를 들어 인간은 집을 짓는 것에 의해 건축가가 되고, 하프를 연주하는 것에 의해 연주가가 되고, 공정한 행동을 하는 것에 의해 공정하게 되고, 절제하는 행동을 통해서 절제 있게 되고, 용기 있는 행동을 통해서 용기 있게 된다. 도덕적인 덕의 발달과정에서 습관의 중요성은 강조되어야 하지만 습관은 이성적인 능력과 다르기 때문에 그들의 본성만 갖고는 이성을 대신하기 어렵다(Kazepides, 1969: 178).

도덕적으로 행동하기 위해서는 자신이 행하는 것이 무엇인지 알고 있고, 그것을 선택해야 한다. 이런 목적을 위해서 선택하고, 고정되고 불변하는 기질을 발휘해서 그것을 한다면 공정하거나 절제 있는 방식으로 행동하게 된다. 어린 시절의 교육에서 가장 중요한 것은 확고한 도덕적 인격의 발달을 보증할 수 있는 습관을 기르는 것이다. 그러나 어린이가 신중하게 올바른 행동을 선택하는 능력이 없거나 합리적으로 설득하면 그것을 하는 능력을 갖고 있지 못한 경우에는 바람직한 습관을 갖도록 하기 위해서 조건화, 제의, 외적인 구속 등과 같이 약간 비합리적인 방법들을 사용할 수도 있다(Kazepides, 1969: 178-179).

인간의 도덕적 행위는 지적인 판단의 요소, 감정적인 요소와 신념과 같은 의지적 요소와 행동의 습관적인 경향성의 복합체이다. 그런데 사람들은 반복해서 도덕적인 행동을 함으로써 비판적인 판단능력을 형성하고 도덕적으로 올바른 선택을 할 수 있게 된다.

결과적으로 도덕적 판단을 바탕으로 실천적인 도덕적 행위를 하게 하는데 관여하는 요소들은 하나씩 떨어져서 작용하는 것이 아니며, 도덕적 판단이 도덕적인 감정과 의지에 영향을 준다는 사실은 인정해야 한다. 왜냐하면 우리가 만약 동정심과 같은 다른 사람 중심의 연민에 대한 감정의 특징을 평가할 수 없다면, 우리는 결코 고차적인 상위의 원리를 이해할 수 없을 것이기 때문이다. 사람이 이기적으로 행동했을 때 부정적인 감정과 죄책감 같은 수치심의 감정을 느끼지 못하거나 자신의 행동의 옳고 그름을 판단할 수 없다면, 다른 사람을 자신과 같은 동일한 존재로 인정하지 못할 것이다. 실제적으로 우리가 도덕적 판단의 작용에 따라 한 결정은 우리가 진리에 대한 관심과 같은 감정들에 감동을 받을 수 있어야만 도덕적인 행위로 옮길 수 있다.

도덕적인 행위는 성숙된 실천적인 의사결정하기와 특히 그가 공적으로 소중히 여기는 개념을 획득하는 것과 같이 공유된 생활방식을 전수하는 행위를 하는 가운데 구조화된다. 도덕적인 발달은 사고와 감정, 그리고 노력의 근원적인 기원이 점점 더 복잡한 구조로 진보하는 것이다. 도덕적 진보는 제도적으로 구조화된 인간 업적에 입문하는 것이다(Tobin, 1989: 20). 도덕적 판단능력의 발달이 이루어지기 위한 전제조건은 인식하고, 이성적으로 되고, 사회적인 상황에서 적절한 방식에 반응하는 것이다. 이성적이고 도덕적인 인간의 삶을 특징짓는 행위의 도덕적 판단과 감정, 그리고 도덕적 의지의 요소들 사이의 매우 결정적인 관계 양식은 개인에게 전수되는 사회적인 생활의 공유된 유형으로 볼 수 있다. 그것은 도덕적 판단능력을 구조화하고 행동으로 실천하는 과정이다.

도덕적 감정과 의지는 궁극적으로 도덕적 판단의 전제이다. 도덕적 판단을 할 수 있다는 것은 어떤 현상에 감동되는 것과 기본 원리를 바탕으로 굳어버린 의지와 행동의 습관에 의해 도덕적인 판단을 근거로 행위를 실천하는 것이다.

사람들은 예를 들어 '이 그림은 아름답다.' '진실을 말하는 것은 항상 옳다.', '물은 산소와 수소의 화합물이다.' 등과 같은 판단을 하면서 살아간다. 여기서 '물은 산소와 수소의 화합물이다.'와 같은 진술은 사실적인 판단이며, '이 그림은 아름답다.'는 진술은 가치판단이다. 여기서 말하는 판단은 참인지 거짓인지, 옳은지 그른지, 좋은지 나쁜지, 그리고 아름다운지 그렇지 않은지를 결정하는 인간의 사고 작용이다.

인간의 판단에는 두 종류가 있는데, 그 하나는 서술적인 판단이고 다른 하나는 가치판단이다. 서술적인 판단은 사실인지 아닌지를 결정하는 인간의 의식작용이며, 경험과학적인 지식에 근거를 두고 있다. 이에 반해서 가치판단은 규범과학을 근거로 해서 옳음과 그름, 좋음과 나쁨, 아름다움과 추함 등을 결정한 것이다. 서술적인 판단은 외부 세계에 관한 경험과학적인 지식에 의존하고 있기 때문에 객관적인 반면에, 가치판단은 규범과학에 의존하고 있기 때문에 주관적이라고 볼 수 있다. 그러나 이러한 특징만으로 두 판단의 차이를 설명할 수는 없다. 왜냐하면 서술적인 판단이든 가치판단이든 간에 판단은 지적 작용뿐만 아니라 인간의 감정이나 의지와 밀접한 관계를 맺고 있기 때문이다.

그러면 도덕적 판단은 어떤 판단인가? 도덕적 판단은 가치판단의 일종이라고 할 수 있는데, 그것은 '옳다', '그르다', '나쁘다' 등과 같은 말로 표현된다. 도덕적 판단은 예를 들어 '이것은 나쁘다.', '저것은 바람직하다.'와 같이 표현되는 가치판단의 일종이다. 이러한 도덕적 판단에는 가치가 담겨 있다. '이런 행동은 바람직하다.' 또는 '이 행동은 옳다.'고 하는 도덕적 판단을 할 경우에 이 판단은 그 행동이 가치가 있다는 것을 전제로 한다. 다시 말하면, 마땅히 해야 하는 것이 무엇인지에 대한 판단은 가치를 전제로 한다. 인간의 활동 가운데는 본래적인 가치를 전제로 하는 것도 있고, 수단적인 가치를 전제로 하고 있는 것도 있다. 예를 들어 도덕적인 행위는 그 자체가 가치 있는 것이나 다른 어떤 것을 위해 가치 있는 것을 전제로 한다. 어떤 행동은 그 자체가 바람직한 것이기 때문에 가치가 있다고 인정을 받을 수 있고, 사회의 이익이나 다른 사람의 이익에 기여하기 때문에 가치가 있는 것으로 간주될 수도 있다. 전자의 경우에는 본래적인 가치를 지니고 있다고 하고, 후자의 경우에는 수단적인 가치를 지니고 있다고 한다.

그런데 도덕적 판단은 의무를 포함하고 있다. 우리의 도덕적 판단은 판단의 내용을 실천해야 한다는 것을 전제로 한다. 칸트가 말한 도덕의 법칙에는 절대적인 명법이 내포되어 있는데. 이것은 도덕적 판단의 의무를 전제로 하고 있는 것이라고 할 수 있다. 도덕적 판단은 양심의 명령과 밀접한 관계를 맺고 있으며, 행위의 지침으로 작용한다고 할 수 있다. 그것은 일종의 권위이자 개인에게 부여된 의무라고 할 수 있다. 또한 도덕적 판단은 어떤 상황에서의 도덕적 타당성을 전제로 한다. '이 행동은 옳다.'는 도덕적 판단은 가치와 의무뿐만 아니라 그런 판단을 한 사람이 처한 상황에서 볼 때 그것이 도덕적으로 타당하다는 것을 전제로 한다.

이러한 도덕적 판단은 도덕적 행위의 근거이며, 도덕적 지식의 주요 내용이라고 할 수 있다. 그러면 도덕적 판단의 근거는 무엇인가? 도덕적 판단의 근거에 관한 분석철학자들의 견해는 세 가지로 나눌 수 있다. 첫째로, 무어(G. E.

Moore)와 같은 직관주의자들은 도덕적 판단, 예를 들어 '이것은 바람직하다.'와 같은 진술에 사용된 바람직하다는 말은 비자연적인 속성을 지닌 개념이라고 주장한다. 만약 좋음을 정의한다면, 자연주의적 오류(naturalistic fallacy)를 범하게 된다고 주장한다(Moore, 1980: 13). 즉, 'A가 X에 대해 긍정적 관심을 갖는다면, X는 좋다.'고 정의한다고 하더라도, 'X는 좋다.'와 'A는 X에 대해 긍정적 관심을 갖는다.'라는 판단을 동일하게 다룰 수는 없다고 주장한다. 도덕적 판단은 도덕적 용어가 포함되지 않은 동일한 의미를 가진 다른 분석으로 환원할 수 없는 지식이기 때문에 직관을 통해서만 판단할 수 있다고 주장한다. 이런 직관주의자들은 도덕적인 판단에 관한 진술을 자연적인 언어로 환원하려고 노력한 나머지 도덕적 판단을 이루고 있는 도덕적인 언어를 형이상학의 영역으로 내몰았다.

둘째로, 정의주의자들은 도덕적 판단의 근거는 말하는 사람의 승인이나 인정이나 호감에 있다고 주장한다. 에이어(A. J. Ayer)와 스티븐슨(C. L. Steveson) 같은 정의주의자들은 도덕적 판단은 판단하는 사람의 감정과 태도를 진술한 것이며, 일정한 방식으로 행동하게 하거나 그렇게 행동하게 하는 마음을 갖게 하는 기능을 한다고 보고 있다. 'X는 좋다.'는 진술은 '나는 X를 승인하기 때문에 그렇게 행한다.'는 의미로 분석된다. 여기서 '나는 X를 승인한다.'는 말에는 서술적인 의미가 담겨 있는 반면에, '그렇게 행한다.'는 것에는 정의적인 의미가 담겨 있다. 'X는 나쁘다.'는 진술은 '나는 X를 인정하지 않기 때문에 그렇게 행동하지 않는다.'는 의미로 분석된다. 예를 들어 '도둑질은 나쁘다.'는 진술은 '나는 도둑질을 인정하지 않는다. 그래서 도둑질을 하지 않는다.'는 의미로 분석될 수 있다. 이 경우도 서술적인 의미와 정의적인 의미가 복합되어 있는 것으로 분석될 수 있다.

정의주의자들의 견해에 따르면 좋다는 것은 승인하는 것과 유사한 태도를 의미한다. 좋다는 것은 우리가 바라는 것이기도 하고 대다수의 사람들이 승인하는 것을 가리키는 말이기도 하다. 이렇게 보면, 도덕적 판단은 사실을 나타내는 것이 아니라 다른 사람들의 의견이나 태도에 영향을 미치는 기능을 수행하고 있다고 보아야 한다. 또한 그것은 우리의 관심을 바꾸거나 더 관심을 갖게 하거나 그렇게 행위를 하도록 권유하는 기능을 한다고 볼 수 있다.

'도둑질을 해서는 안 된다.'는 진술은 단순히 도둑질을 인정하고 있지 않다는 사실을 알리는 기능만 하는 것이 아니라 도둑질은 죄를 범하는 것이라고 생각하도록 충고하고 있는 것이다. 이렇게 도덕적 판단은 명령하는 힘을 지니고 있다고 할 수 있다.

셋째로, 헤어와 같은 규정주의자들은 도덕적 판단에 관한 진술은 평가적인 의미를 지니고 있으며, 규정적인 언어로 표현된다고 주장한다. '나는 X를 마땅히 해야 한다.'는 진술은 내가 그것을 하라고 요구하거나 명령한 것을 진술한 것이다. 헤어에 따르면 도덕적 판단은 규정적 판단이며, 그것의 근거는 보편화할 수 있다는 점에 있다. 여기서 규정적이라는 말은 행위를 지도할 수 있는 성격을 지니고 있음을 뜻한다.

이제까지 언급한 것과 마찬가지로 인간의 내면에서 일어나는 심리적인 과정이라고 할 수 있는 도덕적 판단의 근거는 입장에 따라 다를 수 있다. 직관주의자에 따르면 도덕적 판단은 직관을 통해서만 인지될 수 있는 것이고, 정의주의자의 관점에서 보면 도덕적 판단은 말하는 사람의 승인과 듣는 사람의 승인을 이끌어낼 수 있는 상호작용에 의한 태도의 변화를 의미한다. 그리고 규정주의자에 따르면 도덕적 판단은 행위 지도적인 성격을 지닌 실제적인 언어로 파악될 수 있다.

3. 도덕적 지식의 성격

셰플러에 따르면 지식은 일정한 경험 방식이나 학문과 기술의 내용을 단순히 가리킨다기보다는 인지적인 기술의 적용 범위, 적절하고 타당한 사용에 관한 우리의 기준, 그리고 좋아하거나 싫어하는 것을 표명한다. 지식은 진리에 대한 우리의 사유 방식, 확실한 신념에 대한 우리의 평가, 그리고 어떠한 탐구방법을 선택하는가에 대한 우리의 반성을 의미한다.

이렇게 볼 때 X는 Q를 안다고 말할 수 있기 위해서는 X는 Q를 믿고 있고, X는 Q에 대한 증거를 갖고 있고, Q는 참이어야 한다. 즉, 어떤 사람이 어떤 것을 정말로 안다고 말하려면 그는 그것을 믿어야 하고, 그것에 대한 증거를 갖고 있어야 하고, 그것은 참이어야 한다. 이것들을 각각 신념조건, 증거조건, 그리고 진리조건이라고 한다. 그리고 "X는 Q를 안다."고 말할 경우에 X는 Q를 보고하고 있으며, 동시에 Q를 평가하여 승인하고 있는 것이다(Scheffler, 1965: 21). 라일은 지식을 방법적 지식과 명제적 지식으로 나누고 있다. 방법적 지식은 우리가 악기를 연주하는 방법을 아는 것과 같은 것이다(Ryle. 1949. 172). 이것은 X는 P임을 안다는 문장으로 진술되는데, 여기서 P는 주어와 술어로 된 문장이며, 신념과 진리, 그리고 증거의 유무를 전달하는 하나의 수단으로 간주될 수 있다. 여기에는 기능, 훈련된 능력, 수행 능력, 그리고 기술이 포함된다. 그런데 기능은 반복적인 연습을 통해서 발달된다. 그것은 가치를 인정하고 이해하는 능력과 구별되며, 성격 특성, 습관, 또는 경향성과도 구별된다. 기능을 습득한다는 것은 기능이 이런저런하다는 것을 아는 것과 다르다. 어떤 기능을 획득하지 않고 그 기능에 관한 정보를 가질 수도 있고, 그 기능에 관한 정보가 전혀 없어도 그것을 습득할 수 있다.

라일은 이러한 방법적 지식을 자세히 설명하기 위해서 현명한 능력과 습관을 구별하고, 전자만을 방법적 지식으로 간주하고 있다. 현명한 능력은 훈련에 의해 형성되며, 습관은 반복적인 연습에 의해 형성된다. 게다가 습관은 구구단을 외우고 나서 그것을 이용하여 곱셈을 할 수 있는 능력과 같은 기계적인 능력과 담배를 피우는 습관과 같은 경향성 때문에 현명한 능력이라고 말할 수 없다. 그러므로 기계적인 능력과 습관이 제외된 현명한 능력만을 방법적 지식이라고 한다. 이런 라일의 견해에 따르면 다음과 같은 문제가 제기될 수 있다.

첫째로, 라일이 말하는 방법적 지식은 일단 획득하게 되면 아무런 반성도 필요 없이 이후 기계적으로 획득되는 자동적인 수행 능력으로 이해될 수 있다. 그래서 현명한 능력에는 기계적인 기능이 포함될 수 없다. 그런데 기능에는 방법적 지식에서 찾아볼 수 있는 그 무엇이 포함되어 있어야 한다. 현명하게 바둑을 두는 것과 바둑을 두는 기본 방식을 알고 두는 것은 다르다. 그래서 일정한 수준에 이를 때까지는 바둑에 관한 방법적인 지식을 갖고 있다고 말하지 않으며, 적어도 최소한의 전략을 알기 전까지는 현명하게 바둑을 두고 있다고 말하지 않는다.

둘째로, 라일은 방법적인 지식의 범위를 제한하고 있다. 다시 말하면, 철저한 기계적인 수행 능력과 최소한의 반성적 수행 능력이 방법적인 지식의 범주에서 배제되었다. 바둑을 두는 방법을 안다고 말하기 위해서는 바둑판 위에 바둑알을 놓는데 필요한 최소한의 능력을 갖고 있는 것은 물론이고 여러 가지 전략도 알고 있어야 한다. 전자는 기계적인 수행 능력의 예이며, 후자는 최소한의 반성적 수행 능력의 예이다.

바둑 초보자라고 하더라도 바둑을 두는데 필요한 규칙을 따를 수 있는 기계적인 수행 능력을 갖고 있어야 한다. 바둑을 현명하게 두는 사람은 좋은 전략을 적절하게 구사할 수 있다. 그가 구사하는 능력은 반성적 수행 능력의 예이다. 바둑과 쓰기를 비교해 보면, 쓰기는 기계적이면 기계적일수록 능숙해지지만, 바둑의 경우는 그렇지 않다. 왜냐하면 바둑의 경우에는 반성적 수행 능력을 위한 반성적 사고가 필요하기 때문이다. 반성적 사고가 필요로 하는 것은 습관과 대립되는 현명한 능력이다. 반성적 사고에는 판단이 요구되기 때문에 현명한 능력으로 분류될 수 있다. 그러나 그런 능력을 지닌 사람이 모두 그 능력을 현명하게 사용하는 것은 아니다.

바둑과 문법적으로 옳은 영작문을 비교해보자. 문법적으로 옳은 영작문은 반성적 판단을 포함하고 있지 않기 때문에 바둑과 다른 방법적 지식에 속한다. 일정한 규칙에 따르는 경우라고 하더라도 문법적으로 옳은 영작문은 예술적 기술의 경우와 다르다. 예술적 기술에는 반성적 판단이 포함된다. 듀이는 예술가는 훌륭한 기술자라고 말한다. 그의 기술은 사고와 감정이 융화되어 일체를 이루고 있다고 한다. 습관은 지적인 습관과 기계적인 습관으로 나눌 수 있다. 전자는 예술가로서의 피아니스트에게, 후자는 기계적으로 피아노를 연주하는 사람에게 해당된다. 그렇다고 해서 기계적인 피아노 연주자가 아무런 판단도 하지 않은 채, 건반을 하나씩 누르고 있다는 것은 아니다. 이런 경우는 기술보다는 수행 능력이라고 할 수 있다.

그런데 기계적 능력과 경향성을 습관의 범주에 속하는 것으로 간주하기는 쉽지 않다. 그래서 셰플러는 타자치기나 계산 능력과 같은 수행 능력을 기계적인 능력이라고 하고, 현명한 능력을 반성적 기능으로 보고, 기계적인 능력과 반성적 기능을 방법적 지식으로 간주하고 있다. 기계적 능력도 반성적인 기능과 마찬가지로 훈련을 통해서 획득되며, 반복적인 연습을 필요로 하며, 기술하거나 설명하거나 예를 제시함으로써 습득하게 된다.

지식을 명제적 지식과 방법적인 지식으로 나눌 때 도덕적 지식은 후자에 가깝다고 할 수 있다. '그는 계획된 일련의 행위가 도덕적으로 옳지 못하다는 것을 알고 있다.'는 도덕적 지식을 진술하고 있다. 이 진술은 그에게 그러한 일련의 행위가 도덕적으로 옳지 못하다는 것을 보여줄 수 있는 적절한 증거를 제시할 것을 요구하고 있다. 다시 말하면, 도덕적 지식은 그러한 도덕적 판단에 대한 이유를 제시하는 것의 배후에 있는 도덕적인 동기가 무엇인가를 드러내기를 요구한다.

'그는 다음 주 수요일까지 이 책을 돌려주겠다고 약속하였음을 알고 있다.'는 도덕적인 지식을 진술하고 있다. 이 진술은 책을 돌려준다고 하는 그의 약속을 서술하고 있는 것이 아니다. 이 진술에서 그의 약속은 그저 약속으로 그치는 것이 아니라 그것을 실제적이고 구체적인 행동으로 나타내도록 안내하고 있다.

'그는 조부모에게 예의 바른 행동을 해야 한다는 것을 알고 있다.'는 도덕적 지식을 진술하고 있다. 이 진술은 예의 바른 행동을 해야 한다는 규범을 행위자 자신의 행위로 받아들일 것을 요구한다. 다시 말하면, 그가 조부모에게 실제로 예의 바른 행동을 하지 않으면 안 된다는 사실을 받아들인 다음 실제로 예의 바른 행동을 할 것을 요구한다. 그러므로 그가 그러한 규범을 자신의 행위로 받아들이지 않은 결과로 실제로 조부모에게 예의 바른 행동을 하지 않는다면 그것은 그가 조부모에게 예의 바른 행동을 해야 한다는 규범을 모르고 있다는 명백한 증거로 간주될 수 있다. 이런 예들을 통해서 우리가 알 수 있는 것은 도덕적 지식은 행위 지도에 관한 지식이라는 것이다.

도덕적 지식은 사회의 습속, 규범, 신념과 개인의 소견, 태도, 그리고 결정으로 구성된다. 도덕적 지식이 개인의 소견, 태도, 그리고 결정으로 구성된다는 것은 어떤 사람은 갖고 있지만 어떤 사람은 갖고 있지 않은 도덕적 지식이 존재하며, 나의 도덕적 지식과 너의 도덕적 지식이 존재한다는 것을 의미한다. 그래서 나의 도덕적 지식에 맞지 않는다고 말할 수 있다. 반면에 도덕적 지식은 사회의 습속, 규범, 그리고 신념으로 구성된다는 것은 어떤 개인이 수용한 준거가 아니라 도덕적인 사람들이 오랜 숙고 끝에 선택했기 때문에 정당하다고 여기는 준거가 있다는 것을 의미한다.

사회의 습속, 규범, 신념 등은 집단의 규칙이다. 특별한 사회적 규칙이 존재한다는 것은 결과적으로 집단이 구성원들에게 그 규칙을 준수할 것을 요구하는 것이다. 그러나 이러한 규칙의 준수에 대해 비판적 태도를 취하는 구성원은 존재할 수 있다. 이렇게 보면 도덕적 지식은 누구에게나 반드시 승인되는 것이라고 할 수 없을 것이다.

'그는 조부모에게 예의 바른 행동을 해야 한다는 것을 알고 있다.'는 도덕적 지식의 진술문은 '그는 조부모에게 예의 바른 행동이 어떤 것인지 알고 있다.'와 '그는 조부모에게 어떻게 예의 바른 행동을 하는지 알고 있다.'로 분석된다. 이 경우에 전자는 기초 규칙이며, 후자는 전략 규칙이라고 볼 수 있다. 기초 규칙과 전략 규칙은 방법적 지식에서도 중요하다. 기초 규칙은 공정성, 정의, 자유, 진리 등과 같은 기본적인 사회의 공리들로 형성되며, 전략 규칙은 기초 규칙을 얻기 위한 절차의 원리이다. 절차의 원리는 상황에 의해 결정된다. 예를 들어 장기판에서의 선의 수, 장기 알의 개수, 또는 위치와 같은 것은 기초 규칙이며, 장기판에서 장기를 움직이는 규칙과 같은 것은 전략 규칙이라고 한다.

도덕적 지식이 사회의 기본적인 원리로 표현된다고 할 때 그것은 사회의 기본적인 공리로 표현된다는 것을 말한다. 사회적 공리는 당위적 진술로 표현된다. 그런데 당위적 진술에는 다음과 같은 것들이 포함되어 있다.

첫째로, 당위적 진술에는 모든 사항을 고려하고 난 뒤 실제로 바람직한 행동이 표현되고 있다. 그래서 마치 모든 것을 알고 있는 완전한 존재가 있어서 그가 권하고 있는 행동을 표현하고 있는 것으로 이해될 수 있다.

둘째로, 당위적 진술에는 해야만 하는 행동을 하지 않았거나 해서는 안 되는 행동을 했다는 것은 도덕적으로 비난을 받을 수밖에 없다는 의미가 내포되어 있다. 여기서 주의할 점은 '해야만 한다.'와 '해야만 한다고 생각한다.'는 서로 다른 의미를 지니고 있다는 점이다. 예를 들어 전쟁터에서 우리를 적이라고 생각해서 싸우고 있는 병사들의 생각은 옳지 않다고 생각할 수 있다. 그러나 그들이 싸워야만 한다고 실제로 생각하고 있는 한 그들은 싸우지 않으면 안 된다는 것을 인정하고 있는 것이다. 부정한 일임에도 불구하고 어떤 사람은 잘못하여 그 일을 하지 않으면 안 된다고 결정할 수 있다. 다시 말하면, 그 사람은 그 일을 해야만 한다고 생각하고 해서는 안 되는 일을 해야만 한다고 결정할 수 있다.

셋째로, 당위적 진술에는 실제로 가장 좋은 행동은 아니지만 인간이기에 그것을 선택하는 것이 바람직하다는 의미가 내포되어 있다. 그렇다고 해서 예측할 수 없는 돌발적인 사건 때문에 나쁜 결과를 초래할 수밖에 없었다고 하면서 당위적인 일을 하지 못했다고 말해서는 안 된다. 예를 들어 어떤 사람이 농약을 마시려고 하는 것을 보고서도 그 사람에게 주의를 주지 않았을 때 그 사람은 농약을 마셔도 아무런 해를 입지 않는 특이 체질이기 때문에 주의를 주지 않았고, 그렇게 주의를 주지 않은 것이 해야만 할 일을 한 것이라고 말하지는 않을 것이다.

이처럼 당위적 진술로 표현되는 도덕적 지식에는 바람직한 행동이 제시되며, 이때의 바람직한 것은 절대적이기보다는 상황적인 것이며, 인간으로서 선택할 수 있는 범위 안에 있는 것이다. 그리고 도덕적 지식에는 제시된 행동을 하지 않았을 때 도덕적 비난의 여지가 있다는 사실이 포함되어 있다. 도덕적 지식은 제안하는 기능을 한다. 다시 말하면, 그것은 사람들의 태도를 이 길이나 저 길로 안내하는 수단으로 사용될 수 있다.

4. 도덕적 판단능력

도덕적 판단은 두 사람이나 그 이상의 사람들 사이의 이해와 주장이 서로 갈등할 경우에 어떤 것이 더 옳은가를 결정하는 과정이다. 도덕적 판단은 도덕적 지식에 근거한 판단이며, 도덕적 행위에 대한 판단이다. 이러한 도덕적 판단은 다양한 경험과 갈등 상황에서 문제를 해결하는 과정이다.

도덕적 판단능력은 도덕적인 문제에 대한 특수한 지향성을 의미하는데, 이것은 저급한 수준에서부터 고차적인 것으로 진보된다. 다시 말하면, 인간의 도덕적 판단능력은 판단의 결과보다 질적으로 더 고차적이며, 더 분화되는 방향으로 발달한다.

피터스는 도덕적인 판단능력은 성장 과정과 유사하게 4단계를 거쳐 발달한다고 주장한다(Peters, 1981: 147). 즉, 그는 도덕적 판단능력의 발달단계를 합리성 이전의 단계, 자아 중심적인 단계, 관습 존중의 단계, 그리고 합리성의 단계로 나누고 있다(Tobin, 1989: 21).

피터스에 따르면 첫 번째 단계인 합리성 이전의 단계에 있는 인간의 경험은 비구조적이다. 이 단계는 출생부터 약 3세까지 계속된다. 이 단계의 경험은 합리성 이전의 것이며, 아직까지 사고의 근본적인 범주를 구조화하는 단계에 도달하지 못했다. 도덕적으로 성숙한 사람도 가끔 이와 같은 판단을 하기도 하는데, 그들의 비합리적인 경험은 일시적이다. 다시 말하면, 합리적으로 행동할 수 있는 사람이 어린이처럼 잘못을 저지르는 것과 같은 경험의 원초적인 단계로 되돌아가기도 한다.

이 단계에 해당되는 판단과 관련된 의지의 문제는 두 가지가 있다. 첫째로, 무엇인가 소망하는 것과 무엇인가 원하는 것은 다르다는 사실이다. 둘 다 목적론적인 개념이지만 원하는 것은 행위를 하는 것과 개념적으로 관련을 맺고 있지만, 무엇인가를 소망하는 것은 행위와 아무런 관계도 맺고 있지 않다(Peters, 1961: 62).

그런데 우리의 경험은 능동적인 경험과 수동적인 경험으로 나누어진다. 수동적인 경험은 어떤 사람에게 어떤 일이 나타나거나 발생하는 것이다. 능동적인 경험은 어떤 사람이 무엇인가를 실제적으로 성취하기 위해 인정할 수 있는 수단을 통해서 어떤 목적을 추구하는 것이다. 그런데 합리성 이전의 단계는 소망의 감정에 의해 결정되는 삶의 방식이다. 따라서 거의 구조화되지 않은 소망이나 증오와 같은 충동적인 반응에 따라 판단하게 된다. 그러므로 도덕적인 개념의 형성도 미숙한 상태이고 도덕적인 판단을 자율적으로 할 수도 없으며, 사유를 구조화하는 범주가 거의 없다는 의미에서 비합리적이라고 할 수 있다(Tobin, 1989: 21).

피터스가 말한 도덕적 판단능력의 발달단계 가운데 두 번째 단계는 자아 중심적인 단계이다. 세 살 정도 되는 어린이가 합리적인 행위자가 되기 시작하게 되면 이 단계에 들어가게 된다. 초기의 사고는 아직 체계적이지도 않고 일관성도 없으며, 단지 저급한 수준에서 합리적인 행동을 할 수 있을 뿐이다. 이 단계에 있는 어린이의 신념은 다음과 같은 특성의 영향을 받는다. 첫째로, 현재의 상황과 자신을 분리할 능력이 없으며, 지나간 순간의 즐거움과 고통에 동요되는 감정의 지배를 받는다. 둘째로, 판단은 집요한 욕망과 증오와 같은 자기중심적인 욕망에 좌우되기 때문에 다른 사람의 욕망이나 기호를 전혀 인식하지 못한다. 이 단계의 특징은 세 가지로 요약될 수 있다. 첫째로, 어린이는 단순한 개념이나 의미의 규칙을 이해하고, 보상과 관련이 있는 바람직한 것과 처벌과 관련이 있는 바람직하지 않은 것을 인식할 수 있다. 둘째로, 어린이는 단순한 자기중심적인 감정을 경험한다. 그는 몇몇 사람에 대한 감정을 느낄 수 있고, 그와 가장 친밀한 사람에 대해 동정심을 느끼기도 하지만, 이러한 감정은 일시적이고 순간적이다. 부끄러움이나 후회와 같은 도덕적 감정에 감동되지 않으며 이성적 감정을 느끼는 것은 단지 모방하는 것일 뿐이다. 셋째로, 이런 초기의 도덕적 감정과 의지를 통해서 이후에 근본적인 원리의 사용과 수용에 도움이 되는 감정과 인내의 특성이 나타난다.

그런데 도덕적 판단과 관련지어 지적할 것은 우리가 규범적인 지식이나 가치 있는 진리라고 인식한 사실도 때로는 학습자의 성숙도와 수용 가능성에 따라서는 가르칠 수 없거나 부적절한 것이 될 수도 있다는 점이다. 즉, 도덕적인 규범이나 상황을 충분히 이해하고 실천할 수 없는 어린이에게는 오히려 부적절한 것이다. 그것은 합리적이고 자율적인 도덕적 경험에 의한 행동이 아니라 보상이나 처벌과 같은 외적인 자극에 의한 행동일 가능성이 높다. 예를 들어 대부분의 어린이는 자기중심적이다. 사과를 갖고 있는 한 어린이가 그 사과를 다 먹기를 원한다고 해보자. 그런데 엄마가 사과를 어린 동생과 나누어 먹으라고 하면 그 어린이는 어린 동생을 미워하게 된다. 엄마는 어린이의 이기심을 억제하는 과정을 통해서 어린이의 이기심을 고쳐야 한다. 충족하지 못한 소망은 무의식에 내재하고 있기 때문에 이기적이지 않도록 배우지 못한 어린이는 한평생 이기적일 수 있다. 그러나 이러한 상황에서 이타주의가 무엇인지를 전혀 모르는 어린이에게 사과를 나누어 먹도록 강요한다면 그것은 도덕적 판단의 발달이 아니라 성인의 명령에 맹목적으로 복종하도록 강요하는 것이다.

피터스가 말한 세 번째 단계는 관습 존중의 단계이다. 이 단계에서는 자아중심적인 인간이 판단을 통해서 전통적이고 도덕적인 규칙을 수용하고, 관습적인 규칙에 따라 행동한다. 이런 규칙은 가정, 학교, 동료집단, 또는 그가 살고 있는 사회의 적절한 전통에 의해 권위가 부여된다. 대부분의 사람들이 가치, 차례, 판단, 관습 등을 무비판적으로 수용하고 살아가거나 행했던 것을 따라 행동하기도 하고 보다 자율적으로 방법을 습득하고 그에 따라 행동하기도 하지만 종종 자아중심적인 행동으로 돌아가기도 한다.

이 단계의 특징은 세 가지로 요약될 수 있다(Tobin, 1989: 22-23). 첫째로, 개인은 인지적인 발달에 의해 매우 복잡한 의미의 규칙을 평가할 수 있는 데까지 발달한다. 행동하는 방식들이 바람직한 것과 바람직하지 못한 것, 그리고 옳은 것과 그렇지 않은 것을 이해할 수 있다. 그러나 아직까지 외적으로 부과된 도덕 규칙을 독자적으로 융통성 있게 받아들일 수 없다.

둘째로, 세 가지 감정을 구별할 수 있다. 이제는 자신의 입장에서 다른 사람에 대한 충성심, 진실함, 그리고 우애의 감정을 느낄 수 있다. 수치심이나 후회, 또는 반성과 같은 부정적인 감정의 영향을 받는다. 왜냐하면 그는 그가 속한 집단의 도덕적인 규칙에 부적당한 점이 있을 때는 그것을 이해하고 잘못된 것을 알기 때문이다. 이제 합리적인 감정들을 통해서 사물을 분류하는 즐거움을 알고, 사물이 어떻게 생기는지에 대해 안정된 판단력을 갖게 되고, 어떤 것에 대해 독자적인 호기심을 나타내기도 한다.

셋째로, 초기에 그의 자아중심을 지배했던 개인의 욕망과 의지의 속성들, 결심, 그리고 노력이 결합하여, 그 집단의 기준과 규칙에 일치하는 행동을 할 수 있다. 자신을 두둔하는 성향과 비합리적인 성향을 극복하려는 노력을 통해서 자신이 선호하는 경향을 선택하고 결정할 수 있다.

피터스가 말한 네 번째 단계는 합리성의 단계이다. 개인은 자기 스스로 신뢰할 수 있는 행동의 규칙을 만들고 사회의 도덕적 관습을 토대로 하는 원리를 획득한다. 도덕적인 판단능력이 발달한 사람은 근본적인 도덕의 원리를 언급하면서 그들의 관습이 만족할 만한 것인지를 평가할 수 있고 행동하기 위한 기본적인 근거로 작용하는 원리를 평가할 수 있다. 실제적으로 이제는 어느 정도 심사숙고하고 비합리성을 극복하고 이런 원리를 고수하고 원리에 따라 행동한다.

이 단계의 특징은 다음과 같다(Tobin, 1989: 24). 첫째로, 합리적인 사람은 지적으로 누군가를 위하는 것은 무엇인가, 사람을 존경하는 것은 무엇인가, 어떤 사람에게 관심을 갖는다는 것은 무엇인가와 같은 추상적인 생각을 할 수 있는 데까지 발달한다. 그는 지금 가지고 있는 그의 도덕적인 규칙을 신뢰할 수 있다. 그런 규칙은 그의 실제적인 사고를 통해서 형성된 것이다. 그는 문제 상황에 직면하게 되면 이성의 고리를 통해서 곰곰이 생각하지 않고도 행동할 수 있다. 단지 새롭고 익숙하지 않은 환경에서만 어느 정도 추론이 필요하다.

둘째로, 사람이 살아가는 삶에는 세 가지 정서적인 요소가 포함되어 있다. 타인중심의 감정은 드 가지 방식으로 발달한다. 먼저 그는 다른 사람들에 대해 사심 없는 감정, 동정, 열정, 그리고 순수한 사랑의 능력을 갖는다. 게다가 다른 사람에 대해 이렇게 반응할 수 있는 적절한 시기에 이르게 되면, 그는 개성 있는 태도를 갖게 된다. 부끄러움이나 후회, 또는 절망과 같은 부정적인 감정은 외적인 규칙에 따라 사는 것에 실패한 것이 아니라 근본 원리를 지키는 것이 요구하는 것을 이해하면서 살아가는 데 실패한 것과 관계가 있다.

셋째로, 이성적인 사람은 비합리적인 관습적 경향, 즉 전사회적인 유아, 자기중심적인 어린이, 그리고 무비판적이며 전통적인 성인의 특수한 편견들이 모두 그에게 지속적으로 나타나기 때문에 도덕적인 삶을 사는 데는 본성에 가까운 성향들과 자기중심적이고 관습적인 특징에 대항하는 것이 포함되어 있다. 이성적이고 도덕적인 사람은 반대되는 성향에 저항하는 의지력을 갖고 있으며, 도덕의 기본 원리를 합리적으로 받아들인 결과로 자신의 행동을 바꾼다.

각 단계는 도덕적인 판단을 함에 있어서 나름대로의 일관성을 갖고 있으며, 도덕적 판단과 드덕적 감정, 그리고 도덕적 의지의 복합적인 영향을 받으면서 발달하게 된다. 단계는 일정한 순서로 이동하기 때문에 단계를 뛰어넘지도 않고 단계의 순서가 뒤바뀌지 않는다. 또한 도덕적인 문제를 판단하는 방식이 상위 단계로 갈수록 보다 분화되고 추상적으로 되기 때문에 높은 단계는 이전 단계의 도덕적 사고를 포함하며, 도덕적 판단에 있어서 보다 진전된 상태에 이르게 된다.

예를 들어 '너는 약속을 지켜야 한다.'는 말의 의미는 '너는 약속을 지켜야 한다.'와 유사한 상황에 있는 사람은 모두 약속을 지켜야 한다는 보편적인 판단을 함축하고 있다. 그러므로 도덕적 판단은 비슷한 상황에 놓인 사람은 누구나 동일하게 정당화될 수 있다는 것을 인정하는 보편성을 지니고 있어야 한다. 도덕적 판단의 보편적인 특성이 모든 사회와 문화에서 존재하는 이유는 도덕성 발달의 기본적인 구조와 형식이 내재하기 때문이다(Kohlberg, 1971: 50).

그러나 도덕적 판단과 지식의 습득이 어느 정도 동일한 형태의 구조를 갖는다는 것은 단순히 도덕적 판단이 도덕적인 문제에 대한 지적인 수준의 적용을 의미하는 것이 아니다. 특정한 상위의 도덕적 판단 단계에 있는 사람이 지식의 습득에 있어서는 낮은 발달의 수준에 머물러 있을 수 있고, 또 지적인 발달 수준은 높지만 도덕적 판단의 수준은 낮을 수도 있다. 도덕적 판단과 도덕적 지식의 수준이 차이가 나는 이유는 의지, 감정, 욕망과 같은 정서적이거나 의지적인 요인으로 인해서 도덕적 판단의 단계에서 잠재력이 실현되지 않을 수 있다는 데 있다.

요컨대 도덕적 판단능력의 발달을 목적으로 하는 이유는 단순히 가치 분석에 대한 과정이나 결정에 대한 기술을 가르치려는 것이 아니라 도덕적 판단의 일반적인 단계들을 통해서 도덕적인 활동을 할 수 있게 하려는 데 있다고 할 수 있다.

듀이에 따르면 도덕적 행위의 판단은 철저히 지적 선택에 의존하고 있다고 한다. 도덕적 판단의 상황에 놓이게 되면, 숙고하고 반성하고 분석하고 가정하고 자신의 선택에 대한 타인의 주장 등을 생각하게 된다고 한다. 그러나 실제로 이런 과정을 거쳐 판단하지 않는 것이 아니라 판단하는 사람의 인격과 습관, 그리고 한평생 행하고 경험하면서 지니게 되는 경향성에 의존하게 된다.

도덕적 행동에 있어서 지적 통찰력은 필요조건이지 충분조건은 아니다. 어떤 사람들은 도덕적 상황에서 지성이나 이성을 말하는 것은 어리석다고 말한다. 왜냐하면 사람들은 하고 싶은 것을 행하고 나서 그때의 감정들을 합리화하기 때문이다. 이런 말은 도덕적 행위에서 지성과 이성보다는 정서가 더 강하게 작용할 수 있다는 것을 암시하는 것이라고 생각할 수도 있다. 지성은 본질적으로 자기를 추구하며 자아 중심적이므로 지적 통찰력은 이타심이나 자기희생을 이해하지 못한다. 인간은 지적 존재이지만 한편으로는 사회적 존재이며 강력한 사회적 결속에 의해 집단에 구속된 존재이기도 하다. 특히 사회적 존재로서의 인간은 벌이나 개미에게서 나타나는 사회적 본능을 지니고 있으며, 이러한 사회적 본능에 따라 집단의 구성원으로서의 인간은 개인적인 것보다 사회적으로 좋은 것을 위해 행위 하려고 한다. 사회적으로 좋은 것을 행하려고 하는 마음은 이타심, 자기희생, 또는 자비심이라고 할 수 있다. 그런데 이러한 도덕적 정서들을 발휘하는 것은 지적인 통찰력이나 지성에 의한 것보다 감정, 동정심, 타인에 대한 관심이나 배려, 사랑 등과 같은 정서에 의한 것이다.

일반적으로 정서는 기쁨, 슬픔, 분노, 공포 등과 같은 외적 자극이나 어떤 내적인 상태에 의해 급격하게 생긴 비교적 격렬하고 일시적인 감정이라고 할 수 있다. 이러한 일반적인 의미와는 달리 아리스토텔레스는 구성 요소를 중심으로 정서의 본질을 밝히고 있다. 그에 따르면 정서는 정의와 인지, 그리고 욕망의 복합체이며, 행동의 동기로서의 기능을 한다. 다시 말하면, 행동을 촉진하거나 억제하는 기능을 한다.

정서는 의사소통의 기능을 한다. 첫째로, 도덕적인 정서는 도덕적인 행동의 기준을 제시한다. 둘째로, 도덕적 정서는 좋은 정서를 강조하거나 구성하는 기능을 하고 있다. 내려, 동정심, 관심, 그리고 용기는 도덕적으로 좋은 정서를 구성하며, 두려움, 분노, 선망 등은 그렇지 못하다. 배려, 동정심, 관심, 그리고 용기 등은 도덕적으로 좋은 정서이며, 두려움, 분노, 선망 등은 도덕적으로 나쁜 정서이며, 당황, 외경, 향수, 그리고 호기심 등은 도덕적 정서라고 볼 수 없다.

언제나 좋은 도덕적 정서나 언제나 나쁜 도덕적 정서는 없다. 동정심, 배려, 사랑 등과 같이 도덕적으로 좋은 정서의 경우에도 어떤 상황에서는 나쁜 것이 될 수 있다. 예를 들어 도둑질하는 데 애를 먹고 있는 도둑에 대한 동정심, 남아프리카 공화국의 백인들이 흑인 동포들에 대해 갖는 온정주의적 배려, 그리고 다 큰 자식에 대해 갖는 어머니의 사랑 등은 분명히 도덕적으로 좋다고 할 수 없을 것이다.

그렇지만 도덕적 정서의 기능만으로 도덕적 행동을 안내하고 있다고 말할 수는 없을 것이다. 정서가 도덕적 행동을 안내하기 위해서는 정서의 주체가 도덕적 정서에 의한 정서 반응일지라도 옳을 수도 있고 그를 수도 있다는 것을 받아들이고, 도덕적 정서와 그에 의한 반응을 비교해보아야 한다. 정서의 대상이 어떤 경우에 옳고 어떤 경우에 그른지를 어떻게 말할 수 있는가? 아리스토텔레스의 실천적 지혜를 가지고 설명할 수 있을 것이다. 그에 따르면 실천적 지혜는 숙고할 수 있는 능력이며, 어떤 상황에서 정서적 반응이 정서의 대상을 바르게 안내하는 데 도움을 준다. 정서적 반응의 옳고 그름은 실천적 지혜를 가진 사람의 태도, 즉 실제로 적절한 대상에 대한 태도를 취하는지에 따라 달라질 수 있다.

그래서 도덕적 판단의 과정이 필요하다. 인간은 살아가는 과정에서 때때로 갈등 상황에 놓이게 되는데, 이런 경우에 판단은 불가피하게 된다. 그런데 대부분의 사람들은 도덕적인 상황을 판단이 요구되는 갈등 상황으로 간주한다. 이러한 생각은 도덕교육에 있어서 하나의 상식처럼 받아들여지고 있다. 그러나 일상생활에서 언제나 도덕적 갈등 상황을 접하게 되는 것은 아니며, 모든 도덕적 상황이 갈등 상황이 되는 것도 아니다.

이런 측면에서 보면 도덕적 행동, 도덕적 사태, 또는 도덕적 상황이 따로 있는 것이 아니라 우리가 어떤 행동이나 사태를 도덕적 관점에서 문제로 삼을 때 그것이 도덕적 행동과 도덕적 사태가 된다고 볼 수 있다.

결국 도덕적 상황은 사람마다 다르고, 경우에 따라 다르게 인식될 수 있다. 즉, 어떤 사람에게 도덕적 사태로 간주되는 것이 다른 사람에게는 그렇지 않을 수 있다. 예를 들어 버스에서 젊은 사람이 앉아 있고, 앉아 있는 젊은 사람 앞에 한 노인이 꾸부정한 자세로 서 있는 경우에도 그 모습을 도덕적 관점에서 보는 사람에게는 그것이 도덕적 사태이고, 아무 생각 없이 바라보는 사람에게는 도덕적 상황이 아닌 것이다.

도덕적 갈등 상황은 우리가 상반되는 의무를 갖고 있는 것처럼 보이거나 모순되는 근본적인 원리를 가진 것처럼 보이는 상황이다. 도덕적 갈등 상황에 대한 한 가지 예를 들어보자. '바로 그날 오래된 좋은 친구가 예기치 않게 찾아와서 도시 주변을 안내해 주기를 원한다. 그러나 나는 이미 오늘 내 가족과 함께 소풍을 가기로 약속을 했다. 나는 양쪽의 의무를 모두 달성할 수 없다. 그렇다면 나는 무엇을 할 것인지를 어떻게 결정할 것인가?' 이것은 한 상황에서 다른 두 가지 충돌하는 의무가 행위자에게 부여된 경우이다.

그러나 이러한 갈등 상황이 진정한 갈등 상황이 되기 위해서는 도덕적 행위를 하는 사람이 두 가지 상황에서 가치의 중요성에 대한 내재적인 기준을 갖고 있어야 한다. 만약 행위를 하는 사람이 약속을 지키는 것을 별로 중요하게 생각하지 않거나 옛 친구를 배신하는 것에 대해 어떤 고민도 하지 않는 경우에는 도덕적 갈등 상황에 대처하기 위해 정당한 방법을 찾을 필요도 없고, 자신의 행동에 대한 결정을 걱정하지 않아도 될 것이다.

도덕적 판단은 구체적인 선택의 상황에서 서로 갈등을 일으키는 가치들 가운데 어느 하나를 선택하는 것과 관련이 있다. 개인이 도덕적 판단을 하는 기준은 여러 가지 도덕적인 문제 가운데 개인이 가치 있다고 여기는 것이 무엇인가의 문제이다. 그런데 두 가지 이상의 상반되는 갈등 상황은 항상 개인적인 도덕적 판단만을 요구하는 것이 아니다. 도덕적인 판단을 하는 데 있어서 개인의 내적 갈등은 사회적인 규범이나 관습적인 규범과 밀접한 관련이 있다.

사람들은 실제로 위험하고 불확실한 삶을 살면서 도덕적인 결정을 해야 하는 상황에 직면하게 되면 거의 직관적으로 도덕적인 결정을 한다. 예를 들어 버스에서 이러저러한 고민과 갈등을 한 후에 노인에게 자리를 양보하는 것은 아니다. 특정한 갈등 상황이 아닌 일상적인 생활에서 도덕적인 판단을 하는 사람은 직관적인 판단을 한 후에 자리를 양보한다.

그러므로 우리는 일상생활에 있어서 도덕적 판단을 할 때, 모든 상황에서 의식적으로 어떤 행위의 규칙을 따를 것인지를 생각하고 사는 것은 아니다. 다시 말하면, 도덕적 판단은 오히려 어떤 행위와 감정의 습관에 따라 거의 자동적으로 이루어진다고 볼 수 있다. 왜냐하면 우리는 특별하고 위급한 상황을 분석하기 위한 시간이나 능력을 여유롭게 갖는 경우는 드물기 때문이다. 그런데 이러한 경우에 어떤 행위를 시도하는 것은 어리석을 수도 있고 도덕적 판단을 망칠 수도 있다. 이것은 도덕적 판단에 있어서 바람직한 상태가 아니다. 왜냐하면 이러한 견해는 도덕적 판단을 극단적으로 단순화할 수 있는 여지가 있기 때문이다. 직관적인 판단의 단계는 복잡한 삶을 일괄적으로 단순화된 판단에 집착하도록 한다. 그러므로 새롭거나 평범하지 않은 도덕적인 상황을 위해서 일상적인 것 이상의 판단이 사용되어야 하는데 그것이 비판적인 판단의 단계이다. 이러한 판단은 규칙에 따라 올바른 행동을 하는 것뿐만 아니라 도덕적 판단의 방법을 제시하고 결정하도록 한다.

도덕적 판단은 어떤 행동 유형이 특정한 원칙이나 규칙과 충돌하게 될 때 나타난다. 이러한 경우에 적절한 행동에 관한 도덕적 판단과 선택이 요구된다. 우리는 이와 같은 도덕적 행위를 하기 위한 판단의 과정을 다음과 같이 생각해 볼 수 있다. 첫째로, 일반 원칙이나 매개적 규칙에 근거를 두고 어떤 행동을 할 것인가를 검토한다. 둘째로, 행위의 표준을 참조한다. 셋째로, 일반적인 원칙과 행위의 기준이 가리키는 정보를 탐색한다. 넷째로, 이렇게 탐색한 정보와 매개적 규칙, 그리고 근본적인 도덕 원리에 맞는 행위 기준에 근거를 두고 그 행동을 다시 검토한다. 이러한 과정을 거쳐 그 상황에서 가장 적절하다고 생각하는 하나의 행동을 선택하고 그것을 다른 행동들과 비교해서 검토한다. 이러한 과정을 거쳐서 숙고하고 결정하게 되면, 우리는 보다 완전하고 만족할 만한 도덕적 판단을 할 수 있을 것이다. 다시 말하면, 사람들은 도덕적 상황에 직면할 때 먼저 사태를 파악한 다음 도덕적인 규칙이나 원리를 적용하기 위해서 합리적인 판단을 하게 된다.

그러나 이런 도덕적 판단의 과정은 개념적인 형태에 가깝다. 우리는 모든 도덕적 판단을 이 형식에 따라 기계적으로 적용하는 것은 아니다. 왜냐하면 이런 형식은 다양한 도덕적 상황에서 각 개인들에게 구체적인 도덕적 판단을 제시해 줄 수 없기 때문이다.

도덕적 판단은 도덕적인 지식을 특정한 상황에 단순히 적용하는 것만을 의미하는 것이 아니다. 사람들은 항상 자신이 옳다고 알고 있는 지식이나 판단에 의해서만 행동하는 것이 아니기 때문에 어떻게 행동하는 것이 도덕적으로 옳은지에 대해 판단하는 것과 실천하는 것은 실제적인 측면에서 차이가 생기게 된다. 도덕적 판단은 일종의 선택이다. 그러므로 선택을 할 때에는 어떤 준거가 있어야 한다. 도덕적 판단의 준거로 작용하는 것은 특정한 문제 상황에 대한 이해와 관련된 도덕적 규범이다.

도덕적 지식은 옳은 것이 무엇인지를 알아야 할 뿐만 아니라 그것을 판단하고 실천할 줄 아는 지식이어야 한다. 이러한 선과 악, 옳고 그름과 같은 가치판단을 의미하는 도덕적 지식은 명제적 지식이나 논리적 지식처럼 지식의 진위 여부에 대한 기준이 명백한 것이 아니다. 왜냐하면 가치판단은 누구에게나 일률적으로 항상 적용할 수 있는 기준이 될 수 없기 때문이다.

어떤 문제 상황에 직면하여 숙고하고 선택하는 과정에서 결정적으로 작용하는 것은 도덕적 판단이라고 할 수 있다. 도덕적 갈등 상황에서 숙고하고 도덕적으로 판단하는 것은 좋은 이유를 가지고 행동하기 위한 전제조건이다. 합리적으로 도덕적 판단을 할 수 있다는 것은 특수한 상황에서 합리적으로 행동하는 방법을 알고 있는 것이며, 자신의 결정이 가치 있다는 것을 이해하는 능력을 가지고 있는 것이다.

어떤 사람들은 도덕적인 규범과 관련지어 일종의 규칙이나 사회적 관습에 복종하는 것이 판단하는 것보다 정신적으로 편하다고 생각하기도 한다. 예를 들어 어떤 의미에서든 혼자서 결단을 내린 결과로 문제를 일으키기보다는 시키는 대로하면 오히려 편한 경우도 있다. 일반적으로 판단은 이를테면 걷는 것이나 게임을 익히는 것과 다를 바가 없는 일종의 능력이다. 도덕적으로 판단한다는 것은 높은 수준의 지적 기능을 필요로 하는 것이 아니다.

판단을 통해서 자신이 획득한 명제적 지식이나 방법적 지식을 반영하고 그것을 명백히 공식화하거나 체계화하는 데 있어서 보다 낮은 수준에 있는 사람보다 도덕적 사고나 논리적 사고의 법칙을 생각하거나 기술하기 쉽다는 것은 인정할 수 있지만, 도덕적 판단의 결과나 실천적 측면에서 그 행위가 우월하다고 할 수는 없다. 왜냐하면 인간은 자신에 대한 부정적인 결과가 분명하고, 심각하게 예상될 경우에 낮은 도덕적 판단을 사용하는 경향이 있기 때문이다. 다시 말하면, 낮은 단계에서 이기주의를 합리화하는 것이 더 쉽다.

도덕적 판단은 상황을 인지적으로 정의하는 것으로 구성되는데 이러한 정의는 어떤 도덕적 갈등에 있어서 가장 가능성 있는 수준의 선택을 결정한다는 것에 근거를 두고 있다. 내적인 신념이나 감정적 고려들도 실제적으로 도덕적인 판단과 행동에 영향을 줄 수 있다. 도덕적 판단이 정서적 요소를 내포하지만 이로 인해 도덕적 판단을 하는 데 있어서 판단의 합리성이 감소하지는 않는다.

도덕적 판단이 복잡하다고 인식되는 것은 판단의 두 측면에 대한 상호작용으로부터 부각되는 것으로 보인다. 첫째로, 도덕적인 기준을 나타내는 원리들은 단순히 개인적이지 않다. 이러한 원리들은 윤리적인 삶에서 서로 다른 행위자가 판단에 대한 적용을 공평하게 결정할 수 있는 수단이지만, 우리는 그것들의 적용을 결정하는 원리들을 보편적인 것으로 간주하지 않는다. 둘째로, 개인적인 행위자를 포함하거나 인간관계의 특별한 측면을 포함하는 상황에 대한 감정은 어떤 특별한 상황에 어떻게 원리를 적용할 것인가를 결정하는 것을 필요로 한다. 그러나 각 개인은 도덕적 판단을 하고 행위를 하는 데 있어서 동일한 감정을 느끼거나 항상 일치하는 원리를 적용하는 것은 아니다.

우리는 도덕적 판단과 관련지어 구별해야 할 두 가지 사실을 혼동하고 있다. 즉, 우리는 누구에게 무엇을 하라고 말하는 것과 누구로 하여금 무엇을 하도록 만드는 것을 구별하지 못하는 오류를 범하고 있다. 우리는 보통 처음엔 남에게 어떻게 하라고 말한다. 그래도 그가 말한 대로 하지 않을 경우에는 그가 그렇게 하게끔 만들려고 한다.

도덕적 추론에 관한 분석의 출발점은 다음과 같은 두 가지 명제이다. 첫째로, 도덕적 전제들 가운데 적어도 하나의 명령적 의미가 포함되어 있지 않으면 그것에서부터 명령적인 결론을 이끌어내지 못한다(Hare, 1952: 28). 둘째로, 어떤 판단도 그것이 무엇인가 도덕적 행위를 하도록 명령하는 내용을 포함하지 않는다면 도덕적 판단이 아니다.

우리가 어떤 행위를 옳다고 판단할 때 우리는 반드시 그 행위를 좋아하고 있는 것이다. 그러나 단순히 좋아한다는 이유만으로 어떤 행위를 옳다고 판단하는 것은 아니다. 주어진 행위가 옳다고 판단되기 위해서는 그 상황에 적합해야 한다. 실제로 무엇을 해야 한다고 판단했을 때 거기에는 누군가의 태도, 즉 마음가짐의 참여가 있다. 그런데 무엇을 할 것인가 하는 물음에 대답하겠다는 결정은 일종의 선택 행위라고 보아야 한다.

도덕적 판단은 행위자가 새롭고 복잡한 상황에 직면해서 이미 확정된 일반적인 원리를 토대로 도덕적 행위를 결정하고 실천할 수 있도록 하는 역할을 한다. 도덕적 행위자가 더 높은 발달단계로 나아감에 따라 더욱 복합적인 문제를 다룰 수 있고, 더 넓은 도덕적 시각을 갖게 되며 나아가서는 일관성 있는 논리적 규칙을 적용할 수 있게 된다.

만약 한 행위자가 도덕적 원칙들을 이해하지 못하거나 신념화하지 않는다면, 그는 도덕적 원칙들을 준수할 수 없을 것이고 행위자가 원칙에 따라 사고한다고 해도, 그 원칙대로 실천하지 않을 수도 있다. 그러나 도덕적 판단은 비록 도덕적 행위에서 여러 요인 가운데 하나의 요인에 불과하기는 하지만, 도덕적 행위를 결정하는 데 있어서 가장 영향력이 있고 중요한 근본적인 요소이다. 다른 요소들도 도덕적 행위에 영향을 주긴 하지만 도덕적 판단은 도덕적 행위에서 단 하나의 중요한 요소이다.

요컨대 도덕적 판단능력은 자발적이고 능동적으로 도덕적 판단을 하는 능력이며 자신의 도덕 원리를 형성하는 능력이다. 다시 말하면, 어떤 도덕적인 문제나 갈등 상황에 직면했을 때 자기가 취해야 할 행위가 무엇인지를 합리적인 근거를 갖고 판단할 수 있는 능력이다.

5. 도덕적인 행위의 조건

도덕적인 행위의 문제는 도덕적인 생활을 인도하는 지적인 요소와 도덕적인 원리의 이해, 그것의 실천 과정에서 행해지는 판단 등의 요소로 분석될 수 있다. 이런 입장에서 보면 도덕적인 개념에 대한 합리적인 사고력을 높이고 도덕적 판단능력을 신장시키는 것과 도덕적 행위의 측면에 관한 체계적인 이해는 매우 중요하다고 할 수 있다.

도덕적인 행위는 합리성의 개념과 밀접한 관계가 있다. 합리적인 행위는 행위자가 책임을 질 수 있는 행위이다. 합리적인 행위는 우리가 의무 세계의 구체적인 상황에 대처하기 위해서 구사하는 시도라고 할 수 있다. 합리성은 세계를 다루는 인간다운 방식을 의미한다. 따라서 어떤 행위가 도덕적인 영역에 들어올 수 있기 위해서는 합리적인 것이 되지 않으면 안 된다. 즉, 도덕적인 행위는 합리적인 이유나 판단에 따라 행한 행위라고 할 수 있다.

그러므로 도덕적인 행위는 합리적인 개인의 의사결정 없이는 불가능하며, 도덕적인 판단과 의사결정 능력은 이성적인 능력과 관련이 있다. 이성에 의하여 도덕적인 행위가 유발되도록 하기 위해서는 도덕적 판단이 어떻게 작용하여 도덕적인 행위로 발달하는가를 이해해야 한다.

도덕적 행위의 지적 조건은 어떤 특정한 행동이 선한 행동인지를 알고 있거나 선한 행동의 종류를 밝히는 원리를 아는 것이다. 이 두 가지 지적 조건 가운데 하나는 관찰, 상상, 추리, 판단, 해석 등과 같은 과정으로서의 지적 조건이고, 다른 하나는 '이것은 선하다.', 또는 '남을 돕는 것은 선한 행동이다.' 등과 같은 도덕적 진술을 아는 것, 즉 결과로서의 지적 조건이다. 도덕생활에 직접적으로 적용되는 것은 결과로서의 지적 조건이고, 그것을 얻는 데 필요한 과정으로서의 지적 조건은 간접적이라고 할 수 있다. 그러나 둘 가운데 어느 하나가 다른 것보다 더 중요하다고 말하기는 어렵다.

인간의 행위는 습관이나 관례적인 전통에 의해서 이루어지기도 하지만, 도덕적 행위는 어떤 도덕적 준거를 반성적으로 적용함으로써 이루어져야 한다. 물론 이때의 기준은 도덕적 규칙일 수도 있고 도덕적 이상일 수도 있다. 이러한 도덕적 행위에서 중요한 것은 자기의식이다. 개인은 자신의 도덕적 행위가 어떤 도덕적 규칙에 대해 반성적으로 사고하고 난 후에 그것을 상황에 적용함으로써 이루어지고 있다는 것을 알고 있다. 도덕적인 행위는 어떤 규칙이나 목표를 실천에 옮기려는 개인의 의식적 결정에서 비롯된 것이다. 그러므로 올바른 도덕적 판단은 도덕적 행위의 근거라고 할 수 있다.

사람들은 다양한 형태의 가치 활동과 습관에 관여하고 있으며, 그것에 대해 심사숙고하고 있다. 사람들은 행한 행위뿐만 아니라 그들이 가지고 있는 습관을 반성하도록 요청 받고 있다. 당신은 그것이 일어났을 때 어떤 느낌을 가졌었는가, 당신은 어떤 대안들을 고려해 보았는가, 당신은 이런 일을 자주 하는가, 당신은 똑같은 것을 다시 하기를 원하는가와 같은 질문들은 이미 행한 도덕적 행위와 습관적인 행위들이 개인 생활의 한 부분이라는 것을 가정하고 있다.

다른 인간의 행동이 그렇듯이 도덕적인 행위는 의도성이나 선택 가능성의 정도에 따라 습관적 행동과 의도적 행동으로 나눌 수 있다. 습관적 행동은 자동적인 성격이 많고 의도나 의식이 부족하기 때문에 선택 가능성이 포함되어 있지 않은 것 같이 보이고 고정화의 정도에 따라 다소 곤란할 때도 있지만, 행동하는 사람의 선택과 변경의 대상이 될 수도 있다. 습관적인 행동이 선택되고 변경될 수 있을 때는 의도적이고 반성적 행동으로 발전하는 것이 원칙이다.

이 점에 대해 두 가지 사항을 덧붙일 수 있다. 첫째로, 구체적인 행위를 통해서 도덕성을 가르칠 수 있다. 실제의 경험이나 행위를 수반하지 않고는 가르칠 수 없으며, 하나의 반성적인 차원을 수반하지 않는 가치들은 거부되어야 한다. 둘째로, 도덕적 행우의 형성 과정에서 소홀히 하고 있는 것이 있는데 그것은 도덕적인 습관과 감정이다. 도덕적인 행위는 도덕적인 감정에 의해서 유발되고 충전되며 도덕적인 습관들에 의해서 질서 있게 되는 동시에 도덕적 습관으로 형성되기도 한다.

우리는 모든 행위가 인간성을 형성하는 요소들과 환경의 상호작용으로 이루어지는 것을 알 수 있다. 그러나 인간의 모든 행위를 도덕적인 행위라고 볼 수는 없다. 왜냐하면 도덕적인 행위는 자유의지적인 행동이어야 하고 유목적적이고 의식적이고 분별 있는 행동이어야 하기 때문이다. 외적인 장애와 강제적인 압박에 의해 억지로 실천하는 행위는 자신의 의지에 의해서 자율적으로 행한 행동이 아니기 때문에 도덕적인 행위라고 할 수 없다. 도덕적인 행위는 의식적이어야 하고, 그것에는 분별적인 능력이 포함되어야 한다. 왜냐하면 무의식적이고 충동적인 행동은 도덕적인 행위라고 볼 수 없기 때문이다.

도덕적인 행위는 행하는 사람의 판단을 요구하는데, 이런 판단에는 어떤 원리나 규칙이 포함되어 있다. 원리나 규칙을 따르지만 이런 원리는 도덕적 행동을 위한 수단이 된다. 그러나 도덕적 행위는 어디까지나 규칙이나 원리를 준수하는 행위이다.

도덕률이나 규칙은 매우 다양하고, 개인의 의사결정과 행위 선택의 과정도 매우 복잡하다. 규칙에 따라 행동한다는 것은 맹목적으로 순응하는 것을 의미하는데, 이것은 의사결정의 과정을 배제하기도 한다. 도덕적인 행위를 실천하게 하는 강압적인 의미의 복종으로는 절대적인 의지나 규율에 대한 복종과 이성적이고 선하다고 인정되는 교사나 부모에 대한 복종이 있다.

도덕적인 행위를 실천하는 과정은 단순히 규칙에 따라 행동하는 과정만 의미하는 것이 아니다 도덕적인 행위는 도덕적인 규칙이나 원리를 따라야 하며, 보편화될 수 있어야 하고, 정당화될 수 있어야 한다. 또한 도덕적인 행위에는 행위자 스스로 의식적이고 자유롭게 선택하는 과정이 포함되어 있어야 한다. 도덕적인 행위는 자유로운 선택을 전제로 하고 있으며, 선택과 추론, 그리고 감정과 직접적인 관련이 있다.

도덕적인 행위를 형성하는 방법 가운데는 모방이나 동일시가 있다. 미성숙한 어린이는 자신이 좋아하는 인물의 도덕적인 행동을 모방하여 올바른 태도를 형성하고 그것을 도덕적 행위로 옮기기도 한다. 또한 동기 유발의 방법이 있다. 어린이의 흥미나 호기심의 유발은 도덕적 판단을 발달시키기 위한 동기 부여의 의미에 한정되는 것이 아니라 긍정적이고 적극적인 행동의 변화를 통해서 도덕적인 행위를 형성할 수 있도록 하는 기본적인 요소가 된다. 보상이나 처벌도 도덕적인 행위를 유발시킬 수는 있지만 이것은 도덕교육이 추구하는 본질에 부합하지 않는다. 만약 감옥에 가지 않으려고 사회의 규범을 지키는 사람이나 부모나 교사에게 칭찬을 듣기 위해서 착한 일을 하는 어린이가 있다면 그것은 외적인 동기 유발에 의한 행동이다. 이러한 행동은 자율적인 도덕적인 행위라고 할 수 없다. 그러므로 도덕적인 행위를 하기 위해서는 자율적인 내적 동기 유발을 통해서 도덕적인 활동에 내재한 가치를 깨닫고 활동 그 자체를 바람직한 목적으로 여기는 것이 필요하다.

만약 어떤 사람이 어떤 규칙을 따르려면 그 규칙을 따를 경우에 일어날 상황을 이해하거나 인식하고 있어야 한다. 특정한 상황에서 도덕적인 규칙을 따르는 도덕적 행위는 규칙과 일치하는 행동을 전제로 한다. 그러므로 도덕률이나 도덕규칙의 전달은 행위자의 판단과 결정을 통한 행위의 지도로 이루어져야 한다.

그런데 도덕적인 행위의 형성에는 전체적인 환경의 영향이 작용한다는 것을 인식하고 그 환경을 적절히 규제할 필요가 있다. 도덕적인 행위는 어떠한 특정한 지식이나 기술에 속하는 것이 아니며, 환경적인 조건은 도덕적인 행위의 형성 과정에 간접적이거나 직접적으로 영향을 준다. 도덕적인 행위에는 무의식적인 심리적 요인이 작용하기 쉽기 때문에 이에 대한 고려와 규제가 필요하다.

도덕적인 규범이나 원리를 습득시키고 도덕적인 행위를 하도록 하기 위해서는 먼저 금지의 규칙과 의무의 원리, 도덕적 규칙에 대한 복종, 그리고 자유로운 판단과 결정 등을 고려해야 한다. 도덕적인 행위를 한다는 것은 도덕적인 원리나 규칙을 수용한 후에 그것에 따라 행동하는 것이다. 도덕적인 원리를 수용하고 그에 따라 행동한다는 것은 행위자 자신이 숙고한 후에 선택하여 행동하는 것이다. 그런데 이러한 선택은 도덕적 판단을 전제로 한다.

도덕적 판단을 바탕으로 한 도덕적인 행위를 유발하는 과정은 우선 대상을 인식하고, 자신의 상황에서 어떤 행위를 선택할 것인지를 인식한 뒤, 여러 가지 경우의 행위 가운데 한 행위를 선택해야 한다. 여기서 말하는 행위는 물론 자율적이고 도덕적인 행위를 의미한다. 만약 판단하지 않고 감정이나 일시적인 충동에 의해서 행동으로 옮긴다면 그것은 도덕적 판단의 과정을 거친 것이 아니다. 도덕적인 행위는 도덕적 판단을 토대로 가장 옳다고 판단한 신념과 의지에 따라 선택한 행위이다.

개인이 도덕적인 원리들을 이해하고 그것들에 동의하기 때문에 원리를 수용하거나 스스로 해결해 온 도덕적 원리에 따라 행동할 수 있는 상태로 유도되는 능동적이고 역동적인 과정이 도덕적인 발달의 과정이다(Downey & Kelley, 1978: 66). 그런데 개인이 자신의 도덕적 신념에 대해 이성적으로 추론할 수 있는 능력을 계발할 때 도덕적인 성장은 이루어진다. 올바르게 도덕적으로 성장한 사람은 자기가 속한 사회의 도덕률을 맹목적으로 받아들이거나 다른 문화권의 도덕 체계에 손사리 충격을 받지 않으며, 어떠한 도덕규범의 체계에 대해서도 분명하고 일관성 있게 생각할 수 있다. 그는 어떤 도덕규범을 받아들이는 이유를 제시하는 방법을 배울 뿐만 아니라 도덕적 추리의 한계를 배우게 된다.

도덕적 판단을 통해서 합리적이고 자율적인 도덕적 행위를 하는 것이 도덕교육의 근본적인 목적이다. 도덕교육은 성격의 개조가 아니며 사회 규범에 대한 종속을 강요하는 것도 아니다. 자유로운 도덕적 판단을 할 수 있는 상태에 이르는 것이 바로 도덕교육이 실현하고자 하는 중요한 목적이다. 도덕교육은 적어도 합리적인 사고를 증진하는 일과 자기 자신과 타인의 감정과 흥미, 그리고 필요에 대한 지식과 통찰력을 높이는 데 큰 관심을 갖고 있다. 이런 입장에서 보면 어린이가 도덕적으로 중요한 것이 무엇인지를 의식하고, 주어진 상황에서 자율적이고 도덕적인 결정을 하도록 돕는 것은 필수적이라고 할 수 있다. 도덕교육에서 중요한 것은 어린이들의 도덕적 습관을 기르고, 그들이 도덕적 지식을 논리적으로 이해하고 판단하도록 돕는 것이다.

현실적으로 우리가 당면하고 있는 중요한 도덕적인 문제는 규범이나 규칙이 갈등하고 있는 상황에 합리적으로 대처하는 능력을 기르는 것이다. 그런데 이러한 문제 상황을 해결하기 위해서는 이들 규범이나 규칙에 대한 합리성과 타당성을 따져 보고 새로운 사태를 해석할 수 있는 도덕적 판단능력과 그것을 행동으로 실천할 수 있는 능력을 발달시켜야 할 것이다.

어떤 행위가 도덕적인 것이 되려면 판단과 행동은 올바른 도덕적 동기와 준거에 근거를 두고 결정되어야 한다. 도덕적 행위는 주어진 상황에서 행위자의 내면화된 가치와 외재적인 가치 규범들과의 관계, 그리고 상황적 준거에 의해 결정된다. 그러므로 도덕적 행위는 행위자의 합리적인 도덕적 판단과 결정에 따라 이루어지는 자율적인 행위라고 할 수 있다.

이러한 자율적이고 도덕적인 행위를 하기 위해서는 먼저 도덕의 원리를 가르쳐서 어린이의 품성과 도덕적 의무감을 기르고 이를 토대로 순수한 도덕적 행위의 동기와 의도를 갖게 해야 한다. 그러나 보편적인 원리들만을 강조하면 그 결과 현실적인 적용과 실천에 많은 결함을 보이게 될 것이다. 그러므로 실제로 살면서 겪는 현실적인 문제를 해결하는 데 필요한 수단이 되는 가치를 제시해야 할 것이다. 그래서 도덕교육은 관습적이고 전통적인 도덕 원리와 상대적이고 실제적인 도덕적 판단의 조화를 지향하는 방향으로 실시되어야 한다.

이처럼 합리적인 도덕 원리를 바탕으로 도덕적인 행위를 할 수 있게 되기 위해서는 첫째로, 자신의 존재 의미는 무엇인가, 자신이 존재하는 세계의 목적은 무엇인가, 그리고 인간의 시작과 종말은 무엇인가와 같은 자기 초월적인 반성을 할 수 있어야 하고 이성적인 사고를 통해서 나름의 해답을 찾아야 한다. 둘째로, 자기가 무엇을 행하고 무엇을 사고할 것인가를 자유롭게 선택하고 결정할 수 있어야 한다. 셋째로, 개인은 도덕적 의무감과 책임감을 가져야 한다. 넷째로, 다른 사람들과 더불어 세계의 다른 어느 것과도 다른 종류의 관계를 맺는 능력을 가져야 한다. 자유롭게 다른 사람들과 더불어 살고 일하는 것에 헌신하며, 자신의 의사를 다른 사람들에게 강요하지 않으며, 다른 사람들의 개성을 존중하고 그것에 부응하여 살아갈 수 있어야 한다.

우리는 어린이가 도덕적인 삶을 영위하도록 하기 위해서 비도덕적인 행위는 하지 말고 올바른 행위만 할 것을 강요하지 않는다. 인간은 때때로 도덕적인 동기를 가지고 도덕적인 행동을 하기도 하지만 비도덕적인 동기를 통해서 도덕적인 행위를 하는 경우도 있다. 그러므로 자율적이고 도덕적인 사람이 되기 위해서는 감정과 이성을 적절히 조절할 줄 알고, 도덕적인 갈등 상황에서 진실한 의지에 따라 행동하고 이성적으로 사고하고 판단하는 능력을 가져야 한다.

도덕적 판단은 교육의 과정에서 지식의 습득 능력과 관련이 있다. 그러나 도덕교육의 측면에서 볼 때, 교육적 경험의 수준이나 사고능력이 부족한 사람에게서 도덕성이 낮게 나타나는 것도 아니며, 교육 수준이 높다고 도덕적 판단의 단계가 높게 나타나는 것도 아니다. 도덕적 판단능력의 발달이 인지적 발달이나 언어의 발달을 반영한다는 것은 교육받은 나이 많은 사람이 더 복잡하고 어려운 언어의 사용이나 일반적인 사고 형태를 발달시킬 수 있다는 사실을 의미할 뿐, 도덕적 판단에 대한 어떤 것을 수반하는 것은 아니다. 그러므로 고도의 언어 사용이나 높은 지능 수준을 도덕적 판단의 수준을 나타내는 유일한 형식으로 인정하는 것은 잘못된 것이다.

교육적인 의미에서 보면 도덕적 판단의 단계를 분석하는 것은 교육의 내용과 과정을 조직하고 체계화하는 데 유용하다. 그러나 이러한 의도가 도덕적 판단이 인지적 판단에 함축되어 있다거나 도덕적 판단능력의 발달을 단지 언어적 표현력의 발달로 일축해 버려서는 안 된다. 왜냐하면 도덕교육에 있어서 도덕적 판단은 윤리적인 상황을 정확히 인식하는 반성적인 사고능력의 발달, 즉 도덕적 이해력의 발달을 의미하기 때문이다.

요컨대 도덕교육은 합리적인 판단을 할 수 있는 능력과 판단한 것을 실천에 옮기게 하는 도덕적인 감정의 순화, 그리고 도덕적인 의지의 습득을 통해서 합리적이고 자율적으로 행위를 선택할 수 있는 능력을 기르는 것을 돕는 활동이라고 할 수 있다. 여기에는 도덕적인 지식을 의도적으로 바람직하게 전달하는 것과 이런 지식을 내면화하여 행동과 일치시키는 것이 포함되어 있는데, 이런 전달과 내면화의 과정은 학생의 자발성과 기지에 바탕을 두어야 한다.

도덕교육을 하는 이유는 합리적이고 자율적인 인간을 만드는 데 있다고 할 수 있다. 이런 인간을 만들기 위해서는 도덕적 지식을 습득시키고 도덕적 감정을 순화시키고 도덕적 의지를 기르는 것이 무엇보다도 필요하다. 합리적이고 자율적인 인간을 만들기 위해서는 특히 특정 상황에서 무엇이 옳은가를 판단할 수 있는 능력을 기르는 것이 중요하다고 볼 수 있다.

도덕적인 행위는 도덕적인 판단과 도덕적인 감정, 그리고 도덕적인 의지가 복합적으로 작용한 결과라고 할 수 있다. 그런데 도덕적 감정과 의지는 궁극적으로 도덕적 판단의 전제조건이라고 할 수 있다. 도덕적으로 산다는 것은 개인이 독특한 방식으로 삶을 영위하는 것이며, 도덕적 판단과 감정, 그리고 도덕적 의지를 가지고 가치 있게 행위 하는 삶을 의미한다.

도덕적인 행위의 출발점인 도덕적 판단은 인간의 내면에서 일어나는 심리적인 과정인 동시에 행위의 선택 과정이라고 할 수 있다. 이것은 태도의 변화나 행위 지도적인 성격과 밀접한 관계가 있다. 그런데 도덕적 판단능력은 도덕적인 행위의 방향을 결정하고 합리적으로 사고하는 능력과 직접적으로 관련을 맺고 있다.

도덕적 판단은 도덕적인 갈등 상황에 직면할 경우에 적절한 행동이 무엇인지를 찾는 과정이다. 그런데 이러한 능력은 자발적이고 능동적으로 도덕적 판단을 하는 능력이며 자신의 도덕 원리를 형성하는 능력이다. 다시 말하면, 이것은 어떤 도덕적인 문제나 갈등 상황에 직면할 때 합리적인 이유를 근거로 해서 자신이 어떤 행위를 해야 하는가를 판단하는 능력이다.

도덕적 판단을 바탕으로 도덕적인 행위를 유발하는 과정은 우선 대상을 인식하고, 자신의 상황에서 어떤 행위를 선택할 것인지를 인식한 뒤, 여러 가지 행위 가운데 한 행위를 선택하는 것이다. 도덕적인 행위는 도덕적 판단을 토대로 가장 옳다고 판단한 신념과 의지에 따라 선택하고 행위를 하는 것이다.

현재 학교에서 하고 있는 도덕교육에서는 학생들에게 도덕적인 규범을 전달하는 데 치중하는 경향이 있다. 그렇지만 도덕교육의 목적이 도덕적인 행위를 하도록 만드는 데 있다고 한다면 도덕적인 규범을 전달하는 것만으로는 충분하지 않을 것이다. 무엇보다도 중요한 것은 갈등을 유발하는 도덕적인 상황에 직면할 때 합리적으로 도덕적인 판단을 할 수 있는 능력을 기르는 것이 필요하다고 생각한다. 이런 입장에서 볼 때 학생들이 생활하는 가운데 도덕적인 갈등 상황에 직면할 때 도덕적 규범들을 준거로 합리적인 판단을 내리고 그것을 바탕으로 도덕적인 행위를 할 수 있는 능력을 기르는 데 관심을 갖는 것이 필요하다고 볼 수 있다.

도덕교육을 통해서 도덕적인 인간을 기르기 위해서는 덕목의 실천은 물론이고 도덕적인 판단을 바탕으로 도덕적인 행위를 할 수 있는 능력을 기르는 것이 중요하다. 이런 입장에서 보면 도덕적인 판단능력을 기르는 방법과 판단한 것을 실천에 옮기는 데 필요한 도덕적인 감정을 순화시키고 의지를 기르는 방법이 모색되어야 할 것이다.

그런데 도덕적 행위의 근거가 될 수 있는 도덕적인 지식은 사실적인 진술과 당위적인 진술의 복합체라고 할 수 있다. 도덕적 지식에는 바람직한 행동이 무엇인지가 담겨 있으며, 제안하는 기능을 한다. 다시 말하면, 그것은 사람들의 태도를 어떤 방향으로 안내하는 수단으로 사용된다. 한편 도덕적 정서는 도덕적인 행동의 기준을 제시해 주는 기능을 한다. 또한 도덕적인 정서는 도덕적으로 좋은 정서를 강조하거나 구성하는 기능을 한다. 그런데 도덕적 행위는 도덕적 판단에 의해 자발적으로 이루어지는 것이며, 이때의 도덕적 판단은 도덕적 지식과 도덕적 정서를 토대로 하고 있는 것이다.

또한 도덕적인 행위는 합리적인 판단과 도덕적인 정서, 그리고 도덕적인 의지를 전제로 한 자발적인 활동이라고 할 수 있다. 다시 말하면, 도덕적인 행위는 행위자 자신의 합리적인 근거와 판단, 시도와 평가 작용을 하는 순화된 정서, 그리고 이해관계가 없고 편견이 없고 자기 이익과는 무관하게 행동하려는 의지가 작용한 결과라고 할 수 있다.

도덕적인 행동을 한다는 말은 도덕적인 규칙이나 원리를 수용한 후에 그것에 따라 행동한다는 의미가 포함되어 있다. 도덕적인 원리를 수용하고 그것에 따라 행동한다는 것은 행위자 자신이 숙고한 후에 선택하여 행동하는 것이다. 그런데 이러한 선택은 도덕적 판단을 전제로 하고 있으며, 도덕적 정서는 이 과정 전체에 지대한 영향을 미친다.

이러한 도덕적 정서는 자신보다는 상대방을 먼저 생각하고 상대방에게 될 수 있으면 고통과 피해를 주지 않으려는 도덕적인 동기의 역할을 한다. 뿐만 아니라 도덕적 정서는 도덕적인 판단과 의지에 지대한 영향을 미치기 때문에 책임의 대상이 된다. 정서가 책임을 가지고 있다는 것은 정서가 도덕적인 판단과 의지의 성장에 기여한다는 것이다. 이러한 성장에 도움을 주기 위해서는 의지를 갖게 하거나 의지를 실현하는 것과 의지에 따라 마음의 상태를 조절하는 것이 필요한데, 이때 중요한 것은 순화된 정서이다.

도덕성의 내면화는 모든 정서를 억제하거나 무제한으로 방출하는 것이 아니다. 도덕성의 내면화 과정에서 중요한 것은 정서를 순화하면서 정서가 너무 지나치지 않도록 하는 것이라고 할 수 있다. 도덕성이 내면화된 결과로 표현되는 도덕적인 행동은 도덕적 판단과 도덕적 정서, 그리고 도덕적 의지가 모두 작용한 결과이다. 그런데 도덕적 정서는 도덕적 판단이나 도덕적 의지보다 원초적인 것이며, 도덕적 판단과 도덕적 의지의 작용에 지대한 영향을 준다. 도덕적 행위의 출발점은 바로 우리의 마음으로 느끼는 정서와 성향에 있다.

도덕적 정서들은 자신보다는 상대방을, 자신의 마음 상태보다는 상대방의 마음을 먼저 생각하는 감정들이다. 다시 말하면, 상대방에게 될 수 있으면 고통과 피해를 주지 않으려고 애쓰는 마음이 도덕적 정서라고 할 수 있다. 어떤 정서가 상대방에게 피해와 고통을 주지 않을 때 도덕적이라고 한다면, 도덕적 정서는 그 특성상 중요한 도덕적인 동기로 간주되어야 할 것이다.

많은 교육철학자들은 도덕적인 지식을 소유하면 곧 도덕적인 행위를 할 가능성이 크다고 보고 도덕교육의 과정에서 도덕적인 판단능력을 기르는 것이 중요하다고 주장해 왔다. 그런데 도덕적인 판단능력만 가지고 있다고 해서 도덕적인 행위를 할 가능성이 크다고 보기는 어려울 것이다. 도덕적인 판단은 독립적인 것이라기보다는 도덕적인 정서나 도덕적인 의지의 영향을 받는 것으로 보아야 할 것이다.

도덕적인 지식은 서술적인 지식과 당위적인 진술의 복합체이므로, 사실에 의거해서 진위를 판정하려는 경향은 시정되어야 한다. 도덕적인 지식은 행위를 안내하는 기능을 하는데, 행위의 안내 과정에서 중요한 역할을 하는 것은 도덕적인 사실이 아니라 태도의 변화에 영향을 주는 도덕적인 정서라고 할 수 있다. 또한 도덕적인 행위의 동기라고 할 수 있는 도덕적인 정서는 도덕적인 행위의 근원이자 원동력으로 간주되어야 할 것이다.

도덕교육의 목적은 자율적이고 합리적인 인간을 기르는 데 있다고 할 수 있다. 다시 말하면, 도덕교육의 목적은 합리적이고 자율적으로 행위를 선택할 수 있는 능력을 기르는 데 있다고 할 수 있다. 이러한 도덕교육의 목적을 감안해 볼 때, 합리적인 판단을 할 수 있는 능력만을 기르려고 하거나 전통적인 덕목을 주입하는 데 주력하거나 도덕적인 지식의 전달에만 치중하는 도덕교육은 소기의 성과를 거두기 어려울 것이다. 왜냐하면 이러한 도덕교육은 도덕적인 행위의 근원이라고 할 수 있는 인간의 도덕적인 정서를 간과하거나 도외시하고 있기 때문이다.

합리적인 판단능력만을 중요하게 여기는 도덕교육은 자기중심적이고 이기적인 인간이나 이해관계에 의존한 인간관계에 머무는 인간의 양산이라는 결과를 초래한 것처럼 보인다. 또한 전통적인 덕목들이 와해되고 있는 현실을 고려해 볼 때, 전통적인 덕목을 습득한 후에 특수한 상황에 기계적으로 적용하는 것은 문제가 있는 것 같다. 결론적으로 말해서 도덕교육에서 지나치게 도덕적인 지식의 전달만을 강조하거나 판단능력을 기르는 것만을 중요하게 여기는 경향은 시정되어야 할 것이다. 무엇보다도 중요한 것은 도덕적인 행위의 근원이라고 할 수 있는 순화된 정서를 함양하는 것이 이러한 도덕교육의 현실을 치유하는 방법 가운데 하나라고 할 수 있다.

제9장 가치판단의 문제

제9장 가치판단의 문제

1. 교육의 가치

인간의 모든 활동은 그 활동에 없어서는 안 되는 가치를 전제로 한다. 예를 들어 과학은 발견한 것을 아는 것의 가치를 전제로 한다. 만일 우리가 그것이 알 만한 가치가 있다는 것을 부정한다면, 과학을 연구하는 것은 의미가 없을 것이다. 마찬가지로 교육은 우리가 진지하게 살펴보려면 받아들여야 하는 어떤 원리들과 가치들을 전제로 한다. 또한 교사와 학부모, 그리고 교육행정가는 누가 가르쳐야 하고, 무엇을 가르쳐야 하고, 어떻게 가르쳐야 하는가에 대한 자신들의 경험적인 신념들과 철학적인 신념들을 근거로 교육적인 의사결정을 한다. 다시 말하면, 교육의 결과와 내용, 그리고 방법에 관한 교육적인 결정은 결정하는 사람들의 가치를 전제로 한다. 학교, 학교의 교육과정, 그리고 교수와 학습에 관한 논의 역시 논의하는 사람들이 지지하는 가치를 전제로 한다. 예를 들어 학교를 세우는 것은 사람들을 교육해서 사회와 사람들에게 이익을 주는 것을 전제로 한다. 이런 가치에 대한 이론적 근거가 무엇이든 간에, 이익을 전제로 하지 않으면 이런 활동은 의미가 없게 된다. 다른 사회기관이 그렇듯이 학교에서도 역시 인간적인 노력을 하고 있기 때문에 정당하다는 가정을 받아들일 것을 요구한다. 특히 학교의 교육과정은 소유할 만한 가치 있는 지식을 전제로 한다.

만일 우리가 과학적으로 탐구한 것에 대한 이론적 근거와 유사한 도덕적 숙고에 대한 합리적인 근거를 찾을 수 없다고 한다면, 사회정책을 결정하려는 우리의 노력은 독단적인 것이 될 것이다. 만일 그것이 독단적이라고 한다면, 정직하지 못한 권력을 행사하는 사람만이 최종적인 결정을 하게 될 것이다. 플라톤의 『국가』에서 당시의 부도덕한 사람들이 지지했던 근본적으로 해로운 신념을 갖고 있던 트라시마코스(Thrasymachus)는 정의란 강자의 이익에 지나지 않는다고 주장했다(Balot, 2006: 188). 소크라테스는 정의로운 삶의 방식이 내재적으로나 결과적으로 공정하지 않은 삶보다 더 좋다는 것을 보여주기 위한 탐구의 과정에서 국가의 정의와 개인의 정의는 정의로운 사회 안에서만 발달할 수 있다고 주장하면서 정의는 강자의 이익이라는 주장에 반대했다. 그에 따르면 정치가는 백성을 희생하여 자신의 개인적인 이익을 도모하기보다는 백성이 잘 사는 것에 더 관심을 가져야 한다(Hall, 1981: 43-44). 그런데 현실의 정치가는 가치에 관한 원칙을 갖고 있지 않고 진정한 이익이 무엇인가를 모르기 때문에 사람들이 잘 사는 데 필요한 규칙을 제정하고 그것을 실현하는 일을 할 수 없다. 정치가들은 자신들의 권력을 행사하여 정책을 입안하고 시행할 수 있지만, 어떤 것이 최선의 정책인가를 모르면 결코 정의를 실현할 수 없을 것이다. 우리는 합리적인 평가체계를 갖고 있어야만 인간의 실제적인 활동에 대해 깊이 사고할 수 있을 것이다.

교수 역시 가치를 전제로 한 활동이다. 교수에는 이해 그 자체는 고차적인 가치라는 가정이 포함되어 있다. 밀(J. S. Mill)은 만족하지 못하는 소크라테스와 만족스러운 바보 가운데 누가 더 좋으냐고 물었다. 우리가 후자라고 대답한다면, 가르쳐야 할 이유는 없을 것이다. 아는 것이 모르는 것보다 더 좋지 않다면, 왜 가르치겠는가? 밀은 지식을 음미해 보고 그것과 이전의 자신의 무지를 비교해 본 사람이면 누구나 아는 것을 자연적으로 더 좋아할 것이라고 보았다. 이해 그 자체는 가치 있는 것이다. 예를 들어 진리와 아름다움, 그리고 우정과 같은 것 역시 그 자체로서 가치가 있는 것들이다. 우리가 경험을 통해서 그것을 알고 이해하게 될 때, 우리는 허위, 추함, 그리고 외로움보다 진리, 아름다움, 우정 등을 더 높이 평가하게 된다. 밀은 바보는 무지하기 때문에 그런 논증을 바르게 인식할 수 없다고 말했다.

교수에는 앎의 가치 이외에 전제로 삼는 다른 가치들이 있다. 예를 들어 자유가 없으면 교수는 존재할 수 없고, 자유를 존중하지 않으면 교수는 불가능하다. 여기에는 교사와 학생 간의 인간적인 존중, 지적인 도야와 신체적인 도야, 그리고 가르치는 교과 등의 가치와 같은 것들이 있다. 이것들 가운데 어느 것이 빠져 있으면, 그 활동은 교수에서 제외될 것이다. 예를 들어 우리가 어떤 어린이에게 집중하거나 자신의 생각을 정리하는 방법을 가르칠 때, 우리는 그에게 절차는 물론이고 정신 집중과 정돈된 정신의 가치를 가르친다. 우리가 그에게 분석하는 것을 가르칠 때에 비판의 가치를 인식하게 하는 일을 한다. 말하기와 쓰기, 그리고 읽기는 인간이 사회에서 살면서 다른 사람들과 의사소통하는 것의 가치를 전제로 한다. 요컨대 교육 활동에 상당히 많은 가치가 포함되어 있다는 것을 부정하기는 어려울 것이다.

이제 사람들이 어떤 것보다 다른 것을 더 좋아하는 것에 대한 적절한 이유를 제시할 수 있는가에 대해 살펴보자. 사람들은 경험적인 방법을 통해서 가치에 관한 논쟁을 해결하는 것 같다. 예를 들어 우리는 과학적인 증거를 갖고 도덕적인 문제를 해결할 수 있다. 경험적 증거는 다음과 같은 가치에 관한 논쟁을 해결하는 데 적합한 것 같다(Magee, 1971: 154-156). 첫째로, 논쟁하는 가치가 이미 동의한 다른 가치의 수단인 경우에 적합하다. 예를 들어 기꺼이 동의하는 결과를 이끌어낸다고 진술한 어떤 행위 과정의 가치에 관한 견해의 차이가 있을 경우에, 실제로 흔히 이런 종류의 행위가 과거에 어떤 결과를 이끌어냈으며, 미래에 그런 결과를 이끌어낼 것인가를 경험적으로 결정할 수 있다.

둘째로, 경험적인 방법은 흔히 어떤 상황을 평가하는 것에 관한 논쟁을 해결할 때 결정적으로 도움이 된다. 과실 혐의로 기소된 소송 사건의 재판에서 판사는 사실을 충분히 조사할 때까지 그것이 과실의 사례인지 아닌지를 판결할 수 없다. 피고는 관련된 사실들을 근거로 그가 과실이 없다는 것이 밝혀질 것이라고 믿는다. 그러나 검찰당국은 상반된 믿음을 갖고 있다. 이런 논쟁을 해결하는 것은 주로 사실을 조사하는 것과 같은 경험적인 문제이다. 물론 이런 논쟁을 할 때 법률의 특징을 고려하거나 심지어 '심장병을 앓고 있는 운전자가 차로 다른 사람을 치었다면 그것은 과실인가?'와 같이 철학적으로 고려할 수 있는 물음이 제기될 것이다. 이런 물음에 대한 대답에 동의한다면, 과실 혐의는 사실에 따라 판결될 것이다. 이것은 합리적인 사람이 사실을 제시하면 그것은 분명히 과실의 사례라는 것을 인정한다는 것을 의미하지 않는다. 왜냐하면 과실 혐의는 경험적인 사실이 아니기 때문이다. 판결에 이의를 제기하는 사람이라면 누구나 그의 견해를 확실하게 뒷받침하기 위해서 다른 사실들을 찾을 것이다.

가치판단의 차이는 흔히 가치에 관한 논쟁이 아니라 사실에 관한 논쟁이라고 볼 수 있다. 우리는 사실에 대해 공개적으로 동의하도록 할 수 있는 확실한 방법을 갖고 있기 때문에 가치에 관한 논쟁은 대부분 이런 식으로 해결된다. 모든 면에서 정확히 똑같은 상황이라면 똑같은 방법으로 평가해야 한다. 가치는 상황에 관한 사실이 아니며, 상황에 관한 사실은 그것의 가치를 결정하는 것과 관계가 있다. 이런 경우에 평가가 순전히 주관적이라고 말하는 것은 옳지 않다.

셋째로, 경험적으로 조사해서 목적적 가치를 추구하는 것보다 수단적 가치를 추구하는 것의 대가가 더 크다는 것을 보여줄 수 있을 때 사실은 가치에 관한 논쟁을 해결하는 데 도움이 된다. Y라는 가치를 달성하기 위해서 X라는 수단을 사용하는 것은 바람직하고 가능하지만, Y가 가치 있는 것보다 X가 어떤 면에서 더 많은 대가를 치러야 하는 것임이 판명된다면, 합리적인 사람은 X에 반하는 결정을 할 것이다. 예를 들어 고속도로에서 시속 200km로 운전하는 운전자에게 사형이라는 형벌을 주기로 하는 법을 제정하고 그것을 집행하면, 고속도로 사망률은 크게 줄어들 것이다. 이런 경우에 목적적 가치는 아주 바람직하지만, 수단적 가치의 대가가 너무 큰 것 같다.

가치의 결정은 일관성과 밀접한 관계를 맺고 있다. 또한 합리성은 일관성의 법칙을 적용해서 가치에 관한 결정을 관장할 수 있다고 볼 수 있다. 만일 우리가 합리적인 사람에게 그가 평가한 것이 서로 모순이라는 것을 보여줄 수 있다면, 그는 어떻게든 해서 그런 비판을 극복할 수 있도록 그것을 수정해야 한다는 것을 인정할 것이다. 습관성이 강한 감기약 병을 들고 있는 어른이 젊은이들에게 약물 남용에 관해 훈계하면 강한 인상을 주는 주장을 할 수 없을 것이다. 어른에게는 그렇지 않을 수 있지만 젊은이들에게 상황의 논리는 분명하다.

어떤 사회나 개인도 그런 모순을 보이는 것을 싫어하겠지만, 합리적이고 교양 있는 사람이 그런 것을 간과할 수 있다고 생각하는 것은 어리석은 것이다. 사회는 다양한 기관들을 통해서 다양한 정도로 명확하게 표현된 가치체계를 명료하게 표현하는 경향이 있다는 사회학적 사실은 이런 철학적인 고려 사항을 뒷받침한다. 그것들의 가치 사이에 긴장이 너무 커지면, 사회는 위태롭게 된다.

합리성이 가치를 결정하는 활동을 지배하는 또 다른 방법은 실제로 사려 깊은 평가를 하는 것에서 일정한 규칙을 찾는 것이다. 예를 들어 성과가 있는 가치나 창조력이 풍부한 가치는 빈약한 것보다 분명히 더 좋다. 다른 것들이 똑같다면, 분별 있는 사람은 언제나 미래에 만족하리라고 볼 수 없는 가치보다는 만족하리라고 보는 다른 가치를 선택할 것이다. 이런 면에서 절제와 합리성과 같은 고전적인 가치들은 유익하다. 또한 오랫동안 존속한 가치가 단기간 존속한 가치보다 더 좋고, 열정적이고 폭 넓은 가치가 열의 없고 적용 범위가 좁은 가치보다 더 좋다.

평가의 근거에 관해 앞에서 주장한 것들이 사실이라면, 간단한 논증만으로 가치가 확립될 수 있다고 생각하는 것은 잘못일 것이다. 논리적인 논증의 필연적인 결과를 갖고 가치를 결정하는 방법은 없다. 우리가 다른 사람에게 어떤 이상이나 가치가 그에게 확실하고 정당하다는 것을 입증하려고 할 때, 우리는 앞서 말한 여러 가지 조치를 취해도 여전히 완전하게 증명하지 못할 수 있다. 우리가 옳다는 것을 깨닫게 될 때, 그 사람 자신이 최종적인 결정을 내릴 것이다.

예를 들어 제시한 그림이 아름답다는 것을 증명하려고 한다고 가정해보자. 우리가 설득하는 그 사람이 그것이 아름답다는 것을 이해하지 못할 경우에, 우리가 할 수 있는 일은 수도 없이 많다. 우리는 그것의 디자인, 어울리는 구도, 상징적 의미 등을 말할 수 있지만, 여하튼 관찰자가 그 그림을 보아야 하며, 그의 눈으로 그것의 가치를 증명해야 한다. 이 경우에 증명은 이 각도와 저 각도에서 복합적으로 보여주는 것이지만, 그 결론은 보이는 것임에 틀림없다.

마찬가지로 어떤 사람에게 민주적인 사회, 청렴결백한 인간의 성실성, 유식한 사람이 되는 것의 가치 등과 같은 이상을 논리적으로 납득시킬 수는 없다. 그렇지만 그것들의 대안들과 주의 깊게 충분히 비교해서 이런 이상들과 가치들을 제시할 수 있기 때문에 대부분의 사람들이 충분한 시간을 갖고 주목해 보면 그것들을 인정할 것이라고 생각하는 것은 온당하다.

도덕적 판단과 가치판단을 할 때에 근거가 있는 역할에 관해서 말한 것들은 실제적인 결정을 하는 배경이 될 수 있다. 우리는 논리와 감각적인 관찰 결과를 적절히 결합해서 과학적인 결정을 한다. 그런 결정들은 공개적인 동의에 도움이 되기 때문에 우리가 판단할 때 높게 평가된다. 우리는 실제적인 결정에 대해 어떤 것을 말할 수 있는가? 과학적인 논리가 알려지고 널리 인정받기 오래전부터 사람들은 오늘날의 가치판단 못지않게 사실적인 판단에 대해 논쟁했다. 아마도 우리가 인지적 숙고와 똑같은 방식으로 실제적인 숙고를 탐구한다면, 우리는 중요한 가치를 선택한 것에 대해 보다 일반적인 동의를 얻을 수 있을 것이다. 적어도 우리는 실제로 논쟁하는 것이 무엇인가를 더 분명히 밝힐 수 있을 것이다. 알게 되는 것과 어떤 것을 가치 있게 여기는 것은 똑같지 않지만, 그것들은 비슷한 구조를 갖고 있다.

이처럼 탐구의 중심이 가치의 논리에서 실제적인 결정의 논리, 즉 가치를 정하는 것으로 바뀌었기 때문에 과거의 논의가 지니고 있던 논리적인 난점을 해결할 수 있는 가능성을 찾을 수 있게 되었다. 아리스토텔레스는 어떤 것을 아는 것을 지향하는 이론적인 이성과 어떤 것에 관해 무엇을 해야 할지를 결정하는 것을 지향하는 실천적인 이성을 구별해야 한다고 주장했다.

이론적인 이성과 실천적인 이성의 차이는 중요하다. 아리스토텔레스는 최고선을 추구했고 무어는 선 그 자체의 의미를 탐구했는데, 그것은 가치를 이론적인 이성의 대상으로 간주한 것이다. 우리가 결정하고 평가하는 일에 집중하는 것처럼 실천적인 이성에 의존할 때, 우리는 가치가 나타나는 정황을 알게 된다. 이런 관점에서 보면 '가치'는 세상에 있는 어떤 것의 존재를 나타내는 명사라기보다는 가치를 결정하는 방식을 분류하는 말이 된다. 이렇게 주장한 것의 속성을 찾는 것은 철학자들이 바랐던 것만큼 도움이 되지 못했다. 평가의 논리는 "나는 무엇을 알 수 있는가?"라고 묻기보다는 "나는 무엇을 해야 하는가?"라고 묻는 상황에서 가장 분명하게 드러난다.

어떻게 가치를 결정하는가에 대해 살펴보자. 우리가 결정할 때 어떤 일이 일어나는가에 대해 분석한 것을 예로 들어보자. 그것은 주로 듀이의 '사고의 다섯

단계'가 발전된 것인데, '앎'과 결정하는 것의 유사점을 보여준다(Magee, 1971: 159-161).

첫 번째 단계에는 문제가 제기된 상황이 있다. 과학적인 문제의 경우처럼 이것이 '앎'의 상황이라면, 그 양식은 인지적일 것이다. 만일 그것이 '실제적인' 상황이라면, 그것은 도덕과 가치에 관한 방침을 요구할 것이다. 곧바로 사용할 수 있는 해결방안이 없기 때문에 그것은 '문제'가 제기된 상황이다. 첫 번째로 명백히 밝혀야 할 것은 문제 그 자체이다. 왜 그것이 문제로 간주되는가? 만족스럽지 못한 것은 무엇인가? 위협받는 가치는 어떤 것이고, 지금은 없는데 바라는 가치는 어떤 것인가? 관습적인 해결책은 왜 만족스럽지 못한가? 또한 그런 설명은 관련된 개념들의 의미에 관한 문제를 해결하기 위한 분석적인 논거를 필요로 한다.

두 번째 단계는 사실적인 조치와 평가적인 조치를 취하는 것이다. 우리는 그런 문제들에 대해 이렇게 대답해야 한다. (1) 그 문제를 해결하기 위해서 알 필요가 있는 것은 무엇인가? 나는 어떻게 해답을 얻을 수 있는가? 이런 사실적인 탐구를 할 때 어떤 선입견이 작용하는가? 다른 관점에서 보면 사물들은 어떻게 보이는가? (2) 어떤 원리들이 관련이 있는가? 그것들은 서로 일관성이 있는가? 우리는 그것들에 동의할 수 있는가? 어떤 가치가 문제인가? 우리는 그것들에 어떤 종류의 우선권을 부여할 수 있는가? 그것들은 서로 일관성이 있는가? 절충할 수 있는가?

세 번째 단계는 가능한 해결책을 명확히 말하는 것이다. 여기서 다음과 같은 새로운 문제들이 제기된다. 각각의 제안은 문제가 되고 있는 다양한 이해관계를 어떻게 충족하는가? 그것들은 공정한가? 더 가치 있고 공정한 다른 해결책은 있는가? 두 번째 단계에서 질문했던 것과 비슷한 다른 질문들도 역시 관계가 있다. 즉, 각 대안의 있음직한 '사실적인' 결과는 무엇인가? 각 제안에서 문제가 되고 있는 이상과 원리, 그리고 가치는 무엇인가? 그런 제안들로 인해서 누가 손해를 보고 누가 이익을 얻는가? 마지막으로 그런 해결책은 가까이 있는 문제와 같은 직접적인 상황을 뛰어넘은 폭 넓은 의미를 지니고 있는가?

마지막으로 결정 그 자체가 있다. 결정은 형식적인 논증의 결론과 다르다. 숙고의 결과로 얻은 것은 정당한 결정으로 간주될 수 있지만, 그것은 결정적인 것이 아니다. 분별 있는 사람들은 서로 다를 수 있지만, 그들이 다룬 것을 뛰어넘은 범주가 있다. 실제로 논증에 따라 결론을 내린다. 즉, 결론은 논증에다 교묘하게 추가한 것이 아니다. 그것을 지지하는 이유는 분명하다. 첫째로, 모든 과정은 아주 복잡하고 불확실한 가치를 정리하고 관련된 이상들 간의 차이를 밝히고, 원리의 우선순위를 정할 것을 요구한다. 이런 일은 수학문제를 푸는 것처럼 간단하지 않다. 둘째로, 실천적인 숙고는 확실한 미래가 아니라 있음직한 미래를 예언하게 되는데, 이런 예언에는 위험한 요소가 내포되어 있게 마련이다.

그러므로 결정하는 것은 결론을 내리는 것과 다르다. 그렇고 그런 것이 현명한 행동이라고 결론을 내리는 것은 그것을 따르기로 결정하는 것과 다르다. 결정을 내리는 것은 가르칠 수 있는 이론적 근거를 갖고 있다. 이런 법칙을 가르치는 것은 특수한 문제들에 대해 판단한 것을 전달하는 것과 다르며, 특수한 방식으로 행동하기로 결정하는 것과 다르다.

요컨대 결정할 것에 대해 숙고하는 습관은 결국 우리가 이용할 수 있는 다른 대안들보다 더 만족스러운 결과를 얻게 할 것 같다. 이런 습관은 공개적으로 알 수 있고 깊이 사고해서 결정하는 데 필요한 근거를 제시하기를 기대할 수 있는 좋은 방법이다.

2. 가치판단의 정당화

철학자의 고유한 관심사는 도덕적인 기준과 그 기준에 따라 내린 판단을 설명하고 비판하고 정당화하는 것이라고 간주해 왔다. 과거 도덕철학자들의 연구는 보통 실제적인 목적을 가지고 있었다. 그들은 도덕적인 판단의 본질을 탐구하면 올바르게 사는 방법에 대해 보다 확실하게 대답할 수 있을 것이라고 생각했다. 현재 도덕철학자들은 이러한 종류의 주장을 하기를 주저하는 경향을 보이고 있다. 그들이 망설이는 실제적인 이유 가운데 하나는 그들의 선배들이 시도했던 것들은 부분적으로 동의를 얻는 정도에 불과했으며, 그러한 것들은 비판의 여지가 있다는 사실이 입증된 데 있다.

그러나 사람들은 철학자들이 존재의 의미와 인생의 목적 등을 합리적으로 제시해야 한다고 생각하고 있는 것 같다. 과거에 철학자들은 이러한 지식을 제공할 수 있다고 주장했다. 원칙적으로 이러한 지식은 철학적인 논증의 범위를 초월한 것이라고 말할 수 있는 논리적인 근거가 있다. 그러나 철학이란 학문은 존재의 의미를 알고자 하는 사람에게 무엇인가 가치 있는 것을 제시해 줄 수 있다. 그는 그의 질문과 질문 자체에 대한 다양한 대답에 대해 비판적인 분석이란 방법을 어떻게 이용할 것인가를 알 수 있다. 그가 무엇을 찾을 것인가를 알도록 함으로써, 철학은 그가 발견할 수 있는 것을 알도록 하는 데 도움을 줄 수 있다.

먼저 도덕적인 가치에 대한 논쟁이 일어나는 방식에 대해 살펴보자. 분명히 거의 모든 사람은 행동의 옳고 그름에 대해 의견을 가지고 있다. 사람들은 어떤 종류의 행동은 인정을 하고 권장해야 하며, 어떤 종류의 행동은 비난을 받아야 한다고 하는 데 대해 동의하고 있다. 그러나 사람들은 두 가지에 대해 서로 의견을 달리하는 경향이 있다. 어떤 종류의 행동을 인정하고, 비난을 해야 하는가?

왜 도덕적으로 인정할 수 있는 행동을 시인해야 하며, 역으로 그른 행동을 왜 그르다고 말하는가? 다시 말하면, 어떤 도덕적인 규칙을 따라야만 하며, 그러한 도덕적인 규칙이 어떠한 원리를 근거로 인정을 받고 있는가에 관해서는 서로 의견이 다르다. 전자와 같은 형태의 의견차에 관한 예를 든다면 다음과 같다. 한 사람은 자살, 이혼, 산아제한과 같은 것은 항상 도덕적으로 나쁜 것이라고 주장했다. 그런데 다른 사람은 어떤 경우에는 도덕적으로 인정할 수 있다고 주장했다. 이와 같은 두 사람 간의 의견차가 첫 번째 형태의 의견차에 관한 예이다. 만일 두 사람이 어떤 종류의 행동이 항상 도덕적으로 그르다고 하는 이유에 대해 서로 다른 의견을 가지고 있다고 한다면, 그것은 두 번째 형태의 의견차에 관한 예일 것이다. 두 사람 가운데 한 사람은 그 행동은 신이 만든 도덕적인 규칙에 위배되기 때문에, 그리고 항상 신의 계율에 순종해야 하는 것이 인간의 의무 가운데 하나라는 이유로 그 행동은 그르다고 주장할 수도 있다. 또 다른 사람은 그 행동은 이 세상에서의 행복을 감소시키기 때문에, 그리고 인간은 최대의 행복을 추구하도록 행동해야만 한다는 도덕적인 규칙에 벗어났다는 이유로 그러한 행동이 그르다고 말할지도 모른다.

우리는 일상생활에서 사용하는 기술적인 언어의 경우에는 보통 말의 의미와 그 말이 적용되는 분야가 구분되지 않는다는 점에 주목해야 한다. 이러한 이유로 우리는 먼저 그러한 말이 이용되는 방식을 살펴보는 것을 통해서 말의 의미를 배운다. 그런 다음에 이해한 것을 다른 말에 적용하는 방법을 배운다. 대다수의 일상적인 말에는 의미와 적용 분야가 있다. 이러한 이유로 우리는 가치를 나타내는 말에서처럼 적용 분야와 의미가 다양할 경우에는 매우 당황하게 된다. 예를 들어 두 사람이 자살은 신의 명령에 위배되기 때문에 그른 것이라고 주장하는 데 반해서, 다른 한 사람은 인간의 행복을 감소시키는 경향을 가지고 있기 때문에 그른 것이라고 주장한다면, 이것은 이러한 종류의 예 가운데 하나라고 생각할 수 있다.

윤리적인 논쟁에서 나타나는 의견차는 윤리적인 용어의 의미의 불확실성과 적용 분야의 불확실성과 관계가 있다(성기산(역), 1982: 63-66). 윤리적인 문제나 가치에 관한 논쟁을 쉽게 결정할 수 있는 방법은 없다. 또한 논쟁을 하는 입장에서는 견해의 차이 때문이라는 것을 인정하려고 하지도 않는다. 만일 논쟁이 윤리적인 용어의 적용에 관한 것이 아니라 윤리적인 용어의 의미에 관한 것이라면, 경험적인 논쟁에서 효과적이었던 방법으로는 그 논쟁을 해결할 수 없을 것이다. 왜냐하면 (1) 윤리적인 용어의 의미를 지배하는 관습적인 사용 예들은 명확하지 않으며, (2) 우리가 그러한 사용 예를 지적할 수 있다고 하더라도 그러한 사용 예는 비록 일반적인 것이기는 하나 잘못 쓰인 것이라고 대답하는 상대편을 충분하게 설득할 수 없기 때문이다.

이러한 도덕철학의 문제들은 우리가 동의하고 있는 넓은 의미의 교육과 밀접한 관계가 있다. 교육자들에게 좋은 것으로 간주될 수 있는 것은 목적에 대한 수단으로서 좋은 것과 그 자체가 좋은 것이라고 할 수 있다. 어떤 형태의 학교 조직이나 교육방법은 고차적인 목표를 실현하는 효과적인 수단으로써 좋은 것으로 간주될 수 있다. 그러나 행복한 사회를 만든다는 것은 어떤 다른 것에 대한 수단으로써 좋은 것이 아니라 그 자체가 좋은 것이라고 간주할 수 있다. 물론 어떤 도구적인 선이 의도한 목적을 실현할 것이라는 판단은 잘못된 것이라고 할 수 있다. 왜냐하면 철학자는 이러한 정책의 방향을 조정하는 가치판단을 비판하거나 명료하게 하는 데만 관심을 가질 것이기 때문이다. 다시 말하면, 그 자체가 좋은 것, 또는 목적으로서의 선이 무엇인가를 구체적으로 밝힌 판단을 비판하거나 명료하게 하는 데 관심을 가질 것이다.

이처럼 수단으로써 좋은 것과 목적으로써 좋은 것을 구분하는 것은 도덕, 정치, 경제, 또는 교육 분야에서의 인간의 행동을 이론적으로 논의하는 데 중요하다. X는 좋은 것인가라는 물음에서 '좋은'이란 말이 도구적인 의미로 사용될 경우에는 X는 Y를 얻는 데 효과적인 수단인가라는 물음으로 번역될 수 있다. 이러한 맥락에서 '좋은'이란 말은 '성공적인', 또는 '효과적인'이란 말과 같다. 그런데 이와 같은 문제는 관찰, 실험, 검증 등에 의해, 한마디로 말하면 경험에 의해 해결될 수 있는 경험적인 사실의 문제이다. 철학은 경험적인 물음이 실제로 경험적인 것은 어느 때인가를 밝히는 것을 제외하고는 이러한 종류의 문제에 도움을 줄 수 없다.

관찰의 대상이 아닌 문제는 그 문제와 관계가 있는 전문가의 문제이다. 만일 우리가 현재 시행하고 있는 어떤 교수방법이 이러한 의미에서 좋은 것인가, 또는 그렇지 않은가를 알아보려면, 우리는 먼저 다음과 같이 질문할 필요가 있다. (1) 그것으로 할 수 있는 것은 무엇인가? (2) 그것은 이러한 결과를 얻을 수 있는가? 우리는 (1)과 (2)에 대해 대답해야만 이러한 종류의 문제에 답을 할 수 있다는 사실을 명심해야 한다. (2)에 대한 대답은 교육문제의 경우에 전문가들이 복잡한 통계적인 증거를 통해서 평가해야 하는 문제일 경우가 많다. 그러므로 증거가 불완전한 한, 문제는 궁극적으로 해결될 수 없다. 또한 그러한 증거를 평가할 수 있는 전문가가 아닌 사람은 누구를 막론하고 그 문제를 해결할 수 없다. 보통 교육정책은 경제정책과 마찬가지로 최소한의 자원, 즉 시간, 건물, 지식, 교수 능력 등을 가장 효과적으로 사용하고 있는가를 판정하는 문제이다. 이러한 경우에 명심해야 할 점은 보통 사회적으로 인정되고 있는 목적에 대한 수단이라는 이유로 어떤 것을 교육적인 발전이나 개혁을 위해 제안할 때 그 제안은 그것을 지지하는 데 사용되는 증거를 토대로 인정하거나 반대할 수 있는 경험적인 문제라는 것이다.

우리가 수단으로써 좋은 것은 무엇인가 하는 문제는 관찰이나 실험에 의해 해결될 수 있는 문제라는 것을 인정한다면, 우리는 이러한 문제를 그 문제와 관계가 있는 전문가에게 맡길 수 있으며, 전문가들의 판결을 기대할 수 있다. 그러나 우리는 목적으로써 좋은 것이 무엇인가를 어떻게 발견해야 하는가라는 물음에 대답해야 한다. 단순히 증거를 수집하여 평가하는 것만으로는 이러한 문제를 해결할 수 없다. 만일 우리가 수단을 사용해서 실현해야 할 목적에 대해 동의하지 않는다면 도구적인 측면에서 좋은 것들에 관한 논쟁을 객관적으로 증거를 평가하여 해결하려고 하는 것은 무의미한 것이다.

본질적으로 좋은 것, 도덕적인 의무, 도덕적인 규칙이나 도덕적인 책임을 결정하는 기준 등에 관한 가치의 문제는 사실적인 증거를 수집하고 평가해서 대답할 수 있는 문제가 아니다. 우리는 관련된 사실들을 모두 고려해야 한다. 그러나 보통 이러한 사실들은 논쟁을 해결하는 데는 필요한 것이지만 논쟁을 해결하는 데 충분한 것은 아니다. 그러므로 가치에 관한 진술은 우리의 행동이나 정책을 지시하는 데 중요한 의미를 갖고 있다고 할 수 있다. 그렇지만 진술을 증명하거나 반대하는 분명한 방법이나 모두가 동의할 수 있는 방법을 찾는 것은 결코 쉬운 일이 아니다.

비록 가치판단에 관한 진술을 확증하거나 반박할 수 있는 명확한 방법은 없지만, 그러한 진술이 우리가 증명방법을 알고 있는 진술과 같은 점이나 다른 점을 살펴보면, 우리는 이러한 문제에 접근하는 방법을 어느 정도 알 수 있을 것이다. 가치 명제는 사실적인 진술을 증명하기 위해 사용하는 것과 똑같은 방식으로 증명할 수 없다. 그러나 몇 가지 측면에서 가치 명제는 사실의 진술과 공통점이 있다. 그러므로 우리가 가치 명제를 적절하게 설명하려면 이러한 유사성을 무시해서는 안 된다. 가장 분명한 사실은 대다수의 가치 명제는 사실의 진술과 언어의 형태가 동일하게 진술된다는 점이다. 자살은 나쁘다는 도덕적 판단은 자살은 위법이라는 사실적 판단과 유사하다. 보통 가치판단은 사실에 대한 판단과 마찬가지로 대부분 비슷한 형식의 언어로 진술되기 때문에 이러한 판단들은 모두 행동, 예술작품, 또는 객관적인 것 등의 속성에 대해 동일한 방식으로 단언하고 있다고 생각하는 것은 일리가 있다. 다시 말하면, '좋은', '나쁜', '책임이 있는', '아름다운' 등과 같은 도덕적인 속성이나 미학적인 속성들은 판단을 하는 사람의 의견과 독립해서 독자적으로 존재한다고 주장할 수 있다. 우리는 흔히 이러한 견해를 객관적인 가치 이론이나 객관주의자의 가치론이라고 부른다(성기산(역), 1982: 69).

'빨간'과 '정사각형의'란 말이 사물의 객관적인 속성인 것처럼 '좋은'과 '옳은'이란 말은 행동의 객관적인 속성이라고 주장하는 사람은 단순히 도덕적인 판단의 특수한 문법적인 형태를 근거로 자신의 진술을 결정하지 않는다. 물론 객관적인 속성 그 자체는 아무것도 입증하고 있지 않다. 왜냐하면 아이스크림은 맛이 있다거나 굴은 싫다와 같이 맛을 주관적으로 표현한 것도 아이스크림은 영양분이 많다거나 굴에는 옥소가 풍부하다는 말과 언어상으로는 똑같은 형태를 취하고 있기 때문이다. 그러나 내가 아이스크림은 맛이 있다고 말한다면 이것은 보통 나는 아이스크림을 좋아한다는 것을 다른 방식으로 말한 것이라는 데 대해 우리가 동의하는 데 반해서, 자살은 나쁘다는 말은 나는 자살을 반대한다고 말할 수 있다는 것에 동의하지 않을 것이다. 오히려 이처럼 사실을 진술하는 방법으로 우리의 도덕적인 판단을 진술하려는 의도는 그러한 판단이 우리 자신의 기호나 어떤 다른 사람의 기호와 관계없는 객관적인 것이라는 사실을 주장하려는 데 있다. 우리가 이러한 주장을 한다는 사실은 음식의 맛에 관한 문제에서는 논쟁을 하지 않으면서 우리가 의견을 달리하는 경우도 있지만 도덕적인 문제에 관해서는 논쟁을 한다는 사실을 통해서 명확하게 알 수 있다.

그러므로 우리는 도덕적인 판단이 사실을 객관적으로 진술한 것이라는 주장을 신중하게 검토해야만 할 것이다. 그러나 가치판단을 보다 면밀하게 검토해야만 할 것이다. 그러나 가치판단을 보다 면밀하게 검토해보면, 그 판단이 무조건 옹호되었을 때는 의심할 필요가 있다. 일반적으로 객관적인 도덕이론을 주장한 철학자들은 그들의 입장을 한두 가지 방식으로 옹호하고 있다. (1) 그들은 가끔 인간의 본질에 관한 과학적인 형태의 진술이나 신의 본질과 신과 인간 간의 관계에 관한 형이상학적인 진술에서부터 인간의 의무에 관한 진술이나 궁극적인 선에 관한 진술들을 연역하려고 노력했다. (2) 그러나 종종 그들은 직관이나 가치를 지각할 수 있는 능력을 가지고 있다고 주장했다. 이러한 직관이나 지각에 따른 보통의 특질이나 관계에 대한 것을 비자연적인 특질이라고 불렀다. 내가 '이 장미는 빨갛다.' 또는 '이 책은 저 책 위에 있다.'는 것을 직접 지각하는 것처럼 나는 어떤 행동이 나의 의무이며, 어떤 상황은 좋은 것이며, 어떠한 예술작품은 좋은 것이라는 사실을 지각한다. 행동, 상황, 또는 예술작품은 각각 의무, 좋은 것, 아름다운 것이라는 비자연적인 특질을 가지고 있다(성기산(역), 1982: 70).

흄 시대 이후의 철학자들은 대부분 직관에 호소해서 도덕적 가치의 객관성을 옹호하려고 했다. 그들은 도덕적 가치가 연역적인 논증방법으로 증명될 수 없다는 사실을 알았기 때문에 직접적인 경험을 통해서 가치를 발견할 수 있다고 주장했다.

도덕적인 직관을 주장하는 사람은 서로 일치하지 않는 도덕적인 판단을 판정할 수 있는 객관적인 검증방법을 가지고 있지 않다. 더군다나 그는 자신의 이론을 전체적으로 수정하지 않고는 그러한 검증방법을 인정할 수 없다. 만일 그가 그러한 검증방법을 인정했다면 진정한 증거는 우리가 직관을 수정했던 검증방법에 있는 것이지 직관 그 자체에 있는 것은 아니다.

만일 우리가 사실적인 진술과 유사하다는 것을 강조하여 도덕적인 판단은 객관적이며 비개인적인 것이라는 사실을 증명하려고 한다면, 주관주의자는 사실적인 판단과의 차이점을 강조할 것이다. 만일 우리가 도덕을 맛의 문제나 감정적인 반응과 비교하려고 한다면, 얼마만큼 양자가 다른가를 우리에게 보여줄 것이다. 특히 그는 도덕적인 판단은 단순히 마음의 습관적인 상태나 순간적인 상태를 기술한 것이 아니라는 점을 지적할 것이다. 어떤 의미에서 보면 도덕적인 판단은 규정적이거나 강제성을 띤 것이기 때문에 나뿐만 아니라 모든 사람을 위한 것이다. 객관주의자는 도덕적인 판단이 입증될 수 있다고 주장할 것이다. 그런데 이것은 분명히 잘못된 생각이다. 도덕적인 판단은 맛의 문제나 의사소통이 불가능한 사적인 경험에 관한 것이기 때문에 우리가 이미 알고 바와 마찬가지로 논쟁이 불가능하다고 주관주의자는 말할 것이다. 그러나 분명히 이러한 견해는 부적합한 것이며, 도덕적인 판단을 할 때 우리들 대부분이 생각하고 있는 것을 적절하게 기술하지 못하고 있다.

사실을 진술하는 방식과 사실에 관한 진술만 가지고는 가치판단을 충분히 설명할 수 없을 것이다. 사실만을 가지고 가치판단을 설명하는 것은 분명히 적절하다고 말할 수 없을 것이다. 경험을 통해서 관찰할 수 있는 사실을 전달하는 것이 언어의 필수적인 기능이긴 하지만 그것이 유일한 기능은 아니며 그것만이 중요한 기능은 아니다.

우리는 어떤 때는 감정이나 태도를 표현하거나 토로하기 위해 언어를 사용한다. 또한 어떤 때는 다른 사람의 태도나 감정에 영향을 주기 위해 언어를 사용한다. 전자는 언어의 표현적인 기능이라고 부를 수 있다. 우리의 개인적인 감정을 기술하는 방식이나 우리가 개인적인 감정을 가지고 있다는 것을 진술하는 방법과 명확하게 구별될 수 있다. 기호를 표현적으로 사용하는 방식은 기술적으로 사용하는 방식보다 훨씬 원시적인 것이다. 언어의 표현적인 용법은 정보를 전달하기 위한 용법과 상반되는 것이 아니다. 사실상 이런 두 가지 사용방식은 매우 밀접한 관계를 맺고 사용되기 때문에 하나의 명제에서 사실적인 정보와 말하는 사람의 태도를 표현한 것을 구분하는 것은 매우 중요하다.

두 번째 언어 사용방식은 다른 사람이나 말하는 사람 자신의 태도와 행동에 영향을 주기 위해 사용하는 방식이다. 간단한 경우에 이것은 주로 명령을 하는 데 있다. '문 닫아!', '주목!' 그러나 우리는 다른 사람에게 영향을 주기 위해 보다 정교하게 언어를 사용할 수 있다. 공손하게 요청을 하거나 암시를 하거나 소망을 간접적으로 표현하는 것과 같은 여러 가지 종류의 설득방법은 정치가와 광고인이 사용하는 조잡한 방법에서부터 고차적인 수준의 문학에 이르기까지 이러한 목적을 위해 사용되고 있다. 우리는 이러한 언어 사용방식을 설득적인 용법이라고 부를 수 있다. 언어의 표현적인 기능이 설득적인 기능과 밀접한 관계가 있다는 것은 분명하다. 인간의 감정과 태도는 전염성이 있다. 그래서 감정이나 태도는 말로 표현되든 그 밖의 방식으로 표현되든 간에 쉽게 청중에게 전달된다. 이것은 사실 정치적인 연설이나 설교의 중요한 목적이다. 정의적인 언어를 사용하면 사람들은 우리의 감정과 태도에 공감할지도 모른다. 그래서 언어의 표현적인 사용방식은 설득적인 사용방식과 서로 밀접한 관계가 있다고 볼 수 있다.

우리는 이러한 사실이 가치판단의 문제와 어떤 관계가 있는가를 살펴볼 필요가 있다. 이 양자 간의 관계는 최근에 제시된 가치판단의 본질에 관한 두 가지 이론을 통해서 규명될 수 있다. 주관주의자의 이론과 객관주의자의 이론에서 도덕적인 판단은 사실을 진술한 것으로 간주되었다. 그러나 이러한 이론들은 모두 실패했다. 그러므로 도덕적인 판단이 진실인가 아니면 거짓인가를 묻는 것은 무의미한 것이다. 이 이론은 분명히 언어의 표현적인 사용방식을 강조한 것이다. '남의 물건을 훔치는 것은 나쁘다.' 또는 '약속한 것은 지키는 것이 좋다.'와 같은 도덕적인 명제는 순수명제가 아니라 단지 도덕적으로 용인하는가 아니면 그렇지 않은가를 표현한 것이라고 할 수 있다. 명제 안에 윤리적인 말이 있다고 하더라도 그 명제의 사실적인 내용이 추가되는 것은 아니다. 만일 내가 어떤 사람에게 "너는 그 돈을 훔쳤으니까 나쁜 행동을 한 것이다."라고 말한다면 그것은 단지 "네가 그 돈을 훔쳤다."라고 말하는 것에 지나지 않는다. 이러한 행동은 나쁜 것이라는 말을 첨가한다고 하더라도 나는 이 명제를 그 이상의 명제로 만들 수 없다. 나는 단지 이 말을 통해서 그러한 행동에 도덕적으로 반대한다는 것을 표현한 것이다.

도덕적인 진술의 특징 가운데 하나는 논쟁이 일어나는 상황에서 관찰 가능한 사실에 대한 의견차가 없어진 뒤에도 도덕적인 진술에 관한 의견차가 계속 남아 있다는 사실이다. 이러한 특징은 가장 어려운 문제이다. 우리는 이미 이점에 관해 논의했다. 이미 살펴보았던 것과 같은 이유로 도덕적인 사실, 즉 문제가 되고 있는 행동의 옳음과 그름은 경험적인 사실에서 논리적으로 추론할 수 없다. 또한 이것은 경험적인 사실과 독립되어 있는 비자연적인 사실로 구성되어 있지도 않다. 그러므로 이러한 이해하기 힘든 도덕적인 사실이나 특질들을 논리적으로 진실임을 입증하거나 거짓임을 입증할 수 없다고 생각할 수 있다.

이러한 견해를 지지하는 사람들은 X는 옳은 것이라는 도덕적인 판단에서 X는 어떠한 행동이나 행동의 집합이며, X를 지지하거나 찬성하고 있다는 의미와 동일한 명제라고 주장하고 있다. 이러한 말이 진술로 간주될 수 있다면 이 명제는 행위에 관한 진술이 아니라 말하는 사람의 원리, 성실성, 또는 우호 관계를 확인하는 진술인 것이다. 그런데 어떤 행동이나 정책을 지지하는 것은 확증이나 논파가 가능한 것을 진술한 것이 아니다.

그러나 이러한 이론은 두 가지 측면에서 부적당한 것이다. 첫째로, 도덕적인 특질이 객관적이고 공개적이며, 인간의 사고와 독립되어 있다고 말하는 이유 가운데 하나는 도덕에 관한 판단이 개인의 태도나 기호를 단순히 표현한 것 이상의 것이라는 점을 단언하는 데 있다. 우리는 이미 이점에 관해서 살펴보았다. 예를 들어 내가 동물을 학대하는 것은 나쁘다고 말했을 경우 이 말은 내 기호를 표현한 것이다. 그러나 기호뿐만 아니라 나 이외의 사람들도 이러한 기호를 가져야 한다는 것을 주장한 말이다. 그런데 이것은 나의 개인적인 취미나 관심을 무례하고 건방지게 표현한 것이다. 그러므로 표현적인 도덕이론은 어떤 방법으로든 이러한 필연적인 특질을 설명할 수 있도록 보완되거나 확장되어야 한다. 둘째로, 도덕적인 판단은 이러한 방식을 통해서 공개적인 주장을 하기 때문에 근거에 의해서 옹호될 수 있다. 우리는 도덕적인 판단이 표현적인 것일 뿐만 아니라 (1) 비개인적이고 (2) 합리적으로 옹호될 수 있다는 점을 보여주어야만 한다.

우리는 사실의 문제에 관한 우리의 신념이 도덕에 관한 우리의 태도와 어떤 관계가 있으며, 이러한 신념과 태도가 서로 어떤 방식으로 영향을 주는가를 밝히는 일을 해야 한다. 우리가 도덕적인 대화의 복잡한 속성을 상세하게 고찰하거나 언어의 정보적인 사용방식, 표현적인 사용방식, 설득적인 사용방식 간의 관계에 관해서 면밀하게 검토한다면 우리는 도덕철학의 중심문제, 즉 어떤 방법으로 가치판단이 정당화될 수 있는가를 규명하는 일을 할 수 있을 것이다.

우리는 이러한 가치판단의 정당화에 관한 문제를 도덕적인 결정에 좋은 이유는 어떤 것인가 하는 물음으로 바꿀 수 있다. 물론 이것은 전통적인 도덕철학의 문제이며, 가장 어려운 문제이다. 어떠한 철학자도 이 문제에 대해 완전하고 확실하게 해답을 제시했다고 말할 수 없다. 그러나 도덕적인 판단을 표현적인 대화나 설득적인 대화로 해석하는 것이 가장 좋은 것이라는 주장은 그러한 판단을 단순히 사실적인 진술로 일상적인 것이건 '비자연적인' 종류의 것이건 간에 간주해야 한다고 주장했던 철학자들이 무시했던 심각한 논리적인 난점을 제거하는 데 도움이 된다.

도덕적인 판단을 태도의 설득적인 표현으로 그럴듯하게 설명하는 것은 적어도 한 가지 측면에서 불확실한 것 같다. 흔히 사람들이 감정이나 태도를 표현하는 것은 '진실', 또는 '거짓'이라고 부를 수 없다는 점을 지적해 왔지만, 태도는 항상 사실에 관한 신념을 근거로 하게 된다. 그런데 이러한 신념들은 진실이거나 거짓임이 분명하다. 만일 내가 두려워하고 있다면 그것은 어떤 것이 나의 안전을 위협하고 있다고 내가 믿기 때문이다. 만일 내가 화를 내고 있다면 그것은 누군가가 고의로 나를 해치거나 나의 이익을 가로막고 있다고 내가 믿기 때문이다. 만일 내가 어떤 사람이나 어떤 기관에 충성을 하고 있다면 그것은 내가 충성하는 대상을 어떤 특질, 즉 내가 인정하고 옹호할 만한 가치가 있다고 믿는 것을 가지고 있다고 내가 믿기 때문이다. 이러한 신념은 잘못된 것인지도 모른다. 그러나 우리가 문제라고 여기고 있는 감정이나 태도를 단순히 신경계의 증상으로 간주하지 않으려면 그러한 신념은 적어도 존재해야만 한다. 그러므로 우리가 어떤 사람이 자신의 태도를 정당화했다고 말할 수 있는 분명한 근거는 있는 것이다. 그가 자신의 태도가 진실이라는 것을 보여주는 것이 아니라 그의 태도가 세계에 관한 진실한 신념에 근거하고 있다는 것을 그가 보여주어야 한다고 말하기 위해서 우리는 질문을 해야만 한다. 우리가 이제까지 고찰했던 이론들 가운데 어느 것도 도덕적인 감정이나 태도가 이러한 측면에서 비도덕적인 것과 유사한 점을 제시하지 않고 있다. 그러나 이러한 측면에서 이러한 이론들은 성공을 거두지 못한 것 같다. 왜냐하면 도덕적인 판단을 통해서 표현된 태도를 설명하고 있는 신념이 진실이라는 것을 보여주는 것에 의해 정당화되고 있기 때문이다. 만일 이것이 사실이라고 한다면, 우리는 항상 그와 관련된 사실을 결정하는 것에 의해 도덕적인 문제를 해결할 수 있을 것이다. 그런데 우리가 이미 살펴보았던 것처럼 도덕적인 문제들은 보통 이러한 방식으로 결정될 수 없다. 이것에 대한 이유는 매우 중요하다. 도덕적인 태도를 설명하는 사실들은 반드시 태도를 정당화하는 것으로 간주되는 것이 아니다.

우리가 가치판단을 정당화할 때 흔히 사용하는 추론방식에 관해 생각해보자. 일반적으로 도덕에 관한 문제는 두 가지 단계에서 발생된다(성기산(역), 1982:

84). (1) 우리는 X라는 특수한 행동은 그른 것인가 아니면 옳은 것인가를 스스로 물어볼 수 있다. 우리가 어떻게 대답하든 간에 우리는 문제의 행동이 일반적인 규칙에 속한다는 사실을 보여주는 것을 갖고 우리의 대답을 정당화할 것이다. (2) 우리는 보다 일반적인 형태의 문제, 즉 왜 A형태의 행동은 모두 그른 것인가라는 문제에 직면하게 된다. 이러한 문제는 일반적인 규칙 그 자체가 정당화되어야 한다는 것을 요구하게 된다. 그러나 우리는 (1)단계에서 요구했던 정당화의 형태가 성격상 (2)단계에서 요구되는 것과 전혀 다르다는 것에 주목해야 한다. 첫 번째 문제는 특수한 판단의 정당화를 요구하는 것이며, 두 번째 문제는 규칙이나 기준의 정당화를 필요로 하는 것이다. 우리는 (1)과 같은 형태의 문제에 대해 적합하다고 생각하는 규칙이나 기준을 인용하는 것을 통해서 대답한다. 한두 가지 방식으로 반대 의견이 제시될 수 있다. 반대하는 사람은 (1) 그 경우는 인용한 규칙에 속하지 않는다고 말할 수 있다. 또한 (2) 그는 우리의 규칙을 인정하는 것을 반대할 수 있다.

우리는 보다 일반적인 규칙들을 인용하는 것만으로는 이런 문제를 해결할 수 없다. 왜냐하면 그렇게 하는 것은 단지 우리의 문제를 미루는 것이지 없애는 것이 아니기 때문이다. 예를 들어 우리가 우리의 도덕적인 규칙을 언제나 행복을 극대화할 수 있도록 행동하라거나 항상 신의 의지에 따라 행동하라와 같이 매우 일반적인 규칙에 포함시키려고 한다면, 이렇게 고차적인 규칙을 정당화해야 하는 문제에 직면하게 될 것이다.

우리는 도덕적인 행동의 규칙을 이용하는 것을 통해서 특수한 행동의 도덕적인 상태를 결정한다. 그러나 앞에서 살펴보았던 바와 마찬가지로 실제적인 어려움은 특수한 사례에 관한 우리의 판단에 있는 것이 아니다. 일반적으로 우리는 기준을 이용하는 방법을 알고 있다. 그러므로 너는 그 도덕적인 규칙을 어떤 방법으로 옹호하거나 정당화하느냐고 물을 때 어려움이 생긴다.

비록 가치판단을 정당화하는 방법의 문제는 철학에서 미해결의 문제로 남아 있다고 생각할 수 있을 정도로 어려움을 겪고 있지만 적어도 우리가 이런 문제는 중요한 문제라는 것을 의식하게 되면 독단주의에서 벗어날 수 있을 것이다.

3. 교육이론

일반적으로 이론이란 말은 입증된 가설이나 논리적으로 서로 연관이 있는 입증된 가설들을 의미한다. 교육은 하나의 공동적인 목적과 관계가 있는 일련의 실제적인 활동이다. 이러한 활동은 흔히 과학적인 이론을 통해서 이론적으로 정당화되고 있다. 그런데 교육학이 의존하고 있는 과학들은 고도로 발전된 화학과 물리학, 그리고 수학이 아니라 심리학과 사회학에 주로 의존하고 있다.

인간에 관한 과학들은 자연과학과 다르다. 심리학, 경제학, 사회학, 그리고 사회과학 등이 늦게 발전한 이유 가운데 하나는 우연한 관찰을 통해서 대부분의 지식을 얻을 수 있다는 데 있다. 학습방법, 동기를 유발하는 방법, 감정이 작용하는 방법 등에 관해 우리가 알고 있는 지식은 매우 제한적이며, 부정확하다.

자연의 법칙은 인간성의 법칙과 근본적으로 다르다. 현명한 관찰자는 인간의 행동과 동물의 행동규칙을 밝히는 일을 할 수 있다. 그렇지만 자연의 규칙은 대부분 사물의 내부에 존재하며, 과학의 표준화된 방법을 통해서 설명된다. 이것은 왜 의학과 공학이 아주 최근에 와서야 발전되기 시작한 데 반해서, 교육이 몇 천 년 동안이나 성공적으로 실시되었는가 하는 이유들 가운데 하나이다. 훌륭한 교사는 그가 효과적으로 가르칠 수 있도록 해주는 평범한 경험을 통해서 인간성의 작용을 충분히 알 수 있다.

고대와 중세에 실시했던 교수활동의 일반적인 효과가 오늘날 학교에서 실시하는 교수활동의 효과보다 훨씬 적었다고 생각할 수 있는 이유는 없다. 분명히 그 당시의 교사들은 오늘날에 와서는 비효과적이고 시간을 낭비하는 것이라고 생각할지도 모르는 방법들을 사용했다. 그러나 그들은 대개 그들의 목적을 성취했다. 우리가 예술, 문학, 철학 등의 분야에서 고대 그리스나 중세에 이룩한 업적들을 고려할 때 21세기의 비평가들이 말하는 것처럼 이러한 것들을 성취한 교육제도를 하찮게 생각할 수는 없을 것이다. 그러나 분명히 이러한 교육방법으로는 오늘날 우리가 추구하고 있는 결과를 얻지 못할 것이다. 고대와 중세의 교사들은 전통적이고 상식적인 교수방법으로 가르칠 수 있었다. 왜냐하면 교사들이 가르쳐야 할 대상은 지위나 재능에 의해 선발된 소수의 학생들이었기 때문이다. 그러나 현대의 교육은 모든 아동에게 실시되고 있다. 더군다나 고대와 중세의 교사들은 단지 소량의 지식과 기술을 전달했지만 현대의 교사들은 많은 학생들에게 적어도 현대의 지식을 보존하고 발전시킬 수 있도록 현대의 지식을 모두 전달해야만 한다. 또한 현대의 교사들은 사람들이 아무리 재능이 없고 무관심하다고 하더라도 모든 사람들이 서류를 작성하고 학교에서 가르치는 것을 이해할 수 있을 정도로 읽고 쓸 수 있는지를 살펴보아야만 한다. 문맹은 흔히 사람들이 말하는 것처럼 문화적인 문제가 아니다. 그러나 문맹은 복잡한 현대 사회에서 심각한 사회문제가 될 수 있다.

그러므로 현대 교육의 가장 근본적인 두 가지 목적 때문에 교육의 방법은 가능한 한 효과적이어야 한다. 이러한 목적을 실현하려면 우리가 인간에 관한 과학을 통해서 알고 있는 것을 이런 효과를 높이는 데 사용해야 한다.

인간에 관한 과학의 중요한 법칙들은 자연과학의 법칙들보다도 더 분명한 것이 아니라고 할 수 있다. 이러한 과학은 우리에게 인간 행동의 규칙에 관한 일반적인 지식을 제시하지만, 우리는 이러한 지식 때문에 과학자들이 요구하는 객관적인 눈으로 인간 행동의 규칙을 살펴보기 어렵다. 더군다나 우리는 인간에 관한 상식적인 수준의 이해와 인간의 가치에 대해서 만족하는 경향을 갖기 쉽다. 보통 사람들은 다른 과학자들보다도 심리학자들에 대해 의아하게 생각하고 있다. 우리를 놀라게 하는 심리학의 발견들은 일반적으로 두 가지 자료에서 얻은 것이다. 발견된 사실들은 심리학자의 실험에서 얻은 것이거나 심리학자들이 사고한 결과로 생긴 것이다.

심리학은 인간의 본성에 대한 일반 사람들의 의견을 확증하는 한 세 가지 중요한 과학적인 목적에 기여하고 있는 것이다. 첫째로, 심리학은 이러한 상식적인 지식들을 정확하게 한다. 둘째로, 심리학은 상식적인 지식에 대한 증거들을 체계적으로 설명해준다. 우리들이 갖고 있는 인간성에 관한 상식은 모호하며 적합한 증거에 의해서 뒷받침되고 있지 않기 때문에 실제로는 지식이라고 말할 수 없고, 신념이나 의견이라고 불러야 할 것이다. 그러므로 이처럼 잘못 규정되고 잘못된 근거에서 생긴 의견들은 확실하게 응용될 수 없다. 셋째로, 실험심리학자들은 종종 우리가 행동하는 여러 가지 서로 다른 방식이 어떻게 서로 관련이 있는가를 보여줄 수 있다. 그러므로 실험심리학자는 보통 산발적이고 상식적인 의견을 조직할 수 있다. 그러므로 심리학은 인간성에 관한 상식에 정확성, 증거, 체계 등과 같은 과학적인 속성을 제공하며, 상식적인 주장이 경험과 행동의 과학이 되도록 정당화한다.

인간에 관한 과학의 법칙이 자연과학의 법칙과 분명히 다른 두 번째 특성이 있다. 우리는 자연과학의 법칙을 세계에 관한 불변의 특징으로 간주한다. 구석기시대의 법칙은 오늘날과 똑같다. 우리가 법칙이 변화한다고 생각할 수 있는 충분한 근거를 가지고 있거나 법칙이 변화한다고 하더라도 그 변화는 매우 적기 때문에 그것을 고려할 필요가 없다. 그러나 인간에 관한 과학은 이와 다르다.

자연과학과는 달리 사회과학에서는 실험의 범위가 매우 제한되어 있다. 그 이유는 두 가지가 있다. 첫째로, 도덕적인 문제가 있다. 우리가 인간을 실험할 때에는 실험의 대상으로 삼고 있는 인간의 복지와 권리를 인정해야 하기 때문에 제한을 받는다. 둘째로, 사회적인 조건을 대규모로 변화시키는 것이 기술적으로 매우 어렵다는 데 있다.

교육이론은 어떤 종류의 이론인가? 우리가 교육이론이나 교육사상의 역사에 관한 책을 읽게 되면 우리는 실제 교육을 위한 기초로 제시한 세 가지 서로 다른 진술들을 발견할 수 있다. 이러한 진술들은 다른 논리적 유형에 속한다는 의미에서 서로 다르다. 한 사람이 쓴 글에는 이것들이 혼합되어 있기 때문에 다른 논리적인 요소들을 각각 평가해야 내용의 가치를 판단할 수 있다. 첫째로, 교육에 관한 글에는 형이상학적인 진술이 있다. 이것은 플라톤과 중세 스콜라철학자의 글들에서 분명히 제시되고 있다. 예를 들어 플라톤의 교육적인 제안은 인간의 영혼은 세 부분으로 이루어져 있으며, 인간은 육체와 영혼으로 이루어진 존재이며, 죽은 후에도 영혼은 계속 존재하기 때문에 교육은 영혼의 눈을 돌리는 과정이라는 것이다. 우리는 이런 신념을 어떻게 논증할 수 있는지 알 수 없다. 교육이론에서 사용되고 있는 두 번째 형태의 진술은 가치에 관한 판단으로 이루어져 있다. 우리가 교육이론에 대해 철학적인 비판을 사용하는 이유는 교육의 지배적인 가치를 찾고 그것을 분명히 하는 데 있다. 무분별한 가치판단은 지적인 혼란의 원인이다. 일단 우리가 가치판단을 인정하려면 우리는 그것이 자명한 진리가 아니며 모든 비판을 초월한 것이라는 것을 깨달아야 한다. 왜냐하면 우리의 가치 결정이 아무리 중요하고 필연적인 것이라고 하더라도 그것을 정당화하는 것은 매우 어려운 철학적인 문제이기 때문이다.

교육이론의 세 번째 요소는 관찰 가능한 사실이라는 증거를 통해서 옹호될 수 있다. 교육이론에는 세 가지 진술이 포함되어 있는데, 그것은 실제적인 활동을 위해서 행위의 원리를 수립하고 정당화하는 실천이론의 한 영역이다. 이런 이론은 실천의 원리에 관심을 갖기 때문에 순수한 이론에만 관심을 갖는 영역과는 엄격히 구분될 수 있다. 실천이론의 경우에 이론이란 말은 여러 종류의 행위를 이끌거나 통제하는 규칙체계나 지침을 가리킨다(O'Connor, 1957: 75). 이와는 달리 자연과학에서 사용하는 이론이란 말은 관찰을 통해서 확인한 하나의 가설이나 논리적으로 연결한 가설들의 체계를 의미한다.

자연과학에서의 이론은 자연 현상을 설명하고 서술하고 예측하는 기능을 한다. 가설을 세우고 관찰하고 실험한 결과를 바탕으로 현상을 설명하고 서술하고 예측할 수 있는 법칙을 정립하는 데 이르게 될 때에 법칙을 이론이라고 부른다. 여기서 말한 법칙은 사물의 한결같은 속성을 의미한다. 이런 입장에서 보면 설명하고 서술하고 예측하는 법칙의 힘은 매우 크다고 볼 수 있다.

그렇지만 교육과 같은 인간의 활동을 설명하는 데는 사회과학을 포함한 과학은 물론이고 신념과 가치의 문제도 포함되어 있다고 볼 수 있다. 모든 이론이 그렇듯이 교육이론도 교육 활동을 설명하는 데 힘쓰고 있지만, 과학이 취하는 형식에 한정될 수 없을 것이다. 교육이론은 교육의 실제를 개선하고 지도하는 일과 밀접한 관계를 맺고 있기 때문에 과학의 이론과 다른 성격을 지니고 있다.

교육이론은 실제 교육을 안내하고 지도하는 일을 한다. 오코너는 교육적인 맥락에서 사용되는 이론이라는 말은 일반적으로 예우상의 칭호에 불과하다고 말했다. 교육이론이라는 말을 정당하게 사용할 수 있는 경우는 오직 심리학이나 사회학의 실험결과를 실제 교육에 적용할 수 있을 만큼 충분히 확립되어 있는 경우이다. 심지어 이런 경우에도 우리는 교육이론과 그 이론이 기반을 두고 있는 사실 사이의 간격이 너무 넓어서 논리적 엄밀성을 확보하기 어렵다. 그렇지만 교육학의 이론은 현상을 설명하는 데만 관심을 갖는 것이 아니다. 그래서 허스트는 교육과 같은 인간의 활동을 설명하는 데에는 사회과학을 포함하는 과학뿐만 아니라 신념이나 가치의 문제도 포함된다고 생각했다. 인과관계를 밝히는 일뿐만 아니라 이유를 밝히는 일도 교육활동에 들어가는 것이며, 과학의 경험적 개념뿐만 아니라 정신적 개념도 포함된다. 만약 우리가 받아들일 수 있는 이론이 따질 수 있는 것이어야 한다면, 따지는 형식은 과학이 취하는 형식에 한정되어서는 안 된다. 교육이론이 실제 교육을 개선하고 지도하는 일과 밀접한 관계가 있다고 생각한다.

교육이론은 실제의 교육을 위한 합리적인 원리들을 발전시키기 위해서 고안된 것이다. 그런데 이런 목적을 달성하기 위한 교육이론은 사회과학 분야에서 쓸 수 있는 모든 이론적 지식의 도움을 받아야 한다, 교육심리학과 교육사회학은 바로 이런 점에서 유용한 심리학과 사회학의 하위 영역임에 틀림없다. 그러나 교육이론은 역사학과 철학을 비롯한 다른 학문분야의 도움도 받아야 한다. 이 모든 학문분야는 합리적인 교육원리를 구축하고 정당화하는 데 필요한 것이다. 뿐만 아니라 교육이론을 이런 식으로 합성되어 있는 분야라고 볼 때, 교육이론은 그것에 기여하는 여러 학문들의 이론을 모은 하나의 거대한 통합체가 아니라 교육이론이 지향하는 내적 일관성을 갖춘 일련의 실제적 원리들의 통일체가 되어야 할 것이다.

이렇게 볼 때 교육이론의 전반적 영역 속에서 차지하는, 예를 들어 교육사회학이나 교육철학 등과 같은 개별학문의 역할은 실천의 원리를 형성하고 실제 속에서 검증을 하는 데 필요한 사회학적이고 철학적인 요소들에 대한 적절한 비판형식을 제공하는 일이다. 여러 가지 방식으로 이러한 과정을 도와주는 것이 이들 학문의 일이다. 실천의 원리를 직접적으로 수립할 근거를 독자적으로나 협동적으로 제공하는 것은 이들 학문의 일이 아니다. 이들 학문이 실천의 형식을 제시할 수 있으려면, 이들 학문은 실제적 검증을 통하여 합리적으로 옹호될 수 있는 적절한 종류의 과거 실천경험에 비추어 다시 형성할 필요가 있다.

그러므로 교육이론의 논리는 실제적 경험의 검증을 거친 지식, 이해, 실천원리 등에 따라 어떤 구체적 장면에서 일어난 일을 정당화할 수 있어야 한다. 지식, 이해, 실천 원리, 그리고 실제적 검증의 형식들은 합리적 비판이 개방되어 있는 여러 관련학문의 요소들을 통합하고 활용해야 한다. 이런 요소들은 원칙적으로 학문 안에서 정당화되어야 할 필요가 있지만, 그렇더라도 실천의 원리를 정당화하기에는 불충분하다.

합리적인 교육의 실제를 발전시킬 수 있는 최선의 방법은 어떤 것인가를 탐구하는 것은 대체로 경험적인 문제라고 할 수 있다. 가능한 한 이러한 논리에 따라 정당화될 수 있는 실천원리들을 발전시키는 것이 목적이기는 하지만, 이런 원리들을 정당화하는 문제는 정도의 문제밖에 될 수 없다. 그러나 과거의 교육이론은 그 기초가 되거나 관련되는 학문들을 발전시키는 데 초점을 맞추었기 때문에 보다 합리적이고 조작적인 실천원리를 발전시키고 경험 안에서 그 원리를 검증하는 일에는 초점을 맞추지 못했다. 최근에는 실천원리와 실제에서 조작적이고 효과적인 원리들을 찾아내려는 관심이 많이 고조되고 있다. 그러나 적절한 관련학문을 통해서 이러한 원리와 그것의 신념이나 가치를 탐색하려는 노력은 거의 없다. 또한 모든 실제의 핵심에는 구체화할 수 없는 암시적 요소들이 있고, 논리적으로는 실제가 이론에 선행하기 때문에 모든 이론은 실제에 대해 제한점을 갖고 있을 수밖에 없다. 하지만 이론은 지적 실제에 반드시 필요한 맥락적 이해를 상당히 많이 제공한다는 점에서 중요하다고 할 수 있다. 또한 반성으로부터 도출된 실제적 교훈이 실제에서 차지하는 위치를 인식하고, 이런 교훈을 이론으로 체계화하면 그 이론은 사고와 실제를 포괄할 수 있을 것이다.

4. 이론과 실제

많은 교사들은 교육이론이 교육의 실제와 너무 동떨어져 있고, 실제를 개선하는 데 별로 도움이 되지 않는다고 생각하는 것 같다. 그건 현실을 너무 모르고 하는 이야기이다. 이론적으로는 전적으로 옳을 수 있지만, 실제로 그런 이론은 소용이 없다. 나는 이론을 공부할 필요가 없다. 이론이 무슨 소용이 있는가? 실제로 학생들을 잘 가르치면 되는 것 아닌가? 이런 말들은 이론적으로는 좋지만 실제로는 효과가 없다거나, 교사가 교실에서 활동하는 것과는 별로 관계가 없다고 말하는 것은 이론과 실제가 다르다는 것을 이야기하는 것이다(Tibble, 1975: 95).

도로도 만족스럽고 맞는 길로 가고 있지만 이용할 수 있는 지도가 부정확하고 잘못된 것일 수 있다. 교사는 잘 가르치는 법을 알고 있지만 교사나 이론가들이 교실에서 교사가 성공하는 법에 관해 만족스럽게 설명하는 법을 모를 수 있다. 그래서 먼저 교육이론의 한계를 살펴보는 것에서부터 논의하는 것이 좋을 것 같다.

교육이론가는 교육이론이 실제와 너무 동떨어져 있다는 교사들의 주장을 어느 정도 인정해야 하는가를 살펴보자. 먼저 이론 그 자체가 잘못되어 있는 경우가 있다. 지도와 길에 비유해 보면, 도로 사정이 좋고 올바른 곳으로 가려고 하지만, 입수할 수 있는 지도가 부정확하고 잘못된 경우가 있다. 바꾸어 말하면 교사들이 정말로 실제 교육의 비법을 알고 있지만, 교사들과 이론가들이 교실에서 교사들이 성공적으로 활동하는 방법을 만족스럽게 설명하지 못할 수 있다.

교사들은 흔히 교육이론은 너무 유토피아적이라고 말한다. 이론가들은 교사들이 매일 활동하고 있는 현실에 관해 거의 말하고 있지 않고, 진리가 아니라 환상을 말하고 있는 것 같다. 이론가들은 예를 들어 어린이는 천진난만하고 호기심을 가지고 있고 배우려는 욕구를 가지고 있다고 가정한다. 그렇지만 경험이 많은 교사들은 하루만 근무해 보면 어린이에 대한 이런 가정은 거짓임을 알 수 있다고 말할 것이다. 타고난 호기심보다는 원죄가 실제 어린이를 설명하는 데 더 적합한 것 같다. 이론가들이 제시한 어린이는 허구적이고 상상해서 만들어낸 것이다. 만일 이론가가 학습 상황에 있는 어린이들을 실제로 관찰하고 그의 이론을 세웠다면, 그 이론에서 가정하고 있는 어린이는 실제 어린이가 아니라 특별한 어린이임을 알 수 있었을 것이다. 그런데 이런 관점에서 제시한 교육이론은 제한된 시사점밖에 제공할 수 없을 것이다.

또한 교사들은 교육이론에서는 현실을 지나치게 단순화한다고 생각하는 경향을 보이고 있다. 이론가들은 현실을 서술하기보다는 일반적 사항을 제시하는 경향을 보이고 있다. 비유적으로 말해서 이론가들은 흔히 일치하는 지역이 없는 지도를 제공하는 경향이 있다. 보물섬이나 유토피아에 관한 상상의 지도를 그릴 수 있듯이 스스로 동기를 부여하는 어린이의 학습 등에 관해 논의할 수 있다. 물론 이것은 대부분의 교사들이 근무하고 있는 실제 상황이 아니다. 그러므로 이론을 거부하는 교사들은 그들이 매일 근무하고 있는 곳을 더 정확하게 제시하고 있는 지도를 요구하고 있는 것이다. 다시 말하면, 이런 교사들은 실제 상황과 일치하는 이론을 제시해 달라고 요구하고 있는 것이다. 다시 말하면, 그들은 좋은 이론은 실제에서 비롯된다고 생각하고 있는 것이다.

어떤 철학자들은 인간의 경험에 관한 이론보다 실제가 더 중요하다고 주장한다. 이런 입장에서 보면 인간의 행동을 설명하고자 하는 이론은 사람들이 실제로 사는 방법에 관한 사실에서부터 시작되어야 한다. 교육이론가가 학교에서 행하는 교수와 학습의 과정을 만족스럽게 설명하려면, 그는 될 수 있는 한 현실에 대한 정확한 지도를 제시해야 할 것이다.

이론은 여러 종류가 있고, 이론의 의미가 여러 가지라는 것은 분명한 것 같다(Woods and Barrow, 1975: 182). (1) 수학 이론이 있다. 수학에는 확률 이론, 방정식 이론 등과 같은 이론들이 있다. 이 이론들은 기본적 전제에서부터 이끌어낸 공리들의 체계를 의미한다. 수학에서는 연역의 방법을 사용해서 추론한다. 일반적으로 순수 수학자들은 고도로 추상적인 수학 이론을 실제에 적용하는 데 관심을 갖고 있지 않다. 또한 실제적인 교사는 어떻게 하면 이런 이론을 실제에 적용할 수 있는지에 대해 고심하지 않는다.

(2) 물리학의 정교한 이론은 패러다임이다. 자연과학자들이 연구하는 과정에서 통제된 실험은 중요한 절차이다. 자연과학자들은 자신의 연구를 과학 기술에 응용할 수 있다. 지난 몇 십 년 동안에 걸친 자연과학 연구의 결과로 일어난 과학 기술의 놀라운 진보는 이론과 실제가 성공적으로 결합한 것을 보여주는 예이다.

자연과학의 성공은 다른 분야의 연구자들에게 자극을 주었다. 자연에 관한 과학이 존재하는데, 인간에 관한 과학은 존재할 수 없는가? 자연과학의 방법을 인간에 관한 과학, 즉 인문학과 사회과학에 적용하면, 자연과학자들이 이룩한 것과 같은 성공을 할 수 있는가? (3) 그래서 우리는 사회과학의 이론을 따로 분리해야 한다. 사회과학은 인간을 다루기 때문에 실험하는 데 제약이 따른다. 마지막으로 (4) 이 책에서 이론화한 것은 (3)과 다르다. (3)의 경우에 심리학자들과 사회학자들은 조사연구와 실험 같은 경험적 연구를 수행하는 반면에, 철학자들은 그렇지 않다. 철학자들의 이론화는 사고의 주요 도구인 단어의 의미에 특히 관심을 가지면서 사물들에 관해 철저하게 사고하는 것으로 이루어져 있다. 이런 종류의 이론화는 그리스어 theoria의 의미, 즉 숙고와 밀접한 관계가 있다.

실제적인 교사들은 (3)과 (4) 형태의 이론을 비판하고 있다. 수학자나 자연과학자와는 달리 사회학자, 심리학자, 그리고 철학자들은 교육문제의 특성 때문에 이론의 의미를 (3)과 (4)의 의미로 사용하고 있다. 여기서는 (4) 유형의 이론에 관해 살펴보자.

첫째로, 이론은 실제와 관계가 없다는 교사의 이의 제기에 대해 생각해보자. 다시 말하면, 철학적인 방식으로 사물에 관해 사고하는 것은 사람들이 행하는 것과 관련이 없다는 생각을 살펴보자. 교사들은 흔히 교실에서 가르치고 있는 자신에게 이론이 별로 도움이 되는 않는다고 말한다. 이론과 실제는 별개라는 말에서 보듯이 이론과 실제를 엄격하게 구분하는 것은 잘못된 이분법이다. 이론은 실제를 수정하고, 실제는 이론을 수정할 것이다. 교사들이 (4)와 같은 이론화에 대해 불만을 갖는 이유 가운데 하나는 이론에 어린이를 통제할 수 있는 지시 사항과 같은 것이 없다는 것이다. 철학적 이론화만으로 직접적이고 세부적으로 이런 종류의 지시 사항을 상세하게 서술할 수는 없다. 그렇지만 신중한 사고는 교사들이 교육하는 상황을 개선하는 데 도움이 될 것이다.

교사들은 흔히 (3)이나 (4)와 같은 이론은 확실성을 제공하지 못한다고 비판한다. 교육문제에 관한 의견 차이가 있다는 것은 사실이다. 그렇지만 이성과 비판적 사고력을 행사할 준비가 되어 있는 사람은 자신의 의견을 갖게 될 것이다. 만약에 사람들이 어떤 다른 문제들에 대해 동의하기 어렵다는 것을 알게 된다면, 그들은 의견 차이의 필연성을 받아들이고, 그것과 더불어 사는 법을 배울 것이다.

교사인 우리는 이론과 실제는 다르다는 말을 자주 듣는다. 이 말은 이론과 실제는 일치해야 한다는 의미를 함축하고 있다. 이론가들이 좋은 이론을 제시했는데 교사들이 이론을 잘못 적용할 경우에 이론과 실제는 일치하지 않게 된다. 다시 말하면, 이론 자체가 결함이 있는 것이 아니라 교육 현장에 적용을 잘못해서 이론과 실제가 다를 수 있다. 일반적으로 실천가인 교사들은 이론에 대해 그릇된 기대를 갖고 있다. 이론과 실제가 일대 일로 대응할 수는 없다. 이론이 모든 실제 상황을 포함하고 있는 것은 아니다. 다시 말하면, 이론은 실제 상황에서 우연히 일어날 수 있는 모든 경우를 포함하고 있지 않다.

이론은 실제와 관계없는 것이 아니라 행위의 선결조건이 된다. 예를 들어 발달한다는 것은 무엇인가에 대해 사고하는 것이 발달하는 것으로 보는 행위의 선결조건이다. '학생들이 발달하는 것을 보자.'는 교훈과 일치하는 행위의 실제적인 결과들이 상세히 설명될 때까지 그것과 일치하는 행위는 존재할 수 없을 것이다.

나는 일찍이 한 젊은 교사의 음악수업을 참관하기 위해서 초등학교에 간 적이 있다. 8-9세 된 학생들이 새로운 노래를 배우고 있었다. 대다수의 학생들이 음조가 맞지 않게 노래를 부르고 있었다. 수업이 끝난 다음에 나는 순진하게 그 교사에게 음조에 맞게 노래를 부르게 해야 하지 않느냐고 말했다. 그 교사는 몹시 당황했다. 수업목표에 관한 내 제안이 그 교사의 그것과 반대되기 때문이 아니라 그 교사가 무엇을 해야 하는지에 대해 명확한 생각을 갖고 있지 않았기 때문에 그랬던 것 같다. 그렇지만 나는 학생들이 노래를 부른 이유를 물어본 것에 대해 후회하지 않았다. 왜 그들이 신문을 찢거나 장난감 뱀을 갖고 놀거나 사다리를 갖고 놀거나 블록을 갖고 놀게 내버려두지 않는 것인가? 무엇을 해야 하고, 무엇을 하지 말아야 하고, 왜 그래야 하는가와 같은 물음에 대해 먼저 사고하지 않고 어떻게 학교에서 해야 할 활동을 선정할 수 있겠는가?

이것은 지도의 비유로 설명될 수 있다. 지도는 추상적 기호를 사용해서 특수한 지역에 관해 제한적으로 설명한다. 지도는 축적과 기호 등에 의존하고 있기 때문에 어떤 자연적 특징과 인위적 특징을 표시할 수 없다. 예를 들어 도시를 표시하고 있는 기호는 그곳의 위치 이상의 것을 말하고 있지 않다. 그러므로 지도를 가지고 어떤 지역을 조사하는 사람은 예기치 않은 것을 기대해야 한다. 우리는 물리적 환경을 이해하는 중요한 수단인 지도가 상당히 많은 것을 말해 주지 않는다고 불평하지 않는다.

실천의 입장에서 보면 교육이론은 반쯤 진리인 일반화만 제공하고 있다고 볼 수 있다. 교실의 실제에 관한 예언적 일반화는 이것을 하면 저것이 일어날 것이라는 점만을 말하고 있는 수준에 있다. 이론가들은 실천가들에게 그들이 교실에서 실제로 겪고 있는 문제를 해결하는 상세한 지침을 제공하지 못하고 있다. 지도를 해독하기 위해서 독도법을 익히듯이 실천가인 교사들도 일반화의 성격을 지니고 있는 교육이론을 적용하는 방법을 익혀야 할 것이다.

칸트가 말했듯이 이론은 특수한 환경을 무시하고 일반화한 일련의 규칙들의 모임이다. 그러므로 교사들은 일반 규칙을 어떤 경우에 적용할 것인가를 판단해야 한다. 맞는 이론을 잘못된 상황에 적용하는 잘못을 해서는 안 된다. 이렇게 하기 위해서는 규칙과 이론과 원리를 배워야 할뿐만 아니라 그것들을 적절하게 해석하고 적용하는 방법을 익혀야 한다. 이론의 임무는 기계적으로 따르는 것보다는 판단하게 하는 데 있다고 볼 수 있다. 이론을 실제에 적용하기 위해서는 무엇보다도 비판적 숙고가 필요하다.

교사들은 어떤 경우에 어떤 이론을 적용할 수 있는가를 판단해야 한다. 교사들은 맞는 이론을 잘못된 상황에 적용하는 실수를 해서는 안 된다. 이렇게 하기 위해서는 규칙과 이론, 그리고 원리를 배워야 하는 것은 물론이고 그것들을 적절하게 해석하고 적용하는 방법을 익혀야 한다. 특히 교육이론은 법칙의 수준에 있는 것이 아니라 모형이나 패러다임, 또는 일반화의 수준에 머물고 있기 때문에 이론을 실제적인 교육의 상황에 기계적으로 적용해해서는 안 된다. 교사는 이론을 실제에 잘 적용하기 위해서 이론의 성격과 적용 범위, 그리고 이론의 한계에 대해 비판적으로 사고해야 한다(Tibble, 1975: 101).

이런 입장에서 보면 교사는 교육이론 해석가가 되어야 한다. 다시 말하면, 교사는 이론을 기계적으로 적용하는 것이 아니라 실제에 맞게 이론을 번역해야 한다. 다시 말하면, 교사는 지도를 활용하는 능력을 길러야 한다. 교육이론은 현실과 너무 동떨어져 있다는 교사들의 주장은 어느 정도 일리가 있다. 이런 이론과 실제의 틈을 메우기 위해서 이론가는 현실에 바탕을 둔 이론을 정립하는 데 관심을 가져야 한다. 동시에 교사는 교육이론에 대한 지나친 기대, 즉 교육이론을 완제품으로 보고 그것을 기계적으로 사용하려는 생각을 바꾸어야 한다. 요컨대 이론가들의 현실 인식이 바뀌고 교사들이 이론을 비판적으로 적용하려는 의지를 가질 경우에만 좋은 교육이론을 정립할 수 있을 것이다.

교육이론가들은 교육이론이 현실과 너무 동떨어져 있다는 교사들의 주장에 주목해야 한다. 교육이론가들은 교육 현상을 설명하고 서술하고 예측하기 위해서 그것을 연구한다. 지금 교육 현상, 활동, 또는 각종 교육문제에 관한 연구들이 수도 없이 쏟아져 나오고 있다. 교육정책에 관한 연구를 예로 들어보자. 어떤 교육정책을 개발하거나 입안하거나 정치권이 추진하려는 교육정책의 근거를 마련하기 위해서 막대한 비용을 들여 연구를 수행하고 있다. 이런 연구의 특징은 다음과 같다. 첫째로, 학생의 선발방법, 학급의 크기, 학교조직, 유치원, 또는 보육원 등에 관한 정부의 정책결정에 필요한 물음에 대한 대답을 제공하지 않는다. 둘째로, 독서교육, 학급편성방법, 또는 교수방법 등과 관련된 전문적인 기술을 제공하지 않는다. 셋째로, 실제 교육이나 교육 여건을 개선할 수 있는 정책을 입안하기 위한 기초를 제공하는 것이 아니라 흔히 다른 입장에서 다른 예들을 사용해서 비슷한 문제들을 되풀이해서 다루고 있고, 그 연구의 결과가 단편적이다. 넷째로, 흔히 정치적인 의도와 동기를 갖고 추진되기 때문에 연구 프로그램의 이데올로기적인 토대에 공감하지 않는 사람들에 대해 배타적이다.

이런 연구를 위해 엄청난 투자를 하고 있지만, 의학처럼 교직을 연구에 바탕을 둔 전문직으로 만들 수 있는 축적된 지식체계가 없다. 이런 측면에서 보면 기존 연구의 내용을 다시 검토한 후에 연구를 통제하고 후원하는 것이 무엇보다 중요하다고 볼 수 있다. 교수와 학습의 실제에 초점을 맞춘 연구가 필요하다. 예를 들어 독서교육, 수준별 학습을 위한 능력별 학급편성 등에서 전문적인 실제의 지침이 될 수 있는 충분하게 잘 검증된 지식체계를 만드는 것이 필요하다. 물론 이런 지식체계는 복잡하고, 그것을 활용하는 교사와 학생의 인성과 상황이 그것의 적절성에 영향을 주기 때문에 융통성 있게 이용할 필요가 있다(Pring, 2004: 228). 교사와 전문 연구자의 상황은 서로 다르다. 학부모들과 교사들, 그리고 교육행정가들은 이런 교육정책에 관한 연구에 대해 비판적인 태도를 보이고 있는 것 같다. 적절한 지식의 부족, 연구의 성과라고 할 수 있는 제안들이 실제의 교육과 관련을 맺고 있지 못한 점, 연구자의 학문적 정직성의 결여, 그리고 정치적인 정책결정과 연구 성과의 연결 고리의 부재와 같은 것이 이런 태도를 확인할 수 있는 예들이라고 할 수 있다.

교육이론가들은 교육의 실제를 안내할 수 있는 잘 검증된 일반화를 제공하지 못하고 있다는 점에 주목해야 한다. 또한 그들은 교육적인 이해와 실제를 연결짓는 적절한 이론적인 틀을 개발하는 임무를 다하지 못한 것에 유의할 필요가 있다. 동시에 사회에 대한 교육연구의 원칙적인 의무를 잘 이행하지 못한 것에 대해서도 숙고해야 한다. 예를 들어 의학연구가 질병을 설명하는 데만 기여하고 성공적인 치료법을 밝히거나 개발하지 못했다면, 의학연구는 원칙적인 의무를 이행하지 못했다고 말할 수 있을 것이다.

교육연구가 교육적인 실제에 영향을 주지 못하는 이유는 실제와 관련이 없는 것처럼 보인다는 것, 다른 사회과학 분야에서의 연구에 비해 연구의 질이 빈약하다는 점, 접근 불가능성, 그리고 학교, 대학교, 교육청, 그리고 교육과학기술부 등의 연구를 바탕으로 사고하고 결정하는 능력의 부족에 있다고 판단된다. 한편으로 기술적이고 추상적이고 불분명한 언어를 사용한 연구가 많기 때문에 실제 교육의 세계와 상식에서 떨어져 멀리 표류하고 있다. 다른 한편으로 모두 가치가 없는 것은 아니지만, 연구와 관련이 없는 사회, 정치가, 행정가, 그리고 교사의 문제들에 답하거나 그들의 목적을 실현하는 데 기여하도록 외적인 통제를 할 필요가 있다고 생각한다.

교육이론가는 이런 이론과 실제의 틈을 메우기 위해서 현실에 바탕을 둔 이론을 정립하는 데 관심을 가져야 한다. 동시에 교사는 성격상 교육이론을 실제 교육에 곧바로 적용할 수 없기 때문에 이론을 적용하는 능력을 길러야 한다. 교사는 교육이론을 탐구하고 어떻게 하면 그것을 실제 교육에 잘 적용할 수 있는가에 대해 끊임없이 숙고해야 한다.

5. 교육정책

교육행정학자들은 교육정책이란 무엇인가 하는 물음에 대답하기 위해서 교육정책과 정치, 권력, 그리고 통제 사이의 관계를 밝히려고 노력하고 있다. 첫째로, 교육정책을 수행하는 것은 선호하는 학교제도와 사회제도에 도달하거나 그것을 보존하기 위해서 권력을 행사하고 통제하는 것이다. 교육정책은 교육기관들의 성격이나 실제를 바꾸거나 보존하기 위해서 권력을 행사하는 것을 포함한 일련의 정치적인 결정이라고 할 수 있다. 그래서 권력을 행사하고 통제할 수 있는 권한을 갖고 있는 사람들이 교육정책을 수립할 수 있다고 말할 수 있다. 또한 적절한 형태의 권력을 행사하고 통제할 수 있는 권한은 갖고 있지 않지만, 유권자들에게 다양한 방식으로 로비를 하거나 일반적인 논의를 하도록 자극하는 데 영향을 줄 수 있는 사람들과 단체들, 그리고 기관들도 교육정책을 수립할 수 있다. 여기서 말한 기관과 단체들로는 대립하는 정당들, 학회들, 교사 단체, 그리고 다양한 연구 집단 등이 있다. 한편으로는 교육정책을 수립하는 것과 다른 한편으로는 정치와 권력, 그리고 통제 사이의 관계를 특징짓는 것이 필요하다. 교육정책의 개념에서 중심이 되는 것은 교육제도나 실제를 보존하거나 개조하는 것을 목적으로 삼는 행위를 상세히 서술하는 것이다.

둘째로, 교육정책은 국가적인 차원에서부터 학교나 교실의 수준에 이르기까지 교육제도의 다른 수준과 맥락에서 비롯되었다. 공식적, 전문적, 그리고 대중적이라고 부를 수 있는 정책 토론의 서로 다른 언어들이 존재한다.

셋째로, 교육정책의 내용과 적용 범위는 각양각색이다. 이런 차이들을 표현하는 한 가지 방법은 정책을 결정할 수 있는 다양한 종류의 연속체를 이용하는 것이다. 이 연속체에는 보편성과 특수성이 포함된다. 이 연속체의 한쪽 끝에는 교육의 목적이나 교육체제의 구조와 같은 문제를 포함한 아주 일반적인 정책들이 있고, 다른 쪽 끝에는 예를 들어 특수한 교과에 담겨 있는 특별한 주제를 교수하기 위한 기법과 관련된 특수한 정책들이 있다. 이 연속체에는 '외관'과 '내면'의 특징이 포함되어 있다. 이 연속체의 내면 끝에는 분명히 철학적인 함의와 철학적인 논의가 효과가 있는 교육정책이 포함되어 있다. 예를 들어 지금 통용되고 있는 가치교육이라는 일반적인 영역에 관심을 갖고 있는 많은 정책들은 이 범주에 속한다. 이 연속체의 표면 끝에는 철학적인 반성에 적합하지 않은 교육정책들이 있다. '보편성'은 유일하게 '내면'과 연합되어 있고, '특수성'은 '외관'과 연합되어 있다고 가정하지 않는 것이 중요하다. 일반적인 정책들은 철학적인 숙고에 적합하지 않을 수 있고, 특수한 정책들은 철학적인 함의를 많이 담고 있을 수 있다.

넷째로, 교육정책은 정책의 수립과 서로 관계가 있기는 하지만, 우리는 교육정책 수립의 과정, 정책 그 자체, 그리고 정책의 적용과 평가를 구별하는 데 주목해야 한다.

교육정책이 통합적이고 타당하고 효과적인 것이 되려면, 교육정책과 관련을 맺어야만 하는 반성적이고 비판적인 수단 가운데 하나가 철학이라고 주장하는 학자들이 있다. 이런 주장에 대해 철학이 어떻게 기여할 수 있는가를 정확하게 파악해야 한다(Carr, 2005: 18).

먼저 철학이 기여할 수 있는 것은 약소하다는 점을 인식해야 한다. 두 가지 이유 때문에 그렇다. 첫째로, 철학은 단지 교육정책과 관련된 반성적이고 비판적인 수단들 가운데 하나에 지나지 않는다. 둘째로, 반성과 비판은 교육정책을 위해서 필요할 수 있지만, 교육정책의 통합성, 정당화의 가능성, 그리고 효과를 위해서는 충분하지 않다. 왜냐하면 실제 교육에서 우발적인 사건들이 광범위하게 일어날 가능성이 크기 때문이다. 철학이 교육정책에 기여할 수 있는 것은 부분적인 것이며, 다른 반성적이고 비판적인 수단들과의 관계 안에서, 그리고 그것들과 대화하는 가운데 철학적으로 논의하는 것이 필요하다. 철학이 교육정책에 기여할 수 있는 것이 순수하게 철학적인 것일 필요는 없을 것이다. 반성적이고 비판적인 다양한 활동 가운데 하나가 철학이라는 점에 유의해야 한다.

교육정책에 관한 논의가 유익하고 신뢰할 만한 것이 되려면 그것을 논의하는데 도움이 되는 철학적인 탐구가 필수적이다. 그렇지만 교육정책에 관한 모든 논의가 철학적인 탐구와 관계가 있는 것은 아니라는 점에 유의해야 한다. 첫째로, 교육정책에 관한 철학적인 논의에서는 실제로 일어나고 있는 것을 서술하는 것이 아니라 그것을 규범적으로 해석하는 일을 해야 한다. 그렇지만 단순히 표면적인 특성만 갖고 있는 교육정책을 논의할 경우에는 철학적인 논의가 거의 필요하지 않다. 둘째로, 모든 교육정책이 철학적인 문제들과 관련을 맺고 있는 것인지는 분명하지 않다. 정책적인 논의는 국민들이 불만을 갖고 있는 문제, 정치가의 정치적인 의도, 언론 매체의 보도 등에서 제기한 실제적인 문제들을 해결하기 위한 노력에서 비롯된다. 여기서 말한 해결이란 불만의 해소, 정치가가 갖고 있는 의도의 실현, 언론의 긍정적인 보도 등과 같은 것이다. 이런 입장에서 보면 문제를 해결하기 위한 정책이 근거로 하는 가정, 개념, 신념, 가치, 정책의 목적, 정책 수립의 절차 등에 관한 철학적 분석은 합리적인 정책 수립에 필수적이라고 할 수 있다(Carr, 2005: 19).

플라톤과 듀이와 같은 철학자들이 보여주었듯이 철학자들이 교육정책에 지대한 영향을 미친 경우도 있지만, 교육정책은 일반적으로 지적이고 문화적인 풍토, 세속주의, 상대주의, 평등, 정치가들의 의도, 그리고 일반 사람들의 힘 등의 영향을 복합적으로 받는다. 교육철학자들은 교육정책에 영향을 주고 있는 이런 복합적인 힘의 작용에 관해 분석하는 데 관심을 가져야 한다. 교육철학자들은 실제적인 문제들에 관해 깊이 있게 논리적으로 사고하는 일을 해야 할 것이다.

그러면 철학자들은 정책을 수립하는 것과 같은 실제적인 활동에서 어떤 역할을 할 수 있는가? 철학자는 실제적인 문제들에 대해 응용할 수 있는 실제적인 결론이나 제언을 하는 전문가가 아니다. 일반적으로 철학자들은 발견한 사실을 바탕으로 현상을 설명하는 것이 아니라 제시한 결론의 가치와 타당성을 분석하는 데 관심을 갖고 있다. 이런 입장에서 보면, 교육철학자는 교육정책과 같은 실제적인 문제에 대해 비평가로서 기여할 수 있다고 볼 수 있다. 교육철학자는 예를 들어 어떤 교육정책에 근거가 되는 가정, 신념, 개념 등의 의미를 밝히는 것과 정책을 수립하는 절차의 합리성 여부와 정책의 문제점을 분석하는 일을 하는 데 기여할 수 있다. 또한 교사들이 어떤 교육정책의 본질을 파악하고 그것의 적절성과 합리성 여부를 판단하는 데 도움이 되는 실제적인 판단 기술을 익히는 것을 도와줄 수 있다.

사람들은 여러 가지 이유로 한평생 교육을 받게 되는데, 교육을 받거나 교육을 하는 과정에서 때때로 어려움에 직면하게 된다. 교육의 과정에서 겪게 되는 곤란을 흔히 교육문제라고 한다. 어느 사회, 어느 개인에게나 교육문제는 끊임없이 제기될 수밖에 없다. 교육은 가치를 추구하는 활동 가운데 하나이기 때문에 어떤 가치를 추구해야 할 것인지에 대한 논쟁의 소지는 있게 마련이다. 예를 들어 교사는 어떻게 가르칠 내용을 선정하고 조직할 것인지, 그것을 어떤 방법으로 가르칠 것인지, 그리고 왜 그런 내용을 선정했는지에 대해 합리적인 근거를 제시할 수 있어야 한다. 교사가 실제로 이런 일을 하는 과정에서 직면하게 되는 문제는 교육의 적절한 목적과 수단을 합리적으로 결정하는 것과 밀접한 관계가 있다.

이때 교사는 교육은 무엇이어야 하고, 교육의 목적은 어떤 것이어야 하며, 학교는 어떤 곳이어야 하는가와 관련된 수많은 철학적인 문제들을 해결해야 한다. 물론 교사는 다른 사람들이 하는 것과 같이 문제가 없다고 생각하고 이런 문제들에 관해 신경을 쓰지 않으면서 근무할 수도 있다. 그렇지만 적어도 어떤 교육이 좋은가에 대해 고민하는 교사라면, 내가 왜 교육을 하는가, 어떤 내용이 중요한가, 어떤 방법이 효과적인가, 학생들은 어떤 삶을 살아야 하는가 등에 대해 사색할 것이다. 교사가 우리 교육의 문제점은 무엇이고, 교육정책은 어떻게 수립되어 수행되며, 그 과정에서 어떤 것이 문제인지, 교사로서의 미래의 삶은 어떠해야 하는지 등의 문제로 고민하는 것은 어쩌면 당연한지도 모른다.

교사는 실제로 이런 문제들에 대해 자신의 경험적인 신념과 철학적인 신념을 근거로 합리적인 해답을 제시할 수 있어야 한다. 경험적인 신념과 철학적인 신념을 갖기 위해서는 이론을 탐구하고, 실제에 응용하기 위해 다각도로 노력해야 한다. 특히 제기된 교육문제의 본질은 무엇이고, 그 문제를 해결하기 위한 방안이나 주장의 전제, 밑바탕이 되는 신념, 문제를 진술할 때 사용된 개념, 그리고 해결 방안의 논리적 타당성과 실현 가능성 등을 분석할 수 있어야 한다.

참고문헌

김공하(1998), 『비판적 사고와 교육』, 서울: 교육과학사.

성기산(1998), 「교육목적의 성격」, 『논문집』, 13호, 서울: 중앙대학교 한국교육문제연구소.

성기산(편)(1999), 『교육철학의 이해』, 서울: 문음사.

성기산(2000), 「교육적 이상으로서의 비판적 사고」, 『교육연구』, 제8권, 대전: 한남대학교 교육연구소.

성기산(2008), 『교사의 교육철학』, 서울: 집문당.

신득렬(2003), 『현대교육철학』, 서울: 학지사.

이돈희(2003), 『도덕교육원론』, 서울: 교육과학사.

이지헌(외)(2016), 『과로사회를 위한 존 화이트의 교육철학』, 서울: 학지사.

최병태(1996), 『덕과 규범』, 서울: 교육과학사.

홍은숙(2007), 『교육의 개념』, 서울: 교육과학사.

Adsam, J.(1979), *The Republic of Plato*, Cambridge: Cambridge University Press. vol. I .

Adsams, R. M.(1976), 'Motive utilitarianism', *Journal of Philosophy*, vol.73, no.14.

Akinpelu, J. A.(1981), *An Introduction to Philosophy of Education*, London: The Macmillan Press Ltd..

Alston, W. P.(1969), 'Feelings', *Philosophical Review*, vol.78, no.1.

Archambault, R. D.(1972), *Philosophical Analysis and Education*, London: Routledge & Kegan Paul.

Aristotle, *Rhetorics*, Barnes, J.(ed.)(1984), *The Complete Works of Aristotle*, vol.2, New Jersey: Princeton University Press.

Armstrong, D.(1973), *Belief, Truth and Knowledge*, Cambridge: Cambridge University Press.

Ayer, A. J.(1971), *Language, Truth and Logic*, New York: Victor Gollancz Pelican Book.

Baier, K.(1965), *The Moral Point of View*, New York: Random House.

Baier, K.(1973), 'Moral Autonomy as an Aim of Moral Education', Langford, G. & O'Connor, D. J.(eds.), *New Essay in the Philosophy of Education*, London: Routledge & Kegan Paul.

Bailey, C.(1980), 'Morality, reason and feeling', *Journal of Moral Education*, vol.9, no.2.

Bailey, R.(ed.)(2010), *The Philosophy of Education. An Introduction*, London: continuum.

Balot, R. K.(2006), *Greek Political Thought*, Malden: Blackwell Publishing.

Barrow, R. & White, P.(1993), *Beyond Liberal Education*, London: Routledge.

Barrow, R. & Woods, R.(2006), *An Introduction to Philosophy of Education*, London: Routledge.

Benn, S. I. & Peters, R. S.(1959), *Social Principles and the Democratic State*, London: George Allen & Unwin Ltd..

Benson, J.(1967), 'Emotion and expression', *Philosophical Review*, vol.76, no.3.

BenZeev, A.(1987), 'The nature of emotions', *Philosophical Studies*, vol.52, no.3.

Blake, N., Smeyers, P., Smith, R. & Standish(ed.)(2003), *Philosophy of Education*, Malden: Blackwell Publishing Company.

Brezinka, W.(1977), *Grundbegriffe der Erziehungswissenschaft*, München: Ernst Reinhardt Verlag.

Brezinka, W.(1978), *Metatheorie der Erziehung*, München: Ernst Reinhardt Verlag.

Broudy, H. S.(1961), 'Actual Entities and the Learning Progress', *Educational Theory*, vol. XI, no.4.

Brown, E.(1986), 'Sympathy and moral objectivity', *American Philosophical Quarterly*, vol.23, no.2.

Cahn, S. M.(ed.)(2009), *Philosophy of Education. The Essential Texts*, New York: Routledge.

Calhoun, C. and Solomon, R. C.(eds.)(1984), *What is an emotion?*, New York: Oxford University Press.

Campbell, D. E.(2010). *Choosing Democracy. A Practical Guide to Multicultural Education.* Boston: Allyn & Bacon.

Carr, W.(ed.)(2005), *Philosophy of Education*, London: Routledge.

Chappell, V. C.(ed.)(1962), *The Philosophy of Mind*, Englewood Cliffs: Prentice-Hall.

Chazan, B. I.(1975), 'The Moral Situation: A Prolegomenon to Moral Education', Soltis, J. F.(ed.), *Moral Education*, New York: Teachers College Press.

Chazan, B. I., & Soltis, J. F.(eds.)(1975), *Moral Education*, New York: Teachers College Press.

Cheney, D. R.(ed.)(1971), *Broad's Critical Essays in Moral Philosophy*, London: Allen & Unwin.

Clark, C.(1979), 'Ausubel on Discovery and Learning', *Educational Philosophy & Theory*, vol.11, no.1.

Cohen, B.(1982), *Means and Ends in Education*, London: George Allen & Unwin.

Cooper, D. E.(1986), *Education, values and mind*, London: Routledge & Kegan Paul.

Crittenden, B. S.(1968), 'Teaching, Educating, and Indoctrinating', *Educational Theory*, vol.18, no.3.

Crittenden, B. S.(1974), 'Aims, Intentions and Purposes in Teaching and Educating', *Educational Theory*, vol.24, no.1.

Crombie, I. M.(1963), *An Examination of Plato's Doctrines*, London: Routledge & Kegan Paul Ltd., vol. Ⅱ.

Cross, R. C. & Woozley, A. D.(1964), *Plato's Republic: A Philosophical Commentary*, London: Macmillan.

Curren, R.(ed.)(2007), *Philosophy of Education*, Malden: Blackwell Publishing Ltd..

Daniels, L. B.(1970), 'Behavior Strata and Learning', *Educational Theory,* vol.20, no.4.

Davey, A.(1972), 'The Explanation of Learning', Dixon, K.(ed.), *Philosophy* of *Education and Curriculum*, Oxford: Pergamon Press Ltd..

Davis, A.(1986), 'Learning and Belief', *Journal of Philosophy of Education*, vol.20, no.1.

De Sousa, R. B.(1987), *The Rationality of Emotion*, Cambridge, Mass.: Mit Press.

Dearden, R. F.(1969), 'Instruction and Learning by Discovery', Peters, R. S.(ed.), *The Concept of Education*, London: Routledge & Kegan Paul Ltd..

Dearden, R. F.(1976), *Problems in Primary Education*, London: Routledge & Kegan Paul Ltd..

Degenhardt, M. A. B.(1982), *Education and the Value of Knowledge*, London: George Allen & Unwin Ltd.. 성기산(역)(1987), 『교육과 지식의 가치』, 서울: 문음사.

Derr, R. L.(1979), 'The Logical Outcomes of Teaching', *Educational Theory*, vol.29, no.2.

Dewey, J.(1916), *Democracy and Education*, New York: Macmillan Co..

Dewey, J.(1939), *Theory of Valuation*, Chicago: University of Chicago.

Dewey, J.(1971), *How We Think,* Chicago: Henry Regnery Company.

Diller, A.(1975), 'Teaching Moral Rules: A Preliminary Analysis', *Philosophy of Education.*

Downey, H. & Kelley, A. V.(1978), *Moral Education: Theory and Practice*, Haper & Raw Co., Ltd..

Dunlop, K.(ed.)(1967), *The Emotions*, New York: Hafner.

Ellett, Jr. F. S.(1983), 'On the Nature of Conceptual or Linguistic Analysis', *Philosophy of Education.*

Elliot, R. K.(1977), 'Education and human being', Brown, S. C.(ed.), *Philosophers Discuss Education*, London: Macmillan.

Ennis, R.(1989), 'Critical thinking and subject specificity: verification and needed research', *Educational Researcher*, vol.18, no.3.

Evers, C. W.(1979), 'Analytic Philosophy of Education: From a Logical of View', *Educational Philosophy & Theory*, vol.11, no.2.

Ewing, A. C.(1957), 'The justification of emotions', *Proceedings of the Aristotelian Society*, vol.31.

Fankena, W. K.(1980), *Thinking about Morality*, Ann Arbor: University of Michigan Press.

Feinberg, J. & Gross, H.(eds.)(1975). *Responsibility: Selected Readings*, Encino: Dickenson.

Fitzgibbons, R. E.(1981), *Making Educational Decisions*, New York: Harcourt Brace Jovanovich, Inc..

Floden, R. E.(1986), 'Explaining Learning: Biological and Cybernetic Metaphors', *Philosophy of Education*.

Frankena, W. K.(1966), 'The Concept of Morality', *The Journal of Philosophy*, vol.63.

Frankena, W. K.(1973), 'The ethics of love conceived as an ethics of virtue', *Journal of Religious Ethics*, vol.1, no.1.

Frankena, W. K.(1973), *Ethics*, Englewood Cliffs, New Jersey: Prentice-Hall, Inc..

Frankena, W.(1973), 'The concept of education today', Doyle, J. F.(ed.), *Educational Judgements*, London: Routldge & Kegan Paul.

Franz, H. J.(1972), 'The Criteria of 'Being Educated', *Educational Theory*, vol.22, no.4.

Gabriel, T.(1975), 'Justifying the emotions', *Mind*, vol.84, no.335.

Glovack, j.(1993), 'Aesthetic engagement and moral education: An appropriation of Shaftesbury's legacy', Buffalo: State University of New York, Ph. D. dissertation.

Gordon, R. M.(1969), 'Emotion and knowledge', *Journal of Philosophy*, vol.66, no.13.

Gordon, R. M.(1986), 'The passivity of emotions', *Philosophical Review*, vol.95, no.3.

Gordon, R. M.(1987), *The Structure of Emotions*, New York: Cambridge University Press.

Gowin, D. B.(1969), 'Teaching, Learning, and Thirdness', Bandman, B. & Guttchen, R. S.(eds.), *Philosophical Essays on Teaching*, New York: J. B. Lippincott Company.

Green, O. H.(1987), 'Wittgenstein and the possibility of a philosophical theory of emotion', *Metaphilosophy*, vol.10, nos.3 & 4.

Green, T. F.(1968), 'A Topology of the Teaching Concept', Macmillan, J. C. B. and Nelson, T. W.(eds.), *Concepts of Teaching, Philosophical Essays*, Skokie, Ill.: Rand McNalley.

Green, T. F.(1971), *The Activities of Teaching,* Tokyo: McGraw-Hill Kogakusha, Ltd..

Gribble, J.(1969), *introduction to philosophy of education*, Boston: Allyn and Bacon, Inc..

Haaften, W. V. & Snik, G.(1997), 'Critical Thinking and Foundational Development', *Reason and Education*, Dordrecht: Kluwer Academic Publishers.

Hall, R. W.(1981), *Plato*, London: George Allen & Unwin.

Hamlyn, D. W.(1969), 'The Logical and Psychological Aspects of Learning', Peters, R. S.(ed), *The Concept of Education*, London: Routledge & Kegan Paul Ltd..

Hamlyn, D. W.(1970), 'Conditioning and Behaviour', Borger and Cioffi(ed.), *Explanation in the Behavioural Sciences*, Cambridge: CUP.

Hampshire, S.(1966), *Philosophy of Mind,* New York: Harper & Row.

Hardie, C. D.(1962), *Truth and Fallacy in Educational Theory,* Columbia, Teachers' College.

Hare, R. M.(1952), *The Language of Morals*, Oxford: Oxford University Press.

Hare, R. M.(1963), *Freedom and Reason*, London: Oxford University Press.

Hare, R. M.(1981), *Moral Thinking: Its Levels, Method and Point*, Oxford: Oxford University Press.

Harrison, B.(1984), 'Moral judgment, action and emotion', *Philosophy*, vol.59, no.229.

Heyting, F. & Lenzen, D. & white, J.(2001), *Methods in Philosophy of Education*, London and New York: Routledge.

Hirst, P. H. & White, J.(ed.)(1998), *Philosophy of Education Major Themes in the Analytic Tradition*, vol.4, *Problems of Educational Content and Practices*, London and New York: Routledge.

Hirst, P. H. and Peters, R. S.(1979), *The Logic of Education*, London: Routledge & Kegan Paul Ltd..

Hirst, P. H.(1974), 'logical and Psychological Aspect of Teaching a Subjet', Hirst, P. H.(ed.), *Knowledge and Curriculum*, London: Routledge & Kegan Paul.

Hirst, P. H.(1983), *Educational Theory and its foundation disciplines*, London: Routledge & Kegan Paul. 성기산(외)(역)(1994), 『교육이론과 그 기초 학문들』, 서울: 문음사.

Hirst, P. H.(1986), Richard Peters's Contribution to the Philosophy of Education', Cooper, D. E.(ed.), *Education, Values and Mind*, Essays for R. S. Peters, London: Routledge & Kegan Paul.

Kapunan, S. C.(1975), 'Teaching Implies Learning', *Educational Theory*, vol.25, no.4.

Kazepides, A. C.(1969) 'What is the Paradox of Moral Education?', *Philosophy of Education*, Simon Fraser University.

Kazepides, T.(1986), 'Wittgenstein and the Rationalists on Learning and Teaching', *Philosophy of Education*.

Kelinig, J.(1982), *Philosophical Issues in Education*, New York: St. Martin's Press.

Kennedy, D.(1975), 'R. S. Peters' Concept of character and the criterion of consistency for actions', *Educational Theory*, Winter.

Kenny, A.(1989), *The Metaphysics of Mind*, Oxford: Clarendon Press.

Kilbourn, B.(1982), 'Thoughts on Conceptual Analyses of Teaching', *The Journal of Educational Thought*, vol.16, no.2.

Kohlberg, L. (1971), 'Stage of moral development as a basis for moral education', Beck, C. M., Crittenden, B. S. & Sullivan, E. V.(eds.), *Moral Education: Interdisciplinary Approaches*, New York: Newman Press.

Kohlberg, L.(1981), 'From is to ought', *The Philosophy of Moral Development*, San Francisco: Harper and Row.

Kohli, W.(ed.)(1995), *Critical Conversations in Philosophy of Education*, New York: Routledge.

Komisar, B. P.(1965), 'More on the Concept of Learning', *Educational Theory*, vol.XV, no.3.

Kupperman. J. J.(1970), *Ethical Knowledge*, London: George Allen & Unwin Ltd..

Langford, G.(1968), *Philosophy and Education*, London: Macmillan.

Laura, R. S.(1981), 'To educate or to Indoctrinate: That is still the Question', *Educational Philosophy & Theory*, vol.13, no.1.

Lawrie, R.(1980), 'Passion', *Philosophy and Phenomenological Research*, vol.41, no.1.

Lehman, H.(1974), 'Conditioning and Learning', *Educational Theory*, vol.24, no.2.

Lehrer, K., Lum, B. J., Slichta, B. A. & Smith, N. D.(1966), *Knowledge, Teaching and Wisdom*, Boston: Kluwer Academic Publishers.

Leighton, S. R.(1985), 'A new view of emotion', *American Philosophical Quarterly*, vol.22, no.2.

Levey, R.(1952), 'Peirce's Theory of Learning', *Educational Theory*, vol.II, no.3.

Levine, C., Hewer, A. & Kohlberg, L.(1984), The Current Formulation of the Theory, Kohlberg, L., *The Psychology of Moral Development*, San Francisco: Haper and Row Publishers.

Lowler, R.(1968), *Philosophical Analysis and Ethics*, Milwaukee: Bruce Publishing Company.

Lyons, W.(1980), *Emotion*, Cambridge: Cambridge University Press.

Macmillan, C. J. B., and Garrison, J. W.(1983), 'An Erotetic Concept of Teaching', *Educational Theory*, vol.33, nos.3 & 4.

Magee, J. B.(1971), *Philosophical Analysis in Education*, New York: Harper & Row Publishers.

Marks, J.(1982), 'A theory of emotion', *Philosophical Studies*, vol.42, no.2.

Marples, R.(1999), *The Aims of Education*, London and New York: Routledge.

Maxcy, S. J.(1978), *Educational Philosophy for the Future,* Washington, D. C.: University Press of America, Inc.. 성기산(역)(1994), 『미래를 위한 교육철학』, 서울: 집문당.

McClellan, J. E.(1976), *Philosophy of Education*, Englewood Cliffs, New Jersey: Prentice-Hall, Inc..

McDonouch, K.(1992), 'Moral Rules, Utilitarianism and Schizophrenic Moral Education', *Journal of Philosophy of Education*, vol.26, no.1.

Mischel, T.(ed.)(1969), *Human Action: Conceptual and Empirical Issues*, New York: Academic Press.

Montifiere, A.(1967), *A Modern Introduction to Moral Philosophy*, London: Routledge & Kegan Paul.

Moore, G. E.(1978), *Ethics*, London: Oxford University Press.

Moore, G. E.(1980), *Principia Ethica*, Cambridge: Cambridge University Press.

Moore, T. W.(1977), *Educational Theory: an Introduction*, London: Routledge & Kegan Paul Ltd..

Morshead, R. W.(1967), 'Learning', Komisar, B. P.(ed.), *Psychological Concepts in Education*, Chicago: Rand McNally & Company.

Nancy, F. & Theodore, R. S.(1978), *Moral Education Five Lectures*, Cambridge: Harvard University Press.

Nash, P.(ed.)(1965), *The Educated Man: Studies in the History of Educational Thought*, New York: John Wiley & Sons Inc.. 성기산(역)(1995), 『교육받은 사람 Ⅰ』, 서울: 집문당. 성기산(역)(1997), 『교육받은 사람 Ⅱ』, 서울: 집문당.

Nelson, T. W.(eds.), *Concepts of Teaching: Philosophical Essays*, Chicago: Rand McNally & Company.

Nettleship, R. L.(1968), *The Theory of Education in the Republic of Plato*, New York: Teachers College Press.

Neu, J.(1977), *Emotion, Thought and Therapy*, London: Routledge & Kegan Paul.

Niblett, W. R.(ed.)(1963), *Moral Education in a Changing Society*, London: Faber and Faber Ltd..

Noddings, N.(2007), *Philosophy of Education*, Colorado: Westview Press.

Norman, R.(1985), *The Moral Philosophers*, Oxford: Clarendon Press.

Nowell-Smith, P. H.(1954), *Ethics*, Harmondsworth: Penguin.

O'Connor, D. J.(1975), *An Introduction to Philosophy of Education*, London: Routledge

& Kegan Paul. 성기산(역)(1982), 『교육철학』, 서울: 집문당.

O'hear, A.(1981), *Education, Society and Human Nature*, London: Routledge & Kegan Paul.

Oakley, J.(1992), *Morality and the Emotions*, London and New York: Routledge.

Ozmon, H. & Craver, S.(1995), *Philosophical Foundations of Education*, New Jersey: Prentice Hall, Inc..

Passmore, J.(1967), 'On Teaching To Be Critical', Peters, R. S.(ed.), *The Concept of Education*, London: Routledge & Kegan Paul.

Paton, H. J.(1972), *The Moral Law*, London: Hutchinson.

Perry, R. B.(1954), *The General Theory of Value*, Cambridge: Harvard University Press.

Peters, R. S.(1961), 'Emotions and the category of passivity', *Proceedings of the Aristotelian Society*.

Peters, R. S.(1965), 'Education as Initiation', Archambault, R. D.(ed.), *Philosophical Analysis and Education*, London: Routledge & Kegan Paul.

Peters, R. S.(1966), *Ethics and Education*, London: George Allen & Unwin Ltd..

Peters, R. S.(1969), 'What is an Educational Process?', Peters, R. S.(ed.), *The Concept of Education*, London: Routledge & Kegan Paul Ltd..

Peters, R. S.(1970), 'Concrete Principles and the Rational Passions', Nancy, F. S. & Theodore, R. S., *Moral Education: Five Lecture with an Introduction*, Cambridge: Harvard University Press.

Peters, R. S.(1971), 'Moral Development: A Plea for Pluralism', Mischel, T.(ed.), *Cognitive Development and Epistemological*, New York: Academic Press.

Peters, R. S.(1974), 'Personal understanding and personal relationship', Mischel, T.(ed.), *Understanding Other People*, Oxford: Blackwell.

Peters, R. S.(1974), *Psychology and Ethical Development*, London: GAU.

Peters, R. S.(1978), 'The place of Kohlberg's theory of moral education', *Journal of moral Education*, vol.7, no.3.

Peters, R. S.(1981), *Moral Development and Moral Education*, London: George Allen & Unwin.

Peters, R. S.(ed.)(1971), 'Reason and Passion', Vesey, G.(ed.), *The Proper Study*, Royal Institute of Philosophy Lectures,, Macmillan, vol.4.

Peters, R. S.(ed.)(1973), *Philosophy of Education*, Oxford: Oxford University Press.

Pring, R.(2004), *Philosophy of Education*, London: Continuum.

Reid, A.(1962), *Philosophy and Education*, London: Heinemann.

Rest, J.(1973), 'The Hierarchical Nature of Moral Judgement: A Study of Patterns of Comprehension and Preference of Moral Stages', *Journal of Personality*, vol.41.

Rich, M. J.(1980), 'Moral education and the emotions', *Journal of Moral Education*, vol.9, no.2.

Richards, D. A. J.(1971), *A Theory of Reasons for Action*, Oxford: Oxford University Press.

Robinson, J.(1983), 'Emotion, judgement, and desire', *Journal of Philosophy*, vol.80, no.11.

Rorty, A. O.(ed.)(1980), *Explaining Emotions*, Berkeley: University of California Press.

Ryle, G.(1949), *The Concept of Mind*, London: Hutchinson.

Sartre, J. P.(1962), *Sketch for a Theory of the Emotions*, Mariet, P.(trans.), London: Methuen.

Scheffler, I.(1965), *The Conditions of Knowledge: An Introduction to Epistemology and Education*, Glenview: Scott, Foresman and Co..

Scheffler, I.(1969), 'The Concept of Teaching', Macmillan, C. J. B. and Nelson, T. W.(eds.), *Concepts of Teaching: Philosophical Essays*, Chicago Rand McNally & Company.

Scheffler, I.(1960), *The Language of Education*, Springfield, Ill.: Charles C. Thomas.

Scheffler, I.(1965), *The Conditions of Knowledge*, Glenview, Ill.: Scott, Foresman.

Scheffler, I.(1966), *Philosophy of Education*, Boston: Allyn & Bacon.

Scheffler, I.(1973), *Reason and Teaching*, London: Routledge & Kegan Paul.

Scheffler, I.(1985), *Of Human Potential*, London: Routledge & Kegan Paul.

Schlossberger, E.(1986), 'Why we are responsible for our emotions', *Mind*, vol.95, no.377.

Schoflied, H.(1972), *The Philosophy of Education: An Introduction*, London: George Allen and Uwin Ltd..

Sherman, L A.(1981), 'Some implications of refusing to take a prescriptive stance on emotional development', *Philosophy of Education*.

Sherman, N.(1989), *The Fabric of Character*, Oxford: Clarendon Press.

Shorey, P.(1980), *Republic* Ⅱ, London: William Heinemann Ltd..

Shorey, P.(1982), *Republic* Ⅰ, London: William Heinemann Ltd..

Siegel, H.(1997), *Reason and Education*, Dordrecht: Kluwer Academic Publishers.

Siegel, H.(1980), 'Critical Thinking as an Educational Ideal', *Educational Forum*, 45, no.1.

Siegel, H.(1988), *Educating Reason: Rationality, Critical Thinking, and Education*, New York: Routledge.

Simpson, E.(1989), *Good Lives and Moral Education*, New York: Peter Lang.

Smith, B. 0.(1961), 'A Concept of Teaching', Macmillan, C. J. B. and Nelson, T. W.(eds.), *Concepts of Teaching: Philosophical Essays*, Chicago: Rand McNally & Co..

Smith, P.(1964), *Philosophy of Education*, New York: Harper & Row.

Sobesky. W.(1983), 'The Effects of Situational Factors on Moral Judgments', *Child Development*, vol.54, no.4.

Solomon, R. C.(1976), *The Passions*, Garden City: Doubleday Anchor.

Soltis, J. F.(1978), *An Introduction to the Analysis of Educational Concepts*(2nd.), Menlo Park, Mass.: Addison-Wesley Publishing Company.

Stevenson, C. L.(1975), *Ethics and Language*, New Haven: Yale University Press.

Taylor, R.(1966), *Action and Purpose*, Englewood Cliffs: Prentice-Hall.

Tibble, J. W. (ed.)(1971), *An Introduction to The Study of Education*, London: Routledge & Kegan Paul.

Tobin, B. M.(1989), 'Richard Peters's Theory of Moral Development', *Journal of Philosophy of Education*, vol.23, no.1.

Urmson, J. O.(1988), 'Hare on intuitive thinking', *Hare and Critics*, Oxford: Oxford University Press.

Vesey, G.(1969), 'Conditioning and Learning', Peters, R. S.(ed.), *The Concept of Education*, London: Routledge & Kegan Paul Ltd..

Wesson, A. J.(1986), 'Dispositions, Emotions, Episodes and the Autonomous Learner', *The Journal of Educational Thought*, vol.20, no.1.

White, J. P.(1978), 'The Aims of Education: three legacies of the three Idealists', *Journal of Philosophy of Education*, vol.12.

White, J.(1982), *The Aims of Education Restated*, London: Routledge & Kegan Paul.

Wilson, J. R. S.(1972), *Emotion and Object*, Cambridge: Cambridge University Press.

Wilson, J.(1961), *Reason and Morals*, Cambridge: Cambridge University Press.

Wilson, J.(1978), *Thinking with Concept*, Cambridge: Cambridge University Press.

Wilson, J.(1979), *Preface to the Philosophy of Education*, London: Routledge and Kegan Paul Ltd..

Wilson, J., Norman, W. & Barry, S.(1967), *Introduction to Moral Education*, Baltimore: Penguin Books.

Winch, C. & Gingell, J.(1999), *Key Concepts in the Philosophy of Education*, London and New York: Routledge.

Winch, C.(1991), 'Moral Education, Rules and Paticular Cases', *Journal of Philosophy of Education*, vol.25, no.1.

Wittgenstein, L.(1963), *Philosophical Investigations*, Oxford: Oxford University Press.

Wittrup. E. E.(1994), 'A mind with a heart of its own: Faculty psychology and moral theory', San Diego: University of California, Ph. D. dissertation.

Young, R. E.(1988), 'Critical Teaching and Learning', *Educational Theory*, vol.38, no.1.

찾아보기

인 명

내 용

저자 성기산

성균관대학교 문과대학 교육학과 졸업(문학사)
성균관대학교 대학원 교육학과 졸업(교육학석사)
중앙대학교 대학원 교육학과 졸업(교육학박사)
한국교육철학학회 회장
한남대학교 사범대학 학장
현재 한남대학교 사범대학 교육학과 교수

저서

『교육철학』(역, 1982), 『현대교육의 제문제』(역, 1982), 『철학과 교육』(역, 1983),
『서양 고대의 교육사상』(역, 1983), 『교육사상가 평전, 서양편』(공저, 1987),
『교육과 지식의 가치』(역, 1987), 『교육이론과 그 기초 학문들』(공역, 1988),
『서양교육사연구』(1993), 『미래를 위한 교육철학』(역, 1994), 『교육받은 사람 Ⅰ』(역, 1995),
『교육받은 사람 Ⅱ』(역, 1997), 『한국 교육의 개혁과 철학』(공저, 1997),
『위대한 교사들』(역, 1998), 『교육철학의 이해』(1999), 『교사의 교육철학』(2008),
『그리스 고대 교육사상의 유산』(2015) 외

논문

「Platon의 교육이론에 관한 연구」(1984), 「Sophistes의 교육이론」(1991),
「Isocrates의 교육이론」(1991), 「Aristoteles의 도덕적 발달 이론에 관한 연구」(1995),
「교육목적의 성격」(1998), 「교육적 이상으로서의 비판적 사고」(2000),
「학교교육의 철학」(2005), 「플라톤의 정치교육론」(2008), 「비판적 사고를 위한 교육」(2010),
「이소크라테스의 교육목적론」(2011),
「아리스토텔레스의 도덕교육론에 관한 구조적 분석」(2012),
「플라톤의 시민교육론에 관한 구조적 분석」(2013),
「소피스트의 수사학교육론」(2014) 외